■2025年度高等学校受験用

国際基督教大学高等学校

収録内容一覧

★この問題集は以下の収録内容となっています。また、編集の都合上、解説、解答用紙を省略させていただいている場合もございますのでご了承ください。

（○印は収録、一印は未収録）

入試問題と解説・解答の収録内容		解答用紙
2024年度	英語・数学・国語	○
2023年度	英語・数学・国語	○
2022年度	英語・数学・国語	○
2021年度	英語・数学・国語	○
2020年度	英語・数学・国語	○
2019年度	英語・数学・国語	○

★当問題集のバックナンバーは在庫がございません。あらかじめご了承ください。

●凡例●

【英語】

≪解答≫

〔　〕　①別解

②置き換え可能な語句（なお下線は置き換える箇所が２語以上の場合）

(例) I am 〔I'm〕 glad 〔happy〕 to ~

（　）　省略可能な言葉

≪解説≫

1，2… 本文の段落（ただし本文が会話文の場合は話者の１つの発言）

〔　〕　置き換え可能な語句（なお〔　〕の前の下線は置き換える箇所が２語以上の場合）

（　）　①省略が可能な言葉

(例)「(数が) いくつかの」

②単語・代名詞の意味

(例)「彼 (＝警察官) が叫んだ」

③言い換え可能な言葉

(例)「いやなにおいがするなべにはふたをするべきだ (＝くさいものにはふたをしろ)」

//　訳文と解説の区切り

cf.　比較・参照

≒　ほぼ同じ意味

【数学】

≪解答≫

〔　〕　別解

≪解説≫

（　）　補足的指示

(例)（右図１参照）など

〔　〕　①公式の文字部分

(例)〔長方形の面積〕＝〔縦〕×〔横〕

②面積・体積を表す場合

(例)〔立方体 ABCDEFGH〕

∴　ゆえに

≒　約、およそ

【社会】

≪解答≫

〔　〕　別解

（　）　省略可能な語

＿＿　使用を指示された語句

≪解説≫

〔　〕　別称・略称

(例) 政府開発援助〔ODA〕

（　）　①年号

(例) 壬申の乱が起きた（672年）。

②意味・補足的説明

(例) 資本収支（海外への投資など）

【理科】

≪解答≫

〔　〕　別解

（　）　省略可能な語

＿＿　使用を指示された語句

≪解説≫

〔　〕　公式の文字部分

（　）　①単位

②補足的説明

③同義・言い換え可能な言葉

(例) カエルの子（オタマジャクシ）

≒　約、およそ

【国語】

≪解答≫

〔　〕　別解

（　）　省略してもよい言葉

＿＿　使用を指示された語句

≪解説≫

〈　〉　課題文中の空所部分（現代語訳・通釈・書き下し文）

（　）　①引用文の指示語の内容

(例)「それ（＝過去の経験）が ～」

②選択肢の正誤を示す場合

(例)（ア，ウ…×）

③現代語訳で主語などを補った部分

(例)（女は）出てきた。

／　漢詩の書き下し文・現代語訳の改行部分

国際基督教大学高等学校

所在地	〒184-8503 東京都小金井市東町1-1-1
電　話	0422-33-3401（代）
ホームページ	https://icu-h.ed.jp/
交通案内	JR中央線 武蔵境駅南口・三鷹駅南口／京王線 調布駅北口よりバス バス停「国際基督教大学」下車徒歩6分・「西野」下車徒歩8分

普通科

男女共学

くわしい情報はホームページへ

応募状況

年度	募集数	受験数	合格数	倍率
2024	推薦 60名	129名	80名	1.6倍
	書類 90名	327名	137名	2.4倍
	学力 10名	45名	17名	2.6倍
	一般 80名	264名	126名	2.1倍
2023	推薦 60名	112名	76名	1.5倍
	書類 90名	302名	139名	2.2倍
	学力 10名	50名	12名	4.2倍
	一般 80名	285名	132名	2.2倍
2022	推薦 60名	124名	77名	1.6倍
	書類 90名	332名	164名	2.0倍
	学力 10名	57名	22名	2.6倍
	一般 80名	276名	118名	2.3倍

※一般入試には国際生徒枠を含む。

入試概要

2025年度４月入学試験の概要（予定）

※詳細は本校発行の募集要項でご確認ください。
（７月より配布開始予定）

［帰国生徒入試］

・推薦入試（募集人数：男女60名）
　選考方法：書類審査，面接
　試 験 日：2024年12月16日（月）
　合格発表：2024年12月17日（火）

・書類選考入試（募集人数：男女90名）
　選考方法：書類審査，面接
　試 験 日：2025年１月28日（火）
　合格発表：2025年１月29日（水）

・学力試験入試（募集人数：男女10名）
　選考方法：学力試験（英語・国語・数学），
　　　　　　調査書（成績証明書）
　試 験 日：2025年２月10日（月）
　合格発表：2025年２月12日（水）

［一般入試（国際生徒枠を含む）］

募集人数：男女80名
選考方法：学力試験（英語・国語・数学），
　　　　　調査書
試 験 日：2025年２月10日（月）
合格発表：2025年２月12日（水）

イベント日程

◎オンライン 学校見学会
2024年６月７日（金）　※欧州向け
2024年７月16日（火）
2024年８月９日（金）

◎学校祭
2024年９月23日（月・祝）・24日（火）

◎学校説明会（帰国生・一般生合同）
2024年10月５日（土）
2024年11月９日（土）

◎CAMPUS WALK HOUR
緑豊かなキャンパスとグラウンド・体育館などさまざまな施設を見学できるイベントです。
2024年６月１日（土）午後
2024年７月17日（水）午後
2024年８月８日（木）午後
2024年８月14日（水）午後
2024年11月２日（土）午後

※いずれのイベントも事前予約が必要です。
※上記の日程はあくまで予定です。
詳細は，必ず本校ホームページで確認してください。

編集部注一本書の内容は2024年5月現在のものであり，変更されている場合があります。正確な情報は，学校のホームページ等で必ずご確認ください。

出題傾向と今後への対策　英語

出題内容

	2024	2023	2022
大問数	5	5	5
小問数	68	68	69
リスニング	×	×	×

◎大問は５題で，構成は４題が長文読解，１題が作文となっている。試験時間は70分で，全問解くには高度な速読力と表現力が要求される。

2024年度の出題状況

Ⅰ 長文読解―適語(句)選択―対話文

Ⅱ 長文読解―単語の意味―スピーチ

Ⅲ 長文読解総合―説明文

Ⅳ 長文読解総合―エッセー

Ⅴ 作文総合―絵を見て答える問題

解答形式

2024年度	記　述／マーク／併　用

出題傾向

本校の入試の特徴は問題文の分量の膨大さにあり，高校入試の中でも群を抜いている。相当高度な速読力が要求されるとみてよい。長文読解は，さまざまな設問が組み込まれている。自由英作文も出題されており，単に英語力を試すだけではなく，自由な発想力を見ようとしているユニークな問題が毎年出されている。

今後への対策

まず「英文の長さに圧倒されるな！」ということだ。粘り強く英文を読みこなしていこうとする忍耐力や集中力があるかどうかが成否の鍵といえそうだ。しかし，速読速解力をつける準備をしておかなければならないことは言わずもがなである。速読力に自信のない人は語彙力が不足していることが多いのでその強化に努めることが重要だ。

◆◆◆◆◆ 英語出題分野一覧表 ◆◆◆◆◆

分野		年度	2022	2023	2024	2025予想※
音声	放送問題					
	単語の発音・アクセント					
	文の区切り・強勢・抑揚					
語彙・文法	単語の意味・綴り・関連知識		★	★	★	◎
	適語(句)選択・補充					
	書き換え・同意文完成					
	語形変化					
	用法選択					
	正誤問題・誤文訂正					
	その他					
作文	整序結合		●	●	●	◎
	日本語英訳	適語(句)・適文選択				
		部分・完全記述	●	●		◎
	条件作文		●	●	●	◎
	テーマ作文					
会話文	適文選択					
	適語(句)選択・補充					
	その他					
長文読解	内容把握	主題・表題				
		内容真偽	■	●	■	◎
		内容一致・要約文完成	●		●	◎
		文脈・要旨把握	●	●	●	◎
		英問英答	●	●	●	◎
	適語(句)選択・補充		★	★	★	◎
	適文選択・補充					
	文(章)整序					
	英文・語句解釈(指示語など)			●	●	◎
	その他(適所選択)		●	●		◎

●印：１～５問出題，■印：６～10問出題，★印：11問以上出題。
※予想欄　◎印：出題されると思われるもの。　△印：出題されるかもしれないもの。

出題傾向と今後への対策 数学

出題内容

2024年度 作 証 グ

カップとソーサーの数を例にして，集合とその要素についての説明から始まり，関数などを利用して，２つの集合の要素の対応などを考えていく内容。要素の個数が有限個のときから，無限個，さらには，要素を有理数全体，実数全体，関数全体などに範囲を広げていき，そのときどきの２つの集合の要素の対応や大小関係など，さまざまなことについて問われている。

2023年度 作 証 グ

数の性質に関する問題で，わり算の余りを利用する内容。整数を，例えば７でわったときの余りでグループ分けし，これを利用して，２つの整数の和や積などを７でわったときの余りを考え，途中に証明を交えながら，その性質を理解していき，７でわると２余り，９でわると４余る整数を求めるというような問題を解いている。

作 …作図問題　証 …証明問題　グ …グラフ作成問題

解答形式

2024年度　記　述／マーク／併　用

出題傾向

本校の数学は，はじめに資料文が与えられ，その資料文について後に問題が出されるという，他校とは異なった独特の形式になっている。その資料文は，あるテーマを，中学生にわかる内容から徐々に発展させていくというもの。最終的に高校の内容や数学とはかけ離れた分野にまで及ぶこともある。文章を読みこなす力も問われている。

今後への対策

未習分野については，資料文からその内容を読み取り理解していかなくてはならないので，対策として，高校用の参考書や教科書を利用するのはどうだろうか。単元にこだわらず，書いてある説明を読み，理解し，問題演習をする，という訓練をしてもらいたい。本校は個性的な出題なので，過去の問題を解き直すことも忘れずに。

◆◆◆◆◆ 数学出題分野一覧表 ◆◆◆◆◆

分野	年度	2022	2023	2024	2025 予想※
数と式	計算，因数分解		★		△
	数の性質，数の表し方	★	★	★	△
	文字式の利用，等式変形	★	★		△
	方程式の解法，解の利用				
	方程式の応用				
関　数	比例・反比例，一次関数				△
	関数 $y=ax^2$ とその他の関数				△
	関数の利用，図形の移動と関数			★	△
図　形	（平面）計　量				△
	（平面）証明，作図				△
	（平面）その他				
	（空間）計　量				
	（空間）頂点・辺・面，展開図				
	（空間）その他				
データの活用	場合の数，確率			●	△
	データの分析・活用，標本調査				△
その他	不 等 式				
	特殊・新傾向問題など				
	融合問題				

●印：１問出題，■印：２問出題，★印：３問以上出題。
※予想欄　◎印：出題されると思われるもの。　△印：出題されるかもしれないもの。

出題傾向と今後への対策 国語

出題内容

2024年度

論説文　論説文

課題文

一好井裕明
『「今，ここ」から考える社会学』
二穂村　弘『短歌の友人』

2023年度

随　筆　論説文

課題文

一MOMENT JOON
『日本移民日記』
二広田照幸
『学校はなぜ退屈でなぜ大切なのか』

2022年度

論説文　論説文

課題文

一松村圭一郎
『うしろめたさの人類学』
二野田研一
『自然を感じるこころ』

解答形式

2024年度	記　述／マーク／併　用

出題傾向

現代文の読解問題が中心に出題される。設問は，それぞれに10問前後付されており，全体で20問程度となっている。課題文は，内容的にも難しく，分量的にもかなり多い。また，80～100字程度の記述式の解答を求める設問も毎年見られる。出題のねらいは，高度な読解力・表現力を見ることにあるといえる。

今後への対策

高度な読解力を身につけるため，日頃からの読書は欠かせない。また，表現力も養わなければならないので，記述解答の多い問題集をどんどんやっていこう。最初のうちは基礎的なものでよいが，最終的には難度の高いものをこなすこと。国語力養成は短期集中とはいかないので，時間的に余裕をみておくこと。

◆◆◆◆◆ 国語出題分野一覧表 ◆◆◆◆◆

分野		年度	2022	2023	2024	2025予想※
現代文	論説文・説明文	主題・要旨				
		文脈・接続語・指示語・段落関係			●	△
		文章内容	●	●	●	◎
		表現	●		●	◎
	随筆・日記・手紙	主題・要旨				
		文脈・接続語・指示語・段落関係				
		文章内容		●		△
		表現				
		心情				
	小説	主題・要旨				
		文脈・接続語・指示語・段落関係				
		文章内容				
		表現				
		心情				
		状況・情景				
韻文	詩	内容理解				
		形式・技法				
	俳句・和歌・短歌	内容理解				
		技法				
古典	古文	古語・内容理解・現代語訳				
		古典の知識・古典文法				
	漢文	(漢詩を含む)				
国語の知識	漢字	漢字	●	●	●	◎
	語句	語句・四字熟語	●			△
		慣用句・ことわざ・故事成語				
		熟語の構成・漢字の知識				
	文法	品詞				
		ことばの単位・文の組み立て				
		敬語・表現技法				
	文学史					
作文・文章の構成・資料						
その他						

※予想欄　◎印：出題されると思われるもの。　△印：出題されるかもしれないもの。

合格を勝ち取るための

本書の使い方

本書に掲載されている過去問をご覧になって，「難しそう」と感じたかもしれません。でも，大丈夫。ほとんどの受験生が同じように感じるのです。高校入試の出題範囲は中学校の定期テストに比べて広いですし，残りの中学校生活で学ぶはずの，まだ習っていない内容からも出題されているかもしれません。

ですから，初めて本書に取り組む際には，点数を気にする必要はありません。点数は本番で取れればいいのです。

過去問で重要なのは「間違えること」です。自分の弱点を知るために，過去問に取り組むのです。当然，間違った問題をそのままにしておいては意味がありません。

本書には，長年にわたって高校受験に関わってきたベテランスタッフによる詳細な解説がついています。間違えた問題は重点的に解説を読み，何度も解きなおしてください。時にはもう一度，教科書で復習するのもよいでしょう。

別冊として，抜き取って使える解答用紙を収録しました。表示してあるように拡大コピーをとれば，実際の入試と同じ条件で，何度でも過去問に取り組むことができます。特に記述問題では解答欄の大きさがヒントになる場合があります。そうした，本番で使える受験テクニックの練習ができるのも，本書の強みです。

前のページにある「出題傾向と今後への対策」もよく読んで，本校の出題傾向に慣れておきましょう。

2025年度 高校受験用

国際基督教大学高等学校　6年間スーパー過去問

をご購入の皆様へ

お詫び

本書、国際基督教大学高等学校の入試問題につきまして、誠に申し訳ございませんが、以下の問題文は著作権上の問題により掲載することができません。設問と解説、解答は掲載してございますので、よろしくお願い申し上げます。

記

2024年度　英語　Ⅱ　の問題文

2019年度　国語　一　の問題文

以上

株式会社　声の教育社　編集部

2024年度 国際基督教大学高等学校

【英　語】（70分）〈満点：100点〉

I　[　]に入るものを選び，番号で答えなさい。

Johann, a university student, is sitting at a table in the busy cafeteria of a Japanese university, eating his lunch. Yuji, another student, comes up to the table, carrying a plate of curry.

Yuji : Excuse me, do you mind if I sit here?

Johann : No—please do.

Yuji (*sitting down*) : Thank you.

Johann : I see we ①[1 have chosen　2 chosen　3 choosing　4 are chosen] the same dish.

Yuji : Yes—curry! I eat it every day.

Johann : It's ②[1 one favourite　2 my favourites　3 one of my favourites　4 one of my favourite], too. This cafeteria does it very well. My name is Johann, by the way.

Yuji : Oh, hi! I'm Yuji. Pleased to meet you. ③[1 Do　2 Must　3 Should　4 May] I ask where you are from, Johann?

Johann : I often get asked that question. I'm ④[1 even　2 usually　3 actually　4 almost] from Japan.

Yuji : Really?

Johann : Yes. My parents were missionaries《宣教師》 from Germany. They came to live in Japan during the 1990s, and I was born here.

Yuji : I see. So I guess you can speak Japanese quite well.

Johann : Yes, I suppose so. All of my education has been in Japanese. My parents thought it was important for me to be able to play with the kids in my neighbourhood, ⑤[1 that　2 so　3 though　4 but] they sent me to local schools.

Yuji : ⑥[1 Didn't that　2 Hasn't it　3 Isn't it　4 Wasn't that] a difficult experience for you?

Johann : Not really. I started in first grade with children I already ⑦[1 knew　2 was knowing　3 know　4 have known] from play groups in the area, so they just treated me like one of them. I had ⑧[1 a lot　2 lots of　3 lots　4 lot of] friends all through my school years, and I'm still in touch with most of them now. In fact, I went to a reunion《同窓会》 at my old elementary school last month.

Yuji : Do you speak any other languages, Johann?

Johann : Well, because of my parents, I speak German at home.

Yuji : You speak English very well, too.

Johann : Really? That is very kind of you. I can speak ⑨[1 few　2 a little　3 no　4 several] English, but I'm not so strong at it. How about you, Yuji, are you interested in studying other languages?

Yuji : Not really, ⑩[1 and　2 then　3 if　4 although] I am trying to learn some

Vietnamese phrases this term. I am going to Vietnam next year to do some research.

Johann : Oh, that's interesting. What is your research about ?

Yuji : I am studying the use of chemicals in farming. I believe it is important ⑪[1 in understanding 2 understand 3 to understand 4 to be understood] the effects of such chemicals on the environment and on humans, in order to make a safer future for us all.

Johann : I see. I suppose that's why we have never met ⑫[1 again 2 since 3 yet 4 before]. You are usually in the science class, and I'm usually in the library, reading history books.

Yuji : Oh, so you're a history student. Why did you choose that subject ?

Johann : I've always been curious about past events, whether they happened ⑬[1 of 2 at 3 in 4 after] ancient times or the last ten years. History is like one long and fascinating story to me. I believe it is especially important to consider how things went wrong in the past so we do not make the same mistakes again.

Yuji : I agree. You know, Johann, it's funny. At first, you and I seem to be totally different—a science student and a history student, and the only thing we have in common is our love of curry. But really, we share ⑭[1 each 2 the same 3 every 4 another] goal—creating a better future for our world.

Johann : Do you think so ? What exactly do you mean ?

Yuji : Well, some mistakes lead to war, and some mistakes lead to environmental disasters, and you and I are both studying how to stop such things from happening again.

Johann (*putting his spoon down*) : Yuji, you are so clever !

Yuji (*surprised*) : Am I ?

Johann : You've just given me a great idea. Do you remember I told you I went to my old elementary school reunion ?

Yuji : Yes, but how ⑮[1 is that 2 are you 3 are we 4 were we] connected with my idea ?

Johann : I'm sorry, let me explain. At the reunion, I met an old classmate called Satsuki who is now a science student. She and I had a big argument ⑯[1 after 2 along 3 about 4 among] the subjects that students should study at university. She said, "Environmental Studies is the most important subject," while I said, "No, History is more important." I'm sorry to say that our argument became so passionate ⑰[1 which 2 we 3 that 4 she] it caused some uncomfortable feelings between us.

Yuji : Oh, that's too bad. But why did you say I was clever ?

Johann : Well, you said we both want to make a better future, and now I realise how I can repair my friendship ⑱[1 with 2 between 3 over 4 to] Satsuki—she and I both want to make a better future. In fact, I'm going to call her right away !

Yuji : Wow ! That's great to hear. But Johann . . .

Johann (*taking his phone out of his pocket*) : What ?

Yuji : I think you need to finish your curry first.

Johann : ⑲[1 At last 2 To tell the truth 3 On the other hand 4 In addition], Yuji, today's curry is a little too salty for my taste. I think I'll leave it.

Yuji　: Really？ I like it salty！ I guess we're not ⑳［1　more　　2　as　　3　enough　　4　so］similar after all！

Johann and Yuji both laugh, and Johann makes his call to Satsuki.

[II]　次の英文を読み，あとの問いに答えなさい。

By almost any standard, British author J.K. Rowling, the wizard behind Harry Potter, has achieved [A]phenomenal success. Her Harry Potter books have been translated into 68 languages and sold over 400 million copies worldwide, and they have made Rowling one of the wealthiest women in the UK. Rowling was born into a middle-class family near Gloucestershire《グロスターシャー(地名)》, and her [B]ascent is a surprising one. She went to the University of Exeter《エクセター大学》 and graduated in 1987. However, by the early 1990s, after several [C]aimless years, she was living in Edinburgh《エディンバラ(地名)》 and considered herself a total failure. Her first marriage《結婚》 ended, and she was [ア]unemployed, a single mother, and suffering [イ]financially. She felt she let herself and her parents down. "By every usual standard I was the biggest failure I knew," she later recalled.

In a Harvard《ハーバード大学》 commencement《卒業式》 speech which Rowling [ウ]delivered in 2008, she discussed the unexpected [D]benefits of failure.

〔編集部注…課題文は著作権上の問題により掲載しておりません。作品の該当箇所につきましては次の内容を参考にしてください〕

The Harvard Gazette「J.K. Rawling's 2008 Harvard University Commencement Speech」
https://news.harvard.edu/gazette/story/2008/06/text-of-j-k-rowling-speech/

第19段落冒頭～第23段落最終文（一部省略・改変あり）

＊ Time Turner 「逆転時計」 J.K. Rowlingの小説『ハリー・ポッター』シリーズに出てくる時間を巻き戻すことができる魔法のアイテム

問1　本文中の［ア］～［コ］に相当するものを下から選び，番号で答えなさい。動詞については現在形の意味で載せてあります。

1．安心　　2．価値　　3．金欠で　　4．金銭的に
5．逆境　　6．謙そん　　7．資格，技能　　8．失業中の
9．修正する　　10．性格　　11．宣伝　　12．配達する
13．非難　　14．抜け出す　　15．述べる　　16．余裕のない

問2　本文中の［A］～［J］の意味として適切なものを下から選び，番号で答えなさい。動詞については現在形の意味で，名詞については単数形で載せてあります。

1．a helpful and positive effect
2．a problem that delays something or makes a situation worse
3．difficult to understand or deal with because it involves many parts and details
4．having no direction or plan

5．hesitating because you do not want to do something
6．something to base something on
7．the ability to control the way you live and work
8．the ability to recover after experiencing pain or difficulty
9．the amount of money that you must pay to buy something
10．the process of learning the skills that you need to do a job
11．the process of moving up to a better position or of making progress
12．to act suddenly without thinking carefully about what might happen
13．to make the mistake of thinking one thing is another
14．very great or impressive
15．very seriously
16．with a lot of effort and suffering

Ⅲ　次の英文を読み，あとの問いに答えなさい。

Since the year 2000, more and more people are choosing to read on screens, such as on computers, tablets, and cell phones, instead of printed books.　In fact, many people feel that reading on a screen is more (　A　) because when we read on a screen, we can adjust the size of the letters.　Also, when we come across a word that we do not know, we can look up the meaning of that word with a simple click《クリック》. This way, we do not have to get up and search through a paper dictionary.

However, while reading on screens may seem like a good idea, several studies have shown that we understand content better when we read on paper.　Researchers in Spain and Israel《イスラエル》 carried out a large study of more than 171,000 readers, and the results showed that a person's understanding was better when they read on paper.　In addition, Professor Patricia Alexander from the University of Maryland discovered that people who read the same material (　　B　　), even though they might feel that they learn more from reading on screens.

One reason for this difference might be how we behave when we read on paper and how we behave when we read on a screen.　When we read a paper book, we stop to deeply consider certain ideas and remain focused on the text in front of us.　This is why we usually read more slowly.　Even the way we breathe is different.　When we read a paper book, we breathe more deeply and sigh more often. Researchers believe that this keeps our minds calm and has a positive effect on memory and understanding.

Some researchers believe that the physical features of a book also help us to understand the text better.　Because the pages of a book are made of paper, we can take out a pen or highlighter and underline important sentences or ideas on the page.　In addition, the physical action of turning pages helps us to remember the exact location《位置》 of specific ideas or events in the book.

On the other hand, when we read on a screen, we are often scanning the text and looking for specific information.　We use much less mental effort than we do when we read a book, and we often skip over large sections.　In fact, studies suggest that when we look at a screen full of text, we actually only read 25% of the words.　This style of reading can be very useful when we are searching for the answers to certain questions, such as "What is the capital city of Brazil ?" or "What is the population of Iran ?"

However, scanning will only provide us with a (C) understanding of the content.

Another problem when we read on screens is that it is easy to be distracted《気が散って》. For example, have you ever been reading on your phone and received a message from your friend or family? What did you do when you received that message? Did you ignore it and continue reading? If you are like most people, you probably stopped reading and immediately checked the message. The problem with this is not simply the time we lose. It is also difficult to return to the same level of focus that we had before. Research shows that once we are distracted by a text message, it can take 20 minutes to return to the same level of focus. It is clear that reading on a phone is less effective because we are so [D]<u>frequently</u> distracted.

However, because phones and tablets are so popular these days, we need to find a practical way to manage our reading habits. University of California professor Maryanne Wolf suggests that we develop "bi-literate brains" that are good at both reading books and reading on screens. Since the way we read on screens and the way we read on paper are so different, she believes that it is similar to reading in two different languages. To develop a bi-literate brain, Wolf says that we need to recognize the positive and negative effects of reading books and reading on screens. While reading on devices such as phones or computers can give us quick access to information, reading printed books is important because it allows us to read more slowly and carefully. When we take our time, we can really think and get a better understanding of the content.

To become better readers, we should develop reading habits that make the best of both books and screens. This will happen if we can remember how precious printed books are, even in our digital world.

A. Fill in (A) with the best choice.

1. popular　　2. valuable　　3. sustainable　　4. convenient

B. Fill in (B) with the best choice.

1. on screens remember the content better
2. on paper remember the content better
3. on paper do not remember the content as well
4. on paper actually prefer reading on screens

C. Fill in (C) with the best word choice.

1. narrow　　2. deep　　3. wide　　4. solid

D. Which word has the same meaning as [D]<u>frequently</u>?

1. probably　　2. often　　3. immediately　　4. sometimes

E. According to the text, how have people's reading habits changed in recent years?

1. The number of people reading on their phones has increased.
2. People have generally lost interest in reading, whether on a phone or on paper.
3. No one reads printed books anymore.
4. The sales of printed books have increased.

F. According to the text, which of the following is <u>not</u> a positive feature when reading on a screen?

1. We can quickly access information.
2. We can adjust the size of the letters.
3. We can use a highlighter to mark important sections.

4 . We can easily look up the meaning of a word.

G . According to the text, the experience of reading on paper causes readers to ＿＿＿＿＿.

1 . focus less　　2 . stop more often

3 . scan more　　4 . skip large sections of text

H . According to the text, which of the following is true ?

1 . After they are distracted by a text message, some people need 20 minutes to be able to concentrate at the same level as before.

2 . People lose about 20 minutes of reading time just by turning the pages of a printed book.

3 . It can take 20 minutes for people to read all of their text messages from their friends and family.

4 . When people read on a screen, they stop up to 20 times to check text messages.

I . What does Maryanne Wolf recommend for managing reading habits ?

1 . We should read on screens more because it allows us to read faster.

2 . When we want to read something, we should always choose a printed book.

3 . We should develop a balance between reading on screens and on paper.

4 . We should ignore text messages when we read on our phones.

J . 以下の英文のうち，本文の内容に合わないものを３つ選び，番号の早い順に書きなさい。

1 . A bi-literate brain would allow us to read in different languages.

2 . Scanning does not allow us to get a better understanding of the content.

3 . Studies suggest that when we are distracted by text messages it is difficult to quickly recover our attention.

4 . Researchers in Spain and Israel found that people who read on a screen think that they learn more on paper.

5 . When people look at a screen, they do not read more than a quarter of the words.

6 . Professor Maryanne Wolf believes reading on a screen and reading on paper are not so different.

Ⅳ　次の英文を読み，あとの問いに答えなさい。

I had a very ordinary childhood. But [A]<u>not everyone saw it that way</u>. People's response to the news that my parents were totally blind could be put into one word: incredulity《信じられないこと》. Incredulity that they could cook, go shopping, perform the general tasks of everyday life―as well as raise three children, including twins―while they were keeping successful professional careers.

My father Fred and mother Etta were both born, fully sighted《目が見える》, in 1937, but lost their sight during childhood. Etta was 6 when it happened, and Fred was 14. My mother was involved in a traffic accident, and my father, I was told, "got a germ《ばい菌》 in his eyes." They met at the Royal Blind School in Edinburgh, at the age of 15, married at 26 and had three children, all fully sighted: Gavin in 1966, then my twin brother Leslie and me in 1967.

We lived in a beautiful house in Kenilworth《ケニルワース(地名)》, a small town in Warwickshire《ウォリックシャー(地名)》. My friends imagined that (　　B　　). They asked me questions like "Who does the cleaning ? How does your mother turn the cooker《コンロ》 on ?" But with the exception of the little help that we provided, my mother did most of the housework. (　C　) she got weekly help, she still spent all day Friday cleaning the whole house.

Sometimes we had easy tasks : for example, on a Sunday night, [D] a basket would be handed to me full of socks to be put in pairs. And there was one job that I hated, as it happened to be at the same time as my favourite TV show. My mother cut the skin off the potatoes by herself, but she would worry that some "bad bits" of potato skin escaped from her fingers, so she would ask one of us to check the potatoes for her.

[E] Every few years my mother went away. She would leave for three weeks and return with a fully trained canine《犬》 addition to the family. Misty, Candy, Beauty, Roma, Katy, Sheena, Promise, Innis, Windy, Ralph, Raffles, Rona—guide dogs were always with us when I was young, as both my mother and father had them. We all formed close relationships with these dogs, and it was always very sad when one of them had to retire. For years I had an ambition to be a guide dog trainer when I grew up.

Some other adjustments were necessary to fill the gap between (F-1) parents and (F-2) children. My mother says : "We bought ordinary children's books, and we had volunteers from Kenilworth who came to read to us. They would read each page, and I would write some notes at the top in Braille《点字》. I learned the stories this way, and I read the stories to my children with the help of the notes."

As we got older, my father would come home with strange-looking games, such as the chess set with spikey-topped《先端にとがったものがついている》 white pieces and a board with raised squares. This set was designed to make it possible for blind people to play the game. I still remember how we played chess with our father in those days. The way he planned his moves was unique. It looked like he was performing magic.

I was always asked as a child, "Don't you feel sad that your parents have never seen you ?" But [G] that thought seemed to worry others much more than me. There was no family photo album in our house. I was in my late 20s before I saw a picture of myself as a baby because my parents did not own a camera. The thing which does make me sad now is that my mother and father can't see my children. And when I see my children's confused expressions when their grandmother and grandfather fail to respond to their eye contact, I also feel sad.

But when we discuss this, my parents give me their own positive perspective. "I'd like to see you if it was possible, but I don't think it is as important as people imagine," says my mother. "(H-1) is fine, but even a dog and a cat can see. (H-2) a person and (H-3) how they speak and how they feel, I think that's more important than how a person looks. I don't think seeing is (H-4)."

A．下線部[A]の内容を英語で説明したものとして最も適切なものを選びなさい。

1．Some people thought that the author was living an average life.
2．Some people thought that the author's childhood was unusual.
3．Everyone thought that the author's childhood was easy.
4．No one thought that the author's childhood was easy.

B．(B)に入るものを選びなさい。

1．I was not eating well so I was hungry all the time
2．we surely had a lot of things to do at home
3．I was always having a fight with my brothers
4．we were living in a different town

C．(C)に入るものを選びなさい。

1．But　2．However　3．In spite of　4．Although

D．下線部[D]の内容を英語で説明したものとして最も適切なものを選びなさい。

1．The author had to put each sock together with another one that looked the same.

2．The author was asked to fill the basket with the socks that did not look the same as any of the others.

3．The author was asked to take the socks that looked different and put them in pairs.

4．The author had to count the total number of different socks in the basket.

E．下線部[E]の理由を表している最も適切なものを選びなさい。

1．母が三週間家を離れたのは，盲導犬を訓練する指導法を学ぶのに専念するため。

2．母が三週間家を離れたのは，新しい盲導犬を保護し，育てるのに専念するため。

3．母が三週間家を離れたのは，新しい盲導犬を訓練してから家に連れて帰るため。

4．母が三週間家を離れたのは，飼っていた盲導犬をより訓練して家に連れて帰るため。

F．本文の内容に即して，(F-1)と(F-2)に入る最も適切なものをそれぞれ選びなさい。

1．old　2．active　3．young　4．tired　5．quiet

6．sighted　7．noisy　8．blind　9．serious　10．naughty

G．下線部[G]の具体的な内容を筆者の視点から指し示すものとして最も適切なものを選びなさい。

1．I might be unhappy because I always have to worry about my parents.

2．I might be unhappy because people around my parents always worry about them.

3．I might be unhappy because my parents do not know what I look like.

4．I might be unhappy because my parents do not notice that I am growing up.

H．(H-1)から(H-4)に入る最も適切な組み合わせを選びなさい。

	(H-1)	(H-2)	(H-3)	(H-4)
1	Knowing	Seeing	knowing	seeing
2	Knowing	Seeing	seeing	knowing
3	Seeing	Seeing	knowing	seeing
4	Seeing	Knowing	knowing	knowing

I．以下の英文のうち，本文の内容と一致しているものを３つ選び，番号の早い順に書きなさい。

1．The author enjoyed playing chess with her father so much that she remembers it well.

2．When the author was little, her friends would often laugh at her because of her family.

3．The author's father lost his sight in a traffic accident.

4．The author was 20 years old when she saw a photo of herself as a baby for the first time.

5．The author's children didn't understand why their grandparents couldn't make eye contact with them.

6．The author's favourite job was checking the bad potatoes on Sunday nights.

7．When the author was little, volunteers often came to read books to the family and take notes.

8．The author had great respect for guide dog trainers and the guide dogs her family had.

9．When she was a child, the author's house was lovely but too small for a family of five.

10．The author's mother was a very independent woman who didn't need any help at all.

V　下の絵を見て，あとの問いに答えなさい。絵１と絵３内の①などの数字はセリフの順番を表しています。

①
See you tomorrow! Don't forget, exams start from next week!
②
MANGA
③
Or, we could . . .
Shun
Toshi
Maru Batsu High School
1
That could be interesting . . .
Toshi_26
New movie recommended for you
Love in Autumn (2023)
2
①
Wow, is this your house?
②
I'm home, mom. This is my friend Shun!
③
Oh, nice to meet you, Shun! Please make yourself at home.
3
Wow, I really like slow artistic movies like this!
B
POTATO
Red Dog
POTATO CHIPS
4
Love in Autumn
Wait! What are you doing, Shun?
10
10
5
This scene is not interesting, so I just skipped 10 seconds!
6
This is such a beautiful movie! I can't believe you did that! Do you often skip scenes?
7
Of course!
I have to, because C .
Math
English
Science
History1
History2
OK JUKU
8

A．絵１で，Toshi と Shun が学校帰りに何をするかについて話し合っています。絵１の情報をもとに，会話を始める Shun のセリフを10語以上の英語で書きなさい。２文になっても構いません。

B．絵４の B に入る Shun の気持ちを表す文になるよう，以下の(　)内の語を並べ替えて４番目と10番目の語を書きなさい。

The main character (special, / the / is / anything / boring / so / not / doing / scene / is).

C．絵８から分かる情報を元に， C に入る Shun の主張を10語以上の英語で書きなさい。

D．絵９の D に合うように以下の(　)内の語(句)を並べ替えて１番目と６番目の語(句)を書きなさい。

I understand everyone (when / you / different / are / has / a movie / a / watching / perspective, / but) with someone, you should at least ask before you skip a scene.

【数　学】（70分）〈満点：100点〉

（注意）　1．この試験は資料文とそれに続く問題とで構成されています。資料文を読みすすめながら，対応する問題に答えていくのがよいでしょう。

2．定規，コンパス等は使用できません。

資料文

プロローグ

歴史を変えるほどの新しい理論が学界に受け入れられるようになるまでに多大な時間が必要とされるということは往々にして起こる。

1874年にドイツの数学者カントールが無限集合に関する革新的《かくしんてき》理論を創造して以降，数学界は大いに揺れた。後にカントールが精神病を患ったのも，周囲からの強い批判と反発が要因の一つと考えられている。彼の理論は20世紀に入ってようやく認められ，その後の数学の発展に多大な影響を与えた。現代数学の研究領域は極めて大きく拡がっているが，カントールの集合論はそのあらゆる領域の支柱となっている。それでは，カントールによる衝撃的《しょうげきてき》理論の一端を垣間見よう。

1　ものを数える

パインさんとピーチさんは数学が大好きな中学３年生。数学の先生が授業の余った時間で話した内容が気になってしょうがないようです。

パインさん(以下パ)　ピーチさん，こんにちは。さっきの先生の話，理解できた？　私は全くわからなくて…。

ピーチさん(以下ピ)　パインさん，こんにちは。確か「無限なものを数える」みたいな話だったよね。私もさっぱりわからなかったわ。今日は部活も無い日だし，学校が終わったら三鷹《みたか》の森に住んでいるアップル博士のところに質問に行かない？

パ　うん！　行こう!!

―放課後―

ピ　アップル博士，こんにちは。今日学校の授業で「無限なものを数える」みたいな話を聞いたのですが，さっぱりわからなくて…。

パ　アップル博士，こんにちは。確か先生は「実数は自然数より多い」というようなこともおっしゃっていたような気がします。私も全くわかりませんでした。

アップル博士(以下ア)　ピーチさん，パインさん，こんにちは。恐らくカントールの集合論ですね。確かにそれは中学生にとっては馴染みのない話でしょう。数の計算というよりは，論理がとても重要になります。今日は少し長くなるかもしれませんね。コーヒーでも飲みながらゆっくりお話をしましょう。

パ，ピ　ありがとうございます。

ア　今コーヒーカップとソーサーを人数分用意しました。カップとソーサーがセットになっていますね。

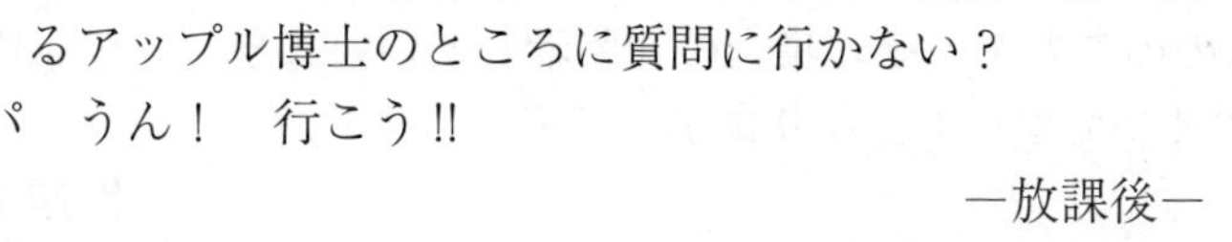

ピ　はい。それがどうかしたのでしょうか？

ア　セットになっていることによって，カップとソーサーが同じ数だけあることがわかりますね。

パ　カップとソーサーはそれぞれ３個ずつあるんだから，同じ数だけあることは当たり前ではないでしょうか？

ア　もちろんそうです。でも仮にカップとソーサーがたくさんあったとしましょう。そのとき，「同じ数だけあること」だけを確かめたかったとしたら，カップとソーサーの数をそれぞれ数えますか？

パ　あ，確かに数えないですね。すべてのソーサーの上にカップが置いてあることだけ確認すれば，同じ数だけあるとわかります。

ピ　カップが余っていないことも確かめる必要があるわね。

ア　その通りです。今日お話しする「集合論」においても，２つの集合の大小を比較する際に，今のカップとソーサーのセットのような対応を考えます。

　例えば，６の正の約数全体と１桁《けた》の素数全体は次のような対応によって，個数が等しいことがわかります。

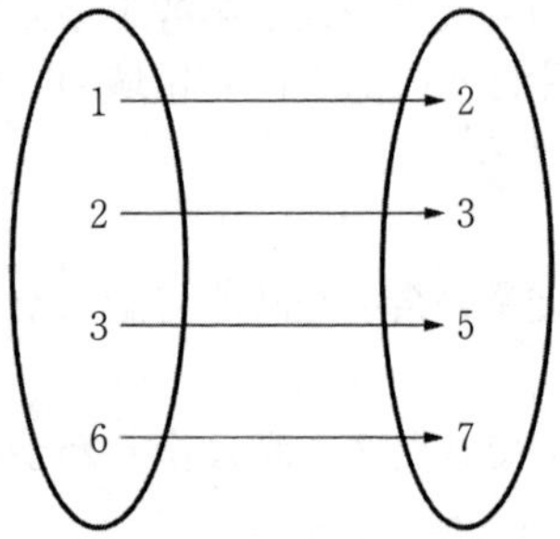

パ　素数というのは，１と自分自身以外には正の約数をもたない２以上の整数のことでしたね。

ア　さて，６の正の約数全体や１桁の素数全体のように，ある条件を満たすものの集まりのことを「集合」といいます。集合に入っているもののことを，その集合の「要素」といいます。６の正の約数全体の集合の要素は１，２，３，６の４つですべてとなります。

…問題１

…問題２

　カップとソーサーの話と同じで，２つの集合の要素が「同じ数だけある」ことを確かめるには，その２つの集合の間にこのような対応があることを調べればよいというわけです。

パ　ちょっと待って下さい。６の正の約数全体と１桁の素数全体の間には次のような対応を考えてもいいのでしょうか？

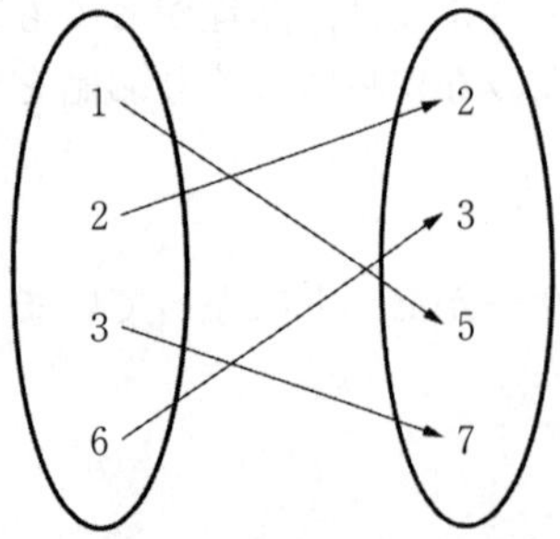

ア　もちろん大丈夫です。これでも２つの集合の要素が「同じ数だけある」ことがわかりますね。あとで詳しく説明しますが，このような対応を「１対１対応」といいます。

ピ　他にも何通りか考えられそうね。

2　関数

ア　二人は中学校で関数を習っていますか？

パ　$y=2x+1$ や $y=x^2$ などのことでしょうか？

ア　そうです。では，「関数の定義」を述べることができますか？

パ　「関数の定義」…？　難しいです。

ピ　「値を入力すると何かしらの計算をして値を出力するもの」という感じでしょうか。

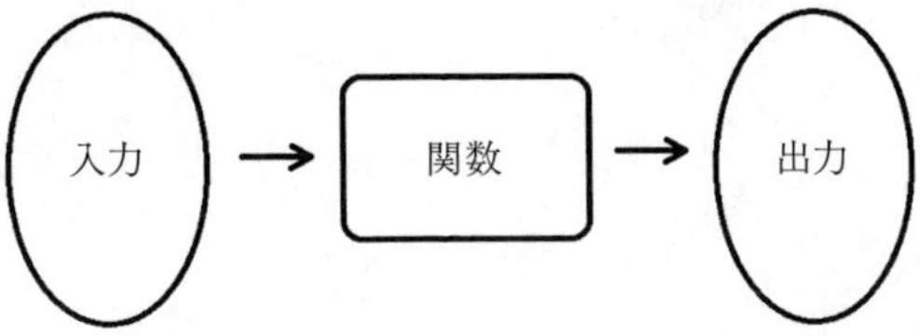

ア　とても良い感覚ですが，厳密な定義は次のようなものになります。

関数の定義

集合 A から集合 B への**関数**とは，A のすべての要素に対して，B の何らかの要素を必ず1つだけ対応させるものである。
A をこの関数の**定義域《ていぎいき》**，B をこの関数の**終域《しゅういき》**という。

パ　ちょっと何を言ってるかわかりません。

ア　では，二人がすでに知っている1次関数や2次関数の例で説明しましょう。
　まず，$y=2x+1$ という例を考えてみましょう。
　例えば，1に対しては，$2\times1+1=3$ という計算を行って，3を対応させます。
　例えば，2に対しては，$2\times2+1=5$ という計算を行って，5を対応させます。
　どんな実数 a に対しても，実数 $2a+1$ を対応させるので，これが実数全体の集合から実数全体の集合への関数になっているといえるのです。
　もう1つ，$y=x^2$ という例も考えてみましょう。
　例えば，1に対しては，$1^2=1$ という計算を行って，1を対応させます。
　例えば，2に対しては，$2^2=4$ という計算を行って，4を対応させます。
　どんな実数 a に対しても，実数 a^2 を対応させるので，これも実数全体の集合から実数全体の集合への関数になっているといえるのです。

パ　わかるようなわからないような…。

ア　今の2つの例以外にも，先ほどの6の正の約数全体と1桁の素数全体の間の1対1対応の例(下の図)も関数になっています。

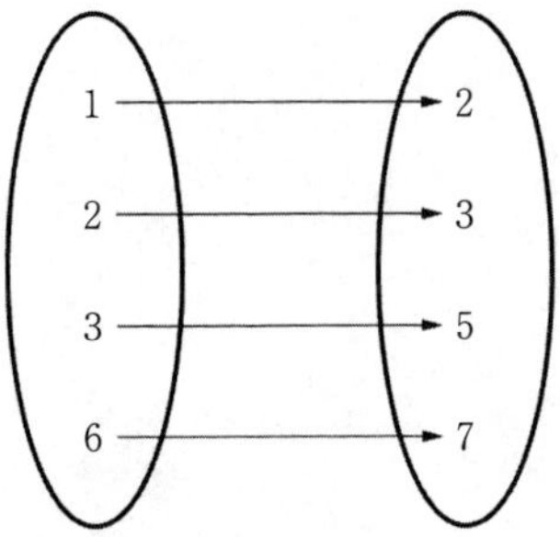

ピ　この対応が，6の正の約数それぞれに対して，必ず1桁の素数を1つ対応させているってことね！

ア　そうです。もちろん，パインさんが考えてくれた例(下の図)も6の正の約数全体の集合から1桁の素数全体の集合への関数になっています。

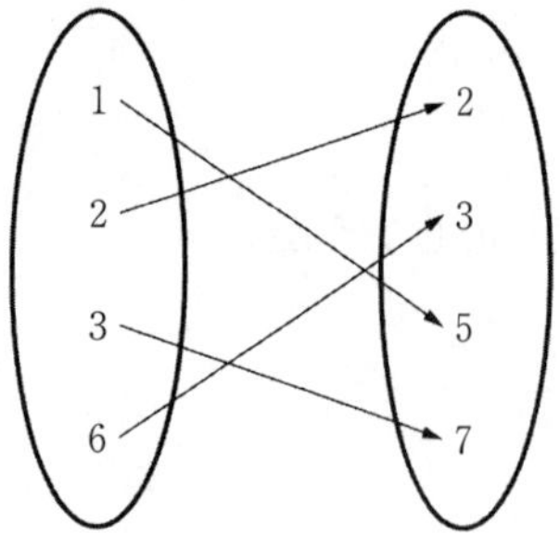

ここで，関数の定義をもう一度見てみましょう。

関数の定義(再掲《さいけい》)

集合Aから集合Bへの**関数**とは，Aのすべての要素に対して，Bの何らかの要素を必ず1つだけ対応させるものである。
Aをこの関数の**定義域**，Bをこの関数の**終域**という。

ア　この定義において，大切なことが2つあります。

- Aのすべての要素に対して，Bの何らかの要素を**必ず**対応させる
- Aの1つの要素に対して，対応するBの要素は**1つだけ**である

例えば，先ほどと同じ集合を考えていても，次のような対応は関数になっていません。

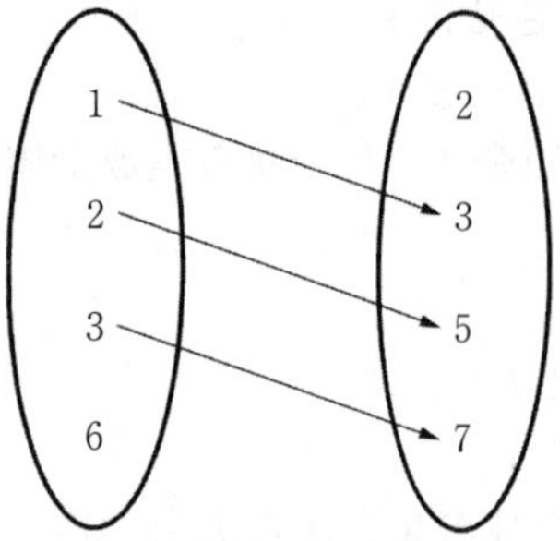

パ　Aの6に対応するBの要素がないので，定義の中の「Aのすべての要素に対して，Bの何らかの要素を**必ず**対応させる」の部分がダメになるんですね。
ア　その通りです。
次のような対応も関数になっていません。

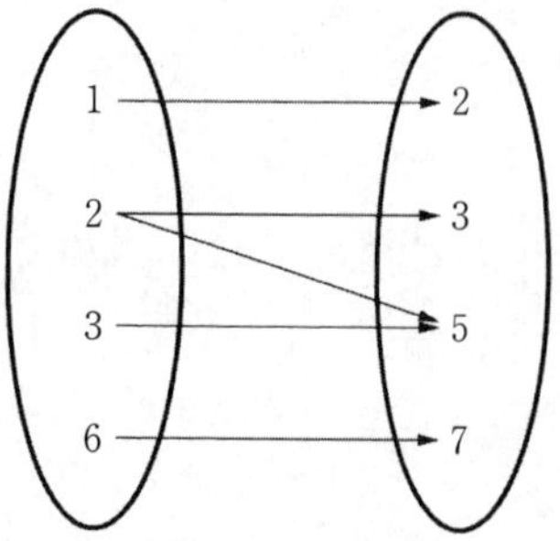

ピ　今度はAの2にBの3と5の2つが対応してしまっているわ。定義の中の「Aの1つの要素に対して，対応するBの要素は**1つだけ**である」の部分がダメになるのね。

ア　その通りです。関数がどんなものか，少しわかってきましたか？
パ　多分。
ピ　なんとなく。
ア　ここで，関数を扱うために便利な記号を用意しましょう。例えば，6の正の約数全体の集合から1桁の素数全体の集合への関数 f が下の図のような対応を与えているとき，$f(1)=2$，$f(2)=3$，$f(3)=5$，$f(6)=7$ というように，対応を式で表すことにします。

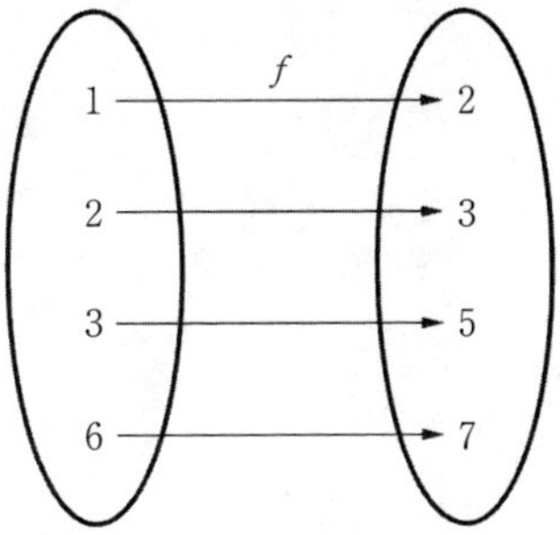

もし関数 f がパインさんが考えてくれた例（下の図）の場合でしたら，$f(1)=5$，$f(2)=2$，$f(3)=7$，$f(6)=3$ となるわけです。

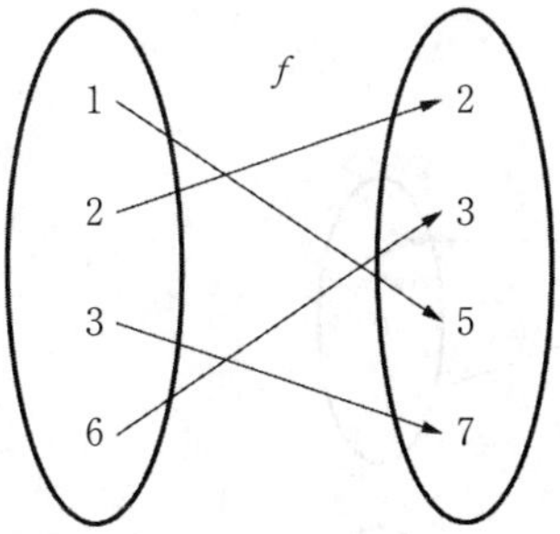

また，例えば $y=2x+1$ という関数に対して，$f(x)=2x+1$ と表せば，$f(1)=2\times1+1=3$，$f(2)=2\times2+1=5$ のような表現ができることも便利です。
パ　別の例で，$f(x)=x^2$ なら，$f(1)=1^2=1$，$f(2)=2^2=4$ のようになるんですね。

…問題3

ア　それでは，もう少し要素の個数が少ない場合で考えてみましょう。
　次の3つの対応(1)～(3)のうち，関数になっているものはどれでしょうか？

(1) 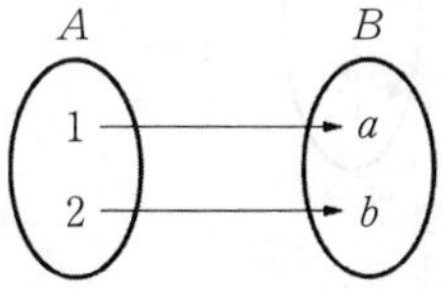

(2) 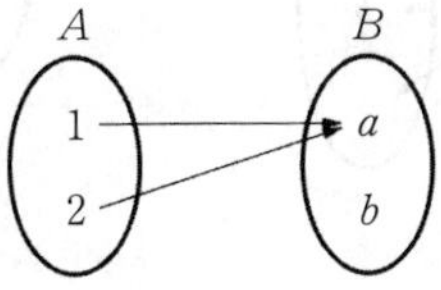

(3) 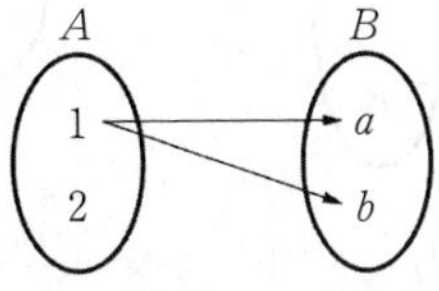

ピ　(1)が関数になっていて，(3)は関数になっていないことはわかるけど，(2)の例はどうなんだろう？
パ　定義は「Aのすべての要素に対して，Bの何らかの要素を1つだけ対応させるものである」だから，関数なんじゃないかな？
ピ　なるほど。(2)の例も，1に a，2に a というように，集合Aのすべての要素に対して，集合Bの要素を必ず1つ対応させているから，関数といえるんですね。
ア　その通りです。困ったら定義に戻って考えることは大切ですね。

…問題4

要素が2個の集合から要素が2個の集合への関数は，次の4通りしかないことがわかります。

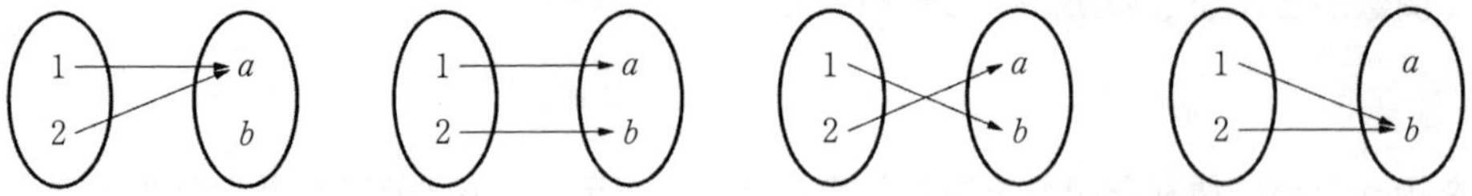

ピ　1の対応する先が2通りあって，そのそれぞれに対して2の対応する先も2通りずつあるから，$2\times2=4$ で4通りなのね。

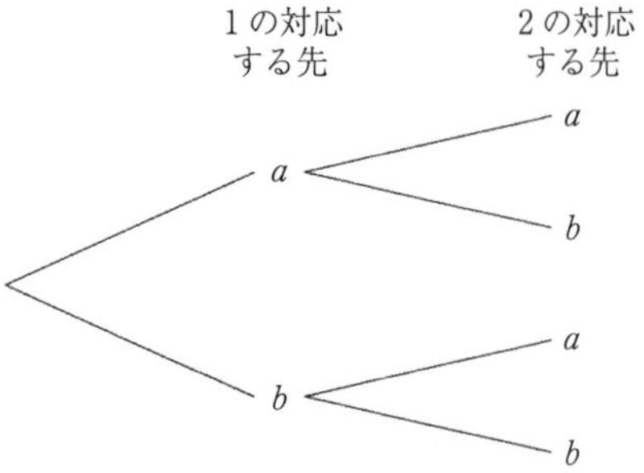

ア　それでは，要素が2個の集合から要素が3個の集合への関数は全部で何通りあるでしょうか。

パ　全部書き出してみます！　えーっと，1が a に対応する場合，2の対応する先が……

—数分後—

パ　できました！

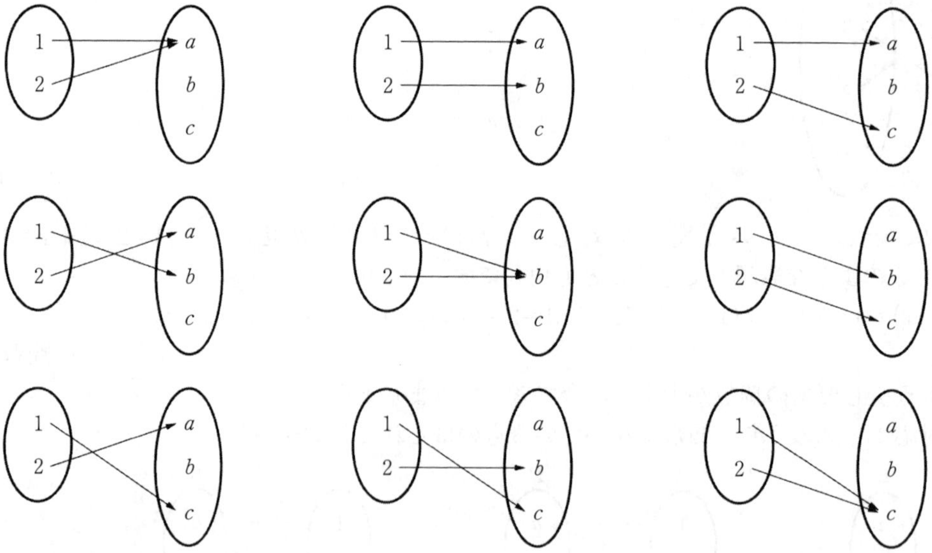

パ　全部で9通りです！

ア　素晴らしい。よくできています。

ピ　この場合も，$3\times3=9$ で9通りと計算して求めることもできるわね。

…**問題5**

ア　これまでの例を見てわかるように，関数の中には異なる要素に必ず異なる要素を対応させるものと，そうでないものがあります。

　異なる要素に必ず異なる要素を対応させる関数のことを単射《たんしゃ》といいます。

単射の定義

集合 A から集合 B への関数が**単射**であるとは，A の異なる2つの要素には必ず B の異なる要素が対応することをいう。

要素が2個の集合から要素が3個の集合への関数の中で，単射であるものは次の6通りになります。

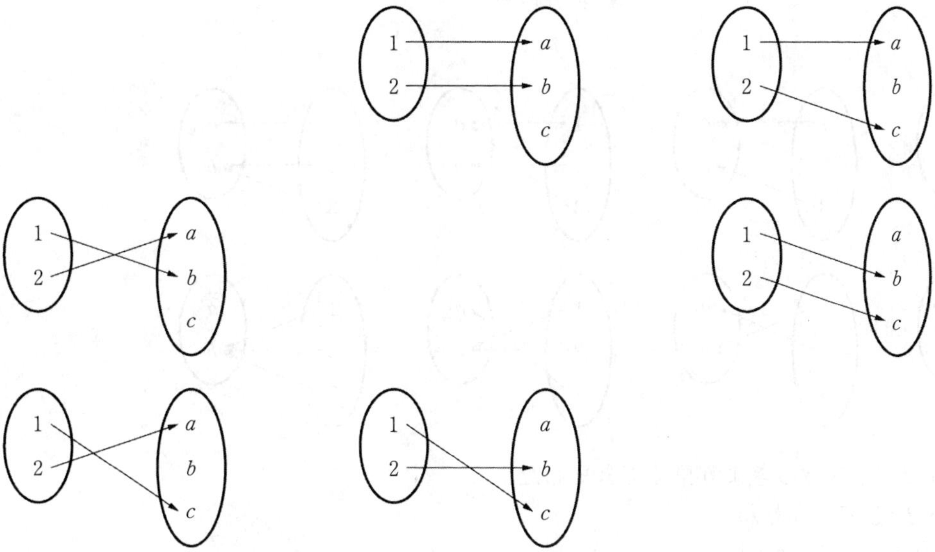

パ　先ほどの9通りの例のうち，例えば次の例では，1と2は異なる要素なのに，同じ要素 a に対応してしまっているから，単射ではないんですね。

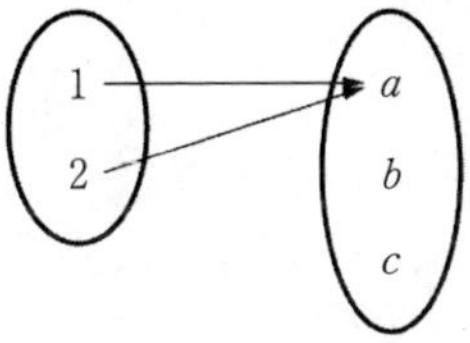

ピ　1の対応する先は3通りあるけど，単射の場合は，1の対応する先を1つ決めてしまうと，2の対応する先が2通りになる(例えば，1の対応する先が a なら，2の対応する先は b，c しかない)ので，$3\times2=6$ で6通りになるのね。

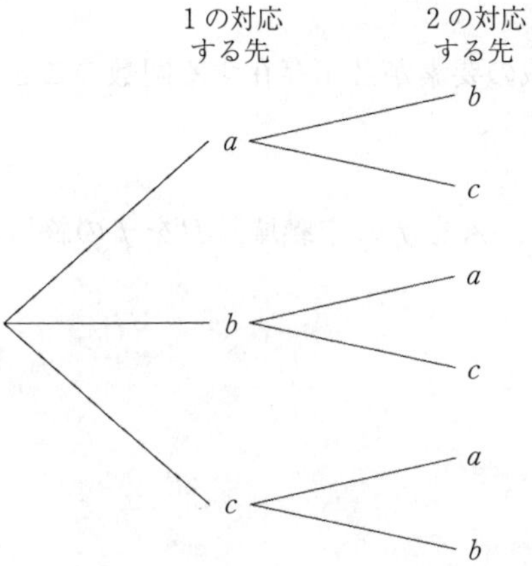

…問題6

…問題7

ア　単射についての説明はこれでいったん終わります。もう一つ，集合の要素の個数を変えた例を見てみましょう。

要素が3個の集合から要素が2個の集合への関数は全部で何通りあるでしょうか。

パ　全部書き出してみます！

—数分後—

パ　できました！

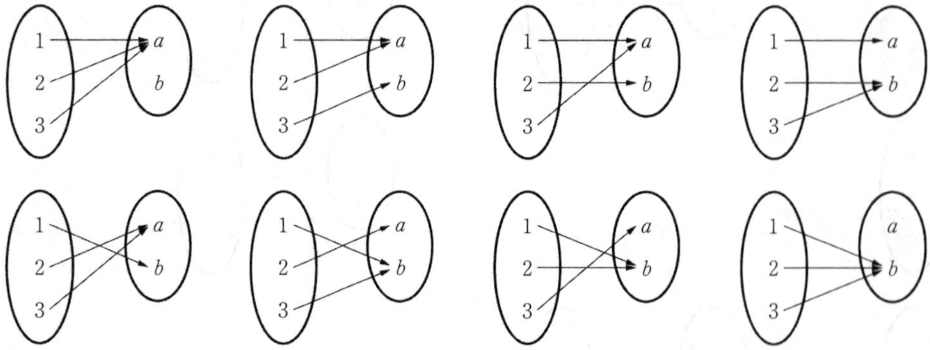

全部で8通りです！　さっきより早くできました！

ピ　これは $2\times2\times2=8$ で8通りね。

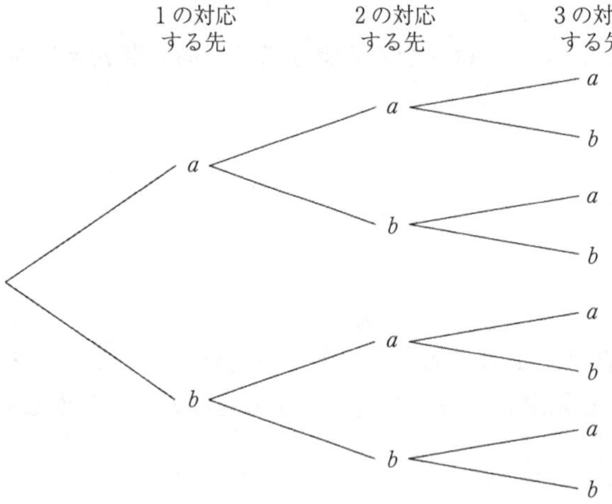

ア　さて，今度は終域のすべての要素に対して，対応する定義域の要素が必ず存在する関数のことを全射《ぜんしゃ》といいます。

ピ　終域，定義域とはなんのことだったでしょうか？

パ　定義を確認すると，「f が集合 A から集合 B への関数のとき，A を f の定義域，B を f の終域という」でしたね。

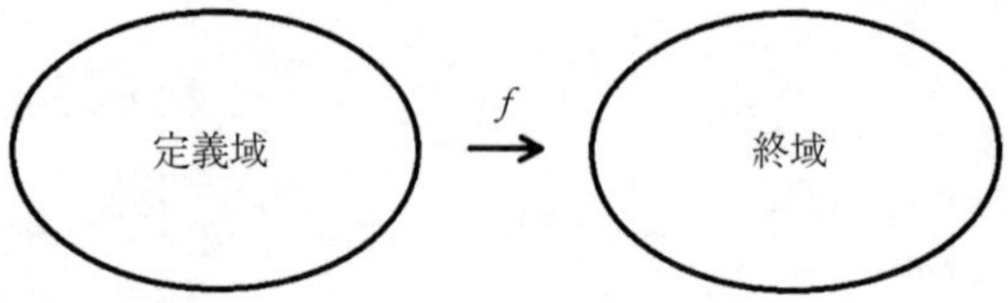

ア　その通りです。

全射の定義

> 集合Aから集合Bへの関数が**全射**であるとは，Bのすべての要素に必ずAの要素が少なくとも1つ対応することをいう。

要素が3個の集合から要素が2個の集合への関数の中で，全射であるものは次の6通りになります。

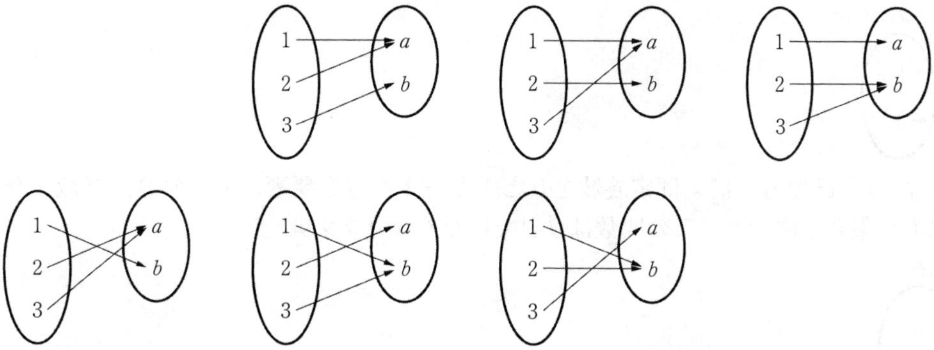

パ　先ほどの8通りの例のうち，例えば次の例では，bに対応する要素が1つもないから，全射ではないんですね。

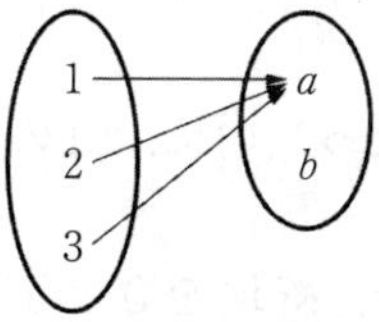

ピ　全8通りのうち，全射でないものは1，2，3のすべてがaに対応する場合と1，2，3のすべてがbに対応する場合の2通りだから，$8-2=6$で6通りと計算すればよいのかしら？

ア　それも正解ですが，次のように考えることもできます。対応する先が同じになる要素の組み合わせは，1，2と1，3と2，3の3通りです。そして例えば，対応する先が同じになる要素が1，2であるケースを考えると，1，2の対応する先がaなら，3の対応する先はbに決まり，1，2の対応する先がbなら，3の対応する先はaに決まるので，このケースは2通りあります。このことは対応する先が同じになる要素が別の組み合わせのケースでも同様なので，$3\times2=6$で6通りです。

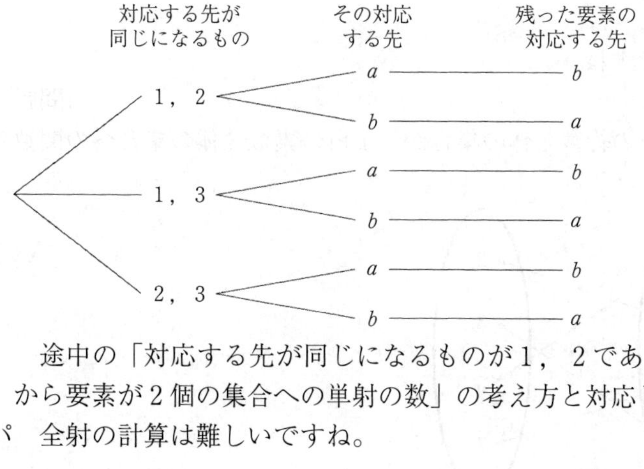

途中の「対応する先が同じになるものが1，2であるケース」の考え方は，「要素が2個の集合から要素が2個の集合への単射の数」の考え方と対応していることにも注目して下さい。

パ　全射の計算は難しいですね。

…**問題8**

…問題 9

ア　最後に，単射であり，かつ全射でもある関数のことを**全単射《ぜんたんしゃ》**といいます。

…問題10

ア　また，関数は何が定義域で何が終域であるか，つねに明記されていないといけません。例えば，関数 $f(x)=x^2$ について，定義域を 0 と 1 だけを要素にもつ集合，終域を 0 と 1 だけを要素にもつ集合とすると，この関数は単射であり，かつ全射でもあるので，全単射となります。

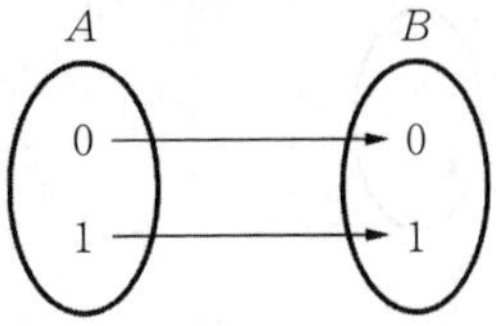

しかし，同じ $f(x)=x^2$ でも，例えば定義域を 0 と 1 と -1 だけを要素にもつ集合，終域を 0 と 1 だけを要素にもつ集合とすると，この関数は単射ではなくなります。

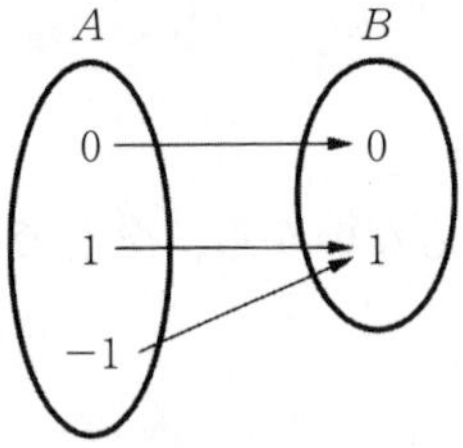

パ　単射の定義は「Aの異なる 2 つの要素には必ずBの異なる要素が対応する」だったのに，Aの 1 と -1 にBの同じ 1 が対応してしまっているんですね。

ア　また，同じ $f(x)=x^2$ で，例えば定義域を 0 と 1 と -1 だけを要素にもつ集合，終域を 0 と 1 と -1 だけを要素にもつ集合とすると，この関数は全射ではなくなります。

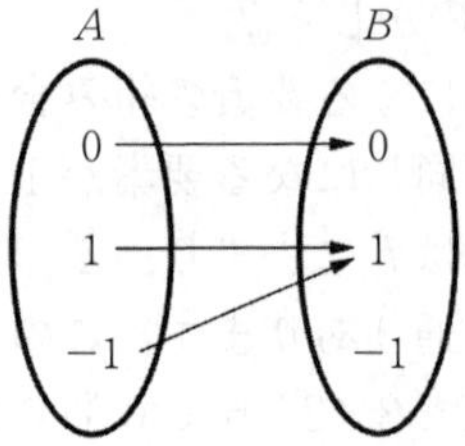

パ　今度は全射の定義が「Bのすべての要素に必ずAの要素が少なくとも 1 つ対応する」なのに，Bの -1 に対応するAの要素がありません！

ピ　定義域と終域が何であるかが大切なんですね。

…問題11

ア　さて，話を戻して，最初に考えた 6 の正の約数全体の集合から 1 桁の素数全体の集合への関数の 2 つの例はどちらも全単射になっています。

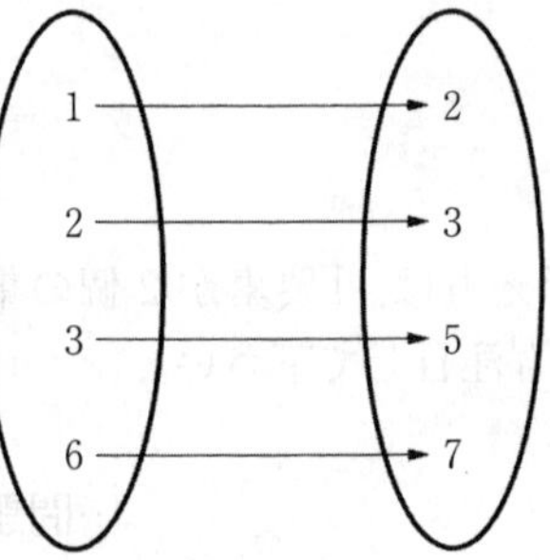

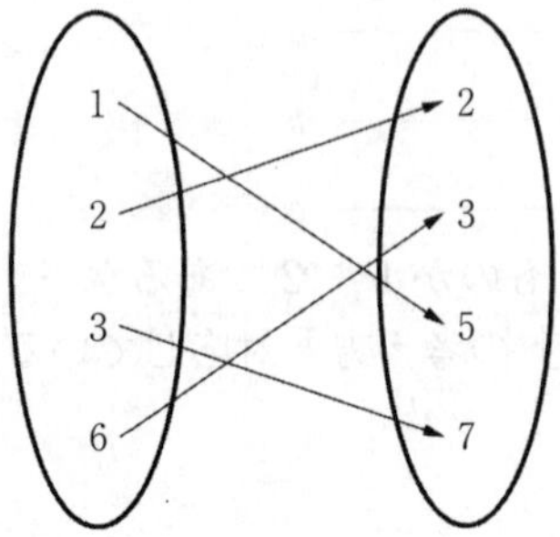

2つの集合の要素が「同じ数だけあること」を確かめるには，その2つの集合の間に1対1対応があることを調べればよいという話をしました。

この1対1対応とはまさに全単射のことにほかならないわけです。

有限集合(要素の個数が有限な集合)の性質

集合Aから集合Bへの全単射が存在するとき，AとBの要素の個数は等しい。

3　無限のものを数える？

ア　さて，先ほどは有限集合(要素の個数が有限である集合)を考えてきました。ここからは無限集合(要素の個数が無限である集合)を扱っていきます。

ピ　要素の個数が無限である集合なんて，考えられるのでしょうか？

ア　数学と無限集合は切っても切り離せない関係にあります。例えば，自然数は全部で何個あると思いますか？

パ　自然数とは，1，2，3，4，…という数のことですよね。確かに，何個と言われても困ってしまって，「無限にある」と言うしかないのですね。

ア　日常生活では有限のものを対象に考えることがほとんどでしょうが，数学においては「すべての自然数に対して……」や「すべての整数に対して……」のように，無限に沢山《たくさん》あるものすべてを対象に議論を行うことが極めて頻繁《ひんぱん》にあります。

数学では無限集合に対しても「どちらの方が要素の個数が多いか」を比べることを考えます。

ピ　無限なものに対して，どちらの方が多いか比べるなんて，できるのですか？

ア　カントールが登場する以前，19世紀の多くの数学者たちもそんなことは不可能だと考えていたでしょう。

パ　ここで遂にカントール先生が登場するんですね！

ア　まず，言葉を正確に定義しておきます。有限集合に対しては「要素の個数」という単語を使いますが，無限集合に対しては代わりに「濃度《のうど》」という単語を使います。2つの無限集合(有限集合でも可)に対して，その濃度が等しいというのは，その2つの集合の間に1対1対応，すなわち全単射が存在することをいいます。

濃度の定義

2つの集合A，Bの**濃度**が等しいとは，AからBへの全単射が存在することをいう。

パ　2つの有限集合の要素の個数が等しいときに成り立つ性質を，2つの無限集合の濃度が等しいことの定義に採用したんですね。

ア　その通りです。

ピ　今なら定義自体は理解できるわね。

ア　しかし，無限集合を対象にした場合は，直感に反する結果が導けてしまいます。

例えば，自然数全体の集合と，正の偶数全体の集合を考えると，この2つの集合の間に右のような全単射が作れてしまいます。

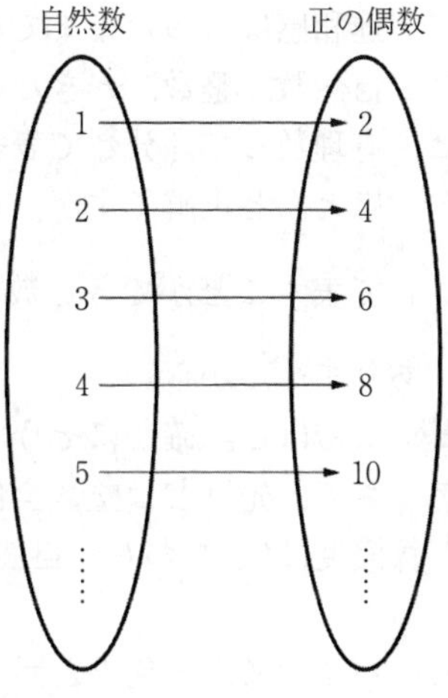

ア　自然数xに対して，$y=2x$という対応で正の偶数yを対応させるということですね。

ピ　自然数の中には偶数も奇数も存在するのに，正の偶数全体の集合と濃度が等しいというのはおかしくないでしょうか？

ア　過去の数学者たちがすぐには受け入れられなかったように，初めてこの話を聞く中学生が困惑するのも無理はありません。

しかし，我々が濃度に対してこのような定義を採用している限り，これはれっきとした事実なのです。

パ　異なる自然数には異なる正の偶数が対応しているから「単射」だし，すべての正の偶数に１つの自然数が対応しているから「全射」にもなっています。

濃度が等しいことの定義「全単射が存在する」は確かに満たしていますね。

ア　有限集合だけを考えている場合は，全体とその一部分の間に１対１対応が存在することはあり得ませんが，無限集合ではこれがあり得ます。カントールと[1]デデキントはこの性質に注目し，

「それこそ，――つまり，部分と全体の間に１対１対応が存在すること――が無限集合の定義する性質である」

と述べました。

ア　今述べたように，全体とその一部分の間に１対１対応，すなわち全単射が存在することは，無限集合の重要な性質です。

1　カントールと同時期の偉大な数学者であり，彼のよき理解者であった

ア　先ほどの自然数全体の集合とその中の偶数全体の集合の例の他にも，例えば，自然数全体の集合と整数全体の集合の濃度が等しいことを右のように確認することができます。

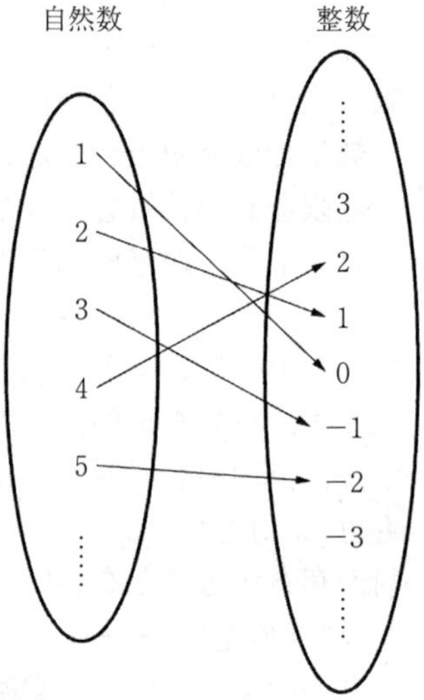

ピ　０から始めて正の数と負の数を交互に対応させていっているのね。

パ　整数全体の集合が自然数全体の集合と濃度が等しいというのは，

０に１，１に２，−１に３，２に４，−２に５，……

というように，すべての整数に自然数で番号を付けられるということなんですね。

ア　その通りです。

０が１番目，１が２番目，−１が３番目，２が４番目，−２が５番目，……

というように，すべての整数を「数えて」いる感じですね。

自然数全体の集合の濃度を**可算濃度《かさんのうど》**といいます。今証明したことは，整数全体の集合が可算濃度であったということです。

ピ　私はやっぱりまだ違和感があるわ。

ア　違和感はもったままでも構いませんので，もう少し先に進んでみましょう。

ア　自然数，整数，ときたので，次は有理数について考えます。

ピ　有理数って「分数で表せる数」のことですよね。

ア　ほとんど正解ですが，厳密には「分母は０ではない整数を用いて，分子は整数を用いて，分数として表すことができる数」のことです。$\frac{1}{3}$ や $\frac{-7}{5}$ などは有理数ですが，$\frac{\sqrt{2}}{3}$ などは有理数ではありませんから。

ピ　なるほど。確かにそうですね。

ア　さて，先ほどは整数全体の集合が可算濃度であることを確認しましたが，有理数全体の集合も可算濃度に(すなわち，自然数全体の集合と濃度が等しく)なるでしょうか？　少し考えてみて下さい。

―数分後―

ピ　パインさんと色々と話して考えてみましたが，有理数全体の集合は可算濃度にはならないと思い

ます。

ア　どうしてそう思いましたか？

ピ　有理数には「となりの数」が無いからです。整数の場合は，正の数と負の数を交互に「となりの数」に対応させていけばよかったのですが，有理数の場合は「となりの数」が無いので，次の対応が決まりません。

ア　面白い点に注目しましたね。「となりの数」が無いというのは有理数の大事な性質です。きちんというと，どんな有理数 a， b (ただし $a<b$) に対しても $a<q<b$ となる有理数 q が存在するということです。

ピ　ちょっと何を言っているかわかりません。

ア　例えば，$a=\dfrac{1}{2}$ と $b=\dfrac{2}{3}$ に対して，$a<q<b$ となる有理数 q を見つけることができますか？

パ　できます。$a=\dfrac{1}{2}$ と $b=\dfrac{2}{3}$ の真ん中を取ればいいので，

$$\frac{a+b}{2}=\frac{\dfrac{1}{2}+\dfrac{2}{3}}{2}=\frac{\dfrac{3+4}{6}}{2}=\frac{7}{2\times 6}=\frac{7}{12}$$

と計算して，$q=\dfrac{7}{12}$ を見つけることができます。

ピ　私は，分母と分子をそれぞれ足して，

$$\frac{1+2}{2+3}=\frac{3}{5}$$

と計算して，$q=\dfrac{3}{5}$ としました。この方法は以前別の分野を勉強したときに出てきました。

ア　どちらも正解です。このように，$\dfrac{1}{2}<q<\dfrac{2}{3}$ となる有理数 q は１つとは限りませんが，例えばパインさんが考えた方法やピーチさんが考えた方法で，そのような有理数 q を必ず見つけることができます。

つまり，$\dfrac{2}{3}$ は $\dfrac{1}{2}$ の「となりの数」ではないということです。

しかし，例えばパインさんの $\dfrac{7}{12}$ を取ったとしても，これも $\dfrac{1}{2}$ の「となりの数」とはなりませんね？

ピ　また同じ方法で $\dfrac{1}{2}$ と $\dfrac{7}{12}$ の間に入る有理数を作ることができるということですね。

ア　その通りです。したがって，有理数には「となりの数」が存在しないことがわかります。

…問題12

ピ　今のお話を伺うと有理数は「ぎっしり詰まっている」という感じがして，やはり自然数全体の集合と濃度が等しいとは思えません。

ア　その感覚は決しておかしなものではないと思います。しかし，右のような対応を考えることで，有理数全体の集合も可算濃度であることが証明できます。

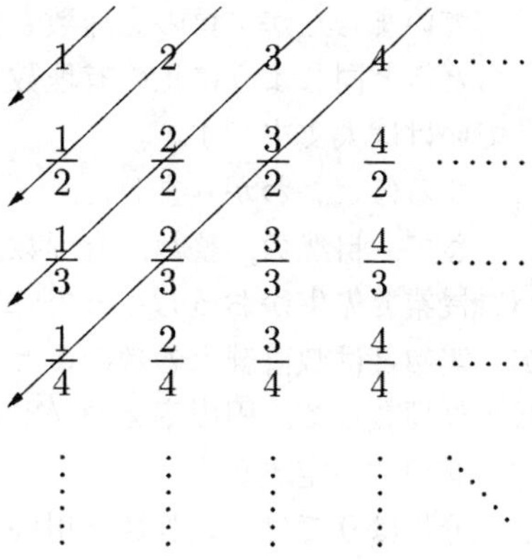

パ　これはどのように対応させているのでしょうか？

ア　まず，自然数 1，2，3，4，…は分母が 1 の有理数 $\frac{1}{1}$，$\frac{2}{1}$，$\frac{3}{1}$，$\frac{4}{1}$，…と考えて，それらを 1 段目に並べます。

続いて，

分母が 2 の有理数 $\frac{1}{2}$，$\frac{2}{2}$，$\frac{3}{2}$，$\frac{4}{2}$，…を 2 段目，

分母が 3 の有理数 $\frac{1}{3}$，$\frac{2}{3}$，$\frac{3}{3}$，$\frac{4}{3}$，…を 3 段目，

分母が 4 の有理数 $\frac{1}{4}$，$\frac{2}{4}$，$\frac{3}{4}$，$\frac{4}{4}$，…を 4 段目，

……

と並べていきます。

そして，すべての有理数にどのように自然数で番号を付けているかというと，図のように「斜め」に辿《たど》って，

1 が 1 番目，2 が 2 番目，$\frac{1}{2}$ が 3 番目，3 が 4 番目，$\frac{2}{2}$ が 5 番目，$\frac{1}{3}$ が 6 番目，…と対応させていくのです。

…問題13

ピ　ちょっと待って下さい。この対応だと $1=\frac{2}{2}=\frac{3}{3}=\frac{4}{4}=\cdots$ や $\frac{1}{2}=\frac{2}{4}=\cdots$ のように，同じ有理数に違う自然数が対応してしまっていませんか？

パ　確かに！　この対応を自然数全体の集合から有理数全体の集合への関数とみなしたとき，それが全単射であってほしいのに，これではこの関数が［　あ　］になりません。

…問題14

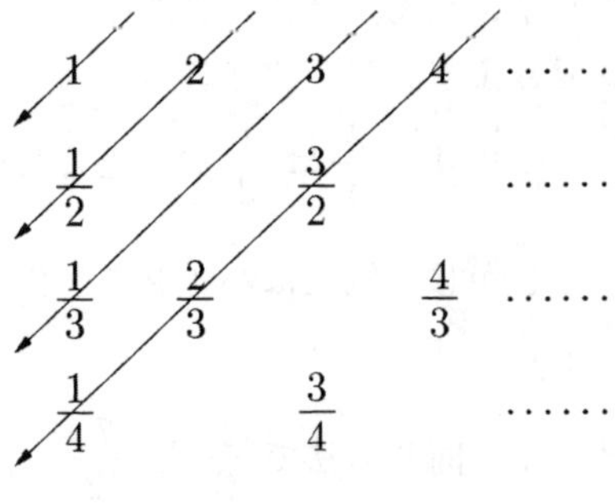

ア　良いところに気が付きましたね。確かに，その指摘はその通りなのですが，これは同じ有理数を複数回カウントしてしまっているだけなので，図のように一度現れた有理数はカウントせずに進むことにすれば，自然数全体の集合から有理数全体の集合への全単射を改めて構成することができます。

パ　ところで，今のお話では負の有理数が出てきていないのですが，それは大丈夫なのでしょうか？

ア　そうですね。話をわかりやすくするために正の有理数に限定していましたが，負の有理数も含めて全単射を作るには，整数のときと同じように正の有理数と負の有理数を交互に対応させていけば大丈夫です。

ピ　なるほど。わかりました。

ア　さて，自然数，整数，有理数，ときましたから，次は実数について考えます。

パ　授業で先生がおっしゃっていて，一番わからなかった部分です。

ア　実数とは数直線上の数のことで，その中には有理数と無理数があります。

ピ　無理数って，円周率 π や $\sqrt{2}$ のように，有理数ではない実数のことでしたよね。

パ　有理数の定義が

「分母は 0 ではない整数を用いて，分子は整数を用いて，分数として表すことが**できる**数」だった

ので，無理数は

「分母は0ではない整数を用いて，分子は整数を用いて，分数として表すことが**できない**数」といえますね。

ア　その通りです。

更に，有理数と無理数の違いは，小数表記を用いて説明することもできます。

例えば，有理数 $\frac{3}{10}$ や $\frac{3}{11}$ を小数で表すと，

$$\frac{3}{10}=0.3$$

$$\frac{3}{11}=0.272727\cdots$$

となります。

$\frac{3}{10}=0.3$ のように表せる数を**有限小数**《ゆうげんしょうすう》，

$\frac{3}{11}=0.272727\cdots$ のように表せる数を**循環小数**《じゅんかんしょうすう》と呼びます。

整数や有限小数は後ろに0が続いていると考えれば，有理数はすべて循環小数で表せるといえます。

$$3=3.00000\cdots$$

$$\frac{3}{10}=0.30000\cdots$$

$$\frac{3}{11}=0.272727\cdots$$

パ　待って下さい。有理数なら必ず循環小数で表せると言い切れるのは本当でしょうか？

ア　割り算の仕組みを考えてみて下さい。

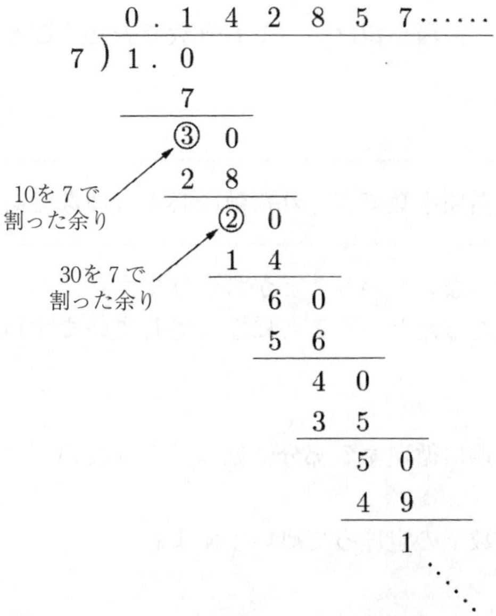

ア　例えば，整数を7で割る計算の仕組みを考えてみましょう。例として，1を7で割る計算(筆算《ひっさん》)を上に書いたので参考にして下さい。

ア　整数を7で割る計算を行うとき，常に余りの数の候補は0，1，2，3，4，5，6の7種類だ

けです。

ア　したがって，筆算を続けていくと［　　い　　］ので，有理数は必ず循環小数で表せるといえます。

パ　なるほど。わかりました。

…問題15

ア　循環小数に対して，どこが繰り返すのかをわかりやすくするために，次のような表記を用いることがあります。

$$\frac{1}{3}=0.333\cdots=0.\dot{3}$$

$$\frac{3}{11}=0.272727\cdots=0.\dot{2}\dot{7}$$

$$\frac{1}{7}=0.142857142857\cdots=0.\dot{1}4285\dot{7}$$

ア　次に，先ほどとは逆に循環小数で表された数が必ず有理数であることを確認します。
　例えば，$0.\dot{1}\dot{5}$という循環小数を分数で表すことができますか？

ピ　これは習ったことがあります。確か，100倍したものから元の数を引けばよいのですよね？

$$x=0.15151515\cdots$$

$$100x=15.15151515\cdots$$

として，$100x-x$を計算すると，

$$99x=15$$

となって，

$$x=\frac{15}{99}=\frac{5}{33}$$

となるから，$0.\dot{1}\dot{5}$を分数で表すと$\dfrac{5}{33}$です。

ア　よくできています。今と同じような計算を行えば，循環小数はいつでも分数で表せることがわかるでしょう。

…問題16

有理数の小数表記

有理数を小数で表すと必ず循環小数になり，逆に循環小数で表された数は必ず有理数である。

ア　このことから，無理数を小数で表すと絶対に循環しないということがわかります。

パ　そっか。もし循環してしまったら，それは有理数だったということになってしまいますね。

$$\pi=3.14159265358\cdots$$

$$\sqrt{2}=1.41421356237\cdots$$

ア　上の式は途中まで書いただけですが，この後も永遠に循環する部分は見つけられないというわけです。

ピ　永遠に見つからないことがわかるなんて，改めて数学の定理って凄いですよね。

4　対角線論法《たいかくせんろんぽう》

ア　それでは，最後に実数全体の集合の濃度についてお話しします。

パ「となりの数」が無い有理数全体の集合ですら可算濃度だったのだから，もはやどんな無限集合でも可算濃度なのではないかと思えてきました。

ア　結論から述べると，実数全体の集合は可算濃度ではありません。すなわち，自然数全体の集合との間に全単射が存在しないことが証明できます。

ピ　これまでは具体的に全単射を作ればよかったのですが，全単射が存在しないことなんて，どのようにして証明すればよいのでしょうか？

ア　ここでカントールが発案した**対角線論法**《たいかくせんろんぽう》の登場です。対角線論法は背理法《はいりほう》の一種なのですが，お二人は背理法は知っていますか？

ピ　えーっと，確か「示したいことの否定を仮定すると矛盾《むじゅん》すること」を証明することによって，示したいことが証明できるみたいな方法でしたよね？

「$\sqrt{2}$ は無理数である」の証明で「仮に $\sqrt{2}$ を有理数とすると，………となって矛盾する。したがって $\sqrt{2}$ は無理数である。」のような形で見たことがあります。

パ　なんか刑事ドラマのアリバイみたいなイメージ！「事件の実行犯として怪しい男がいる。犯行は17時に東京駅で行われたと特定されている。しかし，彼は16:30に大阪駅で目撃されている。彼が犯人だと仮定すると，新幹線でも１時間かかる距離を30分で移動したことになり，そんなことは不可能である。したがって，彼は犯人ではない。」みたいな！

ピ　ドラマとしてはあまり面白くなさそうかな。

パ　とりあえずの設定よ！

ア　ドラマとして面白いかどうかはさておき，なかなか良い例だと思います。他にも部活の引退をかけた試合から帰ってきた息子を見たお母さんが「もし試合に勝っていたら，あんなに悲しい顔をしているはずがない。だから試合は負けだったに違いない。今日の夕飯は息子が大好きなハンバーグにしてあげよう。」のように。

ピ　なんだか大喜利《おおぎり》みたいになってきましたね。

ア　まあ，とにかく，このように「○○だと仮定すると，………となって矛盾する。したがって，○○という仮定がおかしかったのだから，○○ではない。」というように行う証明方法を背理法といいます。

本当は実数全体の集合が可算濃度ではないことを証明したいのですが，代わりに０より大きく１より小さい実数全体の集合が可算濃度ではないことを証明すれば十分なので，こちらを証明します。

ピ　今回証明したいことは「０より大きく１より小さい実数全体の集合は可算濃度**ではない**」ですから，背理法では「仮に０より大きく１より小さい実数全体の集合が可算濃度**である**とすると，………となって矛盾する。したがって，０より大きく１より小さい実数全体の集合は可算濃度**ではない**。」という流れで行うということですか？

ア　その通りです。それでは，証明を行います。

０より大きく１より小さい実数全体の集合が可算濃度**ではない**ことの証明

ア　仮に０より大きく１より小さい実数全体の集合が可算濃度**である**とすると，そのようなすべての実数に番号が付けられているということになります。

[2] 例えば，

a_1＝0.1848503…

a_2＝0.1414213…

a_3＝0.2718281…

a_4＝0.0999999…

a_5＝0.3141592…

…

のように。

パ　どういうことですか？

ア　今は背理法の仮定で，仮に0より大きく1より小さい実数全体の集合が可算濃度**である**としているので，整数や有理数のときと同じように，1番目の実数がa_1，2番目の実数がa_2，3番目の実数がa_3，4番目の実数がa_4，5番目の実数がa_5，…と自然数で番号が付けられているというわけです。数字の例を与えているのは，わかりやすくするためです。

ピ　この後はどうなるのでしょうか？　全く想像がつきません。

ア　では，証明を続けます。このとき，次のような実数bを考えます。

　bの整数部分は0とする。

　bの小数第n位を次のように定める。

　　a_nの小数第n位が1ならば，bの小数第n位を2とする。

　　a_nの小数第n位が1以外ならば，bの小数第n位を1とする。

ピ　どういうことかしら？

ア　上の数字の例で説明すると，

　a_1の小数第1位は1なので，bの小数第1位を2とする。

　a_2の小数第2位は4なので，bの小数第2位を1とする。

　a_3の小数第3位は1なので，bの小数第3位を2とする。

　a_4の小数第4位は9なので，bの小数第4位を1とする。

　a_5の小数第5位は5なので，bの小数第5位を1とする。

　…

となって，上の例では，$b=0.21211\cdots$となります。

　大雑把《おおざっぱ》に言うと，「bの小数第n位とa_nの小数第n位が異なる」ようにbを定めるということです。

ピ　そうすると，どうなるのかしら？

ア　bも0より大きく1より小さい実数なので，何らかの自然数によって番号が付けられているはずです。

bの番号をNとします。$b=a_N$ということです。

　もし$N=3$だとすると，$b=a_3$となります。しかし，a_3の小数第3位は1で，bの小数第3位は2なので，矛盾です。

　もし$N=5$だとすると，$b=a_5$となります。しかし，a_5の小数第5位は5で，bの小数第5位は1なので，矛盾です。

　もし$N=100$だとすると，上の例には書いてありませんが，やはりa_{100}の小数第100位と，bの小数第100位が異なるように作られているので，矛盾です。

　これはNがどんな自然数だとしても同様で，必ず矛盾が生じてしまいます。

　さて，なぜ矛盾が生じたかというと，0より大きく1より小さい実数全体の集合が可算濃度**である**という根拠のない仮定を立てたからです。

　従って，0より大きく1より小さい実数全体の集合が可算濃度**ではない**ということが証明されました。

証明終了

2　$0.0999999\cdots=0.1000000\cdots$や$0.0049999\cdots=0.0050000\cdots$のように2通りの表記が考えられる場合は，左の無限小数表記を用いる。

ア　証明のポイントは「bの小数第n位とa_nの小数第n位が異なる」ようにbを定めたという点で

す。この性質さえ満たしていれば，bの定め方は今回採用したもの以外にも色々と考えられます。今の例でいうと，次の数字に注目しているのですね。

$a_1=0.\mathbf{1}848503\cdots$

$a_2=0.1\mathbf{4}14213\cdots$

$a_3=0.27\mathbf{1}8281\cdots$

$a_4=0.099\mathbf{9}999\cdots$

$a_5=0.3141\mathbf{5}92\cdots$

$\cdots$

ピ　なるほど！　これが「対角線論法」という名前の由来なんですね！

…**問題17**

ア　無限集合にも大小があるという事実の発見は当時の数学界に大きな衝撃《しょうげき》を与えました。その後カントールの対角線論法は集合の濃度以外の問題も含め，様々な方向に応用されています。

　今日はそこまでの話はできませんが，濃度の問題の例をもう一問見てみましょう。

ア　自然数全体の集合から自然数全体の集合への関数全体の集合が可算濃度ではないことを証明します。

パ　何の集合ですか？　もう一度言って下さい。

ア　自然数全体の集合から自然数全体の集合への関数全体の集合です。

パ　もう一度聞いてもわかりませんでした。

ア　確かに難しいと思うので，少し例を挙げましょう。

ア　自然数全体の集合から自然数全体の集合への関数の例をいくつか挙げると，例えば，

$f(1)=1,\quad f(2)=2,\quad f(3)=3,\quad f(4)=4,\quad f(5)=5,\quad \cdots$

とか，

$f(1)=2,\quad f(2)=3,\quad f(3)=4,\quad f(4)=5,\quad f(5)=6,\quad \cdots$

とか，

$f(1)=2,\quad f(2)=4,\quad f(3)=6,\quad f(4)=8,\quad f(5)=10,\quad \cdots$

などがあります。

　1つ目の例は自然数nに対して$f(n)=n$，2つ目の例は自然数nに対して$f(n)=n+1$，3つ目の例は自然数nに対して$f(n)=2n$というように式で書くこともできます。ただし，関数の中には式で書くことができない例もあることは心に留めておいて下さい。

　自然数全体の集合から自然数全体の集合への関数全体の集合とは，このような関数を(式で書くことが出来ない例も含めて)要素としてすべて集めてきた集合です。

パ　一つひとつの関数がこの集合の要素ということなんですね！

ピ　すべて自然数だけでできているのですから，可算濃度なのではないでしょうか。

ア　上に挙げた例の他にも，

$f(1)=1,\quad f(2)=1,\quad f(3)=1,\quad f(4)=1,\quad f(5)=1,\quad \cdots$

や，

$f(1)=2,\quad f(2)=2,\quad f(3)=2,\quad f(4)=2,\quad f(5)=2,\quad \cdots$

とか，

$f(1)=1,\quad f(2)=2,\quad f(3)=1,\quad f(4)=2,\quad f(5)=1,\quad \cdots$

とか，他にも色々な例がありますよ。

ピ　そう単純でもないのですね。

ア　それでは，証明を始めましょう。

自然数全体の集合から自然数全体の集合への関数全体の集合が可算濃度**ではない**ことの証明

ア　以下，簡単のために「自然数全体の集合から自然数全体の集合への関数」のことを単に「関数」と呼ぶこともあります。

　仮に関数全体の集合が可算濃度**である**とすると，すべての関数に番号が付けられて f_1，f_2，f_3，f_4，f_5，……となっているということになります。

　例えば，f_1 が

$f_1(1)=1$,　$f_1(2)=2$,　$f_1(3)=3$,　$f_1(4)=4$,　$f_1(5)=5$,　…

という関数で，f_2 が

$f_2(1)=2$,　$f_2(2)=3$,　$f_2(3)=4$,　$f_2(4)=5$,　$f_2(5)=6$,　…

という関数で，f_3 が

$f_3(1)=2$,　$f_3(2)=4$,　$f_3(3)=6$,　$f_3(4)=8$,　$f_3(5)=10$,　…

という関数で，f_4 が

$f_4(1)=1$,　$f_4(2)=1$,　$f_4(3)=1$,　$f_4(4)=1$,　$f_4(5)=1$,　…

という関数で，f_5 が

$f_5(1)=1$,　$f_5(2)=8$,　$f_5(3)=4$,　$f_5(4)=8$,　$f_5(5)=5$,　…

という関数で，……のように。

ピ　実数のときと同じような流れだけど，実数に代わって関数を考えているので複雑な感じがするわ。

ア　ここで，自然数全体の集合から自然数全体の集合への関数 g を，すべての自然数 n に対して $g(n)$ と $f_n(n)$ が異なるように定義します。

…問題18

　g も自然数全体の集合から自然数全体の集合への関数なので，何らかの自然数によって番号が付けられているはずです。

　g の番号を N とします。$g=f_N$ ということです。

　しかし，g はすべての自然数 n に対して $g(n)$ と $f_n(n)$ が異なるように作られているので，$g(N)$ と $f_N(N)$ も異なり，これは $g=f_N$ に矛盾しています。

ア　さて，なぜ矛盾が生じたかというと，自然数全体の集合から自然数全体の集合への関数全体の集合が可算濃度**である**という根拠のない仮定を立てたからです。

　したがって，自然数全体の集合から自然数全体の集合への関数全体の集合が可算濃度**ではない**ということが証明されました。

証明終了

ア　今回は，次の数字に注目しています。

$\boldsymbol{f_1(1)=1}$,　$f_1(2)=2$,　$f_1(3)=3$,　$f_1(4)=4$,　$f_1(5)=5$,　…

$f_2(1)=2$,　$\boldsymbol{f_2(2)=3}$,　$f_2(3)=4$,　$f_2(4)=5$,　$f_2(5)=6$,　…

$f_3(1)=2$,　$f_3(2)=4$,　$\boldsymbol{f_3(3)=6}$,　$f_3(4)=8$,　$f_3(5)=10$,　…

$f_4(1)=2$,　$f_4(2)=1$,　$f_4(3)=1$,　$\boldsymbol{f_4(4)=1}$,　$f_4(5)=1$,　…

$f_5(1)=1$,　$f_5(2)=8$,　$f_5(3)=4$,　$f_5(4)=8$,　$\boldsymbol{f_5(5)=5}$,　…

……

…問題19

パ　確かにこれも対角線論法になっていますね！

エピローグ

ピ　はあ，それにしてもカントールという人は凄い定理を証明したんですね。

ところで，実数全体の集合の濃度が可算濃度より大きいことはわかったのですが，これ以外にも無限集合の濃度って沢山あるのでしょうか？

ア　とても良い質問ですね。それについては，カントールがすでに答えを与えています。

カントールは対角線論法を用いることで，どんな濃度に対しても，それより大きい濃度が存在することを証明しました。これによって，無限集合の濃度には無限に多くの種類が存在することがわかりますね。

パ　対角線論法，凄すぎませんか！

ア　ただし，カントールにも答えを与えることが出来なかった問題があります。

自然数全体の集合の濃度と実数全体の集合の濃度の間の濃度が存在するかどうかです。この問題は連続体《れんぞくたい》仮説《かせつ》(そのような濃度は存在しないという予想)と呼ばれ，19世紀から20世紀の数学における最重要未解決問題として当時の巨匠《きょしょう》ヒルベルトが発表した23問題の第1問題に挙げられたほどです。

カントールを始め多くの数学者が挑んだ大問題ですが，長らく未解決でした。その後，クルト・ゲーデルとポール・コーエンによって，連続体仮説は従来の集合論の公理系からは「証明も反証もできない命題である」ということが証明されました。

パ　証明も反証もできない命題なんて，数学にあるんですね！　驚きです！

ピ　好きとも言えない，好きではないとも言えない，そんな気持ちのようなものなのかな…。

「数学の本質は，その自由性にある」

ゲオルグ・カントール

おわり

問　題

問題1．次の文章について，正しいものには○を，間違っているものには×を答えなさい。

(1)　7は1桁の素数全体の集合の要素である。

(2)　4は1桁の8の倍数全体の集合の要素である。

問題2．次の問いに答えなさい。

(1)　10以上200以下の整数のうち，5の倍数全体の集合の要素の個数はいくつか。

(2)　Aを3で割り切れる5桁の正の整数全体の集合，Bを9で割り切れる5桁の正の整数全体の集合とする。AとBはどちらの方が要素の個数が多いか。

(3)　Aを2でも3でも割り切れない5桁の整数全体の集合，Bを6で割り切れない5桁の整数全体の集合とする。AとBはどちらの方が要素の個数が多いか。

問題3．関数 $f(x)=-3x+2$ に対して，次の値を求めなさい。

(1)　$f(3)$

(2)　$f\left(-\dfrac{2}{3}\right)$

問題4．次の図が表す対応が関数である場合は○を，関数でない場合は×を答えなさい。

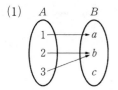

(1)
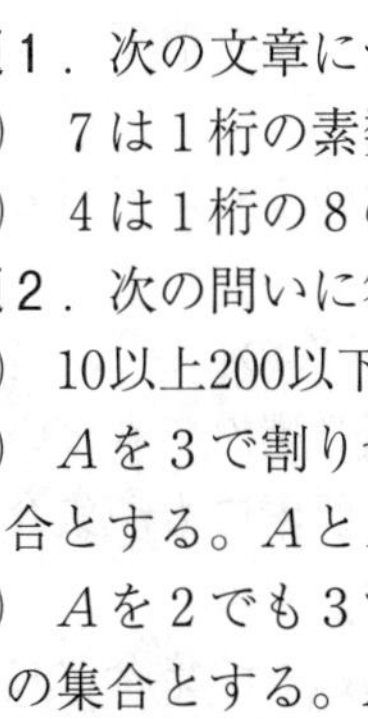

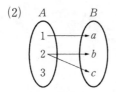

(2)
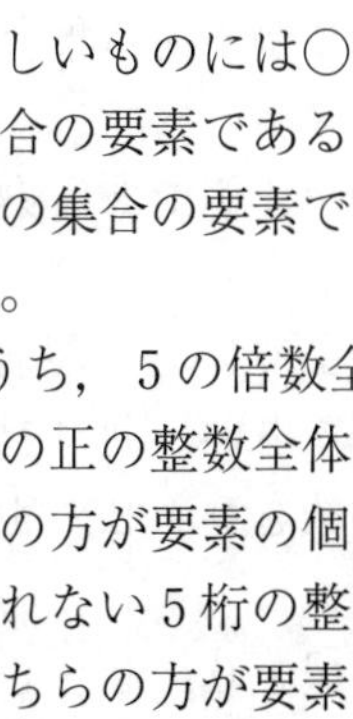

問題５．要素の個数が３個である集合から要素の個数が４個である集合への関数は，全部で何通りあるか答えなさい。

問題６．次の図が表す対応が単射である場合は○を，単射でない場合は×を答えなさい。

(1)
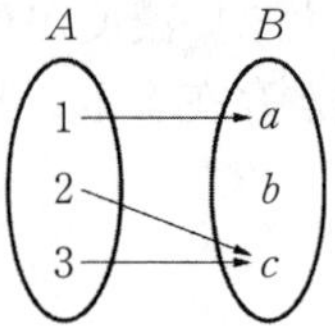

(2)
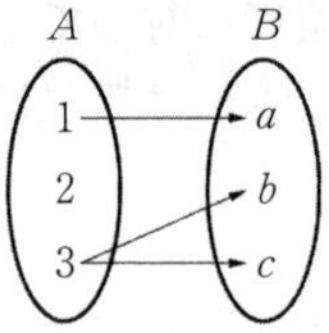

(3)
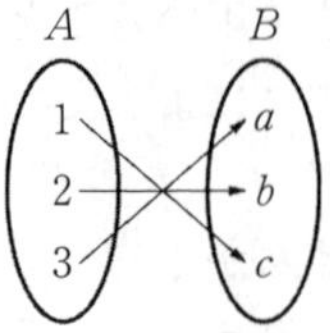

問題７．次の問いに答えなさい。

(1) 要素の個数が２個である集合から要素の個数が４個である集合への関数のうち単射であるものは，全部で何通りあるか。

(2) 要素の個数が３個である集合から要素の個数が５個である集合への関数のうち単射であるものは，全部で何通りあるか。

問題８．次の図が表す対応が全射である場合は○を，全射でない場合は×を答えなさい。

(1)
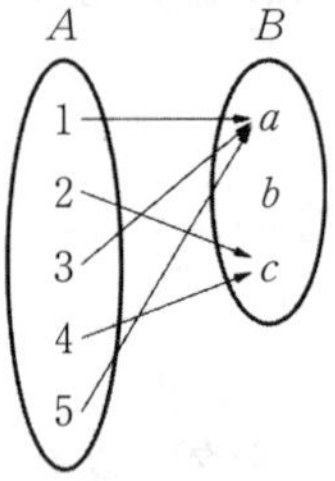

(2)
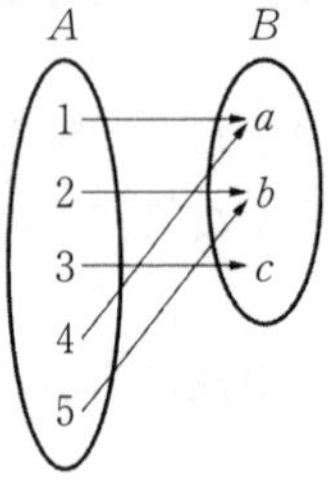

(3)
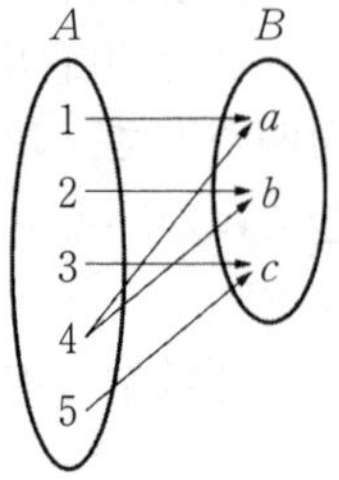

問題９．次の問いに答えなさい。

(1) 要素の個数が４個である集合から要素の個数が３個である集合への関数のうち全射であるものは，全部で何通りあるか。

(2) 要素の個数が４個である集合から要素の個数が２個である集合への関数のうち全射であるものは，全部で何通りあるか。

問題10．要素の個数が４個である集合から要素の個数が４個である集合への関数のうち全単射であるものは，全部で何通りあるか答えなさい。

問題11．関数 $y=2x^2$ について，定義域と終域を次のようにした場合を考える。次の □ に当てはまるものを下の選択肢《せんたくし》(ア)～(エ)から選び，記号で答えなさい。同じ記号を繰り返し選んでもよい。

(1) 定義域を０，１，２だけを要素にもつ集合，終域を０，２，４，８だけを要素にもつ集合とした場合，この関数は □

(2) 定義域を０，１，２だけを要素にもつ集合，終域を０，２，８だけを要素にもつ集合とした場合，この関数は □

(3) 定義域を０，１，－1だけを要素にもつ集合，終域を０，２，８だけを要素にもつ集合とした場合，この関数は □

(4) 定義域を０，１，－1，２，－2だけを要素にもつ集合，終域を０，２，８だけを要素にもつ集合とした場合，この関数は □

選択肢

(ア) 単射であるが全射でない。

(イ) 全射であるが単射でない。

(ウ) 全単射である。

(エ) 単射でも全射でもない。

問題12．$a=\dfrac{1}{2}$ と $b=\dfrac{7}{12}$ に対して，$a<q<b$ となる有理数 q を1つ求めなさい。ただし，約分された分数の形で答えなさい。

問題13．資料文と同じ方法で，図のように有理数に自然数で番号を付ける。このとき，下の問題に答えなさい。

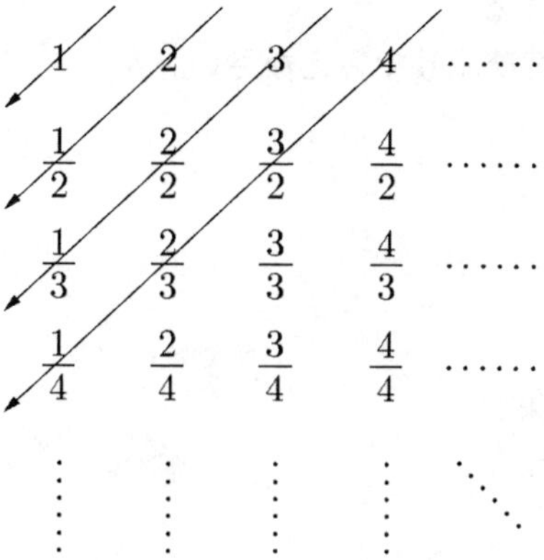

(1)　$\dfrac{3}{4}$ は何番目の有理数か。

(2)　$\dfrac{5}{7}$ は何番目の有理数か。

(3)　50番目の有理数を求めなさい。

問題14．資料文の［あ］に当てはまるものを次の選択肢(ア)～(カ)から1つ選び記号で答えなさい。

(ア)　関数　　(イ)　単射　　(ウ)　全射

(エ)　自然数　　(オ)　有理数　　(カ)　濃度

問題15．資料文の［い］に入る理由を「余り」という単語を用いて12字以内で答えなさい。

問題16．循環小数$0.\dot{8}\dot{4}$を約分された分数の形で表しなさい。

問題17．0より大きく1より小さいすべての実数に次のように番号が付けられているとき，資料文と同じ方法で実数 b を作ったとする。b の値を小数第5位まで答えなさい。

$a_1=0.1848503\cdots$

$a_2=0.1818585\cdots$

$a_3=0.1088345\cdots$

$a_4=0.3591192\cdots$

$a_5=0.6068501\cdots$

…

問題18．資料文の続きを読み，関数 g の構成としてふさわしいものを次の選択肢(ア)～(シ)の中から**すべて**選び記号で答えなさい。

(ア)　$g(n)=n$

(イ)　$g(n)=n+1$

(ウ)　$g(n)=2n$

(エ)　$g(n)=n^2$

(オ)　$g(n)=f_n(n)$

(カ)　$g(n)=f_n(n)+1$

(キ)　$g(n)=2f_n(n)$

(ク)　$g(n)=\{f_n(n)\}^2$

(ケ)　$f_n(n)=1$ のとき $g(n)=1$ とし，$f_n(n)\neq 1$ のとき $g(n)=1$ とする

(コ)　$f_n(n)=1$ のとき $g(n)=1$ とし，$f_n(n)\neq 1$ のとき $g(n)=2$ とする

(サ)　$f_n(n)=1$ のとき $g(n)=2$ とし，$f_n(n)\neq 1$ のとき $g(n)=1$ とする

(シ)　$f_n(n)=1$ のとき $g(n)=2$ とし，$f_n(n)\neq 1$ のとき $g(n)=2$ とする

問題19．次の選択肢(ア)～(キ)の中から可算濃度である集合を**すべて**選び記号で答えなさい。

(ア)　自然数全体の集合

(イ)　整数全体の集合

(ウ)　有理数全体の集合

(エ)　実数全体の集合

(オ)　偶数全体の集合

(カ)　$x=\sqrt{q}$（ただし q は有理数）という形で書ける実数 x 全体の集合

(キ)　自然数全体の集合から自然数全体の集合への関数全体の集合

うした感性の中で長く生きてきた者と比較して、塚本作品が覆した旧来のモードに強く支配されていなかったから。

イ　歌人以外の読者や若者は、近代短歌に親しんでいた者や、そうした感性の中で長く生きてきた者と比較して、「命の重み」の呪縛から自由になるという緊張感や喜びをすでに消失していたから。

ウ　歌人以外の読者や若者は、近代短歌に親しんでいた者や、そうした感性の中で長く生きてきた者と比較して、塚本作品から、敗戦の現実という生々しい歴史性を読み取ることができなくなっていたから。

エ　歌人以外の読者や若者は、近代短歌に親しんでいた者や、そうした感性の中で長く生きてきた者と比較して、戦争を身近に経験していないので、生々しい記憶ではなく、純粋な娯楽として戦争を捉えることができたから。

オ　歌人以外の読者や若者は、近代短歌に親しんでいた者や、そうした感性の中で長く生きてきた者と比較して、アニメやマンガに親しんでいたため、従来のモードに違和感を抱いており、新たな時代に適合したモードの展開を待ち望んでいたから。

問八　傍線部⑦「読みの逆転現象」とありますが、「逆転」とは、何と何とが「逆転」したと考えられますか。次の文章の空欄に当てはまることばとして最も適切なものを後のア～オの中からそれぞれ一つ選び、記号で答えなさい。解答の順序は問いません。

[X]と[Y]とが、逆転した。

ア　革新的な冒瀆性に喜びを見出す感覚

イ　モードの多様性を自然なものとする感覚

ウ　「生の一回性」の原理の支配下にある感覚

エ　アニメ的マンガ的モノ的なものの見方が前提になっている感覚

オ　敗戦の現実という生々しい歴史性を読み取れなくなっている感覚

問九　傍線部⑧「モードの乱反射のなかにモチーフが紛れてしまう」とありますが、これはどのようなことですか。その説明として最も適切なものを次のア～オの中から一つ選び、記号で答えなさい。

ア　現実も想像も等価のものと捉えられ、近代短歌のモードが力を失うことにより、歌人が何を詠んだらいいのか分からなくなってしまうということ。

イ　現実も想像も等価のものと捉えられ、マンガ的な存在感のモチーフが多く詠まれるようになると、一つ一つの短歌が読み手の印象に残らなくなるということ。

ウ　現実も想像も等価のものと捉えられ、アニメ的な存在感は受け取られる中で、戦争と戦後に対する怨念のような生々しい歴史性は見えにくくなるということ。

エ　現実も想像も等価のものと捉えられ、モードの多様化が進んでいくことで、自分自身が死すべき存在だという意識が稀薄になり現実世界の死を乗り越えられるようになるということ。

オ　現実も想像も等価のものと捉えられ、マンガ的な絵柄と動きが広く受け容れられるようになり「皇帝ペンギン」の短歌のように、戯画化されたような短歌などが詠われるようになっていくということ。

問十　文中の空欄[B]に入ることばを、ここより後の箇所から七字で抜き出しなさい。

ウ　歌会の参加者は、短歌についての断り書きがなくても、自分で勝手に短歌の読み手の意図を決めてしまうことを示すため。
エ　「この星の丸みで……」の歌の「熊」とは異なり、この歌の「犬」や「星」は現実のものであると見なされていることを示すため。
オ　「この星の丸みで……」の歌の「熊」だけでなく、それが「犬」や「星」になったとしても、現実的な存在になりうることを示すため。

問四　傍線部③「近代以降の短歌は基本的には、ひとつのモードの支配下で書かれてきたのである」とありますが、「ひとつのモード」で書かれた短歌はどのようなものになると考えられますか。その説明として最も適切なものを次のア～オの中から一つ選び、記号で答えなさい。
ア　対象を言葉によって先入観を持たず素直に捉え、ありのままに詠うもの。
イ　自分の人生は一度きりのむなしいものなのだ、というあきらめの気持ちを抱えながら詠うもの。
ウ　歌の中で表現されたものが必ずしも現実のものとは一致しないということを前提にして詠うもの。
エ　自分は永遠に死なずに遊んでいられるという感覚を、アニメ的マンガ的な表現を用いて詠うもの。
オ　様々に異なる表現がある中でも、一つの歌の中では対象の存在感が一定であるように詠うもの。

問五　傍線部④「歌人はこの価値観に支配されてきたわけである」とありますが、筆者がここで「支配」という語を用いたのはなぜですか。その理由として最も適切なものを次のア～オの中から一つ選び、記号で答えなさい。
ア　『アララギ』を中心とする近代短歌の流れに逆らった作品を発表しても、歌壇で受け容れてもらえなかったから。
イ　「命の重みを詠う」ことが至上とされる近代短歌において、言葉で命を勝手に切り刻むのは禁忌とされているから。
ウ　一回しか人生を過ごせないことは、私たちが生まれた時から定められていることであり、変えることのできないものだから。
エ　近代の歌人が何をどう表現するかは、当時の時代や環境に影響を受けており、個人の意識で自由に決められるものではないから。
オ　近代短歌の理念は、ごく一部の人々の間で共有されてきたものであり、歌人の総意に基づいて決められたものではなかったから。

問六　傍線部⑤「従来のモードから明らかに逸脱した感覚」とありますが、筆者はどのような点が「逸脱」していると考えていますか。その説明として最も適切なものを次のア～オの中から一つ選び、記号で答えなさい。
ア　皇帝ペンギンという生物の描き方が、アニメ的マンガ的ではなく、単語の使い方も現代風である点。
イ　皇帝ペンギンという生物の描き方が、単なる写実ではなく、言葉の意味の切れ目も短歌の定型から外れている点。
ウ　皇帝ペンギンという生物の描き方が、命の重みを詠うことを意図したものではなく、短歌の修辞法も革新的である点。
エ　皇帝ペンギンという生物の描き方が、自然な印象ではなく、かけがえのない生命を詠むという緊張感や喜びを失ってしまっている点。
オ　皇帝ペンギンという生物の描き方が、天皇制や日本人のアイデンティティの問題を反映させたものではなく、伝統的な和歌には見られないカタカナが使われている点。

問七　傍線部⑥「塚本作品が歌人以外の読者や若者たちにまず受け容れられたのは、自然なことだったと云える」とありますが、それはなぜですか。その理由として最も適切なものを次のア～オの中から一つ選び、記号で答えなさい。
ア　歌人以外の読者や若者は、近代短歌に親しんでいた者や、そだが、その後、読み手のなかの戦後的な感性がさらに肥大したことによって、一種の⑦読みの逆転現象が起きる。その結果、塚本作品は相対的にその衝撃力を減じた面があるように思われる。すなわちモードの多様化を全く当然のものと感じる世代の目には、塚本作品の革新的な冒瀆性が自然なものに映ってしまうわけだ。
　では、そのような世代感覚に照らしてみたとき、塚本作品の有するもうひとつの戦後性、すなわち戦争と戦後に対する怨念《おんねん》のモチーフはどうなるのか。おそらくそのような角度から「皇帝ペンギン」の歌をみるとき、マンガ的な絵柄と動きが浮かぶだけで、その背後にある敗戦の現実という生々しい歴史性は読みとり難《がた》くなっているのではないか。
　モードの多様性を自然なものとする感覚に反比例して、現実を唯一無二のものと捉えるような体感は衰退してゆく。そこでは現実も想像も、言葉の次元では全てが等価であるという錯覚が生まれ、その結果、⑧モードの乱反射のなかにモチーフが紛れてしまうというようなことが起き易《やす》くなる。いわゆる「なんでもあり」の感覚である。
　すべてがモードの問題に還元されるような感覚を突き詰めるとき、その根本にあるものは［　B　］である。モードの多様化は、自分自身が死すべき存在だという意識の稀薄化《きはくか》と表裏一体になっている。私自身を省みても、モードの多様性を受容するスタンスの背後にあるものは、自分は永遠に死なずにいつまでもここで遊んでいられるというような感覚だと思う。
　死の実感の喪失は愚かな錯覚として否定されるべきだろうか。我々は死を直視して「生の一回性」の原理を見据えた表現に戻るべきなのか。短歌においてそれは近代的なモードに再び回帰することを意味するのか。それともそれ以外の新たな展開が可能なのか。「なんでもあり」からの次の一歩を想像することは難しい。

（穂村　弘『短歌の友人』河出書房新社）

＊1　島木赤彦・伊藤左千夫・斎藤茂吉…いずれも近代を代表する歌人。
＊2　槐…マメ科の落葉高木。
＊3　かはづ…カエルの別名。
＊4　フェティシズム…ある物に対し、その本質以上の価値を見出してしまう現象。
＊5　「オデュッセイア」…古代ギリシアの長編叙事詩。
＊6　總領…長男または長女のこと。
＊7　アンデンテ…アンダンテ。歩くくらいの速度のこと。

問一　傍線部①「私はふと不思議な気持ちになった」とありますが、それはなぜですか。その理由として最も適切なものを次のア～オの中から一つ選び、記号で答えなさい。

ア　同じ表現に対して「わかりにくい」と「面白い」という全く違う感想を持つ人がいたから。
イ　短歌で何を題材にするかは個人の自由であるというのは思い上がった考えであると自覚したから。
ウ　様々な感想の中に、歌の中の「熊」や「星」が本物である、という前提のものが一つもなかったから。
エ　歌会の参加者達が「熊」や「星」の表現に違和感を持ちながら、その意見を言えないような議論の進み方だったから。
オ　歌の批評をする際に、「気持ちまで気持ちまみれの」に見られるような自意識の過剰さに注目する参加者が多かったから。

問二　［A］に入ることばを、本文中にある歌会の参加者の意見の中から二十字以内で抜き出しなさい。句読点は不要です。

問三　傍線部②「真夜中の散歩のたびに教えても犬には星は見えないらしい」この歌は何のために紹介されていますか。その理由として最も適切なものを次のア～オの中から一つ選び、記号で答えなさい。

ア　現代の短歌では、どのようなものでもアニメのような存在感でしか詠《よ》めないことを改めて示すため。
イ　様々な異なる作風の歌が紹介され、遠慮のない批評が互いに交わされる歌会の雰囲気を示すため。

らに分断されている。対象を常に生身のものとして捉《とら》える近代短歌的なモードの下では、この分断に対して、生き物を勝手に言葉で切り刻むのは不謹慎だというような禁忌の感覚が生じるのではないか。

だが、作者は「命の器」としての定型ごと「皇帝ペンギン」や「皇帝ペンギン飼育係り」を切り刻んでしまったのである。この歌の背後には、そうした「命の重み」の呪縛《じゅばく》から自由になるという、云わば冒瀆《ぼうとく》的な喜びの感覚があるように思う。

作品のテーマや内容や完成度を別にして、言葉自体の手触りを比較するならば、ここから先に挙げた「この星の丸みで背中を伸ばすのよ気持ちまで気持ちまみれの熊も」の歌までは、ほんの一歩の距離にある。「気持ちまで気持ち／まみれの熊も」にも同じく対象の分断がみられるのだが、その印象はもはや自然なものになっており、「皇帝ペンギン」にみられるような緊張感や喜びは、消失しているように感じられる。命はさらに軽いものになったのである。

両歌に共通しているのは、生命を生身のそれではなく自由に扱えるモノとして捉える言葉の＊4フェティシズムだと思う。我々は「生の一回性」の実感を手放すことで、何度でも再生可能なモノとしての言葉を手に入れたのである。

このようなモノ的アニメ的マンガ的なモードの発生には、おそらくは我々が生きている環境の変化が関わっているのだろう。具体的には、生活環境の都市化によって対象との直接的な接触体験が減少したこと、一方で映像等のメディア環境の発達によってバーチャルな感覚が増大したことなどの影響が考えられる。

仮に我々が本物の熊と日常的に接触するような環境に生きていたら、先の「熊」のような歌は生まれてきただろうか。また熊に比べれば日常的な存在である犬でさえ、現在の我々の感覚のなかではバーチャルで記号化された方向へ、その存在感を大きくシフトしているのではないか。

先の入谷作品の「犬」を現実的と云ったのは、現在の基準に照らしてということであり、実際には「犬には星は見えないらしい」という感慨自体のなかに、既にメルヘン的な意識の偏向が含まれているとも云えそうだ。また前掲の「皇帝ペンギン」が映像的な質感を伴っていることも、映画作家になりたかったという作者特有の映像的体験の豊富さに根ざしているのかもしれない。

以上のような観点から、塚本邦雄はその戦争のモチーフに加えて、モードの変革という面からも戦後を象徴する歌人と云えそうだ。

愛國《あいこく》の何か知らねど霜月のきりぎりすわれに掌《て》を合せを《お》り　塚本邦雄
海底に夜ごとしづ《ず》かに溶けゐ《い》つつあらむ。航空母艦も火夫も　同
蠅の王わが食卓の一椀《わん》の毒ほのかなる醍醐《だいご》を狙ふ《う》　同
青畳に寝そべつて＊5「オデュッセイア」讀《よ》む＊6總領《そうりょう》抹香鯨《まっこうくじら》のごとし　同
啄木嫌ひ《い》のすゑ《え》のおとうと百キロの柔道の＊7アンデンテのあゆみ　同

作中の「きりぎりす」「航空母艦」「火夫」「蠅」「總領」「おとうと」などには、いずれもアニメ的マンガ的モノ的な印象がある。塚本作品が長期間歌壇で受《う》け容《い》れられなかったのは、このような言葉の質感が、それまで主流であった近代短歌的なモードのなかで、読み手に違和感を与えたためであろう。それはより根本的には、戦後という時代そのものに対する違和感ということができるかもしれない。我々は言葉をモノにしてしまった時代と自分自身を受け容れたくなかったのである。

読み手の内部で読みのモードが多様化するのには時間が必要だった。それも近代短歌的なモードにより強く呪縛されている者ほど、より長い時間が必要だった。⑥塚本作品が歌人以外の読者や若者たちにまず受け容れられたのは、自然なことだったと云える。彼らにとっては近代短歌的なモードの呪縛はそれほど強いものではなかったからだ。

ているからだ。

☆

だが、短歌の場合はどうなのだろう。

我が家の犬はいづ《ず》こにゆきぬらむ今宵《こよい》も思ひ《い》いでて眠れる　*1島木赤彦

風さやぐ*2槐《えんじゅ》の空をうち仰《あお》ぎ限りなき星の齢《よわい》をぞおもふ《う》　伊藤左千夫

死に近き母に添寝《そいね》のしんしんと遠田《とおだ》の*3かはづ《わず》天《てん》に聞《きこ》ゆる　斎藤茂吉

汗《あせ》いでてなほ目《め》ざめゐ《い》る夜《よ》は暗《くら》しうつつは深《ふか》し蠅《はえ》の飛《と》ぶおと　同

引用歌においては、作中の「犬」「星」「母」「かはづ」「蠅」などには、ぬいぐるみ的アニメ的な印象がなく、どれも現実的な等身大のそれに近い手触りをもって描かれている。いずれも近代短歌的な写実モードのなかで詠われているわけである。『アララギ』を中心とする近代短歌の流れが、対象を言葉で虚心に写し取る〈写生〉という理念を軸に展開してきたことを考えると、これは当然のこととも云える。極端な云い方をすれば、③近代以降の短歌は基本的には、ひとつのモードの支配下で書かれてきたのである。

私見では、斎藤茂吉の作品を頂点とする、このような近代短歌的なモードを支えてきたものは「生の一回性」の原理だと思う。誰もが他人とは交換できない〈私〉の生を、ただ一回きりのものとして引き受けてそれを全うする。一人称の詩型である短歌の言葉がその原理に殉じるとき、五七五七七の定型は生の実感を盛り込むための器として機能することになる。

次のような歌には「生の一回性」の原理の反映を端的なかたちでみることができる。

さびしさの極《きわ》みに堪《た》へ《え》て天命に寄する命をつくづくと思ふ《う》　伊藤左千夫

あかあかと一本の道とほ《お》りたりたまきはる我《わ》が命《いのち》なりけり　斎藤茂吉

このような近代短歌的なモードの説得力は、万人に共通する「生の一回性」の支配力の強さに根ざしている。そこでは「命の重みを詠う」ことが至上の価値とされ、④歌人はこの価値観に支配されてきたわけである。そして短歌は「命の器」になった。

☆

近代短歌的なモードの支配力がやや薄れ、短歌というジャンルにモードの多様化がみられるようになったのは戦後のことと思われる。例えば次の歌には⑤従来のモードから明らかに逸脱した感覚がみられる。

日本脱出したし　皇帝ペンギンも皇帝ペンギン飼育係りも　塚本邦雄

『日本人靈歌』（昭和三十三年刊）の巻頭歌である。ここにみられる作品のモチーフ自体は、天皇制や日本人のアイデンティティの問題に繋《つな》がる重いものである。だが、前述のモードという観点からはどうだろう。この歌の「皇帝ペンギン」や「皇帝ペンギン飼育係り」にみられる質感や動きは、ぬいぐるみ的アニメ的、或いはマンガ的とは云えないだろうか。

この歌を五七五七七の音数に従って区切ってみると、次のようになる。

日本脱出／したし　皇帝／ペンギンも／皇帝ペンギン／飼育係りも

作中の「皇帝ペンギン」も「皇帝ペンギン飼育係り」も、ばらば

「熊」に自意識に類する「気持ち」があるのか。

●「星」の大きさと「熊」の大きさを比べると「星」の方が圧倒的に大きい。ゆえにその「丸み」で「熊」が「背中を伸ばす」ことは物理的に不可能である。

これらの意見が出てこなかった理由は明らかである。その場の読み手は誰もこの歌の「熊」を本物の熊だとは思わなかったのだ。本物でないとすれば、この「熊」は何なのか。「　A　」という発言に端的にみられるように、おそらくそれはぬいぐるみやアニメーションのような「熊」なのである。

同様に「この星」もまた模型の地球儀かアニメに出てくるような「星」ということになる。ぬいぐるみや模型やアニメであれば、そのサイズは自在に変化するわけだから、現実の「熊」と「星」の大きさの差は問題ではなくなる。また「熊」に人間のような「気持ち」があることにも納得がゆく。

だが、実際には、この歌のどこにも「この星」や「熊」がぬいぐるみや模型やアニメ的な存在だと書いてあったわけではない。「熊のアニメーションをみて」というような詞書《ことばがき》が添えられていたわけでもない。

歌会の参加者たちは、この歌を読みながら各人の判断によって自然にそのことを察知して、それを共通の前提として議論を進めていたのである。つまり、様々に異なる意見が交わされているようにみえて、実はその前提になる「星」や「熊」のアニメ的な存在感に関しては、参加者の間で見事に暗黙の統一見解があったということになる。

同じ歌会には次のような歌も出されていた。

②真夜中の散歩のたびに教えても犬には星は見えないらしい　入谷いずみ

この歌については次のようなコメントが出された。

●口語の使い方が自然である。

●素直に散歩を喜んでいるであろう犬と星のことを考えている人間の想《おも》いの落差に惹《ひ》かれる。

●「犬には星は見えない」代わりに、人間には嗅げない様々な匂いを知っているはずだ。

●さりげない文体の背後に、盛られる器によって生命の意味が変化するという重いテーマがある。

ここから感じられることは、読み手はいずれもこの歌については「犬」や「星」を現実のそれ（に近いもの）と見なしているらしいことである。だが、この歌の場合もやはり、「犬」や「星」が現実のものだという断り書きがあったわけではない。

以上の比較からわかることは何か。引用したふたつの歌に関しては、その内容や出来映え以前に作中物の存在感が違っているのである。歌会の参加者たちは、目の前の一首がどのようなモードの下で書かれているかをまず把握して、その認識のもとにそれぞれの歌を鑑賞評価しているわけだ。その結果が先の評言ということになる。すなわち「熊」に関してはそれをアニメモードの歌として読み、「犬」に関しては（ややメルヘン的ではあるが）それを現実モードの歌として批評しているわけである。

このようなことは、例えばマンガのようなジャンルであればごく普通にみられる現象だろう。スポーツマンガ、ホラーマンガ、恋愛マンガ、ＳＦマンガ、ギャグマンガ、４コママンガ、それぞれにモードの異なる作品が一冊のマンガ雑誌のなかに詰まっている。そして読者は特に混乱することなく、自然にそれを愉《たの》しむではないか。我々はマンガを読みながら、猫が喋《しゃべ》るのはおかしい、とか、毎回必ず殺人事件が起きるのはおかしい、などと文句をつけたりはしない。それぞれのマンガが異なるモードの下で描かれていることを理解し

男性が担うべきものであるという新しい性別分業観を生じさせ、男性を育児に押し込めることになるから。

エ　育児に男性が関わることはあたりまえのことであるはずなのに、「イケメン」との語呂合わせで呼称をつくることで、かっこよくてイケている男性が軽やかにこなすべき仕事であるかのような先入観を人々に与えることになるから。

オ　育児に男性が関わることはあたりまえのことであるはずなのに、「イクメン」という言葉があることで、育児が軽やかでかっこいいものであるかのように捉えられ、男性が実際に育児に参加したときに、ギャップを感じてしまうおそれがあるから。

問九　傍線部⑧「その証拠に、育児をする女性を誰もことさら『イクジョ』とは呼ばないのですから」とありますが、「その証拠」とは、何の証拠ですか。その内容として最も適切なものを次のア～オの中から一つ選び、記号で答えなさい。

ア　ことさらに呼び名があるのは特別であること

イ　性別分業のバランスが達成されていないこと

ウ　女性にとって育児をすることは自然であること

エ　本来は育児参加に特別な呼び名は不要であること

オ　そうした呼び名が意味をもたなくなる日常になっていること

問十　傍線部⑨「女性問題とは男性問題なのです」とありますが、どうしてそのように言えるのですか。現在の社会がどのようなものであるかを指摘した上で、その理由を八十字以内で答えなさい。

二　次の文を読んで、後の問いに答えなさい。

現代においては、作歌にあたっての主題的な制約というものは殆《ほとん》どなく、何を詠《うた》うかは個人の自由であるように思われる。だが、手近な歌集を眺めながら考えているうちに、そもそも何かを詠おうとすれば自分は必ずそれを詠えるのだろうか、という疑問が浮かんできた。詠おうとしても詠えないこと、或《ある》いはそれ以前に詠おうと思うことすらできない領域があるのではないか。同時にそれは読もうとしても読めないということでもあると思う。

本稿では、歌のテーマや内容以前の、というかその土台のような位置にあって、我々の言葉（詠うこと、読むこと）を支配しているような、短歌のモードについて考えてみたい。

☆

先日出席した歌会に次のような歌が提出されていた（「創作」というのは作者のペンネームである）。

この星の丸みで背中を伸ばすのよ　気持ちまで気持ちまみれの熊も　　創作

この歌に対して歌会の参加者たちが述べた意見には次のようなものがあった。

●「気持ちまで気持ちまみれ」という表現がわかりにくい。

●「気持ちまで気持ちまみれ」という表現が面白い。

●「気持ちまで気持ちまみれ」とは自意識の過剰さという意味ではないか。自意識の縛りを地球の丸みで伸ばそうとする発想がユニークである。

●「熊」のかわいらしさに騙《だま》されてはいけない。これが仮に「俺《おれ》」だったらどうか。自意識過剰で気持ちの悪い歌になる。

こうしたやりとりを聞きながら、①私はふと不思議な気持ちになった。何人もの批評者の間で様々な意見が交わされているのだが、そのなかで一度も口にされない感想や疑問があることに気づいたのだ。

この歌に関して誰も云《い》わなかったコメントとは、例えば次のようなものである。

●なぜ「熊」の「気持ち」がわかるのか、そもそも動物である

オ　男女の区別が伝統的で因習的な価値観ではないということを再確認するため

問五　傍線部④「性別分業とは、単に誰が何をすればいいのかを分けた項目リストではありません」とありますが、どのようなものですか。その説明として最も適切なものを次のア〜オの中から一つ選び、記号で答えなさい。

ア　性別分業とは、単なる項目リストとは呼べないほど違和感のあるものであり、今の世の中では批判にさらされ、否定的に捉えられるもの。

イ　性別分業とは、単なる項目リストとは呼べないほど詳細であり包括的なもので、かつ、それを私たちに不断に強いてくる力をもったもの。

ウ　性別分業とは、単なる項目リストとは呼べないほど法律にもとづいたものであり、社会のかたちを規制し、統御するための力を与えられたもの。

エ　性別分業とは、単なる項目リストとは呼べないほど実用的なものであり、状況に応じて適切な役割を演じることで達成される重要な社会的な力を備えたもの。

オ　性別分業とは、単なる項目リストとは呼べないほど個人の行動を明確に規定するものであり、うれしいや悲しいなどの感情であっても、場面に応じてそのように感じることを求めてくるもの。

問六　傍線部⑤「なぜ母親は一緒に食事をしないで、彼らに料理を作り続けているのでしょうか」とありますが、筆者はなぜこのようなコマーシャルが作られたのだと考えていますか。その理由として最も適切なものを次のア〜オの中から一つ選び、記号で答えなさい。

ア　食事を作り、家事をするのは女性の仕事という因習的な女性観が固定化されて息づいているから。

イ　一般に父親と娘は料理が不得手であるため、家事を得意とする母親が料理を担うことが自然であるから。

ウ　父親が「食べる人」という固定化された男性観を進んで受け入れることで、理想的な家庭を実現することができているから。

エ　母親が家事をせずにただ料理が運ばれてくるのを待っているだけという姿勢でいることは、母親のあるべき姿ではないから。

オ　空になっている大皿に料理を盛ることで父親と娘が満足そうに食事する姿を目にすることは、母親にとっての喜びであるから。

問七　傍線部⑥「素朴なコピー」とありますが、ここでの「素朴」とはどのような意味ですか。その意味として最も適切なものを次のア〜オの中から一つ選び、記号で答えなさい。

ア　古くさい、トレンド感のない言葉

イ　短く簡潔に言いたいことを表現した言葉

ウ　余計な情報を含まない、わかりやすい言葉

エ　事実をありのままに表現したに過ぎない言葉

オ　考え方が単純で、よく検討されていない言葉

問八　傍線部⑦「実は、私は、この言葉に違和感を覚えています」とありますが、筆者はどのような点で違和感を覚えていますか。その説明として最も適切なものを次のア〜オの中から一つ選び、記号で答えなさい。

ア　育児に男性が関わることはあたりまえのことであるはずなのに、「イクメン」という言葉で表現することで、男性が育児に参加することが特別ですばらしいものであるかのように、過度に評価するような傾向があるから。

イ　育児に男性が関わることはあたりまえのことであるはずなのに、「イクメン」という言葉があることで、男性が育児を軽々しいものとして認識してしまい、女性が担ってきた伝統的な育児のあり方が損なわれてしまうから。

ウ　育児に男性が関わることはあたりまえのことであるはずなのに、「イクメン」という言葉を用いることで、かえって育児を

直し、つくりかえるという方向です。性差別や性支配の社会や日常を批判し女性の解放をめざしたフェミニズム運動や諸々《もろもろ》の理論の影響を受けた社会学や家族問題研究など、すでに数多くの研究成果がこの方向性を何度も確認しているし、この方向で社会を変えていく意義を主張し続けてきています。

まず世の中を具体的に変えていくためには、世の中のかたちを規制し、統御するための装置である法律を変える必要があるでしょう。本書は、法律について語ろうとするものではないので、詳しくは書きませんが、たとえば一定額の年収を超えれば、パートナーの扶養家族に入れないという法律が存在しています。そのため妻が夫の扶養からはずれて働くとしても、被扶養者としての税金をめぐる優遇措置はなくなり、新たな社会保険料の負担など経済的な負担が増大するため、家計は一気に苦しくなります。そうした事態を避けるには、結果として妻は、制限内の年収で収まるようなパート労働を選択せざるをえないのです。女性はパートナーや子どもとともに暮らしながら、自分が思うように働きたいと願っても、簡単には実現できないように、まださまざまな形で法律が縛りをかけているのです。

（中略）

さらに法律という「縛り」を変えるためには、より日常的で私たちが広汎に捉えられている性別をめぐる「あたりまえ」つまり女らしさ・男らしさをめぐる「常識」を変えていく必要があります。この「常識」の見直し、変革という営みは、実は私たち一人一人が自らの暮らしを点検するなかで進めていける重要なものなのです。そうは言いつつも私は、こう考えています。

男性支配的な性別のあり方を考え直すのは、他でもない男性自身がやるべき作業であり、男性が進めるからこそ価値がある作業だと。女性の生き方や家族のあり方を研究する社会学の世界では「常識」となっているのですが、⑨女性問題とは男性問題なのです。男性が変わらないかぎり、女性も変われないし、私たちの日常も、より豊かな「らしさ」を創造し、実践できるようには、変わっていかないのです。

（好井裕明『「今、ここ」から考える社会学』筑摩書房）

＊ダイナミクス…組織・集団・個人などにはたらく力のこと。

問一 傍線部a～dについて、漢字はその読み方をひらがなで書き、カタカナは漢字に直しなさい。

問二 傍線部①「『あなた』つまり『わたし』らしさとは、いったい何なのでしょうか」とありますが、筆者はどのようなものだと考えていますか。ここより後の文章から二十字以内で抜き出しなさい。

問三 傍線部②「微細な権力」とありますが、どのようなものですか。説明したものとして最も適切なものを次のア～オの中から一つ選び、記号で答えなさい。

ア　ある特定の儀式や場面で形式的なふるまいを求めてくるもの
イ　自分の属性にとらわれずに絶え間なく気を配ろうとするもの
ウ　細かいところまで自己のあり方を決めさせようと迫ってくるもの
エ　その人の人格や人間性を規定するには至らない、弱く取るに足らないもの
オ　じっさいに人の生き方に影響を与えることがないので誰にも気付かれないもの

問四 傍線部③「『あたりまえ』」とありますが、この箇所にカギカッコがつけられているのはなぜですか。理由を説明したものとして最も適切なものを次のア～オの中から一つ選び、記号で答えなさい。

ア　男女の役割が自然なものであることを強調するため
イ　ゼミの男子学生の言葉をそのまま引用したものであるため
ウ　伝統的な分業が失われつつある現状に危機感をもっていることを表すため
エ　男性、女性という性別のあり方が必ずしも当然のものではないと示すため

▽「イクメン」はあって、なぜ「イクジョ」はないのか

「イクメン」という言葉があります。育児を積極的に分担する男性のことをあらわす言葉として、新聞雑誌などメディアでよく見かけます。⑦実は、私は、この言葉に違和感を覚えています。パートナーに全部まかせっきりにせず、できるだけ自分も育児にかかわる男性は、最近増えてきているし、そうした男性を評価しつつ、軽やかに、かっこよく呼ぶ言葉として「イクメン」が考え出されたのでしょう。

かっこよくイケてる男性のことを「イケメン」と呼び、その語呂合わせで「育児をする男たち」＝「イクメン」となったのでしょう。もちろん、私はこうした呼称がどんどん増殖し、結果的に、伝統的で因習的な性別分業イメージが壊れ、より多様で多彩な男女協働のありかたが実現していけば、それにこしたことはないだろうと思います。

しかし他方で男性が育児に参加すること、積極的に育児作業を分担することは、そんなに軽やかでかっこいいことなのだろうか、とも思うのです。赤ちゃんがうんちをすれば、場所など気にしないで、できるだけ迅速におむつを換えないといけません。尿がたまったゴワゴワの紙おむつも放置などできず、気づけばすぐに新しいものに換えなければなりません。母乳で育てていれば、父親は、冷蔵庫に一回分に小分けし冷凍された母乳を取り出し、時間になれば解凍して乳をあげなければならないし、夜中、数時間ごとに起きて泣く赤ちゃんに自分も起きて対応しなければなりません。「イクメン」を紹介する雑誌グラビアのように、バギーに赤ちゃんを乗せて公園をかっこよく散歩しているだけでは、男性が子育てに参加していることになど決してならないのです。

もちろん、実際に育児を実践している男性のほとんどは、それまで女性しか実感しえなかった育児の大変さや育児の奥深さを体験することになるし、だからこそ子育てをパートナーと共にしていく重要さを実感できていると思うのです。さらに言えば、そうした男性であれば、自分のことを「イクメン」だとことさら呼ぶ必要もないし、そうした世の中からの評価とは一線を画したところで、いかに上手に効率よく、かつ丁寧に子育てを実践していけばいいかを常に自分で考え工夫しているでしょう。

つまり、育児に本気でかかわっている男性にとっては、育児は「特別なできごと」などではなく、まさに自分が会社での仕事やほかの出来事とかかわっていくのと同じくらい「あたりまえ」な日常のワンシーンだと言えるのです。

「イクメン」という言葉から覚える違和感。それは、この「あたりまえ」のこととしての育児と「イクメン」という言葉が発するニュアンスの落差から来ているのです。この言葉からは、育児に参加する男性は、それだけで何か特別ですばらしいことをしているのだ、だからこそ多くの男性は、特別な評価を得るためにも、育児に参加すべきではないか、といったニュアンスが感じ取れるからなのです。

もちろん、現在においてもまだまだ、育児や子育て、子どもの教育に対する男性の参加、協働は不十分だと言えます。だからこそ、「イクメン」という言葉はうまく使えば、一人でも多くの男性を「育児という深い世界」に誘い込む誘蛾灯《ゆうがとう》の役割を果たせるかもしれません。でも本当は、男性の育児参加、育児分担は、ことさら特別に呼ぶ必要もなく、「あたりまえ」のことになり、こうした言葉が意味をもたなくなる日常になってこそ、性別分業がもつ両性にとってバランスが取れた本来の意味が、男性にも腑《ふ》に落ちていくのではないでしょうか。残念ながら、まだ性別分業のバランスは達成されていません。⑧その証拠に、育児をする女性を誰もことさら「イクジョ」とは呼ばないのですから。

▽女性問題は男性問題である

では、性別をめぐり、豊かなわたし「らしさ」が生きる日常を創造するにはどうしたらいいでしょうか。その方向性は、はっきりとしています。いまの男性支配的な性別分業のあり方を根底から考えくましくなれ。外で働いているのだから、家のことや子育てや老親の面倒は、妻がやればいいんだ。いちいち家のことなんか気にするな。お前はもっと俺のことをよく見てたくましくなれ。「ふんぞりかえった」父親から、こんな声が聞こえてきそうだと私は思います。それに対して、明らかに男子学生は違和感を覚え、さらにいえば「自分はこのようになりたくない」と父親の姿を批判し否定的に捉《とら》えています。

もちろん、今の世の中で、すべてのことを自分一人でできるなどとは誰も思わないでしょう。状況に応じ、適切な役割をひきうけ、意識的そして無意識的に何かを行うことを通して、分業が維持されているのです。ですから私たちは、男性、女性という性別を③「あたりまえ」のように引き受けるなかで、性別をめぐる分業もまた達成していると考えられます。

ただ「ふんぞりかえっている」父親という言葉が象徴するように、私たちの日常生活世界には、伝統的で因習的で、偏りが硬直してしまったような性別分業をめぐる実践や知が未《いま》だしっかりと息づいているのも現実です。

▽今も生きている男性支配的な性別分業

女性差別やジェンダーの偏りについて鋭く議論し調査研究してきた江原由美子は『ジェンダー秩序』（勁草《けいそう》書房、二〇〇一年）という本の中で、日常に生きている性別分業の本質的な問題性を明快に述べています。彼女の議論を詳細に追えば、なかなか大変なのですが、本質的な問題性だけをとりだせば、次のようになります。

④性別分業とは、単に誰が何をすればいいのかを分けた項目リストではありません。それは、誰がどのような状況で誰に対して何をどのようにすべきかまで詳細に決められ、それを私たちに強いてくる微細ではあるが強固な力です。そして、私たちが日常「あたりまえ」のようにはまってしまっている性別分業のｃチュウカクには、男性がいかに女性を微細かつ包括的に支配していけるのかをめぐる知や力が息づいています。

かつてインスタントラーメンのコマーシャルで「私作る人、あなた食べる人」というコピーが問題になったことがありました。仲のよさそうなカップルが登場し、女性が男性のためにおいしいラーメンを作るのです。好きな相手のために、安くておいしいものをｄテイキョウできることのうれしさが、コマーシャルからはあふれていたのかもしれません。しかし相手への愛情という次元と、平板で硬直した性別分業が確認されるという次元は、まったく別の問題です。だからこそ、このコピーは、食事を作り家事をするのは女性の仕事という因習的な女性観を固定化するものだと強く批判をあびたのです。

では、いまは、男性が家事に参加しているのを見せるコマーシャルも多く、男はソト、女はウチという固定した性別観は意味をなくしていると言えるのでしょうか。確かに家電のコマーシャルで男性俳優が主夫を演じている一連のものがあり、コマーシャルにみられる性別分業の姿は以前に比べ、大きく変化していると言えるかもしれません。でも私は今この文章を書きながら、頻繁にテレビで見る、あるコマーシャルを思い出しています。

テーブルの中央に置かれた大皿に盛られた回鍋肉《ホイコーロー》を奪い合いながらうまそうに食べる父親と娘。最後の一切れの肉の取り合いに負けた父親が悔しそうに娘を見、娘は肉をうまそうにほおばるのです。次の瞬間、母親が、台所からフライパンいっぱいのできたての回鍋肉をもってきて、空になっている大皿にこれでもかと盛り、父親と娘は満足そうに再び回鍋肉を奪い合うのです。なぜ食事の場面に父親と娘だけが食べているのでしょうか。⑤なぜ母親は一緒に食事をしないで、彼らに料理を作り続けているのでしょうか。かつてのような⑥素朴なコピーはどこにもありませんが、このコマーシャルが描く食卓の日常には「私作る人、あなた(たち)食べる人」という平板で硬直した性別分業が見事に生きているように見えるのです。

二〇二四年度
国際基督教大学高等学校

【国 語】（七〇分）〈満点：一〇〇点〉

注意　1．解答に字数制限がある場合は、句読点や「　」、その他の記号も字数に数えます。
　　　2．出題の都合上、本文の一部を省略あるいは改変していることがあります。

一　次の文章を読んで、後の問いに答えなさい。

▽**「わたし」らしさと「何者か」らしさ**

「あなたらしくないねぇ」。こんなことを友人や周囲の人から言われたことがあるでしょうか。何か自分自身のふるまいや言葉に対して、まわりの人から返ってくる言葉として「あなたらしくない」と。

①「あなた」つまり「わたし」らしさとは、いったい何なのでしょうか。それは「わたし」とはどのような人間で普段どのように語り、さまざまな状況でどうふるまっているのかなど、「わたし」をめぐり周囲の人が作り上げている知識であり、「わたし」を了解し、「わたし」という存在に対して相手が関係を切り結ぶうえで重要な拠《よ》りどころとなる「わたし」をめぐる理解や評価の束とでもいえるものです。

「わたし」らしさについて、自分自身も納得し、その中身を承認しているならば、「なるほど、言われるとおりだね」と返事をするだろうし、周囲からの評価に納得せず、違和感を覚えるならば、「なんでそんなことを言うの」と反論したくもなるのです。

いずれにしても「わたし」らしさとは、まさに自分という一人の人間存在がどのように生きているのか、生きるべきかという問いをめぐり作り上げられる実践的な知の束であり、「わたし」という人間存在をめぐる周囲の他者からの理解や評価から出来上がった独自の知といえるでしょう。だからこそ、広告のコピーなどでよく見かける「わたしらしさを磨こう」という言葉は、私たち一人一人に向けられていることはすぐに了解できるのです。

ところが、世の中には、「わたし」らしさとはまったく異質な「らしさ」が充満しています。それは私という個人の人格や人間性とは基本的に関係ないところからやってくる知の束であり、私たちに「何者か」を演じ、「何者か」らしく生きるよう、緩やかにしかし執拗《しつよう》に迫ってくるものなのです。

ミードは社会的自己は、「I」と「me」の＊ダイナミクスだと語っていますが、他者の態度を引き受ける「me」こそ、「何者か」を演じ、「何者か」らしく適切に生きるうえでの重要な社会的な力であると同時に、私たちに典型的でa過剰な「らしさ」を迫ってくる②微細な権力でもあるのです。

本章では、世の中に充満している「らしさ」に含まれる問題について、ジェンダー（社会的文化的性差）をテーマとして考えます。ジェンダーから離れて生きることのできない、生きざるをえない私たちの日常にどのような問題が潜んでいるのかを考えながら、語っていきたいと思います。

▽**「もっと男らしくしろ」への違和感**

「もっと男らしくしろって、よく父親から言われました」。最近ゼミの男子学生からこんな言葉を聞くことがあります。「で、父親はどうだったの？」。「いや家ではふんぞりかえっていて、何もしなかったです」。「男らしくしろ」とよく言われた学生は、父親に対して、いい評価をしていないことが、この返事でよくわかります。

家で何もしないで「ふんぞりかえっている」父親にとって、「男らしさ」とは、ただ身体的、肉体的、性的な男性性のみを言っているのではないでしょう。彼の普段のふるまいからb鑑みて、そこには父親自身が妥当だと考え生きている社会的文化的な男性性、いわばジェンダー的な「男らしさ」も自分の息子に要求しているのです。

外で働き、家族を養ってこそ、男だ。だから俺のようにもっとた

2024年度／国際基督教大学高等学校

英語解答

Ⅰ
①　1　②　3　③　4　④　3
⑤　2　⑥　4　⑦　1　⑧　2
⑨　2　⑩　4　⑪　3　⑫　4
⑬　3　⑭　2　⑮　1　⑯　3
⑰　3　⑱　1　⑲　2　⑳　4

Ⅱ
問1　［ア］…8　［イ］…4　［ウ］…15
［エ］…9　［オ］…1　［カ］…2
［キ］…14　［ク］…5　［ケ］…7
［コ］…6
問2　［A］…14　［B］…11　［C］…4
［D］…1　［E］…6　［F］…7
［G］…2　［H］…16　［I］…13
［J］…3

Ⅲ
A　4　B　2　C　1　D　2
E　1　F　3　G　2　H　1
I　3　J　1，4，6

Ⅳ
A　2　B　2　C　4　D　1
E　3　F-1…8　F-2…6
G　3　H　4　I　1，5，8

Ⅴ
A　（例）What shall we do？ How about reading comic books or playing a video game？
B　4番目…anything
10番目…boring
C　（例）I have so much to do that I don't want to waste my precious time.
D　1番目…has　6番目…when

Ⅰ　〔長文読解─適語（句）選択─対話文〕

≪全訳≫**1**大学生のヨハンは，日本の大学のにぎやかな食堂のテーブルについて昼食をとっている。別の学生ユウジがカレーの皿を持ってテーブルにやってくる。**2**ユウジ（Y）：すみません，ここに座ってもいいですか？**3**ヨハン（J）：はい，どうぞ。**4**Y（座りながら）：ありがとう。**5**J：僕たちは同じ料理を選んだね。**6**Y：そうだね，カレーだ！　僕は毎日これを食べるんだ。**7**J：それは僕の大好物の1つでもあるよ。この食堂のはとてもおいしいね。ところで，僕の名前はヨハンだ。**8**Y：ああ，やあ！　僕はユウジ。よろしく。どこの出身かきいてもいいかい，ヨハン？**9**J：よくその質問をされるんだ。僕は実は日本の出身なんだ。**10**Y：本当？**11**J：うん。僕の両親はドイツの宣教師でね。彼らは1990年代に日本に来て，僕はここで生まれたんだ。**12**Y：なるほど。じゃあ日本語がとてもうまく話せるんだね。**13**J：うん，そう思うよ。教育は全部日本語で受けたから。両親は，僕が近所の子どもたちと遊べることが大事だと考えて，それで僕を地元の学校に入れたんだ。**14**Y：それは君にとって大変な経験じゃなかった？**15**J：そうでもなかったよ。近所の遊び仲間ですでに知っていた子どもたちと一緒に1年生をスタートしたから，彼らは僕を仲間の1人として扱った。学校にいる間ずっと，僕には友達がたくさんいて，今でもまだそのほとんどと連絡をとっているよ。実際，先月には昔の小学校の同窓会に行ってきたんだ。**16**Y：ヨハン，君は他の言葉が話せるの？**17**J：えっと，両親がいるから，家ではドイツ語を話すよ。**18**Y：英語もとても上手だね。**19**J：そう？　どうもありがとう。僕は英語を少し話せるけれど，そんなに得意じゃないよ。君はどうだい，ユウジ，他の言葉の勉強に興味はある？**20**Y：そうでもないよ，今学期はベトナム語のフレーズをいくらか覚えようとしているけどね。来年，ベトナムに調査に行く予定なんだ。**21**J：へえ，それはおもしろい。何についての調査だい？**22**Y：僕は農業における化学物質の使用を研究しているんだ。そのような化学物質が環境や人間に及ぼす影響を理解することが重要だと僕は考えているんだ，僕たち全員にとってより安全な未来をつくるためにね。**23**J：なるほど。だから僕たちは今まで会ったことがなかったんだね。君はたいてい科学のクラスにいて，僕はたいてい図書館で歴史の本を読んでいるから。**24**Y：そうか，じゃあ君は史学の学生なんだね。どうしてその学科を選んだの？**25**J：僕はずっと，過去の出来事に興味があってね，それが古代に起こったことでも最近10年に起こったことでもね。歴史は僕にとって長くて魅力的な物語のようなものなんだ。過去に物事がどのようにして悪くなったかを考えることが特に大切で，そうすれば同じ過《あやま》ちを繰り返さないと僕は思っているんだ。26Y：賛成だな。ねえ，ヨハン，おもしろいね。最初は君と僕は全く違うように思えた，科学の学生と史学の学生で，共通点はカレーが好きなことだけ。でも本当は，僕たちは同じ目標，僕たちの世界のより良い未来をつくるっていう目標を持っていたんだね。27J：そう思う？具体的にはどういうこと？28Y：そうだな，戦争につながる過ちもあれば，環境破壊につながる過ちもある，そして君と僕はどちらも，そんなことを二度と起こさせない方法を勉強しているんだ。29J（スプーンを置いて）：ユウジ，君は賢いね！30Y（驚いて）：僕が？31J：君のおかげでいいことを思いついたよ。僕は昔の小学校の同窓会に行ったって言ったよね？32Y：うん，でもそれが僕の考えにどう関連するの？33J：ごめん，説明するよ。同窓会で，僕はサツキっていう昔の同級生に会ったんだけど，彼女は今，科学の学生なんだ。彼女と僕は，学生が大学で学ぶべき科目についてすごく議論した。彼女は「環境学が最も重要な科目だ」と言い，僕は「違う，歴史の方が重要だ」と言った。残念なことに，議論が過熱したせいで僕たちの間が気まずくなってしまったんだ。34Y：へえ，それは困ったね。でも，君はどうして僕が賢いって言ったの？35J：あのね，君は僕たちが２人ともより良い未来をつくりたいと思っているって言って，僕は今，サツキとの友情をどうやって修復できるかがわかったんだよ，彼女も僕もより良い未来をつくりたいんだ。だから，今すぐ彼女に電話するよ！36Y：おお！　それを聞いてよかった。でもヨハン…37J（ポケットから電話を出しながら）：何？38Y：カレーを先に食べる必要があると思うな。39J：実を言うとね，ユウジ，今日のカレーは僕には少ししょっぱくて。残そうと思うよ。40Y：本当に？　僕はしょっぱいカレーが好きなんだ！　結局，僕たちはそれほど似ているわけでもないね！41ヨハンとユウジは２人とも笑って，ヨハンはサツキに電話をかける。

＜解説＞① chosen は choose の過去分詞。２人が同じ料理を「選んでいた」ことに気づいたのである。現在完了（‘have/has＋過去分詞’）の‘完了・結果’用法。　② ‘one of＋複数名詞’「～のうちの１つ」の形。　③ May I ～？は「～してもいいですか」と‘許可’を求める表現。　④次の発言でヨハンは，ドイツ人の両親を持つが日本生まれの日本育ちだと言っている。actually「実は」は，意外なことを切り出すときに使われる。　⑤空所前後の内容が‘理由’→‘結果’の関係になっている。この関係をつなぐのは so「それで，だから」。　⑥前文の内容を that で受けた否定疑問文。ヨハンが日本の地元の学校に行ったのは過去のことなので過去形になる。　⑦過去の内容なので過去形になる。なお，know「知っている」のような‘状態’を表す動詞は通常，進行形にならないので２は不可。　⑧ lots of ～「たくさんの～」（＝a lot of ～）　⑨ English「英語」という‘数えられない名詞’を修飾する語（句）が入る。few と several は‘数えられる名詞’につく。no は意味上不適切。⑩ although「～だが」は，前の言葉に続いて「もっとも～だが，～だけれども」と情報を追加するときにも使われる。　⑪ ‘It is ～ to …’「…することは～だ」の形式主語構文。直後の the effects が understand の目的語になるので４の受け身は不可。　⑫ ‘経験’用法の現在完了の文。「以前に，今までに」を表す before が適切。　⑬ in ancient times で「古代に」。この in は「（ある期間）のうちに」という意味。　⑭共通点がほとんどないと思っていたが，「同じ」目標を共有していたという文脈。 have ～ in common「共通点が～ある」　share「～を共有する」　⑮ ‘*A* is connected with *B*’で「*A* は *B* に関連がある」。主語として適切なのは前の内容を受ける that。⑯ argument about ～で「～に関する議論」。　⑰ ‘so ～ that …’「とても～なので…」の構文。⑱ friendship with ～で「～との友情」。　⑲ To tell the truth「実を言うと」　At last「とうとう，結局」　On the other hand「他方で」　In addition「それに加えて」　⑳カレーの好みが違うとわかったので「それほど似ていない」とする。

Ⅱ〔長文読解―単語の意味―スピーチ〕

≪全訳≫❶ほぼどんな基準によっても，イギリス人の作家Ｊ・Ｋ・ローリング――ハリー・ポッターの背後にいる魔法使い――は並外れた成功を収めた。彼女のハリー・ポッターシリーズは68か国語に翻訳され，世界で４億部以上売れており，ローリングをイギリスで最も裕福な女性の１人にした。ローリングはグロスターシャー近くの中流家庭に生まれ，彼女の出世は驚くべきものだった。彼女はエクセター大学に行き，1987年に卒業した。しかし，目的のない数年間を過ごした後，1990年代前半まで彼女はエディンバラで暮らしていて，自分自身を全くの失敗者だと思っていた。最初の結婚は終わり，失業し，シングルマザーで，経済的に困窮していた。彼女は，自分と両親を失望させてしまったと感じていた。「普通のどんな基準からしても，私は自分の知るかぎり最大の失敗者でした」と彼女は後に回想した。❷2008年にハーバード大学の卒業式で行ったスピーチで，ローリングは失敗の予期せぬ効用について語った。❸以下，Ｊ・Ｋ・ローリングの2008年ハーバード大学卒業式のスピーチより引用／では，なぜ私は失敗の効用について話すのでしょうか？　それは単に，失敗が不要なものを取り除くことを意味するからです。私は自分以外のものであるふりをするのをやめ，自分にとって大切な仕事を完成させることだけに，自分の全ての力を振り向けるようになりました。他のことで何も成功しなかったので，私は最終的に自分が本当に所属する土俵で成功できたのだと思います。最大の不安が現実になったことで私は解放され，まだ生きていたし，愛する娘もいましたし，それに私には古いタイプライターと大きなアイデアがありました。だから「どん底」は，私が人生を立て直すしっかりした基盤になったのです。❹皆さんは，私ほどの規模で失敗することはないかもしれませんが，人生において失敗は避けられません。何かに失敗せずに生きることは不可能です。実際に生きているとは言えないほど慎重に生きていれば話は別ですが，その場合は何も試さずに失敗することになるのです。❺失敗は私に，試験に合格することでは決して得られなかった内面の安心を与えてくれました。失敗は私に，他の方法では決して学ぶことができなかった自分自身についての事柄を教えてくれたのです。自分には強い意志があり，自分が思っていたより強い自制心があることを発見しました。また，私には，その価値がルビーの値段よりずっと高い友人たちがいることもわかりました。❻挫折から抜け出してより賢く強くなったと知ることは，その後ずっと自分が生き抜いていく能力に自信を持つことを意味します。逆境によって試されるまでは，自分自身や自分の人間関係の強さを本当に知ることはできないのです。このような認識は，たとえそれが苦しみの末に得たものであっても，真実の贈り物であり，それまでに得たどんな資格より値打ちのあるものとなっています。❼だから，もし私が逆転時計をもらえば，私は21歳の自分に，個人の幸せは，人生が達成したことのチェックリストではないということを知ることにあると教えるでしょう。皆さんの資格はあなたの人生ではありません，もっとも，私や私より上の年齢でその２つを混同している人に多く出会うでしょうが。人生は困難かつ複雑で，人が制御できるものではなく，そのことを理解する謙虚さが，人生の困難さを生き抜くのに役立つでしょう。

問１．前後の文脈と文構造から意味と品詞を推測する。　[ア]unemployed「失業中の」　employ「～を雇用する」の過去分詞 employed に否定の un- がついた形容詞。　[イ]financially「金銭的に，財政的に」　financial「経済的な」の副詞形。　[ウ]deliver「～を配達する，(講演など)をする」　deliver a speech で「スピーチを行う」。　[エ]rebuild「～を再建する，～を立て直す」→「～を修正する」　build に「再び」の意味の re- がついたもの。　[オ]security「安全，安心」　[カ]value「価値，値打ち」　[キ]emerge「(物陰などから)出てくる，(困難などから)抜け出す」　‘emerge＋形容詞＋from ～’ の形で「～から抜け出して…(の状態)になる」という意味。　[ク]adversity「逆境，不運」　adverse「逆の，反対の」の名詞形。　[ケ]qualification「資格，技能」　[コ]humility「謙虚さ，謙そん」　ここでは，人生は自分で制御できるものではないと認める謙虚さを意味している。

問２．問１と同様に，前後の文脈と文構造から意味と品詞を推測する。選択肢は１，２，６～11が名詞，３～５と14が形容詞，12と13が動詞，15と16が副詞である。日頃から英英辞典に慣れておくとよい。　［Ａ］phenomenal「驚くべき，並外れた」（＝14.「非常に大きい，または印象的な」）　［Ｂ］ascent「出世，昇進」（＝11.「より良い地位に昇る，あるいは進歩する過程」）　［Ｃ］aimless「目的のない」（＝４.「方向や計画のない」）　［Ｄ］benefit「恩恵，利点」（＝１.「有益かつ肯定的な影響」）　［Ｅ］foundation「基盤，土台」（＝６.「何かの基礎になるもの」）　［Ｆ］discipline「規律，自制」（＝７.「生き方や働き方を制御する能力」）　［Ｇ］setback「後退，挫折」（＝２.「何かを遅らせたり，状況を悪化させたりする問題」）　［Ｈ］painfully「苦労して」（＝16.「多大な労力と苦痛を伴って」）　［Ｉ］confuse「～を混同する」（＝13.「あるものを別のものと考える間違いをすること」）　［Ｊ］complicated「複雑な」（＝３.「たくさんの部品や詳しい説明を伴うので理解したり取り扱ったりするのが難しい」）

Ⅲ〔長文読解総合―説明文〕

≪全訳≫❶2000年以降，紙の本ではなく，コンピューターやタブレット，携帯電話などの画面上で読むことを選択する人が増えている。実際，画面上で読むと文字の大きさを調整できるため，多くの人が画面上で読む方が便利だと感じている。また，知らない単語が出てきたときは，クリックするだけでその単語の意味を調べることができる。こうすることで，立ち上がって紙の辞書を調べる必要がなくなる。❷しかしながら，画面で読むのは良い考えのように思えるかもしれないが，紙で読んだ方が内容をよりよく理解できることがいくつかの研究で示されている。スペインとイスラエルの研究者は，17万1000人以上の読者を対象に大規模な研究を実施し，その結果によって，紙で読んだ方が理解が高まることが示された。さらに，メリーランド大学のパトリシア・アレクサンダー教授は，人々は，たとえ画面上で読む方がより多くのことを学んでいると感じていても，同じ資料を紙で読んだ人の方が内容をよく覚えていることを発見した。❸この違いの理由の１つは，紙で読むときの私たちの行動の仕方と，画面で読むときの行動の仕方にあるかもしれない。紙の本を読むとき，特定の概念を深く検討するために私たちは読むのを中断し，目の前のテキストに集中し続ける。こういうわけで，たいていの場合，よりゆっくり読むことになる。呼吸の仕方さえも違う。紙の本を読むとき，私たちはより深く呼吸し，より頻繁にため息をつく。研究者たちは，これが私たちの心を落ち着かせ，記憶と理解にプラスの効果をもたらすと考えている。❹研究者の中には，本の物理的な特徴も文章をより深く理解するのに役立つと考える人もいる。本のページは紙でできているので，ペンや蛍光ペンを取り出して，ページ上の重要な文や概念に下線を引くことができる。さらに，ページをめくるという物理的な動作は，本の中の特定の概念や出来事の正確な位置を覚えているのに役立つ。❺一方，画面で読んでいるときは，テキストにざっと目を通し，特定の情報を探していることが多い。私たちが使う精神的な労力は本を読むときよりはるかに少なく，大きな部分を飛ばすこともよくある。実際，研究によると，テキストでいっぱいの画面を見ているとき，私たちは実際には単語の25％しか読んでいないことが示されている。この方式の読み方は，「ブラジルの首都はどこか」や「イランの人口は何人か」といった，特定の質問に対する答えを探すときに非常に有用だ。しかし，ざっと目を通す読み方によって得られるのは，内容の狭い理解のみである。❻画面で読書するときのもう１つの問題は，気が散りやすいことだ。例えば，スマートフォンで読書をしているときに友人や家族からメッセージを受け取ったことがあるだろうか。そのメッセージを受け取ったとき，あなたは何をしただろうか。無視して読書を続けただろうか。あなたが他の多くの人と同じなら，おそらく読むのをやめてすぐにメッセージをチェックしただろう。このことの問題は私たちが失う時間だけではない。前と同じレベルの集中に戻ることも困難だ。研究によると，いったんテキストメッセージに気を取られると，同じレベルの集中に戻るまでに20分かかることもある。しょっちゅう気が散るため，スマートフォンでの読書の効率が悪いことは明らかだ。❼しかし，最近ではスマートフォンやタブレットが非常に普及しているため，読書習慣を管理する実用的な方法を見つける必要がある。カリフォルニア大学のマリアンヌ・ウルフ教授は，(紙の)本を読むことと画面上で読むことの両方が得意な「２つの方法で読める脳」を育てることを提案している。画面上での読み方と紙での読み方は大きく異なるため，彼女はそれが２つの異なる言語で読むことに似ていると考えている。ウルフは，２つの方法で読める脳を発達させるには，本を読むことと画面で読むことのプラスの影響とマイナスの影響を私たちが認識する必要があると述べている。スマートフォンやコンピューターなどの機器で読むとすぐに情報にアクセスできる一方，印刷された本を読むことは，よりゆっくりと注意深く読むことができるため重要である。時間をかけると，よく考え内容をより深く理解できるようになる。❽より良い読者になるためには，本と画面の両方を最大限に活用する読書習慣を身につけるべきだ。たとえ現代のデジタル世界にあっても，紙の本がいかに貴重であるかを私たちが覚えていればこれは実現できるだろう。

Ａ＜適語選択＞「空所Ａを最も適切な選択肢で埋めよ」　空所直後の because 以下にある，文字の大きさが調整できるという内容は，画面で読むことの便利さといえる。　convenient「便利な」

Ｂ＜適語句選択＞「空所Ｂを最も適切な選択肢で埋めよ」　空所直後の even though 以下にある「たとえ画面上で読む方がより多くのことを学んでいると感じていても」につながる内容を選ぶ。この段落は紙で読む方が内容をよく理解できることを述べた段落であることからも判断できる。

Ｃ＜適語選択＞「空所Ｃを最も適切な選択肢で埋めよ」　空所を含む第５段落では画面上では文章全体を読まない scanning「ざっと目を通す読み方」について述べられている。その読み方が内容のどういう理解につながるか考える。また，文頭の However「しかしながら」から，前文で述べられた scanning の利点とは対立する内容になると判断できる。

Ｄ＜単語の意味＞「frequently と同じ意味を持つ語はどれか」　ここまでの文脈から下線部を含む部分は，「頻繁に」気が散るので効率が悪い，という意味だと推測できる。

Ｅ＜英問英答＞「本文によると，人々の読書習慣は近年どのように変化したか」―１．「スマートフォンで読書する人の数が増えた」　第１段落第１文参照。

Ｆ＜英問英答＞「本文によると，次のうちどれが画面で読むときのプラスの特徴ではないか」―３．「重要な部分にマーカーで印をつけることができる」　第４段落第２文参照。これは紙の本を読むときの利点である。

Ｇ＜内容一致＞「本文によると，紙で読書を経験すると読者は(　　)」―２．「(途中で読むのを)中断することが多くなる」　第３段落第２文参照。他の選択肢は画面で読むときの特徴である。

Ｈ＜内容真偽＞「本文によると，次のどれが正しいか」　１．「テキストメッセージに気を取られた後では，前と同じレベルで集中できるようになるまでに20分かかる人もいる」…○　第６段落終わりから２文目に一致する。　２．「印刷された本のページをめくるだけで人々は読書の時間の約20分を失う」…×　３．「友達や家族からのテキストメッセージを全て読むのに20分かかることもある」…×　４．「画面で読書するとき，テキストメッセージをチェックするために最大20回中断する」…×

Ｉ＜英問英答＞「読書習慣を管理するために，マリアンヌ・ウルフは何をすすめているか」―３．「私たちは，画面での読書と紙での読書のバランスをとるべきだ」　第７段落参照。両方の長所と欠点を認識したうえで，両方を使える脳を育てるべきだと述べている。

Ｊ＜内容真偽＞１．「２つの方法で読める脳があれば，私たちは異なる言語を読むことができる」…×　第７段落第２，３文参照。本文における bi-literate brains「２つの方法で読める脳」とは，紙の本を読むことと画面上で読むことの両方が得意な脳のこと。　2．「ざっと目を通す読み方では，私たちは内容の深い理解が得られない」…○　第5段落最終文に一致する。　3．「テキストメッセージに気を取られると注意力をすぐに取り戻すのが難しいことが研究でわかっている」…○　第6段落終わりから2文目に一致する。　4．「スペインとイスラエルの研究者たちは，画面で読む人々が紙で読む方がより多くを学ぶと考えていることを発見した」…×　第2段落第2文参照。彼らの発見は「紙で読んだ方が理解が高まること」。　5．「人々が画面を見るとき，言葉の4分の1以上を読まない」…○　第5段落第3文に一致する。　6．「マリアンヌ・ウルフ教授は，画面での読書と紙での読書はそれほど違わないと考えている」…×　第7段落第3文参照。大きく異なると考えている。

Ⅳ〔長文読解総合―エッセー〕

≪全訳≫❶私はごく普通の子ども時代を過ごした。しかし，誰もがそのように見ていたわけではない。私の両親が全盲であるという情報に対する人々の反応は，一言で言えば「信じられない」だった。彼らが職業上のキャリアでの成功を維持しながら，料理をしたり，買い物に行ったり，日常生活の一般的な用事をこなしたり，双子を含む3人の子どもを育てたりできるということが信じられないのだった。❷私の父フレッドと母エッタはどちらも1937年に完全に目が見える状態で生まれたが，子どものときに視力を失った。それが起こったとき，エッタは6歳，フレッドは14歳だった。母は交通事故に遭い，父は「目に細菌が入った」と聞いている。彼らはエディンバラの王立盲学校で15歳のときに出会い，26歳で結婚し，完全に目が見える3人の子ども，1966年にギャビン，1967年に私と双子の弟レスリーを授かった。❸私たちはウォリックシャーの小さな町，ケニルワースの美しい家に住んでいた。友達は，Bきっと私たちが家でたくさんやることがあるに違いないと想像した。彼らは私に「掃除は誰がやるの？　お母さんはどうやってコンロのスイッチを入れるの？」といった質問をした。でも，私たちが少し手伝った以外は，母がほとんどの家事をした。週に一度手伝いに来てもらっていたが，母はそれでも金曜日は一日中，家全体の掃除に費やしていた。❹私たちはときどき，簡単な仕事をした，例えば，日曜日の夜には，それぞれ組にすべき靴下がいっぱい入ったかごが私に手渡されたものだ。また，私が嫌いな仕事が1つあったが，それはたまたま私の好きなテレビ番組と同じ時間帯だったからだ。母は自分でジャガイモの皮をむいたが，ジャガイモの皮の「悪い部分」が自分の指から逃れたのではないかと心配だったので，私たちの1人にジャガイモを調べてくれるように頼んだのだ。❺数年ごとに母は出かけた。彼女は3週間家を離れ，家族に加える完全に訓練された犬を連れて戻ってくるのだった。ミスティ，キャンディ，ビューティー，ローマ，ケイティ，シーナ，プロミス，イニス，ウィンディ，ラルフ，ラッフルズ，ロナ――盲導犬は，私が幼い頃，母と父が飼っていたのでいつも私たちと一緒にいた。私たちは皆，これらの犬と親密な関係を築いていて，そのうちの1頭が引退しなければならないときはいつもとても悲しかった。私は何年もの間，大人になったら盲導犬の訓練士になりたいという願いを抱いていた。❻目が見えない親と目が見える子どもの間のギャップを埋めるには，その他いくつかの調整が必要だった。母はこう言う。「私たちは普通の児童書を買ったの。ケニルワースから，私たちに読んでくれるボランティアの人たちに来てもらったの。彼らは1ページ1ページ読んでくれて，私は点字でページの上の方にメモをとったのよ。私はこうやって物語を覚えて，メモを頼りに物語を子どもたちに読んであげたのよ」❼私たちが成長するにつれて，父は，白い駒の先にとがったものがついていてボードの四角形が盛り上がっているチェスセットのような，変わった見た目のゲームを持って帰ってきた。このセットは目の見えない人でもゲームができるように設計されていた。当時，私たちがどんなふうに父とチェスをしたかを今でも覚えている。彼の駒の動きの構想は独特だった。それはまるで手品をしているかのようだった。❽私は子どもの頃，「親があなたのことを見たことがないのは悲しくないの？」とよくきかれた。

しかし，その考えは私よりも他の人をはるかに心配させたようだった。我が家には家族写真のアルバムがなかった。両親はカメラを持っていなかったので，私が赤ん坊の頃の自分の写真を見たのは20代後半になってからだった。今私を悲しくさせているのは，父も母も私の子どもたちを見ることができないことだ。また，おじいちゃんやおばあちゃんがアイコンタクトに応じることができなかったときの子どもたちの困惑した表情を見ると，私も悲しい気持ちになる。9しかし，そのことを話すと，両親は彼らの前向きな考え方を示してくれる。「可能ならあなたを見たいけれど，私はみんなが想像しているほどそれが重要なことだとは思わないわ」と母は言う。「見えることはすばらしいけれど，犬だって猫だって見える。人を知ること，その人がどう話し，どう感じているかを知ることは，その人がどう見えるかよりも重要だと私は思うの。見ることが知ることだとは思わないわ」

A＜英文解釈＞that way「そのように」は，前の文の「私がごく普通の子ども時代を過ごした」という内容を指す。not everyone は「誰もが～するわけではない」という部分否定の表現。よって，この文の内容を表しているのは，2．「筆者の子ども時代は普通ではないと思う人もいた」である。

B＜適語句選択＞この後で，友達に掃除や料理など家事についての質問をされたことが述べられていることから，友達は，筆者が目の見えない両親のために家事をいろいろ手伝わなくてはならないだろうと思ったと推測できる。

C＜適語(句)選択＞後ろの「週に一度手伝いに来てもらっていた」と「それでも金曜日は一日中，家全体の掃除に費やした」をつなぐのは従属接続詞の Although「～けれども」。however「しかしながら」は副詞で，このように後ろに2つの文を伴うことはできない。

D＜英文解釈＞a basket would be handed to me は「かごが私に手渡されたものだ」(would は‘過去の習慣’を表す)。full of socks「靴下でいっぱいの」は basket を修飾し，to be put in pairs「組にされるべき」は socks を修飾する形容詞的用法の to不定詞。つまり，かごいっぱいのばらばらの靴下を正しい組にするのが筆者の仕事だったということ。1．「筆者はそれぞれの靴下を同じに見えるもう一方と一緒にしなければならなかった」は，この内容を表している。

E＜要旨把握＞母が数年ごとに出かけた理由は，下線部に続く文に述べられている。3週間家を離れて，その後完全に訓練された犬を連れて戻ったという内容にあたるのは3である。

F＜適語選択＞この段落で述べられている，目の見えない母が子どもたちに本を読み聞かせるためにしていたことは，「目の見えない親が目の見える子どもに対して，そのギャップを埋めるためにしていたこと」だと考えられる。

G＜指示語＞「その考え」とは，前の文にある「親があなたのことを見たことがないのは悲しくないの？」という内容を受けている。3．「両親が自分の見た目を知らないので，自分は不幸かもしれない」は，この内容を表している。

H＜適語選択＞4つの空所を含む部分は，盲目の両親が筆者に示した前向きな考え方である。よって，seeing「見ること」より knowing「知ること」が重要だという趣旨になるように選ぶ。

I＜内容真偽＞1．「著者は父親とチェスをするのがとても楽しかったので，よく覚えている」…○　第7段落最後の3文の内容に一致する。「とても楽しかったので」とは書かれていないが，「手品をしているかのようだった」という記述から，父のプレーを楽しんでいたことがわかる。　2．「筆者は幼い頃，家族のせいで友達によく笑われた」…×　このような記述はない。　3．「筆者の父親は交通事故で視力を失った」…×　第2段落第3文参照。交通事故で視力を失ったのは母。　4．「筆者が初めて自分の赤ちゃんの頃の写真を見たのは20歳のときだった」…×　第8段落第4文参照。20代後半のときである。　5．「筆者の子どもたちは，なぜ祖父母が自分たちと目を合わせられないのか理解できなかった」…○　第8段落最終文の内容に一致する。confused expressions「困惑した表情」という表現が理由を理解できなかったことを示している。　6.「筆者の一番好きな仕事は，日曜日の夜に質の悪いジャガイモをチェックすることだった」…×　第4段落第2～最終文参照。嫌いな仕事だった。　7.「筆者が幼い頃，家族に本を読み聞かせたり，メモをとったりするボランティアがよく来ていた」…×　第6段落の母の言葉参照。ボランティアは母に本を読み，母がメモをとった。　8.「筆者は，盲導犬訓練士と家族が飼っていた盲導犬をとても尊敬していた」…○　第5段落最後の2文から，盲導犬と盲導犬訓練士への憧れや尊敬の念が読み取れる。　9.「彼女が子どもの頃，筆者の家はすてきだったが，5人家族には狭すぎた」…×　第3段落第1文に，家が美しかったという記述はあるが，家の狭さに関する記述はない。　10.「筆者の母親は非常に自立した女性で，全く助けを必要としなかった」…×　第3段落最終文参照。週に一度手伝いが来ていたほか，子どもたちも手伝っていた。

V〔作文総合―絵を見て答える問題〕

≪全訳≫❶①先生：また明日！　忘れないで，来週からテストだよ！／②シュン(S)：A何しようか？　マンガを読むかゲームをするのはどう？／③トシ(T)：それか…❷(トシのスマートフォンの画面)：Toshi_26　あなた向けのおすすめ新作映画　「秋の恋」(2023)／S：それはおもしろいかもね。❸①S：わあ，これが君の家？／②T：ただいま，ママ。こちらは友達のシュンだよ！／③母：まあ，はじめまして，シュン！　くつろいでね。❹T：いいなあ，僕はこういうゆっくりした芸術的な映画が本当に好きだ！／(S：主人公はB何も特別なことをしていない，だからこのシーンはおもしろくないな。)❺T：待って！　何をしてるんだよ，シュン？(カーソルが10秒早送りを指している)❻S：このシーンはおもしろくないから，10秒飛ばしただけだよ！❼T：これはとっても美しい映画だよ！　そんなことするなんて信じられない！　君はよくシーンを飛ばすの？❽S：もちろん！　そうしなきゃならないんだ，だってCやることがたくさんあって貴重な時間を無駄にしたくないからね。❾T：うーん，誰でもD違うものの見方をするのはわかるけれど，誰かと一緒に映画を見ているときは，少なくともシーンを飛ばす前にきくべきだよ。／S：ごめん，そうするよ。

A＜条件作文＞シュンの吹き出しにマンガやゲーム機が見えるので，それをトシに提案する文をつくる。会話を始めるセリフということなので，1文目に「何しようか？」といった意味の文を入れてもよいだろう。‘提案’を表す表現には，How about ～ing?「～するのはどうですか？」のほか，Let’s ～「～しよう」，Why don’t we ～?「～しましょうか？」などがある。

B＜整序結合＞シュンがあくびをしていること，また，この後シュンが10秒早送りをしていることから，シュンはこのとき見ているシーンに退屈していることがわかるので，まず，the scene is boring「このシーンはつまらない」とまとめる。残りは，語群から「(主人公は)何も特別なことをしていない，だから」と組み立てる。anything を修飾する形容詞 special は後ろに置くことに注意。　The main character is not doing anything special, so the scene is boring.

C＜条件作文＞映画のシーンを飛ばした理由を答える。吹き出しの絵から，いろいろやることがあるから，時間を無駄にしたくない〔時間がない／物事を効率的にやりたい〕といった内容にするとよい。

D＜整序結合＞文末の you should at least ask before you skip a scene「少なくともシーンを飛ばす前にきくべきだ」から，with someone の前は when you are watching a movie とまとめられる。残りは，understand の目的語となる that節として(接続詞 that は省略されている)，(everyone) has a different perspective「違うものの見方をする」とまとまる。perspective は「物事の見方〔考え方〕」という意味。　I understand everyone has a different perspective, but when you are watching a movie with someone, ...

数学解答

問題１　(1)…○　(2)…×
問題２　(1)　39個　(2)…Ａ　(3)…Ｂ
問題３　(1)　-7　(2)　4
問題４　(1)…○　(2)…×　　問題５　64通り
問題６　(1)…×　(2)…×　(3)…○
問題７　(1)　12通り　(2)　60通り
問題８　(1)…×　(2)…○　(3)…×
問題９　(1)　36通り　(2)　14通り
問題10　24通り
問題11　(1)…(ア)　(2)…(ウ)　(3)…(エ)　(4)…(イ)
問題12　(例)$\frac{13}{24}$
問題13　(1)　19番目　(2)　62番目　(3)　$\frac{6}{5}$
問題14　(イ)
問題15　(例)同じ余りの数が出てくる
問題16　$\frac{28}{33}$　　問題17　0.21121
問題18　(カ)，(キ)，(サ)
問題19　(ア)，(イ)，(ウ)，(オ)，(カ)

〔集合，関数〕

問題１＜集合の要素＞(1)…○。7は１けたの素数なので，１けたの素数全体の集合の要素である。　(2)…×。4は８の倍数ではないので，１けたの８の倍数全体の集合の要素ではない。

問題２＜要素の個数＞(1)１以上200以下の整数のうち，５の倍数は$200\div5=40$(個)あり，１以上９以下の整数のうち，５の倍数は$9\div5=1$あまり４より，１個ある。よって，10以上200以下の整数のうち，５の倍数全体の集合の要素の個数は$40-1=39$(個)である。　(2)９でわり切れる数は３でもわり切れるので，Ｂの要素は全てＡの要素となる。Ａの要素には10002のように，９でわり切れない５けたの数もあるので，要素の個数が多いのはＡである。　(3)２でも３でもわり切れない数は６でもわり切れないので，Ａの要素は全てＢの要素となる。Ｂの要素には10000のように，２でわり切れる５けたの数もあるので，要素の個数が多いのはＢである。

問題３＜関数の値＞(1)$f(3)=-3\times3+2=-7$　(2)$f\left(-\frac{2}{3}\right)=-3\times\left(-\frac{2}{3}\right)+2=4$

問題４＜関数＞(1)…○。Ａの全ての要素に対して，Ｂの要素を１つだけ対応させているので，関数である。　(2)…×。Ａの３に対応するＢの要素がないので，関数ではない。また，Ａの２にＢのbとcの２つが対応しているので，関数ではない。

問題５＜場合の数＞要素の個数が３個である集合の要素を１，２，３とし，要素の個数が４個である集合の要素をa，b，c，dとする。１の対応する先はa，b，c，dの４通りあり，そのそれぞれにおいて，２の対応する先はa，b，c，dの４通り，３の対応する先もa，b，c，dの４通りあるので，関数は，全部で$4\times4\times4=64$(通り)ある。

問題６＜単射＞(1)…×。Ａの２と３は異なる要素だが，どちらもＢの同じ要素cに対応しているので，単射ではない。　(2)…×。Ａの２に対応するＢの要素がない。また，Ａの３にＢのbとcの２つの要素が対応している。よって，関数でないので，単射ではない。　(3)…○。Ａの異なる要素それぞれにＢの異なる要素が対応しているので，単射である。

問題７＜場合の数＞(1)要素の個数が２個である集合の要素を１，２とし，要素の個数が４個である集合の要素をa，b，c，dとする。１の対応する先はa，b，c，dの４通りあり，そのそれぞれにおいて，２の対応する先は１の対応する先以外の３通りある。よって，単射であるものは全部で$4\times3=12$(通り)ある。　(2)要素の個数が３個である集合の要素を１，２，３とし，要素の個数が５個である集合の要素をa，b，c，d，eとする。１の対応する先はa，b，c，d，eの５通りあり，そのそれぞれにおいて，２の対応する先は１の対応する先以外の４通り，３の対応する先は残りの３通りある。よって，単射であるものは全部で$5\times4\times3=60$(通り)ある。

問題８＜全射＞⑴…×。Bのbに対応するAの要素が１つもないので，全射ではない。　⑵…○。Bの全ての要素にAの要素が対応しているので，全射である。　⑶…×。Aの４にBのaとbの２つの要素が対応している。よって，関数ではないので，全射ではない。

問題９＜場合の数＞⑴要素の個数が４個である集合の要素を１，２，３，４とし，要素の個数が３個である集合の要素をa，b，cとする。４個の要素のうちの２個の要素の対応する先が同じになるので，対応する先が同じになる要素の組は，(1，2)，(1，3)，(1，4)，(2，3)，(2，4)，(3，4)の６通りある。(1，2)の場合，１，２の対応する先はa，b，cの３通りあり，そのそれぞれにおいて，３の対応する先は１，２の対応する先以外の２通り，４の対応する先は残りの１通りあるから，$3\times2\times1=6$(通り)ある。残りの５組の要素の組においてもそれぞれ６通りあるから，全射であるものは全部で$6\times6=36$(通り)ある。　⑵４個の要素のうちの，(ⅰ)３個の要素の対応する先が同じになる場合と，(ⅱ)２個の要素と２個の要素の対応する先がそれぞれ同じになる場合がある。要素の個数が４個である集合の要素を１，２，３，４とし，要素の個数が２個である集合の要素をa，bとする。(ⅰ)の場合，対応する先が同じになる３個の要素の組は，(1，2，3)，(1，2，4)，(1，3，4)，(2，3，4)の４通りある。(1，2，3)のとき，１，２，３の対応する先はa，bの２通りあり，そのそれぞれについて，４の対応する先は残りの１通りあるから，$2\times1=2$(通り)ある。よって，$4\times2=8$(通り)ある。(ⅱ)の場合，対応する先が同じになる２個の要素と２個の要素の組は，(1，2)と(3，4)，(1，3)と(2，4)，(1，4)と(2，3)の３通りある。(1，2)と(3，4)のとき，１，２の対応する先はa，bの２通りあり，そのそれぞれについて，３，４の対応する先は残りの１通りあるから，$2\times1=2$(通り)ある。よって，$3\times2=6$(通り)ある。(ⅰ)，(ⅱ)より，全射であるものは全部で$8+6=14$(通り)ある。

問題10＜場合の数＞定義域の４個の要素を１，２，３，４とし，終域の４個の要素をa，b，c，dとする。まず，単射であるものは，１の対応する先はa，b，c，dの４通りあり，そのそれぞれにおいて，２の対応する先は１の対応する先以外の３通り，３の対応する先は１，２の対応する先以外の２通り，４の対応する先は残りの１通りあるから，全部で$4\times3\times2\times1=24$(通り)ある。このとき，終域の全ての要素に定義域の要素が対応しているので，全射でもある。よって，全単射であるものは24通りある。

問題11＜単射，全射，全単射＞⑴$f(x)=2x^2$と表すと，$f(0)=2\times0^2=0$，$f(1)=2\times1^2=2$，$f(2)=2\times2^2=8$となる。この関数は，定義域の異なる要素それぞれに終域の異なる要素が対応しているので，単射である。終域の４に対応する定義域の要素がないので，全射ではない。　⑵⑴より，$f(0)=0$，$f(1)=2$，$f(2)=8$である。この関数は，定義域の異なる要素それぞれに終域の異なる要素が対応しているので，単射であり，終域の全ての要素に定義域の要素が対応しているので，全射でもある。よって，全単射である。　⑶⑴より，$f(0)=0$，$f(1)=2$であり，$f(-1)=2\times(-1)^2=2$となる。この関数は，定義域の１と-1が，どちらも終域の２に対応しているので，単射ではない。終域の８に対応する定義域の要素もないので，全射でもない。　⑷⑴，⑶より，$f(0)=0$，$f(1)=2$，$f(-1)=2$，$f(2)=8$であり，$f(-2)=2\times(-2)^2=8$となる。この関数は，定義域の１と-1，２と-2が，それぞれ終域の2，8に対応しているので，単射ではない。終域の全ての要素に定義域の要素が対応しているので，全射である。

問題12＜有理数＞パインさんの方法と同様に，$a=\frac{1}{2}$と$b=\frac{7}{12}$の真ん中をとると，$\left(\frac{1}{2}+\frac{7}{12}\right)\div2=\frac{13}{12}\times\frac{1}{2}=\frac{13}{24}$となる。よって，$q=\frac{13}{24}$は，$a<q<b$となる有理数$q$の１つとなる。また，ピーチさんの方法と同様に，分母と分子をそれぞれたして，$q=\frac{1+7}{2+12}=\frac{8}{14}=\frac{4}{7}$としても，$a<q<b$となる有理数の

1つとなる。$a<q<b$となる有理数qは，他にも考えられる。

問題13＜順番，50番目の有理数＞(1)$1=\frac{1}{1}$，$2=\frac{2}{1}$，$3=\frac{3}{1}$，$4=\frac{4}{1}$，$5=\frac{5}{1}$，……のように考え，1番目から順番に並べて，$\frac{1}{1}\left|\frac{2}{1},\ \frac{1}{2}\right|\frac{3}{1},\ \frac{2}{2},\ \frac{1}{3}\left|\frac{4}{1},\ \frac{3}{2},\ \frac{2}{3},\ \frac{1}{4}\right|\frac{5}{1}$，……のように分ける。このとき，それぞれのグループに含まれる分数の分母と分子の値の和は等しくなり，1つ目のグループから，分母と分子の和が2の数が1個，和が3の数が2個，和が4の数が3個，和が5の数が4個，……となる。$\frac{3}{4}$の分母と分子の値の和は$4+3=7$だから，$\frac{3}{4}$は$\frac{6}{1}$から始まるグループの4番目となる。分母と分子の和が6となる最後の数$\frac{1}{5}$は$1+2+3+4+5=15$(番目)だから，$\frac{3}{4}$は$15+4=19$(番目)の有理数となる。　(2)(1)と同様に考えると，$\frac{5}{7}$の分母と分子の値の和は$7+5=12$だから，$\frac{5}{7}$は$\frac{11}{1}$から始まるグループの7番目となる。分母と分子の和が11となる最後の数$\frac{1}{10}$は$1+2+3+4+5+6+7+8+9+10=55$(番目)だから，$\frac{5}{7}$は$55+7=62$(番目)の有理数である。　(3)$1+2+3+4+5+6+7+8+9=45$より，45番目の有理数は，分母と分子の和が10となる最後の数だから，$\frac{1}{9}$である。これより，50番目の有理数は分母と分子の和が11となる数の$50-45=5$(番目)である。$\frac{1}{9}$の後は，$\frac{10}{1}$，$\frac{9}{2}$，$\frac{8}{3}$，$\frac{7}{4}$，$\frac{6}{5}$，……となり，分母と分子の和が11となる数の5番目は$\frac{6}{5}$だから，50番目の有理数は$\frac{6}{5}$である。

問題14＜単射＞1番目は1，5番目は$\frac{2}{2}=1$に対応しており，自然数全体の集合の1と5は異なる要素だが，どちらも有理数全体の集合の1に対応しているので，この関数は単射にならない。

問題15＜余りの数＞筆算を続けていき同じ余りの数が出てくれば，その後は同じ計算を繰り返すので，有理数は必ず循環小数で表せるといえる。解答参照。

問題16＜循環小数＞$0.\dot{8}\dot{4}=0.848484\cdots$である。$x=0.848484\cdots$とすると，$100x=84.8484\cdots$となる。$100x-x$を計算すると，$99x=84$となるので，$x=\frac{84}{99}=\frac{28}{33}$となる。よって，$0.\dot{8}\dot{4}$を分数で表すと$\frac{28}{33}$である。

問題17＜$\boldsymbol{b}$の値＞bの整数部分は0である。a_1の小数第1位は1なので，bの小数第1位は2となる。a_2の小数第2位は8なので，bの小数第2位は1となる。a_3の小数第3位は8なので，bの小数第3位は1となる。a_4の小数第4位は1なので，bの小数第4位は2となる。a_5の小数第5位は5なので，bの小数第5位は1となる。よって，$b=0.21121$となる。

問題18＜関数$\boldsymbol{g}$＞$g(n)=n$のとき，$f_n(n)=n$とすると，$g(n)=f_n(n)$となる。関数gは全ての自然数nに対して，$g(n)$と$f_n(n)$が異なるように定義するので，(ア)は，関数gの構成としてふさわしくない。同様にして，(イ)～(オ)もふさわしくない。$g(n)=f_n(n)+1$のとき，$f_n(n)$と$f_n(n)+1$は異なる関数なので，$g(n)$と$f_n(n)$も異なる関数となる。また，$g(n)=2f_n(n)$のとき，$f_n(n)$と$2f_n(n)$は異なる関数なので，$g(n)$と$f_n(n)$も異なる関数となる。よって，(カ)，(キ)はふさわしい。$f_n(n)=1$とすると，$\{f_n(n)\}^2=1^2=1$となり，$f_n(n)=\{f_n(n)\}^2$である。よって，$g(n)=\{f_n(n)\}^2$のとき，$g(n)=f_n(n)$となるので，(ク)はふさわしくない。(ケ)，(コ)は，$f_n(n)=1$のとき$g(n)=1$であり，$g(n)=f_n(n)$となるので，ふさわしくない。(サ)は，$f_n(n)=1$のとき$g(n)=2$，$f_n(n)\neq1$のとき$g(n)=1$であり，$g(n)$と$f_n(n)$は異なる関数となるので，ふさわしい。(シ)は，$f_n(n)\neq1$のとき$g(n)=2$だから，$f_n(n)=2$とすると，$g(n)=f_n(n)$となり，ふさわしくない。

問題19＜可算濃度である集合＞資料文より，(ア)，(イ)，(ウ)は可算濃度であり，(エ)，(キ)は可算濃度でない。また，自然数全体の集合から正の偶数全体の集合への全単射を構成することができるので，整数のときと同様に，正の偶数と負の偶数を交互に対応させていくことで，自然数全体の集合から偶数全体の集合への全単射も構成することができる。よって，(オ)は可算濃度である。さらに，自然数全体の集合から有理数全体の集合への全単射を構成することができるので，自然数全体の集合から q を有理数として $x=\sqrt{q}$ という形で書ける実数 x 全体の集合への全単射も構成することができる。よって，(カ)は可算濃度である。

＝読者へのメッセージ＝

問題12のピーチさんの求め方は，「加《か》比《ひ》の理《り》」という性質を用いたものです。一般的に表すと，$\frac{b}{a}<\frac{d}{c}$のときに$\frac{b}{a}<\frac{b+d}{a+c}<\frac{d}{c}$が成り立つ，ということになります。なぜこのようになるのか，興味がありましたら調べてみてもよいでしょう。

2024年度／国際基督教大学高等学校

国語解答

一 問一 a かじょう b かんが
c 中核 d 提供

問二 「わたし」をめぐる理解や評価の束

問三 ウ 問四 エ 問五 イ

問六 ア 問七 オ 問八 ア

問九 イ

問十 いまだに性別分業が「常識」として残っている現在の社会において男性支配的な性別のあり方を変えるためには，まず男性がこの「常識」を考え直して変わる必要があるから。(79字)

二 問一 ウ

問二 「熊」のかわいらしさに騙されてはいけない

問三 エ 問四 オ 問五 エ

問六 イ 問七 ア 問八 イ，ウ

問九 ウ 問十 死の実感の喪失

一〔論説文の読解―社会学的分野―現代社会〕出典：好井裕明『「今，ここ」から考える社会学』「『らしさ』を生きること」。

≪本文の概要≫世の中には，私たちが「何者か」を演じ，「何者か」らしく生きるよう，緩やかに，しかし執拗に迫ってくる「らしさ」が充満している。これについて，ジェンダーをテーマとして考える。私たちは，性別を「あたりまえ」のように引き受ける中で，性別分業を達成している。ただ，日常生活世界には，伝統的で因習的で硬直した性別分業をめぐる実践や知が，いまだに息づいている。性別分業とは，誰がどのような状況で誰に対して何をどのようにすべきかを決めて，それを私たちに強いてくる，微細ではあるが強固な力である。テレビコマーシャルや「イクメン」という言葉にも，それは見て取れる。性別をめぐり，豊かなわたし「らしさ」が生きる日常を創造するには，今の男性支配的な性別分業のあり方を根底から考え直し，つくりかえる必要がある。そして，世の中を具体的に変えていくためには，女らしさ・男らしさをめぐる「常識」を変えていく必要がある。これを考え直すのは，男性自身がやるべき作業であり，男性がやるからこそ，価値がある。

問一＜漢字＞a．「過剰」は，必要とされる，また，適当と見なされる数量や程度より多いこと。
b．「鑑みる」は，他と比べて考える，という意味。 c．「中核」は，中心になる重要な部分のこと。 d．「提供」は，相手が使うために差し出すこと。

問二＜文章内容＞「『あなた』つまり『わたし』らしさ」とは，その内容に納得するにせよ，しないにせよ，「『わたし』をめぐり周囲の人が作り上げている知識」であり，周囲の人が「わたし」と関係を結ぶうえで頼みとする「『わたし』をめぐる理解や評価の束」とでもいえるものである。

問三＜文章内容＞社会的自己としての「わたし」は，「個人の人格や人間性」とは関係のない，他者からの期待や圧力を引き受ける「me」によってもつくり上げられる。この「me」は，社会の中で適切に生きるために重要な力であると同時に，「私たちに『何者か』を演じ，『何者か』らしく生きるよう，緩やかにしかし執拗に迫ってくる」権力でもある。この権力の例として，ジェンダーの問題でいえば，「誰がどのような状況で誰に対して何をどのようにすべきかまで詳細に決められ，それを私たちに強いてくる微細ではあるが強固な力」としての「性別分業」が挙げられる。

問四＜表現＞私たちは，「男性，女性という性別を『あたりまえ』のように引き受けるなかで，性別をめぐる分業」を達成している。実際には「あたりまえ」ではないのに，それを「あたりまえ」であるかのように，私たちは思っているのである。

問五＜文章内容＞性別分業とは，「誰がどのような状況で誰に対して何をどのようにすべきかまで詳細に決められ，それを私たちに強いてくる微細ではあるが強固な力」である。この力は，例えば「食事を作り家事をするのは女性の仕事」というような「因習的な女性観」を「あたりまえ」のものとして固定化するようにはたらく。

問六＜文章内容＞母親が一緒に食事をしないで，家族に料理をつくり続けているコマーシャルには，「『私作る人，あなた(たち)食べる人』という平板で硬直した性別分業が見事に生き続けているように」見える。女性は料理を「作る人」であるというのが古くからの女性観であり，それがこのコマーシャルでもそのまま生きているのである。

問七＜表現＞「私作る人，あなた食べる人」というコピーには，「食事を作り家事をするのは女性の仕事」というような「平板で硬直した性別分業」が見られる。このコピーが「因習的な女性観を固定化する」ものになってしまったのは，制作者が，昔からの性別分業を検討し直すこともなく，ただそのまま使ったからである。

問八＜文章内容＞「育児に本気でかかわっている男性」にとっては，育児は「特別なできごと」ではなく，「『あたりまえ』な日常のワンシーン」である。一方，「イクメン」という言葉からは，「育児に参加する男性は，それだけで何か特別ですばらしいことをしている」というニュアンスが感じ取れる。この「『あたりまえ』のこととしての育児」と「『イクメン』という言葉」との間には，「落差」があるわけで，「私」が抱く「違和感」は，その落差からきている。

問九＜指示語＞現在の社会では，まだ「性別分業のバランス」は達成されていない。「性別分業のバランス」が達成されていないことを示す「証拠」として，「育児をする女性を誰もことさら『イクジョ』とは呼ばない」ことが挙げられる。

問十＜文章内容＞現在の社会では，まだ「性別分業のバランス」は達成されておらず，「男性支配的な性別分業のあり方」を根底から変える必要がある。その「男性支配的な性別分業のあり方」を考え直し世の中を変えていくためには，「女らしさ・男らしさをめぐる『常識』を変えていく必要」があるが，それは「他でもない男性自身がやるべき作業」であり，「男性が進めるからこそ価値がある作業」である。「男性が変わらないかぎり，女性も変われないし，私たちの日常も，より豊かな『らしさ』を創造し，実践できるようには，変わっていかない」のであり，その意味で，「女性問題」とは男性の問題だといえる。

二 〔論説文の読解―芸術・文学・言語学的分野―文学〕出典：穂村弘『短歌の友人』「リアリティの変容」。

問一＜文章内容＞「私」は，さまざまな意見が交わされている中で，「一度も口にされない感想や疑問があること」に気づいて「不思議な気持ち」になった。その「感想や疑問」とは，「なぜ『熊』の気持ちがわかるのか，そもそも動物である『熊』に自意識に類する『気持ち』があるのか」や「『星』の大きさと『熊』の大きさを比べると『星』の方が圧倒的に大きい。ゆえにその『丸み』で『熊』が『背中を伸ばす』ことは物理的に不可能である」などのようなものである。これらは，歌の中の「熊」や「星」を本物だと考えたときに生じる感想や疑問である。

問二＜文章内容＞歌の批評の中で「熊」が「ぬいぐるみやアニメーションのような『熊』」であることをうかがわせるのは，「熊」の「かわいらしさ」に言及した文言である。

問三＜文章内容＞「この星の丸みで背中を伸ばすのよ　気持ちまで気持ちまみれの熊も」の歌では，

「熊」は本物の熊ではない。一方，「真夜中の散歩のたびに教えても犬には星は見えないらしい」の歌については，読み手は皆，歌の中の「犬」や「星」は本物の「犬」，本物の「星」であることを読み取っている。この二つを比較して，「私」は，「作中物の存在感が違っている」場合でも，「歌会の参加者たちは，目の前の一首がどのようなモードの下で書かれているかをまず把握して，その認識のもとにそれぞれの歌を鑑賞評価している」ことを指摘している。

問四＜文章内容＞「近代以降の短歌」として引用されている四首の歌では，作中物はどれも「ぬいぐるみ的アニメ的な印象がなく，どれも現実的な等身大のそれに近い手触りをもって描かれて」おり，いずれも「近代短歌的な写実モード」の中でうたわれている。これらは，「対象を言葉で虚心に写し取る〈写生〉という理念を軸に展開してきた」近代短歌の流れを受け継いでいるのである。そして，「私」の分析によれば，そのモードは「『生の一回性』の原理」に支えられている。そのかぎりでは，短歌は「命の器」であり，そこには「『命の重み』の呪縛」がある。

問五＜文章内容＞近代短歌は，「命の重みを詠う」ことを「至上の価値」と見なしてきた。一方戦後の歌人は，「『命の重み』の呪縛から自由に」なり，「『生の一回性』の実感を手放すことで，何度でも再生可能なモノとしての言葉を手に入れた」のである。「私」は，このような変化は，「生活環境の都市化によって対象との直接的な接触体験が減少したこと，一方で映像等のメディア環境の発達によってバーチャルな感覚が増大したことなどの影響」が考えられると見ている。歌のモードは「生きている環境」に影響されるのであり，近代歌人は，「生の一回性」という価値観の強い影響下にあったのである。

問六＜文章内容＞「日本脱出したし～」の歌では，「『皇帝ペンギン』も『皇帝ペンギン飼育係り』も，ばらばらに分断されて」おり，この点が「近代短歌的なモード」からの「逸脱」である。そのように言葉の切れ目が定型から外れているだけでなく，歌の「モード」も，「対象を常に生身のものとして捉える近代短歌的なモード」とは違って，「生の一回性」の実感が手放され，「モノ的アニメ的マンガ的なモード」になっている。

問七＜文章内容＞「塚本作品が歌人以外の読者や若者たちにまず受け容れられた」のは，「彼らにとっては近代短歌的なモードの呪縛はそれほど強いものではなかったから」である。

問八＜文章内容＞「読み手のなかの戦後的な感性がさらに肥大した」ことで，塚本作品が持っていた「衝撃力」は相対的に減じた面がある。塚本作品には，近代短歌的なモードが至上の価値としてきた「『命の重み』の呪縛から自由になるという，云《い》わば冒瀆的な喜びの感覚があるよう」だったが，戦後世代は「モードの多様化を全く当然のものと感じる」ため，「塚本作品の革新的な冒瀆性が自然なものに映ってしまう」のである。

問九＜文章内容＞塚本作品には，「戦争と戦後に対する怨念のモチーフ」がある。しかし，「戦後的な感性」で「皇帝ペンギン」の歌を見るとき，「マンガ的な絵柄と動きが浮かぶだけで，その背後にある敗戦の現実という生々しい歴史性は読みとり難くなって」いる。戦後世代の「モードの多様性を自然なものとする感覚」の肥大化に「反比例」して，「現実を唯一無二のものと捉えるような体感は衰退して」ゆき，「現実も想像も，言葉の次元では全てが等価であるという錯覚」が生まれることで，「戦争と戦後に対する怨念のモチーフ」は見えにくくなるのである。

問十＜文章内容＞戦後的な感性では，モードの多様化の一方で「敗戦の現実という生々しい歴史性は読みとり難く」なる。モードの多様化は，「自分自身が死すべき存在だという意識の稀薄化と表裏一体になっている」のであり，それは「死の実感の喪失」といってよい事態である。

Memo

Memo

Memo

2023年度 国際基督教大学高等学校

【英　語】（70分）〈満点：100点〉

I　［　］に入るものを選び，番号で答えなさい。

A Vietnamese man, Khang, has come to Japan for a business trip. His friend Koji is taking him around the Asakusa area on a weekend.

Koji　: Hey, Khang! ①［1　Finally　2　In fact　3　Lastly　4　At least］, we meet again! Welcome to Japan!

Khang : Hi, Koji! ②［1　It's no big deal!　2　Long time no see!　3　Guess what!　4　Lucky you!］ Thank you for making time for me. I have been looking forward ③［1　visiting　2　to visit　3　to visiting　4　for visiting］Japan for a long time.

Koji　: Yeah, ④［1　it's a long time after　2　it's long after　3　it's been ages since　4　it was ages when］I last met you. Was it five years ago when we last met?

Khang : Yes, that's right. I was planning to come much earlier, but as you know, the COVID-19《コロナ》 pandemic《パンデミック》 occurred and I ⑤［1　was forced to　2　am forced to　3　have been forcing to　4　was forcing to］delay my visit several times. I really couldn't wait to go on a trip again!

Koji　: I can easily imagine how you must have been feeling. ⑥［1　I've enjoyed to have　2　I was enjoying having　3　I am enjoying to have　4　I've enjoyed having］chats with you over the phone, but it's much nicer to meet face to face, isn't it? Well, ⑦［1　since　2　while　3　unless　4　though］you are finally in Japan now, I want to show you around and introduce you to some interesting things here in and around Asakusa.

Khang : Sounds good! I've always wanted to visit this place. I've heard that it's ⑧［1　more popular sightseeing area　2　the most popular sightseeing areas　3　the sightseeing areas most popular　4　one of the most popular sightseeing areas］in Japan.

Koji　: It is. We are now at Tawaramachi Station, and the famous Sensoji Temple is about a fifteen-minute walk from here. Let's enjoy looking around and find some good souvenirs for your family and friends.

Khang : That's a great idea!

(Five minutes later)

Koji　: So, this is a street called Kappabashi Tool Street. There are about a hundred seventy shops along this eight hundred meter street. Many shops offer cooking tools and goods for ⑨［1　each　2　both　3　either　4　every］the food service business and use at home. This is Japan's largest shopping street for kitchen equipment.

Khang : Wow! I can see that the stores sell ⑩［1　many more kinds of　2　every kinds of　3　as many kinds as　4　so many kinds of］kitchen tools. Hey, what are these? They look like real food.

Koji　: Oh, these are models of food made from wax《ろう》 or silicon《シリコン》. A mold《型》 is made by using real food, and silicon is poured into the mold. Then, a craftsperson《職人》 uses a brush to paint the silicon models and make them look real.

Khang : Very interesting. They have all kinds of food. How do you ⑪[1 intensely 2 literally 3 actually 4 gradually] use them ?

Koji : They ⑫[1 are using 2 are used 3 have been used 4 used] in the displays outside restaurants and cafes to show the foods and drinks which they sell.

Khang : I might buy one of these for my son. Let's see if they have salmon sushi. It's his favorite Japanese food.

(At the shop next door)

Khang : Koji, what are these ? They look like hedgehogs《ハリネズミ》.

Koji : These are called "tawashi." They are used to clean cooking equipment such as cutting boards and pots, and also to clean vegetables like potatoes and carrots. Some people even use softer ones to clean their bodies.

Khang : Really ? ⑬[1 I have no idea 2 I'm having no idea 3 I had no idea 4 I was having no idea]. Are these traditional tools ?

Koji : Yeah. Tawashi first appeared in Tokyo about a hundred years ago. This one is the traditional type, and it has been the same shape for almost a hundred years. The traditional tawashi are made of plant material, but these days, they are also made of stainless steel or chemical fiber.

Khang : I see. Maybe I could buy one for myself. ⑭[1 As you know 2 By the way 3 The truth is 4 All the best], what are those cat figures on that shelf ? Why are they holding their paws like that ?

Koji : Those are lucky charms called "maneki-neko," and their paws are turned down ⑮[1 beneath 2 against 3 toward 4 along] themselves. It's said that the right paw beckons《招き寄せる》 money and luck. The left paw beckons customers and brings in business.

Khang : Hey, that's cool ! If I ⑯[1 buy 2 will buy 3 have bought 4 bought] one for my wife, she'll be happy because she owns a stationery shop. I ⑰[1 had to 2 should 3 will be able to 4 don't have to] buy one with the left paw beckoning.

(Fifteen minutes later)

Khang : It's a lot of fun to look around this street, but I'm getting so hungry now. Let's eat lunch.

Koji : Sure. What do you want to eat ? I remember talking with you ⑱[1 another day 2 other days 3 on the day 4 the other day] about all the food you want to eat when you come to Japan.

Khang : Right. How about ramen ?

Koji : Okay. There's a good place near here, so let's go there.

(Five minutes later)

Koji : Here we are !

Khang : This is a nice entrance ! Is this curtain traditional, too ?

Koji : Yes. This is called "noren." Noren has various uses and meanings. For example, it's used as a screen ⑲[1 which is preventing 2 which was preventing 3 which prevents 4 which prevented] wind and light from coming directly into the shop. Also, when a noren is put outside a shop, it shows that the shop is open. So, the first thing a shop does when it is closing is to put its noren away.

Khang : ⑳[1 What an interesting custom ! 2 How interesting that custom ! 3 You're right. It's an interesting custom ! 4 Are you kidding ? It's an interesting custom !]

Koji : It is, yes. Let's go in and eat ramen.

Khang : I can't wait !

II 次の英文を読み，あとの問いに答えなさい。

Take a short moment to imagine an apple. Which [A]aspects of the apple come to your mind ? Do you imagine its shiny red skin, or its round shape and pleasant size which fits perfectly in your hand ? Do you imagine its light, sweet smell when you bring it to your nose ? Perhaps you imagine the [ア]smooth texture of its surface, or the satisfying [イ]crunch when you bite into it. You probably imagine its taste. Is your apple sweet like honey, or [B]tart like a grapefruit ? Which feature of the apple is important to you will depend on the [ウ]context. If you plan to paint a picture of the apple, you will probably focus on its [C]appearance. If your [エ]intention is to bake a pie, you will likely choose apples with the right taste. However, even when we focus on only one feature, we cannot reduce an apple to simply its look, its smell or its taste. An apple is the [オ]sum of all of these things. It sits at the *intersection* of all its different features.

Humans are more [D]complex than apples ; we have more features. You are made of, for example, your skin color, your gender, your [E]sexual orientation, your social class, the languages you speak, the country (or countries) you have lived in, and the [カ]religion you believe in. These features might not all be important to you, but they are all you. The connection of all these different parts which make up our identities is called *intersectionality*. This term was first [キ]coined in the 1980s by Kimberlé Crenshaw, a civil rights [F]scholar. She believed that intersectionality is an [G]essential tool for understanding people and creating a more just society. She said that until we understand the relationships between these different features of our identities, we will not be able to fully understand ourselves. Compare, for example, the life experiences of a blind woman, a blind man and a woman with strong [H]vision. Even though they all share some features of their identities, and even though they may all face similar obstacles because of their disability or gender, their lives will naturally be shaped differently as a result of the features which they do not share in common.

Why is intersectionality important ? Sometimes it might be useful to focus on single features of our identities. If [I]immigrants experience discrimination in the country which they moved to, they may want to ignore their differences and come together to support each other and fight against this discrimination. However, when we [ク]generalize about large groups, we risk ignoring the beautiful diversity that [ケ]exists within. For example, not all Muslim people are the same. Some speak Indonesian《インドネシア語》 while others speak Arabic, some have light skin while others have dark, and some have been to college while others have not. Not all Japanese people are the same either. Some are rich while others are poor, some are fat while others are thin, and some are deaf while others are not. Intersectionality is a tool for exploring and discussing these [D]complex identities. The next time you meet someone new, remember that the various [A]aspects of their identity [コ]overlap. By examining people and events with an intersectional lens, we can better understand them, and this understanding will lead to a fairer society in which our differences are not [J]feared, but accepted and even celebrated.

問1　本文中の[ア]～[コ]に相当するものを下から選び，番号で答えなさい。動詞については現在形の意味で載せてあります。

1．意図	2．～の数を上回る	3．とろとろ	4．新しい単語を造り出す
5．満足している	6．出口	7．存在する	8．総体
9．硬貨	10．しゃきしゃき	11．重なる	12．文脈，状況
13．宗教	14．一般化する	15．なめらかな	16．地方の

問2　本文中の[A]～[J]の意味として適切なものを下から選び，番号で答えなさい。動詞については現在形の意味で，名詞については単数形で載せてあります。

1．negative feelings about oneself
2．someone who studies something at a high level
3．sour
4．the ability to see
5．be afraid of
6．a sweet dessert
7．part
8．the look of something
9．the gender(s) of people that someone feels attraction to or wants to have relationships with
10．someone who is traveling on vacation
11．the ability to taste
12．the ability to do something well
13．necessary
14．the sound of something
15．someone who leaves their home country to live in another country
16．not simple or easy

III　次の英文は地球温暖化に伴う気候変動(climate change)を引き起こす温室効果ガスの排出量(GHG emissions)，石油などの化石燃料会社(fossil fuel companies)，太陽光などの代替エネルギー(alternative energy)について書かれたアメリカの新聞記事です。英文を読み，あとの問いに答えなさい。

Climate change could completely change the world as we know it. At today's global greenhouse gas (GHG) emission levels, climate change could make two billion people lose their homes due to rising ocean levels, cost the U.S. economy billions of dollars, and cause 250,000 additional deaths per year—all before 2100. [1] Who is really responsible《責任がある》 for climate change?

A popular idea suggests a simple solution: no more plastic straws. While plastic straws make up less than 1% of the plastic waste entering the ocean each year, efforts to ban them have gained a lot of media attention. Though it is environmentally friendly, banning straws is not enough to make a serious difference. Ideas like this suggest that consumer choice can make all the difference.

However, the focus on changing consumer behavior makes each person responsible for the GHG emissions that create the climate crisis. It ignores the much bigger climate effect made by companies. (B-1), only 100 fossil fuel companies are responsible for 70% of the world's GHG emissions. The emissions made by people's actions are tiny compared to these—average American families produce only 0.00003% of carbon dioxide《二酸化炭素》 out of a total of over 33 billion tons globally. [2] Why have people remained blind to the real reason for climate change ? Why do people keep using fossil fuels when they know that using alternative energy is better for the environment ?

It is because fossil fuel companies made sure that they were not criticized《批判される》, and that fossil fuel remains cheap to use. First, the fossil fuel companies in the United States spend millions of dollars and pretend that climate change science is fake《嘘》 to mislead《誤った方向に導く》 people. [3] Their effort to hide the harmful effects of fossil fuel is similar to the tobacco companies' ways. From the 1950s, tobacco companies tried to make people doubt the studies connecting cigarettes《タバコ》 to health problems. This led to the slowing down of regulations《規制》 for them. Similarly, fossil fuel companies say that climate science is under heavy debate to suggest that we should not develop any climate laws if the science behind it may not be correct. They have successfully slowed down the necessary change to alternative energy by asking if climate change is really happening.

[4] Moreover, these companies have asked the government to give them billions of dollars to make fossil fuels cheaper. The cheap price of fossil fuels means that people will not want to pay for alternative energy because it is too expensive. The cheap price of fossil fuels creates more (E) for them, while there is less chance for alternative energy to be developed and used. For these reasons, fossil fuel companies must be held responsible for contributing《加担する》 to the climate crisis and slowing down efforts to solve it.

In order to reduce GHG emissions and promote a clean energy economy, companies should (F) the price of fossil fuels to reflect their true "cost." For this to happen, new rules are needed to stop the government from giving money to make fossil fuels cheaper. In addition to this, the serious [G] negative externalities of fossil fuels must be considered in the price : they are causing huge harm to the planet and people. In other words, the fossil fuel companies should pay to fix the damage caused by fossil fuels. If companies (F) the price of fossil fuels, consumers will also pay for the damage. Then, producers will face reduced needs for their products because of the price. This forces companies to figure out the cheapest and most efficient《効率的》 way to reduce carbon use.

(B-2) it is important for individuals to make more sustainable choices, they must also know such changes' limits. To effectively act on climate change, people must focus more on organizing larger solutions.

Ａ．２段落目で筆者が最も伝えたい点を選びなさい。

1．プラスチックストローは，海洋プラスチックゴミの大きな割合を占めるため，削減されなければならない。

2．プラスチックストロー削減は，GHG 排出量を大きく減らすために個人ができる簡単な方策の一つだ。

3．プラスチックストロー削減運動は，メディアにも取り上げられ，世界中の人々が実施している。

4．プラスチックストロー削減運動は，企業による多大な被害を覆い隠し，個人に責任を転嫁している。

B．Fill in the blanks (B-1) and (B-2) with the correct choices.

1．Firstly　2．But　3．Yet　4．In fact　5．Since　6．Although

C．本文の内容をふまえて1950年代のたばこ会社の主張としてあり得るものを選びなさい。

1．Lung cancer could be caused by many reasons, so we cannot say that cigarettes are the main reason.

2．The earth has gone through periods of ice and warm ages, and we just happen to be in a warm period now.

3．Smoking cigarettes could lead to lung cancer, heart problems and various other health issues.

4．With the research we have now, we do not know if climate change is really caused by humans.

D．Choose the best place from [1] ～ [4] to put in the following sentence.

This might explain why few Americans see climate change as a major danger : 10% below the international average.

E．(E)に入るべき英単語の意味として適切なものを選びなさい。

1．価格　2．需要　3．供給　4．商品

F．Fill in (F) with the best choice.

1．higher　2．lower　3．decrease　4．increase

G．What does [G]negative externalities mean ?

1．商品がもたらす害

2．商品の悪い口コミ

3．商品製造に必要なお金，時間，労働力

4．粗悪な商品

H．Which of the following is NOT included in the article as an effective solution to reduce GHG emissions ?

1．using alternative energy

2．making fossil fuel companies responsible for GHG emissions

3．refusing plastic bags when shopping

4．changing the price of fossil fuels

I．気候変動に対する筆者の主張に最も近いものを選びなさい。

1．GHG削減のために，最終的には個人が消費者として賢い選択をすることが重要だ。

2．企業によるGHG排出を削減し，個人より大きなレベルでの解決策が必要だ。

3．人々が団結し，政府に対してデモ活動をしなければ気候変動を止めることはできない。

4．化石燃料会社が指摘するように，気候変動が実際に起きているのかどうか定かではない。

J．以下の英文のうち，本文の内容に合うものを３つ選び，番号の早い順に書きなさい。

1．Tobacco companies led people away from solving the problem of climate change by making them doubt the science behind it.

2．The government has made fossil fuels cheap by giving money to fossil fuel companies.

3．The government has the power to change the prices of products and always makes decisions that are good for people in the future.

4．The development of alternative energy was slowed down because fossil fuel companies made people doubt that climate change was real.

5. The price of fossil fuels now does not reflect the true cost, especially its negative effects on climate change.

6. Fossil fuel prices must be lowered to make more people use alternative energy, and the government needs to step in to do this.

IV 次の英文は日本在住のイギリス人によって書かれたものです。英文を読み，あとの問いに答えなさい。

Japan, I am told, has four seasons. The first time I heard this I thought, "So what—anywhere outside of the tropics《熱帯》 has four seasons!" But of course, what people really mean is that Japan has four clearly different seasons. This is not like England which has a clear and distinct《明確な》 autumn, a very cold winter, a comfortable spring, but which somehow skips summer. Sometimes summer is warm, sometimes sunny, sometimes pleasant, but all too often it is cloudy, rainy and very cool. Time after time, I have talked with my family in England on the phone and been told "We didn't have a proper summer this year." Of course, I have been living in Japan and I have to say that I sometimes envy my family in England. [A] I wish that we didn't have a proper summer here either, because although I have lived here in Japan for a long time, I have never gotten used to (B). I like autumn, I like spring, I love winter—which is definitely better than the awful gray darkness that we call "winter" in England—but the best thing about summer in Japan is that it eventually ends! No, sorry, that's not exactly true—the best thing about summer is that, by contrast《対照的に》, it makes autumn (C). But [D] whatever I think about summer, I can say that it is definitely a different season—clear and distinct from the end of spring and the beginning of autumn. [1]

Then I think a little bit, and I wonder (E) because I could easily add two more—the "rainy season" and the "typhoon season". After all, I am used to calling the thing we have in England "summer", even though it is often not much different from spring or autumn, and the weather for the Japanese rainy and typhoon seasons is most definitely different from the four seasons of spring, summer, autumn and winter. [2]

I like the idea of Japan having six seasons. But then, I wonder a little bit more. Seasons are usually defined by weather and time of the year, but the word "season" in English is used with much greater variety than this. Natural seasons come and go, but there are other things called "seasons" which are related to cultural customs. Many English seasons are based on sport, so we can talk of the "football season", the "cricket season" and the "fishing season". For children playing traditional games, we have the "marble season" and the "conker season". [3] Marbles is a game played with small glass balls, and conkers is a game played with horse-chestnuts threaded on string《糸に通されたトチの実》. We even talk of the "tourist season", the "holiday season" and the "Christmas season". So if we count (F) activities as seasons, we can add a great number of seasons to the year. [4]

Japan, of course, is the same. We have sport seasons like the "baseball season", cultural festivals like the "firework season", and what would Japan be without that national custom, the "(G) season"! We actually have a lot of seasons—not just four—in both England and Japan. I am glad we do. [H] The more the merrier! [5]

A．下線部[A]を英語で言い換えたものとして最も適切なものを選びなさい。

1．I'd like to have a mild summer here in Japan too like my family in England
2．I'm sorry we don't have a cooler summer in Japan than my family in England
3．I want my family in England to have a real summer as we do here in Japan
4．I don't expect my family in England to have an uncomfortable summer either

B．(B)に入るものを選びなさい。

1．have such heat and humidity　　2．that it is too hot and humid here
3．Japan to be too hot and humid　　4．the heat and humidity

C．(C)に入るものを選びなさい。

1．much more welcome　　2．much more be welcomed
3．to be more welcoming　　4．to be much welcomed

D．下線部[D]を日本語にすると「私が夏についてどう思おうと」となりますが，その意味を日本語で説明するものとして最も適切なものを選びなさい。

1．私が日本の夏よりもイギリスの夏の方がよいと思ったとしても
2．私が日本に長く住み，日本の夏の方により親しむようになっても
3．私がイギリスと日本の夏を比較して，イギリスの夏をどう評価しても
4．私が日本の夏のよい面や悪い面などのどんな側面を取り上げても

E．(E)に入るものを選びなさい。

1．does Japan really have only four seasons
2．if Japan really has only four seasons
3．that Japan really has only four seasons
4．there are really only four seasons in Japan

F．(F)に入るべき1語の英語を本文中から探して書きなさい。

G．(G)に入るものを選びなさい。

1．anime fair　　2．cherry blossom　　3．the Olympic Games　　4．school trip

H．下線部[H]を日本語にすると「多ければ多いほど楽しみも増える」となりますが，その意味を英語で説明するものとして最も適切なものを選びなさい。

1．When we have more seasons, we can enjoy our everyday lives more.
2．More people will feel happy when they have more than four seasons.
3．We feel happier if we have more seasons which are defined by weather.
4．If there are more people around us, we can have happier seasons.

I．以下の文は文中の[1]～[5]のどこに入りますか。番号を選びなさい。

Maybe Japan has six seasons!　What variety!　Almost twice what we often get in England!

J．以下の英文のうち，本文中に述べられている筆者の見解に合わないものをすべて選び，番号の早い順に書きなさい。

1．The climate in Japan has more variety than in England.
2．According to my family in England, spring and autumn seem similar when there isn't a proper summer.
3．I have lived in Japan for a long time, but I can't adapt to the hot, humid weather in the summer.
4．The word "season" in English is connected with a wide variety of cultural events in England.
5．In England there are a lot of seasons which are related to culture, but in Japan, there are not.

V　下の絵を見て，あとの問いに答えなさい。

⑤
By the way, I have a gift for you.
What could it be . . . ?
⑥
I know you have wanted this for a long time.
⑦
It's a card case !　You can use it to keep all the business cards that you get while you're working !
ICU Airlines
Taro Tanaka
CEO
TEL xxx-xxxx-xxxx
I can't believe this !
⑧
. . . is what happened.　Now she won't talk to me.　Was the card case too small ?
Oh Ben . . . D
Oh . . . that's good advice.　I'll try it.

A．絵①の吹き出し内の[A]にあてはまるように，以下の(　)内の語を並べ替えて正しい英文を作り，3番目と7番目の語を書きなさい。ただし，最初の You told me this morning と最後の right は数えません。

You told me this morning (House / ate / you / and / that / dinner / Pasta / out / went / at), right?

B．絵④の下線部Bの意味を表す英文を書きなさい。

C．以下の(　)内の語を並べ替えて，絵⑤と絵⑥で何が起きているかを説明する英文を完成させ，5番目と10番目の語を書きなさい。ただし，最初の Ben と最後の Jane は数えません。

Ben (to / it / present / gives / of / and / a / out / pocket / takes / his) Jane.

D．絵⑧の吹き出し内の[D]に入るアドバイスを10語以上の1つの英文で書きなさい。ただし，should と動詞 feel を使うこと。

【数　学】（70分）〈満点：100点〉

（注意）　1．この試験は資料文とそれに続く問題とで構成されています。資料文を読みすすめながら，対応する問題に答えていくのがよいでしょう。

2．定規，コンパス等は使用できません。

資料文

1．整数の割り算

中学生のＩさんと高校生のＣさんはお父さんのＵさんと数学談義をしています。

Ｉ：数学なんて，何も考えずに計算するだけだから，簡単だよ。

Ｃ：私もそう思っていたけど…，高校生になってから，そうはいかなくなったのよね。

Ｕ：そうだね，数学は本来「考える学問」だね。何も考えずにできるものではないよ。むしろ，当たり前だと思っていることに疑問を持つことが大切だったりするね。そもそも，計算もいつでもやれるとは限らないよ。

Ｉ：どういうこと？　何を言っているのか，さっぱり意味が分からないよ。

Ｕ：そうだね。今日は数の計算を考えよう。まず，自然数とはどんな数か分かるかな？

Ｉ：もちろん。1，2，3，…と物を数えるときに使う数だよね。

Ｕ：そうだね。さらに，0と -1，-2，-3，-4，…という数を合わせて，整数というね。整数の中で，割り算をしてみよう。$21 \div 5$ はいくつになるかな？

Ｉ：割り切れないよね。$\dfrac{21}{5}$ ではないの？

Ｃ：「整数の中で」って言わなかった？　整数の割り算として考えるなら，割り切れなくて余《あま》りが出るのよね。商(Quotient)は4で，余り(Remainder)は1よね。

Ｕ：その通り。どんな数の範囲で演算を考えるかによって，答えが変わるね。整数に限らなければ，答えは $\dfrac{21}{5}=4.2$ となる。あくまでも整数の範囲で考えるなら，商は4，余りは1だ。今は，整数の範囲で考えよう。この整数の割り算を式に表すとどうなる？

Ｉ：えっと，「21割る5は4余り1」だから，$21 \div 5 = 4 \cdots 1$　これで良い？

Ｕ：そうだね。でも，この「＝」と「…」を使うのではなく，一つの等式として，こうやって表してみよう。

$$21 = 5 \times 4 + 1$$

整数の割り算を表す式を次のように決めるよ。

> 〈整数の割り算〉
> 整数 a を正の整数 b で割ったときの商を q，余りを r とすると，以下の等式が成り立つ。
> $a = bq + r$　　　ただし，q，r は整数であり，$0 \leqq r < b$ とする。

こうしておくと，誰が割り算をしても，同じ商と余りが出るよ。

Ｉ：ちょっと待って。そんなこと決めなくても，割り算は計算なんだから誰がやっても同じ答えになるんじゃないの？

Ｃ：違うわよ。a が負の整数のときは要注意よ。例えば，負の整数 -23 を9で割った商は -3，余りが4となるわよ。

Ｕ：Ｃは整数の割り算を勉強したのかな？　そうだね。余り r が0以上かつ割る数 b より小さくなるのは重要だね。

$-23=9\times(-3)+4$

この式が $-23\div9$ という整数の割り算を表す等式だね。

$-23=9\times(-2)-5$

この式は正しい等式だけれど，余りが -5 とはならない。

$23=9\times1+14$

この式も正しい等式だけれど，やはり，余りが14とはならず，$23\div9$ という整数の割り算を表す等式ではないね。やってごらん！

…問題１

U：次は一つの数を決めて，その数で割ったときの余りに着目《ちゃくもく》するよ。そうだな，まずは７で割ったときの余りを考えよう。この余りとして考えられる数は何かな？

C：余りは必ず割る数より小さくなるから０，１，２，３，４，５，６ではないかしら。

U：そうだね，全部で７種類の数だね。

実は，二つの整数 a，b について，その和 $a+b$ や差 $a-b$ や積 ab を７で割ったときの余りは，この７種類の数(つまりは余り)同士の和，差，積だけを考えて簡単に計算できるよ。

I：どういうこと？

C：とにかく，やってみましょうよ。例えば，$a=32$ を７で割ったときの余りは４，そして，$b=19$ を７で割ったときの余りは５，この二つの数を考えてみるわね。和 $a+b=32+19=51$ を７で割ったときの余りは２になる。

これは，余り同士の和 $4+5=9$ を７で割ったときの余り２と等しい。

I：そういうことか。それなら，僕は式でも示せそうだよ。それぞれの割り算の式，$32=7\times4+4$，$19=7\times2+5$ から，

$$32+19=(7\times4+4)+(7\times2+5)$$
$$=7\times\boxed{\quad\text{ア}\quad}+(4+5)$$
$$=7\times\boxed{\quad\text{イ}\quad}+2$$

が成り立つ。本当だ，余り同士の和を７で割ったときの余りになるね。

C：差も同じように考えれば，次のようになるわ。

$$32-19=(7\times4+4)-(7\times2+5)$$
$$=7\times\boxed{\quad\text{ウ}\quad}+(4-5)$$

差 $32-19$ を７で割ったときの余りは $\boxed{\quad\text{エ}\quad}$ になるわね。積はどうなるのかしら。

U：積も同じように考えられるよ。二つの整数32，19のままではなく，小さくなった余りの数４，５だけで計算できるから簡単だね。二人とも一般的な全ての二つの整数 a，b について証明できそうだね。積について，証明してごらん。

…問題２

どんな整数でも，７で割ったときの余りは，０，１，２，３，４，５，６のいずれかになるね。整数を７で割ったときの余りで分類するとき，例えば，７で割ると４余る数を $\overline{4}$ と書いて，これを４の剰余《じょうよ》類《るい》と呼ぶよ。そして，７で割ったときの余りが等しい数の剰余類は全て同じと考える。例えば，$\overline{11}=\overline{32}=\overline{4}$ と考えるんだね。同じ剰余類と考える整数同士，例えばこの11，32，４という数同士にはどんな関係があると思う？

I：７で割ったときの余りが等しいんだよね。

U：その通り。それを少し言いかえると $32-11$ や $32-4$ は７で割り切れる。

$\overline{11}=\overline{32}$ は $32-11$ が７で割り切れるのと同じことだね。このことをまとめて，書いておこう。

〈剰余類 $\overline{a}=\overline{b}$〉
整数 a，b を正の整数 n で割ったときの余りで分類して考える。
a を n で割ったときの余りと b を n で割ったときの余りが等しいとき，$\overline{a}=\overline{b}$ と書く。
これは，$a-b$ が n で割り切れることを表す。

さらに，**問題 2** で証明した通り，剰余類同士の足し算，引き算，かけ算が普通の数のようにできるんだ。先ほどの足し算を考えてみるとこんな感じだね。

$$\overline{32}+\overline{19}=\overline{4}+\overline{5}=\overline{4+5}=\overline{9}=\overline{2}$$

C：余りが同じ整数だったら，簡単な数にどんどん書き換えてしまって良いのね。

U：そうだね。これで普通に計算ができるか，九九みたいな演算表を作ってみよう。まずは，足し算だよ。

表 1　(足し算：7 で割ったときの余りで分類)

+	$\overline{0}$	$\overline{1}$	$\overline{2}$	$\overline{3}$	$\overline{4}$	$\overline{5}$	$\overline{6}$	
$\overline{0}$	$\overline{0}$	$\overline{1}$	$\overline{2}$	$\overline{3}$	$\overline{4}$	$\overline{5}$	$\overline{6}$	$\overline{0}$ の行
$\overline{1}$	$\overline{1}$	$\overline{2}$	$\overline{3}$	$\overline{4}$	$\overline{5}$	$\overline{6}$	$\overline{0}$	$\overline{1}$ の行
$\overline{2}$	$\overline{2}$	$\overline{3}$	$\overline{4}$	$\overline{5}$	$\overline{6}$	$\overline{0}$	$\overline{1}$	$\overline{2}$ の行
$\overline{3}$	$\overline{3}$	$\overline{4}$	$\overline{5}$	$\overline{6}$	$\overline{0}$	$\overline{1}$	$\overline{2}$	$\overline{3}$ の行
$\overline{4}$	$\overline{4}$	$\overline{5}$	$\overline{6}$	$\overline{0}$	$\overline{1}$	$\overline{2}$	$\overline{3}$	$\overline{4}$ の行
$\overline{5}$	$\overline{5}$	$\overline{6}$	$\overline{0}$	$\overline{1}$	$\overline{2}$	$\overline{3}$	$\overline{4}$	$\overline{5}$ の行
$\overline{6}$	$\overline{6}$	$\overline{0}$	$\overline{1}$	$\overline{2}$	$\overline{3}$	$\overline{4}$	$\overline{5}$	$\overline{6}$ の行

U：この表を観察すると，何に気づくかな？

C：$\overline{0}$ には何を足しても元の数のままになるわね。

U：そうだね。どんな整数 a に対しても，$\overline{a}+\overline{0}=\overline{a}$ が成り立つ。

$\overline{0}$ とはそういう性質を持つ数なんだね。普通の 0 と同じような数だ。これを演算の「単位元《たんいげん》」と呼ぶよ。つまり，$\overline{0}$ は足し算の単位元になるね。実は，演算にこの単位元が存在すること(存在《そんざい》性《せい》)も当たり前ではないんだ。当たり前ではないけど「存在するとしたら，単位元はただ一つに定まること(一意性《いちいせい》)」は，こんな風に証明できるよ。

(単位元が一つであることの証明)

単位元が $\overline{e_1}$，$\overline{e_2}$ と二つあったとする。

いま，[　(a)　] ので

$$\overline{e_1}=\overline{e_1}+\overline{e_2}$$

さらに，[　(b)　] ので

$$\overline{e_1}+\overline{e_2}=\overline{e_2}$$

よって

$$\overline{e_1}=\overline{e_2}$$

(証明終)

…**問題 3**

I：何これ？　簡単な証明じゃない？　でも，ものすごく不思議な証明…。

U：面白いだろう？　どちらにしても，足し算の単位元が $\overline{0}$ ただ一つだということはこれで良いね。実は，引き算は，このただ一つの「単位元に戻す」ための演算，つまりは，足し算の逆演算として考えられる。$\overline{3}$ に何を足せば，単位元 $\overline{0}$ に戻るかな？

I：7 で割ったときの余りが 0 になるのだから，$\overline{4}$ を足せば良いんじゃない？

U：そうだね。$\overline{3}+\overline{4}=\overline{0}$ が成り立つとき，この $\overline{4}$ を「$\overline{3}$ の逆元《ぎゃくげん》」と呼ぶよ。そして，どんな整

数 a に対しても,「$\overline{3}$ を引く」という引き算を

$$\overline{a}-\overline{3}=\overline{a}+\overline{4}$$

という「$\overline{3}$ の逆元を足す」計算に変えて考える。

I:それって,さっきの余り同士の差で考えたのと本当に同じなの?

U:例えば,$a=2$ の場合で確かめてみようか。

C:余り同士の差で考えると

$$\overline{2}-\overline{3}=\overline{2-3}=\overline{-1}=\overline{6}$$

引き算を逆元で足す計算に変えると

$$\overline{2}-\overline{3}=\overline{2}+\overline{4}=\overline{2+4}=\overline{6}$$

確かに同じね。引き算は「逆元を足す」ことになっているわね。

…**問題4**

I:疑問があるんだけど。単位元はただ一つしかないのに,逆元は一つ一つの数によってそれぞれ違うの?

U:とても良いところに気づいたね。逆元は一つ一つの数によってそれぞれ違うよ。そうでないと,$\overline{3}$ を引く計算と,$\overline{5}$ を引く計算が同じ計算になってしまうよね。でも,一つの数に対する逆元はやはり一つに定まるよ。$\overline{3}$ の逆元は $\overline{4}$ であり,他の数になることはない。ここではやらないけど,これも先ほどと同じように証明できるんだ。存在性と一意性,どちらも数学ではとても重要なポイントなんだよ。

次は,かけ算の表も作ってみよう。

表2 (かけ算:7で割ったときの余りで分類)

×	$\overline{0}$	$\overline{1}$	$\overline{2}$	$\overline{3}$	$\overline{4}$	$\overline{5}$	$\overline{6}$	
$\overline{0}$	$\overline{0}$	$\overline{0}$	$\overline{0}$	$\overline{0}$	$\overline{0}$	$\overline{0}$	$\overline{0}$	$\overline{0}$ の行
$\overline{1}$	$\overline{0}$	$\overline{1}$	$\overline{2}$	$\overline{3}$	$\overline{4}$	$\overline{5}$	$\overline{6}$	$\overline{1}$ の行
$\overline{2}$	$\overline{0}$							$\overline{2}$ の行
$\overline{3}$	$\overline{0}$							$\overline{3}$ の行
$\overline{4}$	$\overline{0}$							$\overline{4}$ の行
$\overline{5}$	$\overline{0}$							$\overline{5}$ の行
$\overline{6}$	$\overline{0}$							$\overline{6}$ の行

I:$\overline{0}$ には何をかけても $\overline{0}$ になっちゃうね。7の倍数にどんな整数をかけても7の倍数になって,余りはいつも0になるからか。あれ? $\overline{0}$ は単位元ではなかったっけ。

U:鋭いね。$\overline{0}$ は足し算の単位元だったけど,かけ算では単位元にはならないんだ。むしろ,どんな整数 $\overline{a}$ に対しても $\overline{0}$ をかけると $\overline{0}$ になってしまう…。

すべての整数 $\overline{a}$ に対して,$\overline{a}\times\overline{0}=\overline{0}\times\overline{a}=\overline{0}$ が成り立つ。

このような性質の数を「零元《ぜろげん》」と呼ぶよ。足し算にはなかった特別な数だね。

C:$\overline{1}$ には何をかけても元の数のままになるわ。実際には,1だけではなくて8や15にかけても,7で割ったときの余りは変わらないのよね。そう考えると,それ自体不思議だけど…**問題2**で証明したわね。えっと,かけ算の単位元は,$\overline{1}$ になるってことかしら。足し算とかけ算で単位元は違っちゃうの?

U:そうだね。単位元というのは,演算によって一つに定まるんだね。

I:すごいっ! 剰余類の計算では,足し算の単位元は $\overline{0}$,かけ算の単位元は $\overline{1}$,かけ算の零元は $\overline{0}$ になるんだね。なんか普通の数の計算と変わらないね!

U:そうだね。$\overline{2}$ の行を埋められるかな?

C：$\overline{2}\times\overline{1}=\overline{2}$，つまり，7で割ったときの余りが2になる数と7で割ったときの余りが1になる数の積を7で割ったときの余りは，余り同士の積 $2\times1=2$ を7で割ったときの余りを考えて $\overline{2}$，同じように，$2\times2=4$ を7で割ったときの余りは4なので，$\overline{2}\times\overline{2}=\overline{4}$ と考えていけば良いのよね。

U：その通りだね。表の残りを全部埋めてごらん。何かに気づかないかな？

…問題5

I：不思議！　表1のように順番には並ばないけれど，$\overline{0}$ の行を除いた全ての行に7種類の全ての剰余類が現れるよ！

U：そうだね。それでは6で割ったときの余りで同じようにかけ算の表を作るとどうなる？

C：こんな表になるわ。

表3　(かけ算：6で割ったときの余りで分類)

×	$\overline{0}$	$\overline{1}$	$\overline{2}$	$\overline{3}$	$\overline{4}$	$\overline{5}$	
$\overline{0}$	$\overline{0}$	$\overline{0}$	$\overline{0}$	$\overline{0}$	$\overline{0}$	$\overline{0}$	$\overline{0}$ の行
$\overline{1}$	$\overline{0}$	$\overline{1}$	$\overline{2}$	$\overline{3}$	$\overline{4}$	$\overline{5}$	$\overline{1}$ の行
$\overline{2}$	$\overline{0}$						$\overline{2}$ の行
$\overline{3}$	$\overline{0}$						$\overline{3}$ の行
$\overline{4}$	$\overline{0}$						$\overline{4}$ の行
$\overline{5}$	$\overline{0}$						$\overline{5}$ の行

I：$\overline{0}$ の行と $\overline{1}$ の行は表2とほとんど同じだね。あれ？　でも，$\overline{2}$ の行に全ての剰余類は現れないよ。

C：でも，$\overline{1}$ の行と［　オ　］の行には全ての剰余類が現れるわ。

…問題6

I：本当だ！　なんでこんな違いが起きるんだろう。

U：同じような計算をしているのに，状況によって全く結果が違うだろう。これが，数学の考えるべきところだね。どういう前提のもとで，どういう計算をしているのか，何が本質なのか，を考えないといけないんだ。

C：6で割ることと7で割ることと，何がそんなに違うのかしら。

2．互《たが》いに素《そ》

U：一つ新しい言葉を教えておこう。

〈互《たが》いに素《そ》〉
二つの正の整数 a，b が1以外に公約数(Common Factor)をもたないとき，
「a と b は互《たが》いに素《そ》である」という。

C：素数2，3，5，7，…とは違うの？

U：違うんだ。素数とは，2以上の整数 n で，正の約数が1とその数 n の2個しかない整数のことだね。二つの正の整数 a，b は，素数でも素数でなくても良い。それに，互いに素とは二つの整数の間の関係なんだ。素数でない数で考えてごらん。

I：えっと，8と9は互いに素である整数，6と9は互いに素ではない整数だね！

U：そうだね。互いに素である整数の重要な性質として，こんなことが言えるよ。

互いに素である正の整数 a，b と整数 m について，以下が成り立つ。
am が b の倍数であれば，m は b の倍数である。

C：さっきの互いに素である整数8と9で考えてみるわね。

「整数 $8m$ が9の倍数であれば，mは9の倍数である。」

そうね，公約数が1しかないのだから，成り立つわね。

I：僕は，互いに素ではない整数6と9で考えてみるよ。

「整数 $6m$ が9の倍数であれば，mは9の倍数である。」

これは成り立たないね。だって，$m=$[カ]のときは，成り立たないよ。

U：実は，これが先ほどの表の行で全ての剰余類が現れるかどうかを決める本質だよ。

I：さっぱり本質には見えないんだけど…。

U：よし，頑張って証明してみよう。これは面白い証明だから一般的に示すよ。

（bで割ったときの余りで分類するかけ算の表で $\overline{a}$ の行に全ての剰余類が現れることの証明）

互いに素である正の整数a，bについて，bで割ったときの余りで分類することを考える。代表される余りの数は，[キ]種類の数となる。

am のmに0から$b-1$までの整数を一つずつ代入したb個の整数

$a\times0$，$a\times1$，$a\times2$，…，$a\times(b-2)$，$a\times(b-1)$をbで割ったときの余りで分類すると，

これらは0，1，2，…，[ク]のどれかに代表される。

ここで，0から$b-1$までの二つの整数i，j $(i\leqq j)$について，

$a\times i$，$a\times j$が同じ数で代表される，

つまり，同じ剰余類 $\overline{a\times i}=\overline{a\times j}$ であるとする。

このとき，$a\times j-a\times i=a\times($[ケ]$)$は[コ]で割り切れる。

また，整数a，bは互いに素であるため，[ケ]は[コ]で割り切れる。

ここで，i，jは0から$b-1$までの整数であったため，[ケ]は整数であり，

[サ]$\leqq$[ケ]$\leqq$[シ]をみたす。

[ケ]は[コ]で割り切れることより，[ケ]$=$[ス]であり，$i=j$となる。

これより，$i\neq j$のとき，$\overline{a\times i}\neq\overline{a\times j}$であり，

b個の整数$a\times0$，$a\times1$，$a\times2$，…，$a\times(b-2)$，$a\times(b-1)$と対応する剰余類はそれぞれ異なる。

（証明終）

C：それぞれ異なるというのが，$\overline{a}$ の行に全ての剰余類が現れるってことよね。

U：その通りだね。6で割ったときの余りでは全ての行に全ての剰余類が現れるわけではない，ということもこれで分かったかな？

I：うん。6で割ったときの余りの分類でかけ算を考えるときは，[セ]と6が[ソ]であるとき，$\overline{a}$ の行に全ての剰余類が現れるんだね。

U：その通り。では，10で割ったときの余りで分類した場合も分かるね。

…問題7

U：さて，もう一度7で割ったときの余りで分類した剰余類の演算に戻って，15ページの表2を見てみよう。7で割ったときの余りで分類した剰余類のかけ算では，$\overline{0}$ の行を除く全ての $\overline{a}$ の行に全ての剰余類が現れるんだね。これは，零元である $\overline{0}$ を除く全ての $\overline{a}$ に，必ず逆元が存在することを意味するよ。

I：どういうこと？

U：逆元というのは，単位元に戻す数だったよね。かけ算の単位元は $\overline{1}$ だね。例えば，$\overline{4}\times\overline{2}=\overline{1}$ が成り立つから，$\overline{4}$ の逆元は $\overline{2}$ となるね。

C：$\overline{0}$ の行を除く全ての $\overline{a}$ の行に全ての剰余類が現れるから，$\overline{a}\times\overline{m}=\overline{1}$ をみたす $\overline{m}$ は必ず存在するわね。

U：さぁ，これで割り算を考えてみよう！

C：分類した数同士で割り算をするの？　普通の割り算ではないわよね。混乱しそう。

U：足し算と引き算みたいに考えてみてごらん。

I：面白そう！　かけ算の単位元 $\overline{1}$ に戻すことを考えるのか。どんな整数 a に対しても，「$\overline{4}$ で割る」という演算を，

$$\overline{a}\div\overline{4}=\overline{a}\times\overline{2}$$

という風にかけ算に変えるんだね。割り算は逆元をかけるのか!!!

…問題 8

I：すごい！　なんか数の計算って奥が深い世界だね。

U：では，6で割ったときの余りで分類した剰余類の演算を考えたらどうなる？

C：全ての行に全ての剰余類が現れるわけではないから…難しいんじゃない？　かけ算の単位元 $\overline{1}$ に戻せない剰余類が出てくるわ。$\overline{2}$ には何をかけても無理よ。

U：そうだね，逆元が存在しない剰余類があるね。

C：逆元が存在しないということは，$\overline{2}$ で割ることはできないということ？

U：その通り！　7で割ったときの余りで分類した剰余類の演算では割り算をいつでも考えられるけど，6で割ったときの余りで分類した剰余類の演算では割り算をいつでも考えられるわけではない，ということになるね。

…問題 9

3．中国の剰余《じょうよ》定理《ていり》

U：それでは，ちょっと視点を変えて，こんな問題を考えてみるよ。7で割ると2余り，9で割ると4余るような整数Nを求めることはできるかな？

C：7で割ったときの余りの分類と何か関係があるのかしら？

I：9で割ると4余るような整数Nで，7で割ったときの余りの分類では $\overline{2}$ となる数を探せば良いのか。

【解法1】

C：9で割ると4余るような整数Nは，整数mを用いて $N=9m+4$ と表せる。

I：7で割ったときの余りの分類で考えると，どんどん書き換えて計算できるから，

（7で割った分類）

$$\overline{9m+4}=\overline{2}$$
$$\overline{9}\times\overline{m}+\overline{4}=\overline{2}$$
$$\overline{2}\times\overline{m}+\overline{4}=\overline{2}$$

7で割ったときの余りの分類では引き算もできるので，両辺から $\overline{4}$ を引いて，

$$\overline{2}\times\overline{m}+\overline{4}-\overline{4}=\overline{2}-\overline{4}$$
$$\overline{2}\times\overline{m}=\overline{-2}$$
$$\overline{2}\times\overline{m}=\overline{5}\quad\cdots★$$

これをみたす $\overline{m}$ を考えれば良いのかな？

U：割り算を使って，★の左辺と右辺を $\overline{2}$ で割れば，$\overline{m}$ が求まるね。

C：ここで割り算をするのね。$\overline{2}$ の逆元は $\boxed{\text{タ}}$ だから，

$$(★\text{の左辺})\div\overline{2}=(\overline{2}\times\overline{m})\div\overline{2}=(\overline{2}\times\overline{m})\times\boxed{\text{タ}}$$
$$=\overline{m}\times\overline{2}\times\boxed{\text{タ}}=\overline{m}$$
$$(★\text{の右辺})\div\overline{2}=\overline{5}\div\overline{2}=\overline{5}\times\boxed{\text{タ}}=\boxed{\text{チ}}$$

よって，$\overline{m}$＝[チ]

U：そうだね。いま，7で割ったときの余りの分類で考えているから，mは整数nを用いて，$m=7n+$[ツ]と書ける。

これを$N=9m+4$に代入し，$N=$[テ](ただし，nは整数)と表せる。

特に0以上$7\times9=63$未満の整数としては，[ト]と一つに定まる。　(解答終)

…問題10

I：すごい！　7で割ったときの余りで分類した世界で，普通に計算するだけで解けちゃった。

C：引き算や割り算ができるって，やはりすごいことなのね。

U：この問題をもう一つの方法で解いてみよう。

【解法2】

(9で割った分類)

$\overline{7}\times\overline{m}=\overline{1}$となるような$m$が存在し，$m=$[ナ]となる。

よって，$7\times$[ナ]$\times4$は9で割ると4余る。

(7で割った分類)

$\overline{9}\times\overline{n}=\overline{1}$となるような$n$が存在し，$n=$[ニ]となる。

よって，$9\times$[ニ]$\times2$は7で割ると2余る。

これより，$7\times$[ナ]$\times4+9\times$[ニ]$\times2$は求めたい整数の一つとなる。

さらに，求める整数は，$7\times9=63$で割ったときの余りが等しく，63ごとに存在するので，0以上63未満の整数としては，[ト]と一つに定まる。

以上より，7で割ると2余り，9で割ると4余る全ての整数は，

$N=63p+$[ト](ただし，pは整数)と表せる。　(解答終)

…問題11

U：最初の【解法1】は7で割ったときの余りで分類した剰余類において，足し算，引き算，かけ算，割り算が自由にできることから，普通の方程式のように解いているね。

次の【解法2】は一方の倍数であり，他方の整数で割ったときの余りが1となる整数を用いて，出したい余りの数が出るように整数を作るんだね。

この問題の背景にあるのは，中国の剰余《じょうよ》定理《ていり》(Chinese Remainder Theorem)と呼ばれる定理だよ。

> 〈中国の剰余定理〉
> 互いに素である正の整数a，bについて，
> aで割るとx余り，bで割るとy余るような整数Nは必ず存在する。
> ただし，x，yは整数であり，$0\leqq x\leqq a-1$，$0\leqq y\leqq b-1$をみたす。
> また，そのような整数Nはabで割ったときの余りが等しく，
> 特に$0\leqq N<ab$の範囲でただ一つに定まる。

U：証明できそうかな？

…問題12

I：存在性と一意性，重要なところをクリアできたよ！

C：中国の剰余定理は中国で発見されたの？

U：中国の『孫子《そんし》算経《さんけい》』という古い(6世紀頃)算術書に，「ある数を3で割ると2余り，5で割ると3余り，7で割ると2余るという。その数は何か」という問題とその解き方が載っているんだよ。

そこから来た名前のようだね。そして，日本の江戸時代の算術書『塵劫記《じんこうき》』（吉田光由 著）にも，「ある数を３で割ると２余り，５で割ると１余り，７で割ると２余るという。その数は何か」と数字を少し変えた問題が出ているんだ。どちらも問題の解き方は同じだよ。

C：待って！　さっきは７と９の二つの数で割ったけど，今度は３，５，７と三つも数があるわよ。

U：そうだね。実は，中国の剰余定理は，数が三つになっても成り立つし，もっと増えても成り立つんだよ。一般的に書くとこうなる。

> 〈中国の剰余定理：n 個の整数版〉
> どの二つも互いに素である正の整数 a_1，a_2，a_3，…，a_{n-1}，a_n について，
> a_1 で割ると x_1 余り，a_2 で割ると x_2 余り，…
> a_n で割ると x_n 余るような整数 N は必ず存在する。
> ただし，x_1，x_2，x_3，…，x_{n-1}，x_n は整数であり，
> $0 \leqq x_1 \leqq a_1-1$，$0 \leqq x_2 \leqq a_2-1$，…，$0 \leqq x_n \leqq a_n-1$ をみたす。
> また，そのような整数 N は $a_1\times a_2\times a_3\times\cdots\times a_{n-1}\times a_n$ で割ったときの余りが等しく，特に，
> $0 \leqq N < a_1\times a_2\times a_3\times\cdots\times a_{n-1}\times a_n$ の範囲でただ一つに定まる。

I：頭がクラクラするよ。

U：驚くよね。でも，たとえ数が増えても，証明は同じようにできるんだ。

この数が三つの場合だけど，『孫子算経』でも『塵劫記』でも，解き方の本質は同じで，【解法２】のように解いているね。できるかな？

C：やってみるわ。

『孫子算経』の問題

「３で割ると２余り，５で割ると３余り，７で割ると２余るような整数 N を求める。」

【解法２】

まず３，５，７はどの二つも互いに素である正の整数である。

よって，３と 5×7 も互いに素である。

（３で割った分類）

$\overline{5\times7}\times\overline{m}=\overline{1}$ となるような m が存在し，$m=$ [ヌ] となる。

これより，$5\times7\times m=$ [ネ] は，３で割ると１余り，[ネ] $\times2$ は３で割ると２余る。

（５で割った分類）

$\overline{3\times7}=\overline{21}=\overline{1}$ より，21は，５で割ると１余り，21×3 は５で割ると３余る。

（７で割った分類）

$\overline{3\times5}=\overline{15}=\overline{1}$ より，同様に 15×2 は７で割ると２余る。

この三つの数を足して，

[ネ] $\times2+21\times3+15\times2=$ [ノ] は求める整数の一つとなる。

さらに，求める整数は，$3\times5\times7=105$ で割ったときの余りが等しく，105ごとに存在するので，０以上105未満の整数としては，[ハ] と一つに定まる。　（解答終）

U：このやり方は，二つの数の積の倍数で，残り一つの数で割ったときの余りが１になる数 [ネ]，21，15をまず考えてから，それぞれの余りが x，y，z になるように [ネ] $\times x+21y+15z$ という数を作るんだね。そして，このような数は $3\times5\times7=105$ で割ったときの余りの分類で答えが一つに定まるから，$105\times$(整数)を引く。『塵劫記』では，求める整数に含まれる105を繰り返し引いていくので，『百五減算』と呼ばれた方法で，和算の中でも有名な算法

だよ。

…問題13

I：中国でも日本でも同じような数学の問題に取り組んでいたんだね。

U：そうだね。ちなみに，【解法１】の方程式のように解く解き方は，ドイツの数学者，ガウスが考えた数の分類でアプローチしているよ。

…問題14，問題15

I：どんな国でも，どんな時代でも，数学って同じ問題を考えていたり，でも，少しずつ違う考え方をしたりするんだね。僕，数学をもっとちゃんと考えてやろう。

C：やはり「数学は考える学問」よね。難しい時もあるけど，考えるのが楽しいわ。

U：そうだね。言語に捕らわれず，一つの考え方に縛られず，発想を自由に，頭を柔軟にして，考え続けることができたら，数学がもっともっと楽しくなるよ。いろんな国での数学の取り組み方ももっと知っていきたいね。

Iさん，Cさん，Uさん親子の数学談義はこれからも続きそうです。

（完）

問　題

問題１　次の割り算を行い，商と余りを求めなさい。

(1)　394÷12

(2)　−43÷8

問題２　(1)　資料文の空らん［ア］～［エ］を適切な数値で埋《う》めなさい。

(2)　以下の空らん［あ］，［い］を適切な数値や式で埋めなさい。

（二つの整数 a，b の積 ab を７で割ったときの余りは，それぞれの余り同士の積で計算できることの証明）

a を７で割ったときの商を m，余りを x

b を７で割ったときの商を n，余りを y とする。

このとき $a=7m+x$，$b=7n+y$ であるから，

$ab=(7m+x)(7n+y)=7\times($［あ］$)+$［い］

よって，積 ab を７で割ったときの余りは，［い］を７で割ったときの余りとなる。

（証明終）

(3)　次のものを７で割ったときの余りを求めなさい。

(i)　594＋387

(ii)　594−387

(iii)　594×387

問題３　資料文の空らん［(a)］，［(b)］に入る理由を次の選択肢《せんたくし》からそれぞれ一つずつ選び，記号で答えなさい。

選択肢《せんたくし》

①　$\overline{e_1}=\overline{e_2}$ である

②　$\overline{e_1}$ は単位元である

③　$\overline{e_2}$ は単位元である

④　$\overline{0}$ は単位元である

⑤　単位元が存在する

問題4　7で割ったときの余りで分類した剰余類の足し算とその逆演算の引き算を考える。次のものを $\overline{a}$ の形の剰余類で答えなさい。ただし，a は0以上の整数のうち，最小のものとする。

(1)　$\overline{5}$ の逆元

(2)　$\overline{2}-\overline{5}$

(3)　$\overline{25}-\overline{13}$

問題5　資料文の表2の $\overline{3}$ の行の空らんを $\overline{a}$ の形の剰余類で埋めなさい。ただし，a は0以上の整数のうち，最小のものとする。

問題6　資料文の表3の $\overline{2}$ の行の空らんを $\overline{a}$ の形の剰余類で埋めなさい。ただし，a は0以上の整数のうち，最小のものとする。また，資料文の空らん［オ］を適切に埋めなさい。

問題7　(1)　資料文の空らん［カ］に当てはまる最小の正の整数を答えなさい。

(2)　資料文の空らん［キ］～［ソ］を適切な語句，数値，式で埋めなさい。

(3)　10で割ったときの余りで分類した剰余類で，表2，表3のようなかけ算の表を作る。全ての剰余類が現れる行を全部答えなさい。

問題8　7で割ったときの余りで分類した剰余類のかけ算とその逆演算の割り算を考える。次のものを $\overline{a}$ の形の剰余類で答えなさい。ただし，a は0以上の整数のうち，最小のものとする。

(1)　$\overline{5}$ の逆元

(2)　$\overline{2}\div\overline{5}$

(3)　$\overline{25}\div\overline{13}$

問題9　下記の空らん［(c)］に入る理由を次の選択肢から一つ選び，記号で答えなさい。

「整数を2以上の整数 n で割ったときの余りで分類する。剰余類の演算を考えたとき，零元を除く全ての剰余類にかけ算の逆元が存在し，いつでも割り算を考えることができるのは，n が［(c)］のときである。」

選択肢《せんたくし》

①　互いに素である整数	②　自然数	③　奇数
④　偶数	⑤　素数	⑥　単位元
⑦　逆元	⑧　剰余類	

問題10　資料文の空らん［タ］，［チ］を適切な剰余類で，空らん［ツ］～［ト］を適切な数値や式で埋めなさい。

問題11　(1)　資料文の空らん［ナ］，［ニ］に当てはまる最小の正の整数を答えなさい。

(2)　7で割ると4余り，11で割ると2余るような整数を，整数 p を用いた形で表しなさい。

問題12　下記の証明の空らん［う］～［か］を適切な数値や式で埋めなさい。また，［(d)］に入る理由を簡潔に答えなさい。

(中国の剰余定理の証明)

互いに素である正の整数 a，b について，

(a で割った分類)

$\overline{bm}=\overline{1}$ となる整数 m を用いて，a で割ると x 余るような整数として

$bm\times$［う］を考えられる。

(b で割った分類)

$\overline{an}=\overline{1}$ となる整数 n を用いて，b で割ると y 余るような整数として

$an\times$［え］を考えられる。

よって，$N=bm\times$［う］$+an\times$［え］として，整数 N が存在する。(存在性)

さらに，そのような N が N_1，N_2 と二つあったとする。

（aで割った分類）
$\overline{N_1}=\overline{N_2}=\overline{x}$ より，N_1-N_2 は［　お　］で割り切れる。
（bで割った分類）
$\overline{N_1}=\overline{N_2}=\overline{y}$ より，N_1-N_2 は［　か　］で割り切れる。
［　(d)　］であるから，N_1-N_2 は ab で割り切れる。
よって，求めるような整数Nは，ab で割ったときの余りが等しく，
特に $0 \leqq N < ab$ の範囲でただ一つに定まる。(一意性)

(証明終)

問題13　資料文の空らん［ヌ］に当てはまる最小の正の整数を答えなさい。また，資料文の空らん［ネ］～［ハ］を適切な数値で埋めなさい。

問題14　『孫子算経』の問題を下記のように，【解法１】で解く。空らん［き］，［こ］を適切な剰余類で，［く］，［け］，［さ］，［し］を適切な式で埋めなさい。

「３で割ると２余り，５で割ると３余り，７で割ると２余るような整数Nを求める。」

【解法１】
３で割ると２余るような整数は，整数mを用いて，$N=3m+2$ と表せる。
これを５で割ったときの余りの分類で考えて，
（５で割った分類）
$\overline{3m+2}=\overline{3}$ のとき，$\overline{m}=$［　き　］である。
よって，$\overline{m}$ は５で割ったときの余りの分類より，
さらに整数nを用いて，$m=$［　く　］と表せる。
これを $N=3m+2$ に代入して，３で割ると２余り，５で割ると３余るような整数は，$N=$［　け　］(ただしnは整数)と表せる。
さらに，この数を７で割ったときの余りの分類で考えて，
（７で割った分類）
$\overline{N}=\overline{2}$ のとき，$\overline{n}=$［　こ　］である。
これは，さらに整数kを用いて $n=$［　さ　］と表せる。
これを代入して，$N=$［　し　］(ただしkは整数)と表せる。　(解答終)

問題15　５で割ると４余り，９で割ると３余り，13で割ると２余るような整数を，整数pを用いた形で表せ。

エ　若いうちに学ぶと、世間で評判のよい大学に入りやすくなるという意味。

オ　学んだことが活かされて将来収入の高い仕事に就きやすくなるという意味。

問九　本文中の空欄 2 に当てはまる語句を選択肢から選びなさい。

ア　非効率　　イ　非人情　　ウ　非日常

エ　非常識　　オ　非科学的

問十　傍線部⑦「なるほど」とありますが、筆者はヌスバウムの議論のどのようなところに納得しているのですか。最も適切なものを次のア～オの中から一つ選び、記号で答えなさい。

ア　戦争や差別やテロなどのグローバルな危機を乗り越えるためには、厳格なルールに基づいて理性的に議論を進めることがデモクラシーにとって重要であるということ。

イ　戦争や差別やテロなどのグローバルな危機を乗り越えるためには、どんな小さなことであってもとことんまで議論することがデモクラシーにとって重要であるということ。

ウ　戦争や差別やテロなどのグローバルな危機を乗り越えるためには、遠く離れた場所に住む人も自分と同じ存在であると考えることがデモクラシーにとって重要であるということ。

エ　戦争や差別やテロなどのグローバルな危機を乗り越えるためには、議論を尽くしたのちに一人一票の平等な投票によって決めることがデモクラシーにとって重要であるということ。

オ　戦争や差別やテロなどのグローバルな危機を乗り越えるためには、大国でも小国でも一つの国家に平等な一票を与えることが国際的なデモクラシーにとって重要であるということ。

うなことですか。その説明として最も適切なものを次のア～オの中から一つ選び、記号で答えなさい。

ア　経験をどのように受けとめ、その後の生活に活かして行くかは、個人が描いている未来によって決まってくるということ。

イ　経験をどのように受けとめ、その後の生活に活かして行くかは、個人によって異なり、ひとつの決まった形は存在しないということ。

ウ　経験をどのように受けとめ、その後の生活に活かして行くかは、個人がどのような他者と交流するかによって違ったものになるということ。

エ　経験をどのように受けとめ、その後の生活に活かして行くかは、個人がどのような立場でその経験をしたかによって同じ個人の中でも違ってくるということ。

オ　経験をどのように受けとめ、その後の生活に活かして行くかは、個人が生まれながら有している性質に強く制約されているため、あらかじめ決められた考え方があるということ。

問五　本文中の空欄[1]に入ることばは何ですか。ここより前の本文中から五字以内で抜き出して答えなさい。

問六　傍線部④「学校の知は『世界の縮図』」とありますが、そのように言えるのはなぜですか。理由として最も適切なものを次のア～オの中から一つ選び、記号で答えなさい。

ア　学校では個人では経験できないような、世界にある多種多様な地方の習慣や考え方を学んでいくから。

イ　学校ではほかの人の成功や失敗を知ることで、世界が自分の想像以上に広いということを理解していくから。

ウ　学校では言葉や記号を使い、この世界がどうなっているかということを、再構成してまとめた形で学んでいくから。

エ　学校では世界で起こっている出来事について、多様な価値観を持った生徒が意見を言い合いながら学んでいくから。

オ　学校では多くの知識を学ぶことによって経験の質を向上させ、同じものを見ていてもより深く世界について理解していくから。

問七　傍線部⑤「学校の知というのは、そういう意味で意義がとてもよく分かるわけです」とありますが、筆者はその意義をどのように考えているととらえられますか。最も適切なものを次のア～オの中から一つ選び、記号で答えなさい。

ア　筆者は「学校の知」を世界のありようを分析し体系化した知識の集積で、それを用いることで未知の出来事について解釈したり、対応したりすることのできるものだととらえている。

イ　筆者は「学校の知」を過去に起こった出来事を検証・整理したもので、すでに起こった過去の出来事について認識を更新したり、変更したりすることのできるものだととらえている。

ウ　筆者は「学校の知」を未来に起きうる出来事を予測したり、それに基づいて適切に計画を立てたりするために、過去に起こった出来事を分析・解釈して導き出された知を集めたものだととらえている。

エ　筆者は「学校の知」を目の前の事態に対処するための実践的な知恵を集めたもので、予測不能な変化の大きい時代にあって、柔軟に対応していくことのできるための体系的な知であるととらえている。

オ　筆者は「学校の知」を長い歴史の中で積み重ねられてきた知の体系であり、目の前の未知の現象をすでにある知識のデータベースと照らし合わせることによって、過去の出来事と同一視することができるものだととらえている。

問八　傍線部⑥「その後の人生に役立つ」とありますが、筆者はどういう意味で「役立つ」という言葉を使っていますか。**当てはまらないものをすべて**選びなさい。

ア　後に新しいことを学ぶ基礎になるという意味。

イ　自分なりの勉強のやり方を作ることができるという意味。

ウ　さまざまなことに興味を持つことができるようになるという意味。

「私も君たちも、世界の片隅で生きている。人は誰もが世界の片隅で生きているんだよ。片隅で生きる人間が目をこらして世界を理解するためには、いろんな他の人たちの立場や視点に立って、世界を見ようとする努力が必要なんだよ」と私は話をしめくくります。

　この点と関わって、マーサ・C・ヌスバウムの『経済成長がすべてか？』（小沢他訳、岩波書店）の議論は啓発的です。この本は、「国益を追求するあまり、諸国家とその教育システムは、デモクラシーの存続に必要な技能《スキル》を無頓着に放棄してい」る、と教育の見直しを求めています。

　ソクラテスからルソー、ペスタロッチ、オルコット、タゴールと、デューイ、ウィニコットの議論を参照しながら、人文学と芸術が、批判的思考と共感をつくる上で重要だ、とヌスバウムは説きます。そうした批判的思考や共感は、グローバルな経済活動でも大事だけれど、何よりもグローバルな危機の中での国を超えた広がりを持つデモクラシーにとって不可欠だ、というのです。⑦なるほど。

　ヌスバウムは、子どもたちは「少なくともあるひとつのなじみのない文化的伝統についてより深く調べる」方法を学ぶべきだ、と論じています。ユダヤ系ドイツ人としてニューヨークに生まれた彼女自身が、小学校五、六年生のときにウルグアイとオーストリアについて、深く調べる宿題を課されたことが有意義であったと書いています。

　つまり、知識を持つことは、その対象に対する想像力を発揮させることができるようになるということなのです。そうすると、自分の身の回りに居ない人に対して思い浮かべて、何かを考えたりすることができ、そこには道徳的配慮の可能性が生まれます。

　教育を受けなくても、人は身の回りの世界に対しては自然に共感を持つようになるものです。でも、それはあくまでも「世間」の範囲でしかありません。共感の範囲が狭いと、人はその範囲の外側に「敵」や「よそ者」をさがしてしまいがちです。それは、最も不道徳なはずの戦争や差別やテロを呼び込んでしまいます。はるか遠くの地域に住んでいる人々の暮らしや文化に思いをはせたり、未来の社会や世代への責任を考えたりすることができるようになるためには、教育の役割が必要不可欠なのです。

（広田照幸『学校はなぜ退屈でなぜ大切なのか』筑摩書房、二〇二二年より）

注1　現業　現場の業務。事務や営業などでなく、工場や作業場で行う労務。

問一　傍線部a～eについて、カタカナを漢字に直しなさい。

問二　傍線部①「言葉や記号を使って」とありますが、「言葉や記号を使」うのはなぜですか。理由として**当てはまらないもの**を次のア～オの中から一つ選び、記号で答えなさい。

ア　日常生活の中では直接経験できないことだから。
イ　身の回りには存在しないことを学ばなければならないから。
ウ　身近な大人の行動には誤っている部分や不要な部分が多く含まれているから。
エ　家族や周囲のおとなたちが生きている世界とは別の世界を間接的に知る必要があるから。
オ　経験では身につかないことを知るためには、歴史や遠く離れた世界について学ばなければならないから。

問三　傍線部②「日々の経験を超えた知」とありますが、本文で言われているものとして、それに当てはまるものを次のア～カの中から**三つ選び**、記号で答えなさい。（　）内は言及されている段落番号を示しています。

ア　生活即学習という形で学ぶ知（Ⅲ）
イ　周囲の大人と一緒に生活する中で学ぶ知（Ⅲ）
ウ　「カリキュラム化された知」（Ⅶ）
エ　学校に通ってそこで学ぶ知（Ⅶ）
オ　言語的・記号的に組織された知（Ⅶ）
カ　自分の経験したことによって学ぶ知（Ⅺ）

問四　傍線部③「あらゆる相容れない信念を誘発する」とはどのよ

く部分があるということです。私は中学・高校時代、自分なりの「学び方」の工夫を器用にあみ出しました。そのテーマに関する急所の概念や説明をまず理解し、覚えること。自分でポイントを図や表にしてわかりやすくして覚えること。新しく学んだもの同士を相互に結びつけて全体の構図を理解していくこと、……。こうしたことは、私が高校生のときに勉強していたやり方ですが、それを今でも新しいトピックを学ぶときに実践しています。

ウェブの情報をどう考えるかという話も少しします。ウェブでキーワードを入れると、いろいろなことがわかる時代になり、とても便利になりました。私なんかも仕事でずいぶん使っています。

しかし、ウェブの情報の大きな問題点は、断片的で、体系性や系統性やeルイセキ性がないということです。大事な情報もどうでもいい情報も、ぱっと並んで出てきます。間違いである情報も混じっています。何かのキーワードで、何千件もヒットしたりすると、本当に大事な情報にたどり着かない可能性があります。

しかも、ある程度の知識を持っていないと、まったく理解できない記事もたくさんあります。「その気になりさえすれば、ウェブでいつでも学べる」という見方もありますが、だからといって学校で学ばないでいいというのは、あまりに［ 2 ］で困難な道です。ＡＢＣも十分に修得しなかったひとが、大人になって、「英語を始めよう」と思っても、ＡＢＣから始めるとしたら、結局、膨大な時間をかけてしまうことになります。平安時代も藤原氏も聞いたことがない人が「藤原道長」について検索したとしても、その記事に出てくる説明はさっぱりわからないでしょう。

また十分な基本的知識をもたないでウェブ情報に頼る場合の問題は、何よりも、「その情報をうのみにすることになってしまう」ということです。知ったかぶりをして書かれたおかしな記事を信じ込んでしまったり、対立する見方がある問題で、最初にヒットした記事で自分の意見を決めてしまうとか、そんなことが起きます。どこかの記事をそのまま自分の意見にしてしまうことは、しばしば起きますが、そこでは思考や懐疑が欠落し、判断も危うい事態が生じます。

なので、一定程度のまとまった知識がないと、検索をしても重要な質の高い情報をうまく使いこなすことは難しいのです。

だから、子どもたちは、ウェブの情報があるから勉強しなくていいというのではなくて、ウェブの情報を十分に使いこなすために、若いうちにしっかりと学校で勉強する必要があると思います。

（中略）

学校で学ぶ知識は、道徳的な共感や想像力を広げていく上でも役に立ちます。Ｚ・バウマンという社会学者がいます。彼の理論を中島道男さんが興味深い視点から読み解いています。道徳が問題になるときの焦点は精神的な「距離」だというのです。精神的な距離が遠くなると道徳的無関心が生じる。「バウマンによれば、この距離が大きくなるとともに、他者への責任は縮小し、対象の道徳的次元は鈍り、ついにはそれらが消失点に達し視界から消え去るのである」。ナチスによるユダヤ人の大量虐殺はそうした精神的な距離の遠さによって生じたのだ、とバウマンは述べています。学校で学ぶ知は、この距離を飛び越えた、はるか遠くに思いをはせる視野を与えてくれます。

大学の講義の際に私がたまに話すネタの一つが、「世界に中心はない」ということです。学生の中には、ちょっとビックリする者もいます。でも、「地球儀を見てみろ。われわれが生きる地表の世界に中心なんかないのは、あたりまえだ」と私が言うと、学生たちは、それはそうだ、という顔をします。

私はそのうえで、次のような話をします。人は自分が見えている世界を基点にものを考えるから、世界の中心に自分がいるように、つい思ってしまう。主観的な世界像だ。それはそれでかまわない。でも、その場合には、別の人には別の中心があるということを理解できないといけない。相手の側から世界を見てみる、ということをしてみてほしい、と。

デューイはそれをこういうふうに書いています。「知識の内容は、すでに起こったこと、終了し、またそれゆえに解決され、確実であると考えられているものなのであるが、知識の関係する先は未来すなわち前途なのである。というのは、知識は、今なお進行中のことや、これから行なわれようとしていることを、理解したり、それに意味を与えたりする手段を提供するからである」（同下巻、二一八頁）。私はここを読んで、「ああ、なるほど」と思いましたね。

　デューイが挙げている例は医者の例です。目の前の患者の症状、頭が痛いとか喉が痛いとか、既往症が何かとか、こういうのを全部総合して考えると、これはこういう病気でこれからこうなるから、そうするとdトウヨすべき薬はこれだとか、そういうふうに考えます。そのことをデューイは、「直面する未知の事物を解釈し、部分的に明らかな事実をそれと関連して思い当たる諸現象で補充し、それらの事実の起こり得る未来を予見し、それによって計画を立てる」と述べています。十分な知識があってこそ、「目の前の患者を診る」という新しい経験に、適切に対応できるわけです。

　同じように、われわれは、世の中のあれこれについての知識を持っていて、それを使って、現状を認識し、未来に向けた判断をするのです。知識は常に過去のものです。過去についての知識を組み合わせて現状を分析し、未来に向けていろいろなことをする。これが知識の活用の本質です。そうすると、⑤学校の知というのは、そういう意味で意義がとてもよく分かるわけです。無味乾燥に見えるけれども、世界がどうなっているかという知識をみんなが勉強して、それを使って目の前の現実を解釈して、新しい事態への対応（新たな経験）に活かしていけるわけです。

「経験重視、体力勝負の仕事」というのがありますね。でも、そこでも、今の社会は大きな変化が生じています。面白い研究があるので紹介します。筒井美紀さんという法政大学の先生が、高校を卒業した若者の注1現業職のキャリアについて研究をしました。高校を卒業して、土木建築の現業の職種、穴掘りとか土管つなぎとか、そういう仕事に入った若者たちはその後どうなるのかということを研究しました。面白いのは、彼らはしばらくすると勉強しないといけなくなるんだというのです。いろいろな技術系の資格があるので、いろいろな資格を取っていきます。そのためには資格試験を受けないといけないというのです。

　たとえば、安全管理の責任者になるために、安全管理系の資格を取ったりします。そのためには、危険な薬品とかがちゃんと理解できないといけないから、結局、化学の知識が必要になったりします。作業責任者になるためには、法令をよみこなして理解したり、書類を作成したりするスキルが必要になったりします。だから、「高校までの勉強は要らない、体力が勝負だ」とか言っていても、しばらくすると、何のことはない、高校までの知識を総動員して勉強しないといけなくなったりするのです。

　若いうちに学校で、しっかりとたくさんの知識を身につけておくことは、二つの意味で⑥その後の人生に役立つと思います。

　一つは、その知識を基盤にして、さらに新しい知識を得ることが可能になるということです。地球温暖化問題とか、脱炭素化技術とか、イスラム原理主義とか、何か気になったものがあると、本を買って読んだりウェブで検索したりして、自分で調べて勉強することができます。そのときには、テーマによって異なりますが、化学や物理、世界史など、高校までに学んだことの知識があるからこそ、理解が容易だったり興味を持てると思うことがたくさんあります。

　私はつい最近、生命の歴史を学びたくなって、『生命40億年全史』という本を買って読みました。面白かった。生物を高校の時に学んでおいたのが役に立ちました。その少し後、イスラム世界について理解を深めたくなって、『イスラーム帝国のジハード』という本を読みました。面白かった。高校のときに世界史を教えてくださった横山先生の顔を思い浮かべて感謝しました。

　もう一つは、（中略）何年間も学校で勉強していくうちに、自分にとってまったく新しいことを学ぶ際の「学び方」が身についていになるのです。②日々の経験を超えた知、です。

　あるいは、会社に入ってどこかの営業所にｃハイゾクされて、一生懸命に頑張っていたけれど、突然、「東南アジアに行って、工場を造る責任者をやれ」とか言われた場合を考えてみてください。田舎町での営業のノウハウでは対応できません。そこでも、今まで経験で身につけたことのない知が必要になります。

　ジョン・デューイという非常に有名な教育哲学者が、『民主主義と教育』（岩波文庫、松野安男訳）という本の中で、次のように書いています。「経験の材料は、本来、変わりやすく、当てにならない。それは、不安定であるから、無秩序なのである。経験を信頼する人は、自分が何に頼っているのかを知らない。なぜなら、それは、人ごとに、また日ごとに変わり、そして言うまでもなく国ごとにも変わるからである」（前掲書下巻、一一〇頁）ある人が経験するものは、たまたまそれであって、偶然的で特殊的なものなのです。

　それどころか、個人の経験というのは、狭く偏っていたりもします。デューイは、次のように述べています。「経験からは、信念の基準は出てこない。なぜなら、多種多様な地方的慣習からもわかるように、③あらゆる相容れない信念を誘発するのが、まさに経験の本性そのものだからである」（同右）。

　つまり、経験は大事だけれども、それはどうしても狭い限定されたものでしかありません。しかも、経験から学ぶというときに、経験の幅を少しずつ拡げていくのには結構時間がかかります。少しずつ経験を拡げたり、何度も失敗したりするためには、人の人生はあまりにも時間が限られています。

　むしろ、文字による情報を通して、ほかの人の成功や失敗がどうだったのかとか、ほかの人の経験がどうなのかということを学ぶのが、てっとり早く「［　1　］」の狭さを脱する道です。そこでは、単に文字の読み書きができるというだけでなく、学校で学ぶ社会科や理科、外国語や数学の知識などが役に立つはずです。何せ、④学校の知は「世界の縮図」なのですから。

　二つ目に話したいのは、知識があるかないかで経験の質は違うということです。「知識か経験か」という二項対立ではなくて、そもそも経験の質は、知識があるかないかで異なっているのです。

　ここでも再びデューイの議論を紹介します。一つ目は、十分な知識があれば、深い意味を持つ経験ができる、ということです。デューイは、同じように望遠鏡で夜の星を見ている天文学者と小さな少年との違いを例に挙げて論じています（前掲書下巻、一一六頁）。望遠鏡で見えている星は同じです。だけれども、そこから読み取るものは全然違うということです。望遠鏡を覗いている小さな少年は、「赤く光る星がきれいだなあ」と思うかもしれません。しかし、同じ星を同じような望遠鏡で見ている天文学者は、「この光の色は、星の温度や現在の状況を伝えている。この星の色をどう考えればいいんだ」ということを考えながら星を見たりするでしょう。そこから、宇宙の謎が解明できるかもしれません。「単なる物質的なものとしての活動と、その同じ活動がもつことのできる意味の豊かさとの間の相違ほど著しいものはない」とデューイは述べています。

　これは私たちもよくあることです。たとえば、海外旅行でどこか歴史的な建造物を見に行くという話になったときに、歴史を知っているか知らないかで興味の持ち方や見方が全然違います。歴史を知らない人は、「大きいな」とか、「古いな」とか、「壊れかけているな」とか、「人がいっぱいいるな」とか、そんなことを思いながら建物内を歩いています。それに対して、歴史を知っていて、なぜこの建物がこういう形で残っているか知っている人は、「あの物語に出てきたあの建物だ！」とか、「この柱は何やら様式で、何やら王が趣味で造らせたんだ」とか、そういうふうに楽しみ方がまったく違います。同じものを見ても質の異なる経験になる。知識があるかないかで経験の質が違うのです。

　デューイが言っている知識と経験の話でもう一つなるほどと思うのは、まだ経験していないもの、これから何が起きるかといったことを考えるために、既存の知識が必要だ、と述べているくだりです。

る生き方をするようになっていくと、「提示」だけでは不十分になっていきます。モレンハウアーの言葉を借りると、「社会的生活が複雑化するにつれて、子どもを待ちかまえている実生活の諸関係は、そのどれをとっても子どもにとって近寄り難いものとなる。将来必要となるものが子どもの第一次的な生活世界に含まれる度合いはますます低くなるわけである」。

Ⅴ　たとえば、契約をするとか、遠くの世界とコミュニケーションするとか、どこか外で作ったルールが持ち込まれるというようなことがどんどん起きてくる。耳慣れない単語で示された新奇なものを理解しないと、外の世界で仕事にありつくことができなくなる。そうなると、日常の身近な関係だけの中の学習では対応しきれません。「この結果、おとなが自らの生活を生きてみせる『提示』とは別に、社会的・歴史的文化のうち、経験によっては子どもが到達し難い部分を何らかの仕方で彼らに知らせてやるという課題が生じる」。モレンハウアーが指摘する、この「経験によっては子どもが到達し難い部分」というのがポイントです。つまり、身の回りにないものを学ばせる必要が生じてきたのだ、という話です。

Ⅵ　そこで、学校の重要性が出てきます。学校は、この世界がどうなっているかということを、①言葉や記号を使って子どもたちに学ばせる役割を果たすというのです。ここが重要なポイントです。

Ⅶ　子どもたちは学校に通って、そこで、「カリキュラム化された知」を学びます。その「カリキュラム化された知」というのは、この世界を再構成して縮約(縮尺)したものです。モレンハウアーは、学校のカリキュラム化された知を通した学習の形式を、「代表的提示(代理的提示)」(Repräsentation)と呼んでいます。モレンハウアーの本の訳者である今井康雄さんの解説を引用しておきます。「そこでは子どもたちは、学校のような実生活から区別された空間のなかで、言語的・記号的に組織された知識を学ぶことになる。……子どもたちは、知の世界を通して現実世界とは何であるかを知り、こうして現実世界へのｂサンニュウが準備されることになる」

Ⅷ　生まれ育った身の回りの世界を超えて、広い世界で生きていくためには、子どもたちは、言葉や記号を通して、この世界がどういうものなのかを理解しないといけない。学校で教えられるのはそういう知なのです。だから、学校知は、いわば記号化された「世界の縮図」だといえるのです。

（中略）

Ⅸ　学校の知の意義を話しましょう。一つ目は、経験は狭いし、経験し続けるだけでこの世の中のいろいろなことを学べるほど人生は長くない、ということです。

Ⅹ　十九世紀ドイツの「鉄血宰相」と言われたオットー・フォン・ビスマルクが、「愚者は経験から学ぶ、賢者は歴史から学ぶ」と言ったと言われています。正確には少し違うようですが、なかなか味わいのある言葉です。

Ⅺ　愚かな人は自分が経験したところから学ぶ。賢者はほかの人の経験、すなわち、歴史の中の誰かの成功や誰かの失敗、そういうものから学んで、自分の目の前のことに生かしていく。そういう意味の言葉です。

Ⅻ　身近な問題を日常的にこなすためには、多くの場合、自分の経験だけで大丈夫かもしれません。しかし、身近で経験できる範囲の外側にある問題や、全く新しい事態にある問題について、考えたり、それに取り組んだりしようとすると、身近なこれまでの自分の経験だけではどうにもなりません。

　たとえば、何年も商売をやっていくと、商売のこつを覚えたりお客さんとの関係ができたりします。難しい言葉も文字式も、社会も理科も、そこには不要です。しかし、ある日、「今、自分たちの市で起きている再開発計画について、商店街のみんなで対応を考えましょう」という話になったら、商売の経験だけでは対応できません。再開発計画の書類を手に入れて目を通したり、法令を調べたり、みんなで議論をしたりすることが必要になります。それには、経験で身につけた日々の商売の知識やノウハウとは異なる種類の知が必要

日本人と同じ心を持っているととらえる考え方。

ウ　日本語を用いることを通じて深い相互理解を得ることができるので、外国人であるにもかかわらず流暢な日本語を話す人間を日本人と同じ心を持っているととらえる考え方。

エ　並々ならぬ努力によってほぼ完璧に近い日本語を習得したことを賞賛したいので、外国人であるにもかかわらず流暢な日本語を話す人間を日本人と同じ心を持っているととらえる考え方。

オ　日本の伝統や歴史、文化に対する一定以上の教養を持っていることが認められるので、外国人であるにもかかわらず流暢な日本語を話す人間を日本人と同じ心を持っているととらえる考え方。

問七　本文中の空欄 A に当てはまる語として適切な語を次のア～オの中から一つ選び、記号で答えなさい。

ア　厚意　イ　寛容　ウ　親切　エ　善意　オ　無意識

問八　傍線部⑦「『日本語』の独立運動の手がかり」とありますが、ここで筆者が述べる「『日本語』の独立」とはどのようなことですか。本文から考えられることとして**当てはまらないもの**を次のア～オの中から一つ選び、記号で答えなさい。

ア「日本語」が英語やフランス語、ドイツ語などと同じように世界中から重要な言語として認められ、グローバルなステイタスを獲得すること。

イ「日本語能力」において日本語の非母語話者が日本語母語話者よりも上手になることが可能であることを日本語母語話者の誰もが認めるようになること。

ウ「日本語」が日本という国家、日本人という民族、「日本的」な伝統や慣習との結びつきを当然のものと考える日本語母語話者が当たり前の存在でなくなること。

エ「日本語能力」を「日本人らしさ」から切り離し、日本語の非母語話者が話す「生々しい日本語」も日本社会のなかで無視や歪曲をされずに認められていくこと。

オ「日本語」がコミュニケーションのツールの一つとして、日本語以外のどのような言語の母語話者にとっても習得可能なものであり、日本語母語話者による技能認定が必要でなくなること。

問九　傍線部⑧「？？？」とありますが、「善意の日本語母語話者」が「？？？」となるのはなぜですか。理由を七十五字以上九十字以内で説明しなさい。「日本語母語話者」「非母語話者」ということばを使用して、両者の関係に触れた上で答えなさい。

二　次の文章を読んで、後の問いに答えなさい。

Ⅰ　私がこれからお話ししたいのは、学校で教えられる知は、子どもの日常生活を超えた知だからこそ重要だということです。ただしそうであるがゆえに、その内容は子どもにとってなじみにくいものだ、ということも説明します。

Ⅱ　ここでは、ドイツの教育哲学者のK・モレンハウアーが書いた『忘れられた連関』（今井康雄訳、みすず書房）の議論を紹介します。

（中略）

Ⅲ　モレンハウアーが考察に使うのが、「提示」・「代表的（代理的）提示」という概念です。「提示」（Präsentation　※プレゼンタツィオン。ドイツ語）とは、学校がなかった社会における人間形成のやり方です。第一次的な生活世界、すなわち普段の生活の中で、周囲の大人と一緒に生活することそれ自体の中で、子どもたちはさまざまなことを学んでいました。羊飼いの子であれ、農民の子であれ、大人と一緒に暮らし、家業を手伝ったり、aザツダンの輪に入ったりする中で、いろいろなことを覚えます。生活それ自体が学習の過程なのです。人間の長い歴史のほとんどは、これで何とかなってきました。「羊飼いの子は羊飼いになる」「農民の子は農民になる」というふうな伝統的な社会では、生活即学習という「提示」という形式で、人は一人前の大人になれていたわけです。

Ⅳ　しかし、社会が発展して複雑になり、子どもたちが親とは異ないたずら、と思われるでしょうか。いや、相手の褒め言葉にこっちも褒め言葉で答えただけです。そして何より、善意の言葉ですからね。日本語上手のあなたに、栄光あれ。

二〇二〇年一一月

（MOMENT JOON『日本移民日記』岩波書店、二〇二一年より）

問一 傍線部①「私にとって言語は『縛り』である」とありますが、ここで筆者が述べる「縛り」とはどのようなものですか。説明したものとして最も適切なものを次のア～オの中から一つ選び、記号で答えなさい。

ア 言葉の壁によって自由な移動ができなくなるということ。

イ 使う言語によってものの見方や思考に制限が加えられてしまうということ。

ウ 自分の生まれた国からいつまでたっても出ていくことができないということ。

エ 日本語を使ったときは、韓国語を使ったときに比べ自由な発想ができなくなるということ。

オ 日本語のイントネーションについて、自分の母語である韓国語の制約を受けてしまうということ。

問二 傍線部②「その答えは、『普通』という単語にあります」とありますが、筆者が述べる「普通」とは、どのようなことですか。それを説明している箇所をここより後の本文中から探し、二十五字以内で抜き出しなさい。

問三 傍線部③「『日本語上手ですね』から複雑な気持ちが生まれる」のはなぜですか。理由として**当てはまらないもの**を次のア～オの中から一つ選び、記号で答えなさい。

ア 長い年月を日本で過ごしているにもかかわらず、「日本語上手ですね」と言われると、外国人の割には日本語が上手いという意味に感じられるから。

イ 長い年月を日本で過ごしているにもかかわらず、「日本語上手ですね」と言われることで、どこまでいっても「日本人」とは異質な存在として扱われ続けていると感じられるから。

ウ 長い年月を日本で過ごしているにもかかわらず、「日本語上手ですね」と言われると、「日本人が定義する日本語」を習得できていないことを意味しているように感じられるから。

エ 長い年月を日本で過ごしているにもかかわらず、「日本語上手ですね」と言われることは、過ごした年月の長さに比して日本語に習熟していないことへの軽蔑と同情が感じられるから。

オ 長い年月を日本で過ごしているにもかかわらず、「日本語上手ですね」と言われると、自分の日本語が日本語ネイティブとは違っているということを突き付けられているように感じられるから。

問四 傍線部④「『日本人が定義する日本語とは何か』が少しずつ見えてきた」とありますが、「日本語」を「日本人が定義する」ことで、日本語ネイティブには何が保証されると筆者は考えていますか。次の文の空欄に当てはまる適切な語を、ここより後の本文中から探し、それぞれ三字以内で抜き出しなさい。

日本語ネイティブの［ a ］と［ b ］が保証される。

問五 傍線部⑤「自分らと区別がつかないこの『日本語達者』を、日本語ネイティブたちは必死で『我らとは違うもの』だと確かめたい」と考えるのはどのような気持ちから発しているものであると筆者は考えていますか。その気持ちについて説明している箇所をここより後の本文中から探し、二十五字以内で抜き出しなさい。

問六 傍線部⑥「〇〇さんは心が日本人だから」とありますが、この表現は発話者のどのような考え方にもとづいていますか。最も適切なものを次のア～オの中から一つ選び、記号で答えなさい。

ア 日本語を愛する気持ちが強ければ心が通じ合うので、外国人であるにもかかわらず流暢な日本語を話す人間を日本人と同じ心を持っているととらえる考え方。

イ 日本語能力と日本人らしさを分離して考えることができないので、外国人であるにもかかわらず流暢な日本語を話す人間を語」とは何を意味するのかを見てほしいのです。

ある言語をマスターするためには、その言語が生まれた地域と社会の伝統・歴史・文化まで勉強して理解しなきゃいけないとか、もう当たり前すぎる概念ですよね。しかし日本語の場合、それが行きすぎて「日本人としての心、魂、精神」が日本語を使いこなすための「必須条件」みたいに考えられてはいないでしょうか。まさに、外国語を学ぶ時に言われる「言語はツール」という考えが、「日本語」には適応されていないということです。日本語も言語であるかぎり、個人の能力と努力によっていくらでもマスターできるツールに過ぎません。しかし、「日本語能力」と「日本人らしさ」を分けて考えられない人の前に、後天的な学習でほぼ完璧に近い日本語を使う人が現れると、目の前の「怪異現象」を説明するために「日本人の心を持っているから(あるいは手に入れたから)そこまで日本語ができるはず」が出てくるのではないでしょうか。英語が達者な人が「あなたの心はイギリス人ですね」とか言われたという話は、今まで聞いたことがありません。

「日本語能力」を「日本人らしさ」と分離して考えることは、もしかしたら不可能に近いかもしれません。いわゆるハーフ、在日、日本語学習者、そしてこの島に住んでいる移民の人々の「生々しい日本語」が、無視されたり歪曲されたりせずに日本社会の感覚の一部になれる日は、永遠に来ないかもしれません。テレビに出る外国出身の芸能人やコメンテーターを見るかぎり、やはり無理だと思ってしまうのです。完璧な日本語を使いこなしているけど、結局日本の大衆が聞きたい話を「白人の口」から聞かせる存在に過ぎない人とか、日本が望んでいる「外人役」を大げさに演じる人を画面で見るたび、ツールとしての「日本語」が独立する日は、私の人生では見れないだろうと落ち込んでしまいます。

「モーメント君みたいな人々が堂々と自分らしい日本語を話していけばいい」と言われるかもしれません。まあ、一つの答えにはなるかもしれませんね。分かります。たしかに、私がアーティストのMoment Joonとしてやっていることは、日本社会が私に担わせる「外人役」を拒んで「俺こそが普通の人間だ」と宣言することです。実際に存在しているのに日本社会の大多数には知られていない(もしくは意図的に無視されている)現実を、テレビで、ラジオで、歌で、オンラインで、文章で見せていくしかありません。厚切りジェイソンよりもモーメント・ジューンがテレビに頻繁に映り、なまっている日本語で話しても「ステレオタイプ」じゃなく一人の人間として日本社会に存在する時代。それで「普通」の範囲が広がる時代を、頑張って作っていかなきゃ……。

しかし、コンビニで店員さんに「袋要りますか」と聞かれるだけで緊張してしまう人間キム・ボムジュンは、そんなファイターなんかになりたくないのも事実です。ただ「普通」で存在したいだけなのにファイターにならなきゃいけないなんて……戦っていくとしても、それ自体が一つのキャラクターになって消費されて終わってしまう可能性もあります。皆さんもある意味、そのような感覚で私の変わった日本語の文章を読んではいませんか?

まあ、口を開いたら「普通」の資格を奪われる私の経験なんか、見た目から「違うもの」と認識される白人である私の彼女の前では贅沢な悩みかもしれません。街中で知らない人から「外人ですか?」といきなり聞かれたことがある彼女は、そこで「はい、外人です」と答えたらしいです。ちょっと待って。これはひょっとしたら手がかりになるかもしれません。大したファイターにならなくてもできる、⑦「日本語」の独立運動の手がかり。

善意の日本語母語話者　へ〜、モーメント君、日本一〇年目なんですね。いや、めっちゃ日本語上手ですね。

モーメント　いや、そちらこそ上手ですね。⑧？？？

善意の日本語母語話者

に珍しいことなんだろうか、と思ってしまうのです。「日本語上手ですね」と言ってくれる人に悪意を感じるとか、気持ち悪いとか、傷つくといった話ではありません。私が複雑な気持ちになってしまうのは、一二万五六二八回も「日本語上手ですね」と言われてきたなかで、④「日本人が定義する日本語とは何か」が少しずつ見えてきたからです。

「日本人が定義する日本語」。その全体図を見るためには、もう「日本語上手ですね」と言われることもない人々の経験が必要となります。留学生たちの間には、「日本語上手と言われる段階でお前の日本語はダメ」という、冗談か警告かよく分からない言葉があります。私の大学の時の後輩や、バイトで出会った台湾人の知り合いなど、二四時間日本語で仕事をして生活をしても一度も「上手」と言われない人々が私の周りにもいます。うらやましい。そこまで上手になれば、好き放題に日本語を使っても「普通」とパスされるでしょうね。いや、でも本人たちによると、「日本語がうますぎて」起こる現象もあるらしいのです。

「アンキャニー・バレー（不気味の谷現象）」という概念を知っていますか？ われわれ人間は、人形やキャラクターなどの外見が人間と似てくれれば似てくるほど好感を持つらしいです。しかし、ある一点を超えてあまりにも似てしまうと、その類似性が原因でむしろ違和、嫌悪、恐怖を感じてしまう。その「類似性」と「感情的反応」の関係をグラフで表した時、人間に似過ぎて好感がはげしく落ちる部分を「谷」に比して「不気味の谷」と呼びます。例えば人間の肌の質感や細かい表情まで再現しようとするロボットを見てわれわれが気持ち悪くなるのが、不気味の谷現象ですよね。

私の知り合いのネイティブ並の日本語駆使者たちは、自分たちが「日本語のアンキャニー・バレー」に入っていると感じている人が多いです。周りの日本語ネイティブの人々が、必死で粗探しをしているようにその人の日本語の細かいところまでを「評価」し、珍しく間違えると「喜んで」それを指摘する。⑤自分らと区別がつかないこの「日本語達者」を、日本語ネイティブたちは必死で「我らとは違うもの」だと確かめたいのですかね。

ある一点を超えて日本語が「うますぎ」になってしまうと周りの日本人の態度がむしろ厳しくなるこの現象は、特に低いレベルから着実に勉強を重ねて今の位置に至った人々なら知らないはずがありません。今より日本語が下手だった昔は「日本語上手ですね」と言われて可愛がってもらったのに、日本語が上達して日本語ネイティブからの「認定」が要らなくなった今は、周りの日本人たちが自分を見て気まずく感じていることが分かるという……まあ、そもそも「可愛がる」こと自体が、日本語ネイティブとしてのその人の権威と優位性を、相手に確認させることですけどね。

「日本人が定義する日本語」を理解するための最後のパズルがまだ残っています。「日本語のアンキャニー・バレー」に落ちている人々なら「日本語上手ですね」の代わりに「⑥〇〇さんは心が日本人だから」は少なくとも一回は聞いたことがあるはずです。中途半端に上手な私でさえ、大学の授業で「見猿聞か猿言わ猿」を引用しただけで教授から同じことを言われるぐらいです。常に周りの日本語ネイティブから「オーセンティックな日本語を使っているか」と必死にチェックされる日本語達者たちも、ちょっと違う雰囲気の場では「〇〇さんは心が日本人だもんね」とすぐ言われます。別に「魂」とか「ルーツ」とかいったシリアスな話をする時に言われるのではなく、飲み会で、職場で、日常的な空間で言われるのです。「必死の粗探し」が「内」と「外」の境が曖昧になることに対する恐怖心を表すならば、「〇〇さんは心が日本人」は異質なものを「われわれと同じもの」にしちゃって安心したい気持ちを表しているかもしれません。

もう一度言いますが、「〇〇さんの心は日本人」と言う人が A なのはもちろん知っていますし、「これは差別だから言うな」みたいな低いレベルの話がしたいわけじゃありません。日本語がうまい非母語話者に「心が日本人」と言う人の考えの中の「日本行くために家を出る時「一言も言わずに帰れるといいな」と思っている自分に気づいて、結局コンビニに行かずに部屋に戻った日の記憶……自分にとってはごく普通の日常の空間で、自分は「普通」ではいられない時の感覚……言っておきますが、私のこの経験は「差別」ではありません。「差別」とは、相手が「違う」と認識してから意識的・無意識的に行う「行為」のことです。私はその「行為」以前に、あなたが私のなまりを聞いて「違う」と認識する、その瞬間の感覚について話しています。

　自分の日本語のなまりについてずいぶん長く話しましたが、「いやいや、日本語上手ですよ、モーメント君」ともよく言われてきました。実は、今まで「日本語上手ですね」を何回聞いたか正確に覚えていますが、二〇二〇年の一一月二日の時点で合計一二万五六二八回でした。知っていましたか？　日本に住む「外人」なら、みんな自分が「日本語上手ですね」と何回言われたかしっかり数えているんですよ。私の彼女は三四万四六七回、日本語母語話者なのに見た目がいわゆるハーフの大学の知り合いは昨日聞いたら五万六〇四〇回だそうです。「日本外人協会」からの命令があって、毎年報告しなきゃいけなくて……。

　冗談です。本当に信じちゃ困ります！　ただ、「日本語上手ですね」が多くの人にとってどうしても気になるフレーズであることは間違いありません。ある意味、この国で「外人」と見られている人なら、誰かに出会うたびに一度は聞かねばならない「儀式」みたいなものになっています。

「日本語上手ですね」は言うまでもなく善意の褒め言葉です。なので、日本に渡ってきたばかりの頃に日本語ネイティブから「日本語上手ですね」と言われたら、誰でも喜ぶと思います。少なくとも私はものすごくうれしかったです。だって、必死で勉強した自分の日本語がうまいと認められたのに、盛り上がらないほうがおかしいでしょう。

　時間が経って、いろんな人々に会うたびに「日本語上手ですね」とまた言われましたが、喜びは前より少なくなっても、気持ちがいい言葉であることには変わりありませんでした。しかし、日本に住み始めて六、七年ぐらい経つと、「日本語上手ですね」と言われるときの自分の気持ちも、少しずつ変わりはじめました。

　私はボランティアで大阪府内のいろんな学校によく行きますが、学校の待ち合い室で待機していると、こういうパターンの会話を担当の先生と何回も繰り返します。

担当の先生　あ、キムさん、阪大（大阪大学）なんですね。日本は長いですか？

モーメント　はい、今年で七年目です。

担当の先生　へえ、そうなんですね。日本語上手ですね。

　よく一緒にボランティアに行っていたフィリピン出身の人もほぼ毎回、同じパターンの会話を経験しています。ちなみに彼は二七年以上日本に住んで、見た目も日本人に見えますし、実は日本国籍も取っています。そんな彼と学校の先生との間でよくある会話。

担当の先生　〇〇さん、今日は本当によろしくお願いします。〇〇さんは日本はどれぐらいですか？

知り合い　えっと、もうそろそろ二七年目ですね。

担当の先生　へ〜、長いですね。めっちゃ日本語上手ですね。

　何かのパターンに気づきませんでしたか？　「どれぐらい日本に住んでいるか」を聞かれた後に、「日本語上手ですね」と言われています。③「日本語上手ですね」から複雑な気持ちが生まれるポイントが、ここです。

　外国人なのに日本語がうまいのが興味深い↓だから何年住んでいるかが聞きたい、の順番なら分かりますが、七年、いや、もう二七年も住んでいると言ったのに、その人の日本語が上手なのがそんな

二〇二三年度
国際基督教大学高等学校

【国　語】（七〇分）〈満点：一〇〇点〉

注意　1．解答に字数制限がある場合は、句読点や「　」、その他の記号も字数に数えます。
　　　2．出題の都合上、本文の一部を省略あるいは改変していることがあります。

一　次の文章を読んで、後の問いに答えなさい。

　言葉を読む・書く・聴く・話すの中で最低一つの能力でも使わないと、われわれは社会の中で正常に生きていけません。私が日本で飯が食えているのも、言葉を使っているからこそ可能なのです。ラップの歌詞を書いて歌ったり、誰かに言語を教えたり、皆さんが読んでいるこの原稿を書いたり……ならば何故、私は「言葉なしの生活」を夢見るのでしょうか。

　それは、①私にとって言語は「縛り」であるからです。「言語はツール」は、もはや陳腐に聞こえるほどよく言われますが（特に英語に関して）、逆に「言語は縛り」という言葉はあまり聞かないですよね。縛りであることの一例として、「言語が人の思考と感覚の範囲を定義する」という考えがあります。科学的に証明されているかは分かりませんが、私の経験ではある程度本当だと思います。実際、英語と日本語を学ぶことで、韓国語によって構築されていた自分の思考と世界の限界が分かったからです。

　しかし、一つの言語によって限られていた思考の可能性は、いろんな言語を学ぶことでむしろ広くなりました。音楽や文章で一番よく使う日本語についても、別に「日本語自体の制限」が私の言いたいことや考えることの邪魔になることはありません。私が「言語は縛り」と言う時、言語が縛っているのは私の「思考」ではなく、私の「舌」です。もっと具体的に言うと、私にとって言語は「足かせ」みたいなものです。

　どこに行ってもついてくるし、カチャカチャうるさすぎて周りの人々の注目を集めてしまう「足かせ」みたいに、私の日本語の「なまり」は、口を開いた瞬間、私を「罪人」にしてしまいます。一〇年も日本に住んでいるのに、私のなまりは決してなくなりませんでした。ものすごく平坦なイントネーションのソウル弁で育った私の耳は、日本語のイントネーションの高低をキャッチすることにとても弱いと思います。それがキャッチできたとしても、私の舌が思い通りに動いてくれる保証もありません。もちろん、話すこと自体は流暢に話せますが、いわゆる「ネイティブの日本語」を駆使するには、イントネーションの壁は私にとっては高すぎます。

　別になまりが原因で困ったことがあったわけではありません。なまりのせいで「すみません、もう一度言ってもらっていいですか？」と相手から聞かれたことも今まで一度もなかったですね。「じゃ、何が足かせなんだ」と思われるでしょう。②その答えは、「普通」という単語にあります。

　皆さんの中には、自分は日本人と韓国人を見た目だけで区別できるという自信を持っている方もいらっしゃるかもしれませんが、残念ながら多くの人々はそのような超能力は持っていないのです。一九二三年の関東大震災の時、デマによって朝鮮人住民への憎しみを煽られた自警団や暴徒たちが、被災地の住民に「一五円五〇銭」という言葉を言わせて「正しい」発音ができない人は朝鮮人と判断して虐殺したという話を、聞いたことがあるでしょうか。もちろん、私の経験はそんな恐ろしい歴史とは比べ物にもなりませんが、言語能力が原因で「普通」の資格が奪われるという点では共通している部分があります。

　なまりが原因で「外人」であると認識される瞬間、相手の顔が微妙に変わるさまを何回も見てきました。相手に警戒されず、匿名の「ただ一人」としてその場に存在できる特権は奪われ、私はその瞬間から「違うもの」としてその空間に存在するのです。コンビニに

2023年度／国際基督教大学高等学校

英語解答

Ⅰ ① 1　② 2　③ 3　④ 3
⑤ 1　⑥ 4　⑦ 1　⑧ 4
⑨ 2　⑩ 4　⑪ 3　⑫ 2
⑬ 3　⑭ 2　⑮ 3　⑯ 1
⑰ 2　⑱ 4　⑲ 3　⑳ 1

Ⅱ 問1　[ア]…15　[イ]…10　[ウ]…12
[エ]…1　[オ]…8　[カ]…13
[キ]…4　[ク]…14　[ケ]…7
[コ]…11
問2　[A]…7　[B]…3　[C]…8
[D]…16　[E]…9　[F]…2
[G]…13　[H]…4　[I]…15
[J]…5

Ⅲ A 4　B B-1…4　B-2…6
C 1　D 3　E 2　F 4
G 1　H 3　I 2
J 2，4，5

Ⅳ A 1　B 4　C 1　D 1
E 2　F cultural　G 2
H 1　I 2　J 2，5

Ⅴ A　３番目…went　７番目…dinner
B　(例) I think people who have big dreams are very cool!
C　５番目…of　10番目…it
D　(例) You should think about how she felt when she got the card case.

Ⅰ〔長文読解―適語(句)選択―対話文〕

≪全訳≫❶ベトナム人男性カンが出張で日本に来た。友人のコウジが週末に彼を浅草周辺に連れてきている。❷コウジ(Ko)：やあ，カン。やっと再会できたね！　日本へようこそ！❸カン(Kh)：やあ，コウジ！　久しぶり！　僕のために時間をつくってくれてありがとう。長い間，日本に来るのを楽しみにしてたんだ。❹Ko：最後に会ってからずいぶんたつよね。最後に会ったのは５年前だっけ？❺Kh：そうだね。もっと早く来る予定だったけど，知ってのとおりコロナのパンデミックが起きて，来日を何度か延期せざるをえなかったんだ。早くまた旅に出るのが本当に待ちきれなかったよ！❻Ko：君がどんな気持ちだったか容易に想像できるよ。電話で君と話すのは楽しかったけど，やっぱり直接会う方が断然いいよね。君は今やっとのことで日本にいるんだから，この浅草周辺を案内して，おもしろいものを紹介したいんだ。❼Kh：いいね！　ここはずっと来たかったんだ。日本で最も人気のある観光地の１つなんだってね。❽Ko：そうだよ。今，僕たちは田原町駅にいて，有名な浅草寺はここから歩いて15分ほどなんだ。楽しくあちこち見て回って，家族や友人へのお土産を探そう。❾Kh：それはいいね！❿(５分後)⓫Ko：ここが「かっぱ橋道具街」と呼ばれている通りだよ。この800メートルの通り沿いに約170軒のお店があるんだ。多くの店が外食産業用と家庭用の調理道具や製品を扱っているよ。ここは日本最大の調理器具商店街なんだ。⓬Kh：へえ！　お店ではとてもたくさんの種類のキッチン用品が売られているね。ねえ，これは何？　本物の食べ物みたいだけど。⓭Ko：ああ，これはろうやシリコンでつくった食品サンプルだよ。本物の食品を使って型をつくり，その型にシリコンを流し込む。そして職人が筆を使ってシリコンの模型に色を塗って，本物そっくりにするんだ。⓮Kh：とても興味深いね。いろいろな食品があるんだね。実際にどうやって使うの？⓯Ko：レストランやカフェの外に展示して，提供している料理やドリンクを紹介するのに使うんだ。⓰Kh：息子に１つ買ってあげようかな。サーモンのすしがあるかどうか見てみよう。息子の好物の日本料理なんだ。⓱(隣のお店で)⓲

Kh：コウジ，これは何？　ハリネズミみたいだ。19Ko：これは「タワシ」っていうんだ。まな板や鍋などの調理器具を洗ったり，ジャガイモやニンジンのような野菜を洗ったりもするよ。もっと柔らかいタワシを使って体を洗う人もいるんだ。20Kh：本当？　全然知らなかったな。これは伝統的な道具なの？21Ko：そうだよ。タワシは100年ほど前に東京に初めて登場したんだ。これは伝統的なタイプで，ほぼ100年間，同じ形をしている。伝統的なタワシは植物素材でできているけど，最近はステンレスや化学繊維でできているものもあるんだ。22Kh：なるほど。自分用に買ってみようかな。ところで，あの棚の上の猫の置物は何？　どうしてあんなふうに手を上げているの？23Ko：あれは「招き猫」と呼ばれる縁起物で，手先を自分の方に向けて招いているんだ。右手は金運を招き寄せると言われている。左手は来客と商売繁盛を招き寄せるんだよ。24Kh：へえ，それはおもしろいね！　妻に買ってあげたら喜ぶだろうな，彼女は文房具店をやってるから。左手で招き寄せているのを買った方がいいな。25(15分後)26Kh：この商店街を見て回るのは楽しいけど，もうおなかがすいてきたよ。お昼を食べよう。27Ko：そうだね。何が食べたい？　そういえばこの間，日本に来たときに食べたいいろんな食べ物について話したよね。28Kh：そうだね。ラーメンはどう？29Ko：いいよ。この近くにおいしい店があるから，そこへ行こう。30(５分後)31Ko：着いたよ！32Kh：すてきな入り口だね！　このカーテンも伝統的なものなの？33Ko：そうだよ。これは「のれん」っていうんだ。のれんにはさまざまな用途や意味があってね。例えば，お店の中に直接風や光が入らないようにするための仕切りとして用いられる。それから，お店の外にのれんを掲げると，お店が営業中であることを示すんだ。だから，閉店するときに最初にするのはのれんをしまうことなんだよ。34Kh：なんておもしろい習慣なんだ！35Ko：そうだよね。さあ，中に入ってラーメンを食べよう。36Kh：待ちきれないよ！

＜解説＞①コウジはカンに「ようやく」会えて喜んでいる。Lastly は「最後に」という意味。　②Long time no see. は「久しぶり」という意味を表すカジュアルな定型表現。　③look forward to ～ing で「～することを楽しみに待つ」という意味。ここでの to は to不定詞ではなく前置詞なので，後に続く動詞は原形ではなく，動名詞(～ing)になる。　④２人が久しぶりに再会していることから考える。it's been ages since ～ で「～以来ずいぶんたつ」という意味を表す。この it's は it has の短縮形。　⑤'force＋人＋to ～'「〈人〉に～することを強いる」の受け身である'人＋be動詞＋forced to ～'「～することを強いられる」の形。　⑥再会するまでの間，２人はよく電話で話していたと考えれば，過去のある時点から現在までの習慣的行為の'継続'を表す現在完了形が適切。　⑦文の前半は，コロナのせいで来日を何度も延期したカンがやっとのことで日本に来たのだからという'理由'を表している。このように since には「～だから」の意味がある。　⑧'one of the＋最上級＋複数名詞'で「最も～なものの１つ」の形。　⑨'both *A* and *B*'で「*A*も*B*も両方とも」という意味を表す。　⑩かっぱ橋道具街の店が売っているのは「非常に多くの種類の調理器具」。every は単数名詞を修飾するので２は不可。　⑪カンは食品サンプルが「実際に」どう使われるのか知りたがっているのである。　⑫主語の They は食品サンプルを指すので受け身になる。現在に当てはまる食品サンプルの一般的な説明なので現在形で表す。　⑬I had no idea. で「知らなかった」。進行形は不適切。　⑭この後，カンは話題をタワシから招き猫に変えている。by the way「ところで」　⑮paw とは「(イヌ・ネコのようにかぎ爪のある)足，手」のこと。招き猫の手先は猫自身の方に向けて折り曲げられている。　⑯'条件'や'時'を表す副詞節の中では，未来のことでも現在形で表す。　⑰文具店を営む妻に買う招き猫を検討している場面。「～した方がよい」を表す should が適切。　⑱remember ～ing は「～したことを覚えている」という意味。日本で食べたいものについて話したのは過去のこと。過去の日を表すのは the other day「先日」。　⑲のれんについての現在に当てはまる一般的な説明なので，現在形で表す。‘prevent＋目的語＋from＋～ing’「…が～するのを妨げる」　⑳‘What a/an＋形容詞＋名詞(＋主語＋動詞)!’ の形の感嘆文。‘How＋形容詞〔副詞〕(＋主語＋動詞)!’ でも同様の意味になるが，2は動詞がないので不適切。

Ⅱ〔長文読解―単語の意味―説明文〕

≪全訳≫❶ちょっとリンゴを想像してみてほしい。リンゴのどの部分を思い浮かべるだろうか。光沢のある赤い皮，丸い形，あるいは手になじむ心地よい大きさだろうか。鼻に近づけたときのほのかな甘い香りを想像するだろうか。ひょっとするとリンゴの表面のなめらかな質感や，かじったときのシャキシャキという音を想像するかもしれない。味も想像するだろう。はちみつのように甘いだろうか，それともグレープフルーツのようにすっぱいだろうか。リンゴのどの特徴が重要なのかは状況による。リンゴの絵を描くつもりであれば，おそらくリンゴの外観に注目するだろう。パイを焼くつもりならば，それに合った味わいのリンゴを選ぶだろう。しかし，たった1つの特徴に注目するときでさえ，リンゴを見た目や香り，味だけに単純化することはできない。リンゴはそれら全てのものの総体なのだ。それは全ての異なる特徴の「交差点」に位置している。❷人間はリンゴよりも複雑で，より多くの特徴を持っている。例えば，人は肌の色，性別，性的指向，社会階級，話す言語，住んだことのある国(または国々)，信じている宗教などで構成されている。これらの特徴は，あなたにとって全部が重要ではないかもしれないが，それら全てがあなたなのだ。私たちのアイデンティティを構成するこれら全ての異なる部分のつながりは「交差性」と呼ばれる。この言葉は1980年代に公民権学者であるキンバリー・クレンショーによって初めてつくられた。彼女は，交差性は人々を理解し，より公正な社会をつくるのに不可欠なツールであると考えていた。私たちのアイデンティティにおけるこれらの異なる特徴の関係を理解しないかぎり，私たちは自分自身を完全に理解することはできないだろうと彼女は言った。例えば，盲目の女性，盲目の男性，視力の良い女性の人生経験を比べてみてほしい。たとえ彼ら全員がアイデンティティのいくつかの特徴を共有し，障害や性別のために同じような障害に直面したとしても，共通ではない特徴の結果として，彼らの人生は当然異なったものに形づくられるだろう。❸なぜ交差性が重要なのか。ときにはアイデンティティの1つの特徴だけに注目することが役に立つかもしれない。移民が移住先の国で差別を受けた場合，自分たちの違いを無視して，お互いを支え合うために団結し，差別と闘いたいと思うかもしれない。しかし，大きな集団を一般化してしまうと，その内部に存在するすばらしい多様性が無視される危険性がある。例えば，イスラム教徒は全員が同じというわけではない。インドネシア語を話す人もいれば，アラビア語を話す人もいるし，肌の色が明るい人もいれば，暗い人もいるし，大学に通ったことがある人もいれば，そうでない人もいる。日本人も全員が同じではない。お金持ちもいれば貧しい人もいるし，太っている人もいれば痩せている人もいるし，耳が聞こえない人もいれば，そうでない人もいる。交差性はこれらの複雑なアイデンティティを探求し，議論するためのツールなのだ。次に誰か新しい人と会うときは，その人のアイデンティティのさまざまな側面が重なり合っていることを覚えていてほしい。交差性のレンズを通して人や出来事を検証することで，それらをより深く理解できるようになり，その理解によって，人それぞれの違いが恐れられずに受け入れられ，歓迎さえされるような，もっと公平な社会へとつながるだろう。

問１．前後の文脈から意味を推測する。［ア］smooth「なめらかな，すべすべした」　［イ］crunch「(物が砕けるような)バリバリ〔ザクザク〕という音」　［ウ］context「文脈，状況」 depend on ～「～次第である」　［エ］intention「意図」　［オ］sum「総体」　［カ］religion「宗教」　［キ］coin「(新語など)をつくりだす」 ここでの coin は「硬貨」という意味の名詞ではなく，動詞。　［ク］generalize「一般化する」 generalize about ～「～を一般化する」　［ケ］exist「存在する」　［コ］overlap「一部重なり合う」

問２．問１と同様に，前後の文脈から考える。日頃から英英辞典に慣れておくとよい。［Ａ］aspect「部分，側面」(＝７．「部分」)　［Ｂ］tart「すっぱい」(＝３．「すっぱい」)　［Ｃ］appearance「外見」(＝８．「物の見かけ」)　［Ｄ］complex「複雑な」(＝16.「単純でも簡単でもない」)　［Ｅ］sexual orientation「性的指向」(＝９．「魅力を感じたり，関係を持ったりしたいと思う人の性別」)　［Ｆ］scholar「学者」(＝２．「高度な次元で何かを研究する人」)　［Ｇ］essential「不可欠の」(＝13.「必要な，なくてはならない」)　［Ｈ］vision「視力」(＝４．「見る能力」)　［Ｉ］immigrant「移民」(＝15.「祖国を去って別の国に移り住む人」)　［Ｊ］fear「～を恐れる」(＝５．「～を恐れる」)

Ⅲ〔長文読解総合―説明文〕

≪全訳≫❶気候変動は私たちが知っている世界を完全に変えてしまうかもしれない。現在の温室効果ガス(GHG)の排出量では，気候変動によって20億人が海面の上昇で家を失い，アメリカ経済に数十億ドルの損害を与え，年間25万人が新たに死亡する可能性がある。この全てが2100年を待たずに起こりうる。気候変動に本当に責任があるのは誰なのか。❷よく支持されている提案の１つに，プラスチック製ストローを使わないという簡単な解決策がある。プラスチックストローは毎年海に流れ込むプラスチックごみの１％にも満たないが，プラスチックストローを禁止する取り組みは多くのメディアで注目されている。環境に優しいとはいえ，ストローを禁止するだけでは大きな変化をもたらすには不十分だ。このような考え方は，消費者の選択が全ての違いを生む可能性があることを示している。しかし，消費者の行動を変えることに焦点を当てると，気候危機を生み出すGHG排出量の責任を一人ひとりが負うことになってしまう。これは企業がもたらすはるかに大きな気候への影響を無視している。❸実は世界のGHG排出量の70％は，わずか100社の化石燃料会社が原因なのだ。これに比べて人々の行動による排出量はごくわずかにすぎない。世界全体で330億トン超の二酸化炭素のうち，平均的なアメリカの家庭では0.00003％しか排出しない。なぜ人々は気候変動の本当の理由に気づかないのだろうか。代替エネルギーを使った方が環境によいことがわかっているのに，なぜ化石燃料を使い続けるのだろうか。❹それは，化石燃料会社が自分たちは批判を浴びないようにして，化石燃料の使用を安く抑えているからである。まず，アメリカの化石燃料会社は何百万ドルも費やして，気候変動の科学が人々を誤った方向に導くうそであるかのように装っている。ほとんどのアメリカ人は気候変動が重大な危機であると感じておらず，その割合が国際平均を10％下回っているのは，このことが原因といえるかもしれない。化石燃料の有害性を隠そうとする取り組みは，タバコ会社のやり方に似ている。1950年代から，タバコ会社は，タバコと健康問題に関連する研究に人々が疑いを持つように仕向けようとした。このことでタバコに対する規制が緩やかになったのだ。同様に，背後にある科学が正しくない可能性があるなら，気候に関する法律をつくるべきではないと示唆するために，化石燃料会社は気候科学が激しい論争の最中にあると言う。彼らは気候変動が本当に起きているのかと問うことで，代替エネルギーへの必要な変化を遅らせることに成功しているのだ。❺さらに，これらの企業は化石燃料を安くするために，政府に何十億ドルも払ってくれるよう求めてきた。化石燃料の価格が安いということは，代替エネルギーが高すぎるので人々がお金を払いたがらなくなることを意味する。化石燃料の価格の安さがさらなる需要を生む一方で，代替エネルギーが開発され使用される可能性は低くなる。これらの理由から，化石燃料会社は，気候危機に加担し，その解決に向けた取り組みを遅らせた責任を負わなければならない。❻GHG排出量を削減し，クリーンエネルギー経済を促進するために，企業は化石燃料の価格を本当の「コスト」を反映するように引き上げるべきだ。これを実現するには，化石燃料を安くするために政府がお金を払うのをやめさせる新しい規則が必要だ。これに加えて，化石燃料の深刻な負の外的影響を価格に反映させなければならない。つまり，化石燃料は地球と人々に大きな害を与えているということだ。言い換えれば，化石燃料による被害を修復するために，化石燃料会社はお金を払うべきなのだ。もし企業が化石燃料の価格を上げれば，消費者も損害を弁償することになる。そして生産者は，価格による自社製品の需要減に直面するだろう。これにより企業は炭素使用量削減のための最も安価で効率的な方法を考えざるをえなくなる。❼個人がより持続可能な選択をすることは大切だが，そのような変化の限界も知っておかなければならない。気候変動に効果的に対処するために，私たちはより大きな解決策をまとめることに重点を置かねばならない。

A＜要旨把握＞筆者の最も伝えたい点は段落後半に述べられている。気候危機を生み出すGHGを多く排出しているのは企業であり，その責任に目を向けるべきだと筆者は考えている。

B＜適語（句）選択＞B-1．空所を含む文は，前段落の最終文で述べた企業が気候変動に与える影響についてさらに詳しく述べている。このように，in fact「実際は，その証拠に」は前の内容を補足する場合に使われる。　B-2．持続可能な選択をする重要性を述べる前半の内容に対して，後半はその限界を知る必要があるという対照的な内容になっている。　although「～だけれども，確かに～だが」

C＜文脈把握＞1950年代のタバコ会社の主張は第４段落中盤に述べられており，タバコと健康問題を関連づける研究に対して人々に疑問を抱かせるように仕向けていたことが説明されている。1．「肺がんはさまざまな原因で引き起こされる可能性があるので，タバコが主な原因だとはいえない」は，タバコ会社に利するという点で，その主張になりえると考えられる。

D＜適所選択＞脱文では，アメリカ人が気候変動を軽視しているのはこのためだと述べているので，その理由になりそうな文を探す。第４段落第２文の，アメリカの化石燃料会社が，気候変動がうそであると人々に信じさせようとしているという内容が，それに該当する。

E＜適語選択＞化石燃料の価格が安ければ，欲しがる人は多くなると考えられるので，creates more demand「もっと多くの需要を生む」ことになる。

F＜適語選択＞空所の前の第５段落まででは化石燃料の価格が安いために，代替エネルギーへの切りかえが進まないと述べている。よって，クリーンエネルギーを促進するには，化石燃料の価格を上げる必要がある。

G＜語句解釈＞化石燃料の negative externalities「負の外的影響」とは，この後，コロン(:)の後で they に置き換えられて，「それらは地球と人々に害を与えている」と述べられている。コロンは「つまり，すなわち」の意味で，直前の内容を言い換えたり，具体的に説明したりする場合に用いられる。

H＜**英問英答**＞「GHG排出量削減のための有効な解決策として，本文中に述べられていないのはどれか」—3．「買い物のときにレジ袋を断ること」

I＜**要旨把握**＞第3，4段落で筆者は，化石燃料会社がGHG排出を減らす努力を怠っていることを問題視している。さらに最終段落最終文では，大きな解決策の必要性を説いている。

J＜**内容真偽**＞1．「タバコ会社は気候変動の背後にある科学を疑わせることで，人々を気候変動の問題解決から遠ざけた」…×　第4段落中盤参照。気候変動ではなく，タバコと健康問題の関連性に疑いを持たせるようにした。　2．「政府は化石燃料会社にお金を与えることで化石燃料を安くした」…○　第5段落第1文，第6段落第2文の内容に一致する。　3．「政府は商品の価格を変える力があり，常に人々の将来にとって良い決断をする」…×　そのような記述はない。第5，6段落では，気候変動につながる化石燃料の使用に関して政府の責任も問われている。　4．「代替エネルギーの開発が遅れたのは，化石燃料会社が人々に気候変動は本当なのか疑わしいと思わせたからである」…○　第4段落の内容に一致する。　5．「現在の化石燃料の価格は本当のコスト，特に気候変動への悪影響を反映していない」…○　第6段落前半の内容に一致する。
6．「より多くの人に代替エネルギーを使ってもらうために化石燃料の価格を下げるべきで，そのためには政府が介入する必要がある」…×　第6段落前半参照。化石燃料の価格は上げるべきである。

Ⅳ〔**長文読解総合—エッセー**〕

≪**全訳**≫❶日本には四季があるという。初めてそれを聞いたとき私はこう思った。「だから何だ？熱帯以外はどこでも四季があるじゃないか！」　しかしもちろん人々が言っている本当の意味は，日本には明らかに異なる4つの季節があるということだ。これはイギリスのように，秋がはっきりしていて，冬はとても寒く，春は過ごしやすいのに，なぜか夏がないというのとは違う。ときには夏が暖かく，晴天で，過ごしやすいこともあるが，曇ったり，雨だったり，肌寒いことがあまりに多いのだ。イギリスにいる家族と電話で話すと，「今年は夏らしい夏がなかった」と聞かされることが何度もある。私は日本に住んでいるので，当然，イギリスの家族をうらやましいと思うことがある。私はここ日本でも，夏らしい夏がないといいのにと思う，というのは，私は日本に長く住んでいるのだが，この暑さと湿気に慣れることができないからだ。私は秋が好きだし，春も好きだし，イギリスで「冬」と呼ばれるひどい灰色の暗闇よりも断然良い冬も大好きなのだが，日本の夏の一番の魅力は，最終的には終わるということなのだ！　いや，申し訳ない。それは厳密には正しくない。夏の一番の魅力は，対照的に，秋をもっとありがたく感じさせることだ。しかし，私が夏についてどう思おうと，春の終わりや秋の始まりとは明らかに違う季節であることは間違いないといえる。❷そこで私は少し考える。日本には本当に4つの季節しかないのだろうか。というのも，あと2つ，「梅雨」と「台風シーズン」が簡単に追加できるからだ。イギリスの夏は春や秋と大差ないことが多いとしても，結局，私はそれを「夏」と呼ぶのに慣れている。しかし日本の梅雨と台風シーズンの気候は，春夏秋冬の4つの季節とは全く異なる。日本には6つの季節があるのかもしれない！　なんと変化に富んでいるだろう！　イギリスの一般的な季節のほぼ2倍だ！❸私は日本には6つの季節があるという考えが気に入っている。しかしまだ少し疑問がある。季節は一般的に天候や時期で定義されるが，英語の「季節」という単語はこれよりはるかに幅広く用いられるのだ。自然の季節は移り変わりするものだが，文化的習慣に関連した「季節」と呼ばれるものもある。英語の季節の多くはスポーツに基づいているので，「フットボールシーズン」「クリケットシーズン」「釣りシーズン」について話ができる。昔ながらの遊びをする子どもたちには，「ビー玉シーズン」「コンカーシーズン」がある。marbles「ビー玉遊び」は小さなガラス玉で遊ぶゲームで，conkers「トチの実遊び」は糸に通されたトチの実を使った遊びだ。さらに「観光シーズン」「ホリデーシーズン」「クリスマスシーズン」についても話す。文化的活動を季節として数えれば，1年間に実に多くの季節を加えられる。**4**もちろん日本も同じである。「野球シーズン」のようなスポーツの季節や，「花火シーズン」のような文化的な祭り，そして国民的習慣である「お花見シーズン」がなければ日本はどうなってしまうだろう！　実のところイギリスにも日本にも，4つだけでなく，数多くの季節があるのだ。私はそれをうれしく思う。多ければ多いほど楽しみも増えるのだ！

A＜英文解釈＞'I wish (that)＋主語＋(助)動詞の過去形…' の形で「～であればいいのだがと思う」と，'現実の事実に反する願望' を表す仮定法過去の文。イギリス人の筆者は日本在住なので here は日本を指し，日本もイギリスのように夏らしい夏がなければいいと思っているということ。この内容を表すのは，1.「私の家族がイギリスで経験している夏のように，ここ日本でも過ごしやすい夏であってほしい」。

B＜適語句選択＞get used to ～ で「～に慣れる」という意味を表す。この to は前置詞なので，後ろには名詞または動名詞(～ing)が続く。3は to 以下が文法的に不適切。

C＜適語句選択＞主語の it は日本の夏のこと。日本の夏の暑さが苦手な筆者にとって，夏は秋を「ありがたい」ものにさせるのである。welcome には，形容詞として「ありがたい，喜ばしい」という意味がある。　'make＋目的語＋形容詞'「～を…(の状態)にする」

D＜文脈把握＞これまでの記述から，筆者は日本の夏に慣れることができず，イギリスの夏の方が好みであるとわかる。日本の夏の良い面については述べていないので4は不適切。

E＜適語句選択＞直後の because 以降で理由が述べられている。梅雨も台風シーズンもあるので，筆者は季節が4つだけであることに疑問を感じているのである。'wonder＋if/whether節' で「～か(どうか)なと思う」という意味を表す。なお，'wonder＋that節' は「～ということに驚く」という意味になる。

F＜適語補充＞第3段落第4文で筆者は，春夏秋冬以外にも，「季節」と呼ばれる cultural customs「文化的習慣」に関連したものがあると述べている点に着目する。これらの文化的なものを数に入れると，1年には多数の「季節」が存在すると筆者は考えているのである。

G＜適語句選択＞the "(　) season" が，空所前の that national custom「あの国民的習慣」の言い換えになっていることを読み取る。空所前のコンマは '同格' を表し，コンマの前後が「A＝B」という関係になる。「お花見シーズン」とも呼ばれる桜の季節は，日本人には欠かせない国民的習慣といえる。

H＜英文解釈＞'the＋比較級～，the＋比較級…' で「～すればするほど…」という意味を表す。何が「多ければ多いほど」なのか考える。最後の2段落で具体例を挙げてスポーツや遊びといった文化的習慣に関する「季節」について述べ，それらが豊富にあると述べていることから，筆者は，1.「季節が増えれば，日々の暮らしがもっと楽しくなる」と考えていることが読み取れる。The more the merrier！の省略された部分を補うと，The more (cultural) seasons we have, the merrier it is！となると考えられる。

I＜適所選択＞脱文の1文目で，日本には6つの季節があるかもしれないと述べている。第3段落第

1文にある the idea of Japan having six seasons はこの内容を受けている。

J＜内容真偽＞1.「日本の気候はイギリスよりもバラエティに富んでいる」…○　第2段落の内容に一致する。　2.「イギリスの家族によると，夏らしい夏がない場合，春と秋が似ているように感じる」…×　第1段落前半参照。イギリスの秋は明確ではっきりしている。　3.「私は日本に長く住んでいるが，夏の蒸し暑い気候に適応できない」…○　第1段落中盤の内容に一致する。adapt to ～「～に適応する，慣れる」　4.「英語の『季節』という単語は，イギリスのさまざまな文化的行事と結びついている」…○　第3段落の内容に一致する。　5.「イギリスには文化に関係する季節がたくさんあるが，日本にはない」…×　最終段落参照。日本にもたくさんある。

V〔作文総合―絵を見て答える問題〕

≪全訳≫❶「やあ，ベン！　…どうしたんだい？　具合が悪そうだよ」／「彼女が怒っていて，僕と口をきいてくれないんだ！」／「A君たちは外出してパスタハウスで夕食を食べたって，今朝君は僕にそう言ってたよね」／「ああ，最初はうまくいってたんだ…」❷(昨夜…)「ジェーン，着いたよ！」／「わあ！　ここは私の一番好きなレストランなの！　ここに連れてきてくれてありがとう！」❸(レストランでの夕食中…)「将来は君と僕と僕たちの娘のために大きな家が欲しいんだ！」❹「私は大きな夢を持つ人ってとてもかっこいいと思う！」❺「ところで，君にプレゼントがあるんだ」／(何かしら…？)／❻「君がずっとこれを欲しがってたことはわかってるよ」❼「名刺入れだよ！　仕事でもらった全ての名刺を保管するのに使えるよ！」／「こんなの信じられない！」❽「…というわけなんだ。それで彼女は僕と話してくれないんだ。名刺入れが小さすぎたのかなあ？」／「ああ，ベン…，D(例)君は彼女がその名刺入れをもらったとき，どう感じたかを考えるべきだよ」／「あっ…それはいいアドバイスだね。そうしてみるよ」

A＜整序結合＞‘tell＋人＋that節’「〈人〉に～だと話す」の文と判断し，that節をつくる。主語は you で，動詞は went と ate がある。go out で「外出する」という意味を表せるので，「外出して夕食を食べた」と考え，you went out and ate dinner とする。最後に夕食を食べた場所を，前置詞 at を用いて表す。　... that you went out and ate dinner at Pasta House ...

B＜和文英訳―完全記述＞I think の後，「大きな夢を持つ人」は関係代名詞 who を用いて people who have big dreams などと表せる。「とてもかっこいい」は are very cool などとする。

C＜整序結合＞絵⑤と絵⑥でベンはポケットからプレゼントを取り出してジェーンに渡している。「～を…から取り出す」は‘take ～ out of …’で表せる。「〈人〉に〈物〉をあげる」は，‘give＋物＋to＋人’または‘give＋人＋物’で表せるが，‘物’が it のような代名詞の場合は前者の形を用いる。... takes a present out of his pocket and gives it to ...

D＜条件作文＞should と feel を使うという条件があるので，「彼女の気持ち〔彼女がどう感じたか〕を考えるべきだ」といったアドバイスにすればよい。10語以上という条件から，どういうときの彼女の気持ちかなどを加えるとよいだろう。

数学解答

問題1　(1)　商…32　余り…10
　(2)　商…-6　余り…5

問題2　(1)　ア…6　イ…7　ウ…2
　エ…6
　(2)　あ…$7mn+my+nx$　い…xy
　(3)　(i)…1　(ii)…4　(iii)…5

問題3　(a)…③　(b)…②

問題4　(1)　$\overline{2}$　(2)　$\overline{4}$　(3)　$\overline{5}$

問題5

×	$\overline{0}$	$\overline{1}$	$\overline{2}$	$\overline{3}$	$\overline{4}$	$\overline{5}$	$\overline{6}$
$\overline{3}$	$\overline{0}$	$\overline{3}$	$\overline{6}$	$\overline{2}$	$\overline{5}$	$\overline{1}$	$\overline{4}$

問題6

×	$\overline{0}$	$\overline{1}$	$\overline{2}$	$\overline{3}$	$\overline{4}$	$\overline{5}$
$\overline{2}$	$\overline{0}$	$\overline{2}$	$\overline{4}$	$\overline{0}$	$\overline{2}$	$\overline{4}$

オ…$\overline{5}$

問題7　(1)　3
　(2)　キ…b　ク…$b-1$　ケ…$j-i$
　コ…b　サ…0　シ…$b-1$
　ス…0　セ…a　ソ…互いに素
　(3)　$\overline{1}$，$\overline{3}$，$\overline{7}$，$\overline{9}$

問題8　(1)　$\overline{3}$　(2)　$\overline{6}$　(3)　$\overline{3}$

問題9　⑤

問題10　タ…$\overline{4}$　チ…$\overline{6}$　ツ…6
　テ…$63n+58$　ト…58

問題11　(1)　ナ…4　ニ…4
　(2)　$77p+46$

問題12　う…x　え…y　お…a　か…b
　(d)…(例) a と b は互いに素

問題13　ヌ…2　ネ…70　ノ…233　ハ…23

問題14　き…$\overline{2}$　く…$5n+2$　け…$15n+8$
　こ…$\overline{1}$　さ…$7k+1$　し…$105k+23$

問題15　$585p+444$

〔数と式，剰余類〕

問題1＜商と余り＞(1)$394=12\times32+10$ だから，商は32，余りは10である。　(2)$-43=8\times(-6)+5$ だから，商は-6，余りは5である。

問題2＜2つの整数の和，差，積の余り＞(1)$(7\times4+4)+(7\times2+5)=7\times4+4+7\times2+5=7\times(4+2)+(4+5)=7\times6+(4+5)=7\times6+7+2=7\times(6+1)+2=7\times7+2$ となる。また，$(7\times4+4)-(7\times2+5)=7\times4+4-7\times2-5=7\times(4-2)+(4-5)=7\times2+(4-5)=7\times2-7+6=7\times(2-1)+6=7\times1+6$ となるから，差 $32-19$ を7でわったときの余りは6である。　(2)$ab=(7m+x)(7n+y)=49mn+7my+7nx+xy=7\times(7mn+my+nx)+xy$ だから，積 ab を7でわったときの余りは，xy を7でわったときの余りとなる。　(3)(i)$594=7\times84+6$，$387=7\times55+2$ より，594，387を7でわった余りは，それぞれ，6，2である。よって，$594+387$ を7でわったときの余りは，$6+2=7\times1+1$ より，1である。　(ii)$594-387$ を7でわった余りは，$6-2=7\times0+4$ より，4である。　(iii)594×387 を7でわった余りは，$6\times2=7\times1+5$ より，5である。

問題3＜証明＞$\overline{e_1}=\overline{e_1}+\overline{e_2}$がいえるのは，$\overline{e_2}$が単位元だからである。$\overline{e_1}+\overline{e_2}=\overline{e_2}$がいえるのは，$\overline{e_1}$が単位元だからである。

問題4＜逆元，ひき算＞(1)$\overline{5}+\overline{2}=\overline{0}$ だから，$\overline{5}$ の逆元は $\overline{2}$ である。　(2)$\overline{5}$ の逆元が $\overline{2}$ より，$\overline{2}-\overline{5}=\overline{2}+\overline{2}=\overline{2+2}=\overline{4}$ となる。　(3)$\overline{25}=\overline{4}$，$\overline{13}=\overline{6}$ であり，$\overline{6}+\overline{1}=\overline{0}$ より，$\overline{6}$ の逆元は $\overline{1}$ だから，$\overline{25}-\overline{13}=\overline{4}-\overline{6}=\overline{4}+\overline{1}=\overline{4+1}=\overline{5}$ となる。

問題5＜剰余類＞$\overline{3}\times\overline{1}=\overline{3}$，$\overline{3}\times\overline{2}=\overline{6}$，$\overline{3}\times\overline{3}=\overline{9}=\overline{2}$，$\overline{3}\times\overline{4}=\overline{12}=\overline{5}$，$\overline{3}\times\overline{5}=\overline{15}=\overline{1}$，$\overline{3}\times\overline{6}=\overline{18}=\overline{4}$ となる。

問題6＜剰余類＞$\overline{2}\times\overline{1}=\overline{2}$，$\overline{2}\times\overline{2}=\overline{4}$，$\overline{2}\times\overline{3}=\overline{6}=\overline{0}$，$\overline{2}\times\overline{4}=\overline{8}=\overline{2}$，$\overline{2}\times\overline{5}=\overline{10}=\overline{4}$ となる。また，$\overline{5}\times\overline{0}=\overline{0}$ であり，$\overline{5}\times\overline{1}=\overline{5}$，$\overline{5}\times\overline{2}=\overline{10}=\overline{4}$，$\overline{5}\times\overline{3}=\overline{15}=\overline{3}$，$\overline{5}\times\overline{4}=\overline{20}=\overline{2}$，$\overline{5}\times\overline{5}=\overline{25}=\overline{1}$ とな

るから，$\overline{5}$の行には全ての剰余類が現れる。なお，$\overline{2}$の行，$\overline{4}$の行は，$\overline{0}$，$\overline{2}$，$\overline{4}$の3種類，$\overline{3}$の行は$\overline{0}$，$\overline{3}$の2種類の剰余類である。

問題7＜証明＞(1)$6m=2\times3\times m$，$9=3^2$だから，$6m$が9の倍数になるmは，3の倍数である。「整数$6m$が9の倍数であれば，mは9の倍数である」が成り立たないmは，9の倍数でない3の倍数だから，求める最小の正の整数mは，$m=3$である。　(2)bでわったときの代表される余りの数は，b種類であり，0，1，2，……，$b-2$，$b-1$で代表される。$\overline{a\times i}=\overline{a\times j}$であるとすると，$a\times j-a\times i=a\times(j-i)$は$b$でわり切れる。整数$a$，$b$が互いに素より，$j-i$は$b$でわり切れる。$i$，$j$は0から$b-1$までの整数であるから，$j-i$は整数であり，$i\leqq j$より，$j-i\geqq0$だから，$0\leqq j-i\leqq b-1$を満たす。$j-i$は$b$でわり切れることより，$j-i=0$である。$a$と$b$が互いに素のとき，$b$個の整数$a\times0$，$a\times1$，$a\times2$，……，$a\times(b-2)$，$a\times(b-1)$と対応する剰余類はそれぞれ異なる。つまり，$\overline{a}$に全ての剰余類が現れるので，6でわったときの余りで分類するかけ算で，全ての剰余類が現れるのは，aと6が互いに素であるときとなる。　(3)10でわったときの余りで分類するかけ算で，全て(0，1，2，3，4，5，6，7，8，9の10種類)の剰余類が現れるのは，10と互いに素である数だから，1，3，7，9である。よって，$\overline{1}$，$\overline{3}$，$\overline{7}$，$\overline{9}$の行に全ての剰余類が現れる。

問題8＜逆元，わり算＞(1)$\overline{5}\times\overline{3}=\overline{15}=\overline{1}$だから，$\overline{5}$の逆元は$\overline{3}$である。　(2)$\overline{5}$の逆元は$\overline{3}$だから，$\overline{2}\div\overline{5}=\overline{2}\times\overline{3}=\overline{6}$となる。　(3)$\overline{25}=\overline{4}$，$\overline{13}=\overline{6}$であり，$\overline{6}\times\overline{6}=\overline{36}=\overline{1}$より$\overline{6}$の逆元は$\overline{6}$だから，$\overline{25}\div\overline{13}=\overline{4}\div\overline{6}=\overline{4}\times\overline{6}=\overline{24}=\overline{3}$となる。

問題9＜条件＞零元を除く全ての剰余類に逆元が存在し，いつでもわり算を考えることができるのは，nが1，2，3，……，$n-2$，$n-1$の$n-1$個の整数のどれとも互いに素であるとき，すなわちnが素数のときである。

問題10＜数の性質＞$\overline{2}\times\overline{4}=\overline{8}=\overline{1}$より，$\overline{2}$の逆元は$\overline{4}$である。★の左辺を$\overline{2}$でわると，$(\overline{2}\times\overline{m})\div\overline{2}=(\overline{2}\times\overline{m})\times\overline{4}=\overline{m}\times\overline{2}\times\overline{4}=\overline{m}\times\overline{8}=\overline{m}\times\overline{1}=\overline{m}$となる。また，★の右辺を$\overline{2}$でわると，$\overline{5}\div\overline{2}=\overline{5}\times\overline{4}=\overline{20}=\overline{6}$となる。よって，$\overline{m}=\overline{6}$となる。これより，$m$は7でわると6余る整数だから，整数$n$を用いて，$m=7n+6$と表せる。これを$N=9m+4$に代入すると，$N=9(7n+6)+4=63n+58$となる。0以上63未満となる$N$は，$n=0$のときで，$N=58$の1つに定まる。

問題11＜数の性質＞(1)9でわったときの余りの分類で考えると，$\overline{7}\times\overline{4}=\overline{28}=\overline{1}$だから，$\overline{7}\times\overline{m}=\overline{1}$となる$m$は，$m=4$である。よって，$7\times4\times4$は9でわると4余る。また，7でわったときの余りの分類で考えると，$\overline{9}=\overline{2}$であり，$\overline{2}\times\overline{4}=\overline{8}=\overline{1}$だから，$\overline{9}\times\overline{n}=\overline{1}$となる$n$は，$n=4$である。よって，$9\times4\times2$は7でわると2余る。これより，$7\times4\times4+9\times4\times2$は，7でわると2余り，9でわると4余る整数の1つとなる。求める整数は63ごとに存在するので，0以上63未満の整数としては，$7\times4\times4+9\times4\times2=112+72=184$，$184-63\times2=58$より，58の1つに定まる。よって，整数$p$を用いて，$N=63p+58$と表せる。　(2)11でわると2余るような整数は，整数mを用いて，$11m+2$と表せる。7でわったときの余りの分類で考えると，$11m+2$を7でわった余りが4であるとき，$\overline{11m+2}=\overline{4}$，$\overline{11}\times\overline{m}+\overline{2}=\overline{4}$，$\overline{4}\times\overline{m}+\overline{2}=\overline{4}$，$\overline{4}\times\overline{m}+\overline{2}-\overline{2}=\overline{4}-\overline{2}$，$\overline{4}\times\overline{m}=\overline{2}$，$\overline{4}\times\overline{m}\div\overline{4}=\overline{2}\div\overline{4}$，$\overline{4}\times\overline{m}\times\overline{2}=\overline{2}\times\overline{2}$，$\overline{8}\times\overline{m}=\overline{4}$，$\overline{1}\times\overline{m}=\overline{4}$，$\overline{m}=\overline{4}$となるから，整数$p$を用いて，$m=7p+4$と表せる。よって，$11m+2=11(7p+4)+2=77p+46$となる。

≪(2)の別解≫11でわったときの余りの分類で考えると，$\overline{7}\times\overline{8}=\overline{56}=\overline{1}$だから，$7\times8\times2$は11でわると2余る。また，7でわったときの余りの分類で考えると，$\overline{11}\times\overline{2}=\overline{4}\times\overline{2}=\overline{8}=\overline{1}$だから，$11\times2\times4$は7でわると4余る。これより，$7\times8\times2+11\times2\times4=112+88=200$は，7でわると4余り，11でわると2余る整数の1つである。$7\times11=77$，$200-77\times2=46$より，0以上77未満の整数とし

ては46であり，7でわると4余り，11でわると2余る整数は，整数pを用いて，$77p+46$と表せる。

問題12＜証明＞$\overline{bm}=\overline{1}$となる整数$m$を用いると，$a$でわると$x$余るような整数は$bm\times x$が考えられる。$\overline{an}=\overline{1}$となる整数$n$を用いると，$b$でわると$y$余るような整数は$an\times y$が考えられる。よって，$N=bm\times x+an\times y$として，整数$N$が存在する。$N$が$N_1$，$N_2$と2つあるとすると，$\overline{N_1}=\overline{N_2}=\overline{x}$より，$N_1-N_2$は$a$でわり切れ，$\overline{N_1}=\overline{N_2}=\overline{y}$より，$N_1-N_2$は$b$でもわり切れる。$a$と$b$は互いに素だから，$N_1-N_2$は$ab$の倍数であり，$ab$でわり切れる。

問題13＜数の性質＞3でわったときの余りの分類で考えると，$\overline{5\times7}\times\overline{m}=\overline{1}$より，$\overline{35}\times\overline{m}=\overline{1}$，$\overline{2}\times\overline{m}=\overline{1}$であり，$\overline{2}\times\overline{2}=\overline{4}=\overline{1}$だから，最小の正の整数$m$は$m=2$である。これより，$5\times7\times m=5\times7\times2=70$となり，70は3でわると1余るから，$70\times2$は3でわると2余る。3つの数をたすと，$70\times2+21\times3+15\times2=233$となり，これは求める整数の1つである。求める整数は105でわったときの余りが等しく，105ごとに存在するから，0以上105未満の整数としては，$233-105\times2=23$より，23の1つに定まる。

問題14＜数の性質＞5でわったときの余りの分類で考えると，$\overline{3m+2}=\overline{3}$より，$\overline{3}\times\overline{m}+\overline{2}=\overline{3}$，$\overline{3}\times\overline{m}+\overline{2}-\overline{2}=\overline{3}-\overline{2}$，$\overline{3}\times\overline{m}=\overline{1}$となる。$\overline{3}$の逆元は$\overline{2}$だから，$\overline{m}=\overline{1}\times\overline{2}$，$\overline{m}=\overline{2}$である。$m$は5でわると2余る整数だから，整数$n$を用いて，$m=5n+2$と表せる。これより，$N=3m+2=3(5n+2)+2=15n+8$と表せる。次に，7でわったときの余りの分類で考えると，$\overline{N}=\overline{2}$より，$\overline{15n+8}=\overline{2}$，$\overline{15}\times\overline{n}+\overline{8}=\overline{2}$，$\overline{1}\times\overline{n}+\overline{1}=\overline{2}$，$\overline{1}\times\overline{n}+\overline{1}-\overline{1}=\overline{2}-\overline{1}$，$\overline{1}\times\overline{n}=\overline{1}$，$\overline{n}=\overline{1}$である。$n$は7でわると1余る整数だから，整数$k$を用いて，$n=7k+1$と表せる。よって，$N=15(7k+1)+8=105k+23$と表せる。

問題15＜数の性質＞5でわると4余り，9でわると3余り，13でわると2余る整数をMとする。5でわると4余る整数は，整数tを用いて，$M=5t+4$と表せる。これを9でわったときの余りの分類で考えると，$\overline{5t+4}=\overline{3}$，$\overline{5}\times\overline{t}+\overline{4}=\overline{3}$，$\overline{5}\times\overline{t}+\overline{4}-\overline{4}=\overline{3}-\overline{4}$，$\overline{5}\times\overline{t}=\overline{-1}$，$\overline{5}\times\overline{t}=\overline{8}$となる。$\overline{5}$の逆元は$\overline{2}$だから，$\overline{5}\times\overline{t}\times\overline{2}=\overline{8}\times\overline{2}$，$\overline{t}=\overline{16}$，$\overline{t}=\overline{7}$となる。$t$は9でわると7余る整数だから，整数$u$を用いて，$t=9u+7$と表せ，$M=5(9u+7)+4=45u+39$となる。次に，これを13でわったときの余りの分類で考えると，$\overline{45u+39}=\overline{2}$，$\overline{45}\times\overline{u}+\overline{39}=\overline{2}$，$\overline{6}\times\overline{u}+\overline{0}=\overline{2}$，$\overline{6}\times\overline{u}=\overline{2}$となる。$\overline{6}$の逆元は$\overline{11}$だから，$\overline{6}\times\overline{u}\times\overline{11}=\overline{2}\times\overline{11}$，$\overline{u}=\overline{22}$，$\overline{u}=\overline{9}$である。$u$は13でわると9余る整数だから，整数$p$を用いて，$u=13p+9$と表せ，$M=45(13p+9)+39=585p+444$となる。

＝読者へのメッセージ＝

3でわると2余り，5でわると1余り，7でわると2余る数を求めさせる問題が出ている『塵劫記《じんこうき》』は，吉田光由《みつよし》がそれまでの数学書を手本にし，誰にでもわかりやすいようにと書いたもので，江戸時代を通して最も多くの人々に読まれた数学書であるといわれています。

国語解答

一 問一 オ
問二 匿名の「ただ一人」としてその場に存在できる
問三 エ
問四 a 権威 b 優位性
問五 「内」と「外」の境界が曖昧になることに対する恐怖心
問六 イ　問七 エ　問八 ア
問九 日本語母語話者は，日本人である自分は日本語に関するかぎり非母語話者に対して権威と優位性を持つと思っており，非母語話者から日本語が上手だと評価されるということを想定していないから。（89字）

二 問一 a 雑談 b 参入 c 配属 d 投与 e 累積
問二 ウ　問三 ウ，エ，オ
問四 イ　問五 自分の経験
問六 ウ　問七 ア
問八 ウ，エ，オ　問九 ア
問十 ウ

一〔**随筆の読解—文化人類学的分野—日本文化**〕出典；MOMENT JOON『日本移民日記』「日本語上手ですね」。

問一＜文章内容＞「私」が「言語は縛り」と言うとき，言語が縛っているのは「私の『思考』ではなく，私の『舌』」である。「私」は「ものすごく平坦なイントネーションのソウル弁」で育ったため，「日本語のイントネーションの高低をキャッチすること」が難しく，「ネイティブの日本語」を駆使するには，「イントネーションの壁」が高すぎるのである。

問二＜文章内容＞「私」の場合，「『普通』の資格」は，「言語能力が原因」で奪われる。「匿名の『ただ一人』としてその場に存在できる」ことは「普通」のことのはずなのに，それは日本人の「特権」になっており，「なまりが原因で『外人』であると認識される」と，その瞬間に「私」は「『違うもの』としてその空間に存在」して「特権」は奪われてしまうのである。

問三＜文章内容＞居住年数を確認され，「七年，いや，もう二七年も住んでいる」と言っても「日本語上手ですね」と言われると，外国人の「日本語が上手なのがそんなに珍しいこと」なのかと思い，いつまでも「日本人が定義する日本語」から外れていて，「我らとは違うもの」だと言われているように感じてしまう。しかし，だからといって，「日本語上手ですね」と言ってくれる人に「悪意を感じる」とか，言われて「傷つく」とかいう話ではない。

問四＜文章内容＞日本人は，「『日本人としての心，魂，精神』が日本語を使いこなすための『必須条件』」であるかのように考えている。つまり，「日本人が定義する日本語」は，日本語ネイティブが使っている日本語である。こう定義することで，日本語ネイティブは，日本語を母語としない人に対して，自分の「権威と優位性」を保持しているのである。

問五＜文章内容＞「ネイティブ並の日本語駆使者」に対し，周りの日本語ネイティブの人々が「必死で粗探しをしているようにその人の日本語の細かいところまでを『評価』し，珍しく間違えると『喜んで』それを指摘する」ことについて，「私」は，「自分らと区別がつかないこの『日本語達者』を，日本語ネイティブたちは必死で『我らとは違うもの』だと確かめたい」のだろうかと思う。「私」には，この「必死の粗探し」は，「『内』と『外』の境が曖昧になることに対する恐怖心」を表しているように思える。

問六＜文章内容＞「○○さんは心が日本人」という言葉は，日本人の「異質なものを『われわれと同じもの』にしちゃって安心したい気持ちを表している」かもしれない。日本人は「『日本人としての心，魂，精神』が日本語を使いこなすための『必須条件』みたい」に考えているため，「日本語能力」と「日本人らしさ」を分けて考えることができない。そういう人の前に「後天的な学習でほぼ完璧に近い日本語を使う人」が現れると，「目の前の『怪異現象』を説明するために『日本人の心を持っているから(あるいは手に入れたから)そこまで日本語ができるはず』が出てくる」のだろうと，「私」は分析するのである。

問七＜文章内容＞「○○さんは心が日本人」という言葉は，「『日本語上手ですね』の代わり」に出てくる。「日本語上手ですね」は「善意の褒め言葉」であり，「○○さんは心が日本人」も「善意」からの言葉である。

問八＜文章内容＞日本語ネイティブは，「『日本人としての心，魂，精神』が日本語を使いこなすための『必須条件』みたい」に考えている。日本語も言語であるかぎり，「個人の能力と努力によっていくらでもマスターできるツール」にすぎない。しかし，日本人は，「『日本語能力』と『日本人らしさ』を分けて考えられない」ため，「後天的な学習でほぼ完璧に近い日本語を使う人が現れる」と，それを「怪異現象」と感じ，その現象を説明するために「日本人の心を持っているから(あるいは手に入れたから)そこまで日本語ができるはず」が出てくる。これでは，いわゆるハーフや在日，日本語学習者，移民の人たちの「生々しい日本語」が，「無視されたり歪曲されたりせずに日本社会の感覚の一部になれる日」は来ないかもしれない。このような状況から解放されることが「『日本語』の独立」である(ア…×)。

問九＜文章内容＞日本語母語話者は，「『日本人としての心，魂，精神』が日本語を使いこなすための『必須条件』」であるかのように考えており，日本人であり日本語母語話者である自分は，日本語非母語話者とは違って，日本語を使いこなしているのは当然だと思っている。日本人は，日本語非母語話者に「日本語上手ですね」と言うことで，日本語についての自分の「権威と優位性」を相手に確認させているため，日本語が上手だと褒められる，それも，日本語非母語話者から褒められるという事態は，想定外のことなのである。

二 **〔論説文の読解―教育・心理学的分野―教育〕**出典；広田照幸『学校はなぜ退屈でなぜ大切なのか』「知識と経験」。

≪本文の概要≫社会が発展して複雑になり，子どもたちは，身の回りの世界を超えて広い世界で生きていくために，この世界がどういうものなのかを理解しなければならなくなった。学校は，そのために必要な，「世界の縮図」といえる知を学ばせる。個人の経験は偶然的で特殊的で，狭く偏っていることもあるし，人生は長くない。また，知識の有無によって，経験の質も違ってくる。さらに，我々は，知識を組み合わせて現状を分析し，未来に向けた判断をする。このようなことから，学校の知には意義があるといえる。若いうちに学校で，しっかりとたくさんの知識を身につけておくことは，二つの意味でその後の人生に役立つ。一つは，学校で身につけた知識を基盤にしてさらに新しい知識を得ることが可能になること，もう一つは，何年間も学校で勉強していくうちに，自分にとって全く新しいことを学ぶ際の「学び方」が身についていく部分があることである。また，ウェブでいろいろな情報を得られる時代になったが，一定程度の知識がないと，検索をしても重要な質の高い情報をうまく使いこなすことは難しい。したがって，子どもたちはしっかりと学校で勉強する必要がある。さらに，学校で学ぶ知識は，道徳的な共感や想像力を広げていくうえでも役に立つ。学校で学ぶ知は，道徳的無関心につながる精神的な距離を飛び越えた，はるか遠くに思いをはせる視野を与えてくれる。知識を持つことは，その対象に対する想像力を発揮させることができるようになるということであり，そのためには，教育の役割が必要不可欠なのである。

問一＜漢字＞a．「雑談」は，とりとめのない話のこと。　b．「参入」は，新たに加わること。　c．「配属」は，人をある方面や部署に振り分けて所属させること。　d．「投与」は，薬を与えること。　e．「累積」は，重なって積もること。

問二＜文章内容＞子どもたちが親とは異なる生き方をするようになっていく中で，「おとなが自らの生活を生きてみせる『提示』とは別に，社会的・歴史的文化のうち，経験によっては子どもが到達し難い部分」を何らかの方法で子どもに「知らせて」やらなければならなくなった(ア・オ…○)。「日常の身近な関係だけの中の学習」では対応しきれない，「身の回りにないものを学ばせる必要」が生じたのである(イ・エ…○)。そのため，学校が子どもたちに「言葉や記号」を使ってこの世界を学ばせることになった。

問三＜文章内容＞「学校がなかった社会」では，子どもたちは「周囲の大人と一緒に生活することそれ自体の中」でさまざまなことを学び，「生活即学習」という形式で，大人になることができた。しかし，社会が複雑化し，そのような「身近なこれまでの自分の経験だけ」では対応できない時代になると，子どもたちは，「学校に通って，そこで，『カリキュラム化された知』」を学ぶことになった(ウ・エ…○)。すなわち，子どもたちは，「言語的・記号的に組織された知識」を学ぶことになったのである(オ…○)。

問四＜文章内容＞個人の経験は「偶然的で特殊的なもの」であり，「狭く偏っていたり」もするため，「経験」から出てくる「信念」は，人それぞれ異なるものになる。万人に通用する「信念の基準」は，個人の経験からは出てこないのである。

問五＜文章内容＞「個人の経験というのは，狭く偏って」いるのであり，文字による情報を通して「ほかの人の経験」を学ぶことで，早く「自分の経験」の狭さから脱することができるのである。

問六＜文章内容＞学校で教えられるのは，子どもたちが「広い世界で生きていくため」に理解しないといけない「この世界がどういうものなのか」についての知識である。それは，「この世界を再構成して縮約(縮尺)したもの」である。

問七＜文章内容＞「学校の知」は，「世界がどうなっているかという知識」であり，「それを使って目の前の現実を解釈して，新しい事態への対応(新たな経験)に活かしていける」ものである。

問八＜文章内容＞「若いうちに学校で，しっかりとたくさんの知識を身につけておくこと」は，「二つの意味」で「その後の人生」に役立つ。一つは，「その知識を基盤にして，さらに新しい知識を得ることが可能になる」ということである(ア…○)。もう一つは，「自分にとってまったく新しいことを学ぶ際の『学び方』が身についていく部分がある」ということである(イ…○)。

問九＜文章内容＞ウェブでは「キーワードを入れると，いろいろなことがわかる」が，「ある程度の知識を持っていないと，まったく理解できない記事」も多い。その「ある程度の知識」は，学校で学べるものであるため，「学校で学ばない」のは効率が悪いといえる。

問十＜文章内容＞ヌスバウムは，「批判的思考や共感」が「グローバルな危機の中での国を超えた広がりを持つデモクラシーにとって不可欠だ」と説く。人は「身の回りの世界に対しては自然に共感を持つ」ようになるが，その範囲は「世間」という狭いものでしかない。「共感の範囲が狭いと，人はその範囲の外側に『敵』や『よそ者』をさがしてしまいがち」になり，それは「最も不道徳なはずの戦争や差別やテロ」を呼び込んでしまう。教育により「はるか遠くの地域に住んでいる人々の暮らしや文化に思いをはせたり，未来の社会や世代への責任を考えたりすることができるようになる」ことで，「デモクラシー」が実現されるのである。

Memo

Memo

2022年度 国際基督教大学高等学校

【英　語】（70分）〈満点：100点〉

Ⅰ　［　］に入るものを選び番号で答えなさい。

In the near future, cars will be able to drive without human operation. This ①［1 has been 2 is thought as 3 was made 4 will suggest］an idea for many years, but progress in AI technology will soon make it a reality. Toyota, Nissan, Mercedes-Benz, GM, and other car companies around the world are working to develop self-driving《自動運転》 technologies. ②［1 As similar as 2 Same to 3 In addition to 4 Moreover］these organizations, companies such as Google, Apple, and Microsoft are also researching and developing self-driving cars. Many companies are testing self-driving cars on public roads, but Google has run the most miles ③［1 among themselves 2 in all the companies 3 in overseas 4 of all］.

Self-driving cars check their surroundings《周囲》 with cameras and radar《レーダー》 and automatically move by using AI. ④［1 If it is necessary to get 2 In offering assistance to 3 In order to support 4 With the help of］map data, they can take you anywhere you want to go. In fact, many of these technologies are already ⑤［1 available 2 improbable 3 incredible 4 renewable］in the newest cars. For example, cars ⑥［1 selling 2 sold 3 that are selling 4 which have sold］today can check the distance to the car in front and adjust their speed. Their steering wheels《ハンドル》 can turn automatically by checking ⑦［1 how wide the 2 how wide they know the 3 how to measure the 4 what a wide］road is. On motorways with few cars, humans ⑧［1 are able to 2 have to 3 should not 4 used to］do almost nothing. Therefore, there will be more self-driving cars in the near future.

Self-driving cars have several other good points. The first is that they can reduce traffic accidents. According to the U.S. Department of Transportation《運輸省》, about 94% of car accidents are caused by human mistakes. Most of these accidents are caused by drivers ⑨［1 we both drink with 2 who believed they both drank and 3 who are either drunk 4 those who are either drinking］or sleepy. However, computers and machines do not make such mistakes. If self-driving car technology develops, then ⑩［1 a great quantity 2 an annual figure 3 the number 4 the total amounts］of accidents will decrease.

Another strength of self-driving cars is ⑪［1 because 2 that 3 which 4 why］they can reduce traffic jams. According to NEXCO《高速道路株式会社》, most traffic jams are caused by braking《ブレーキを踏むこと》. When a car brakes, the car behind it also brakes, and eventually that causes all cars on the road to stop. When driving on a rising slope, it is difficult ⑫［1 for the driver to notice 2 if the driver notices 3 to notice where 4 when to notice］that the car's speed is decreasing. As a result, the car slows down and the cars behind it have to brake. In addition, drivers cannot see well after entering tunnels, so they often reduce their speed. On the other hand, self-driving cars can travel at the same speed in any environment, so the cars behind them do not need to brake. In these ways, traffic jams happen less frequently.

Self-driving cars have many positive points, but they are not perfect. On the evening of March 18, 2018 in the United States, a person ⑬[1 injured 2 has died 3 was dead 4 was killed] after being hit by a self-driving car. The ridesharing《自動車の相乗り》 company Uber was testing this car. While the car was moving at 63 kilometers per hour, it ⑭[1 has hit 2 was hitting 3 hit 4 would hit] a 49-year-old woman who was crossing a four-lane《4車線の》 road. There was no crosswalk or traffic light. Although there was ⑮[1 a human 2 the natural 3 an artificial 4 human being] driver in the driver's seat, she was not looking ahead, so she did not press the brake《ブレーキ》. Also, the car's radar noticed the woman from about 100 meters away, but still the car did not stop. The car did have an emergency braking feature, but Uber turned it off because sudden braking can make the ride uncomfortable. At the time, Uber was testing ⑯[1 his 2 its 3 it's 4 own] car to develop a more comfortable ride.

With this accident, people were presented with a major problem. If a self-driving car causes an accident in the future, who will be responsible? At present, no countries have laws that ⑰[1 break out 2 carry out 3 count on 4 deal with] such situations. The laws that many countries are now considering say that the person sitting in the driver's seat is responsible when a self-driving car causes an accident. ⑱[1 However 2 Instead 3 Therefore 4 Over time], in the future, who will be blamed if no one is in the driver's seat? Also, what will happen if a car's computer is attacked by a hacker《ハッカー》?

Accidents caused by self-driving cars are very different from car accidents of ⑲[1 lately 2 nowadays 3 recently 4 today]. The "decisions" made by computers and machines can also kill people. Even though technology companies believe that self-driving cars will cause fewer accidents, people may still die because of such decisions. Will we be able to accept this? As self-driving cars become more common, we will need ⑳[1 thinking 2 thought 3 to be thought 4 to think] about more than just the technology itself.

II 次の英文を読み，あとの問いに答えなさい。

Most British people do not deny that scones《スコーン》 and cakes are a sheer《本当の》 [A]delight to have with a cup of tea. One of the most popular cakes in England is the Victoria sandwich cake. This cake is named after Queen Victoria because it was believed to be her favorite. She led her country from 1837 to 1901 and this became known as the Victorian period. During this period, baking changed [ア]significantly. Globalization《グローバル化》 and the Industrial《産業》 Revolution《革命》 changed not only the [B]ingredients but also the way baked goods were consumed.

In the early Victorian period, food was expensive. A middle class family could expect to spend a little more than half their [イ]income on food. Their [C]diet included a half pound《ポンド》 of bread daily. The bread was often delivered directly to houses by bakers or pastry chefs《焼き菓子》. A family could also [ウ]purchase a variety of baked goods from street markets, pastry shops, or pie shops. They could prepare their bread in their own ovens or ask someone to bake it for them in a bakehouse《製パン所》, too. In order to heat the ovens, coal was necessary, but it was very expensive at that time. Families had to consider carefully which would be the cheaper option to bake their bread. Because they had a limited amount of money, families had to create a specific [エ]budget for coal.

According to A. N. Wilson, the author of *The Victorians*, the life of a baker was very difficult, especially during the busy seasons of social events because bread orders greatly increased. During such times, bakers began making the dough《生地》 at eleven at night. They were only able to sleep for a couple of hours while the bread [オ]rose, and then had to do the rest of the hard tasks. Surprisingly, [カ]kneading was sometimes done with their feet. The bakehouse was hot as well, up to 32℃. They worked for fourteen to nineteen hours per day and had no time to rest. Some bakers had to deliver the bread they made, too. Because the working conditions of bakers were very difficult, their [D]life expectancy was not very long. [E]Statistics show very few London bakers lived beyond the age of 42.

The lives of bakers improved as globalization and the Industrial Revolution provided more options for them. Until the Victorian period, bakers had to use ingredients from local English sources. However, as global markets opened up, bakers were able to buy ingredients from other countries. They could buy butter from New Zealand, flour from America, and eggs from France. These choices that bakers made affected the [F]shelf life, quality, and taste of the product. Because the ingredients needed to be fresh, food [キ]preservation was a [G]major problem before fridges became common. Therefore, they used alcohol《アルコール》 which could help preserve some cakes almost [H]indefinitely. As the Victorian period continued, manufacturers《工場主》 [I]attempted to invent machines that could do some of the hard work of baking. Among the many new machines that bakers could buy were those for dough kneading and dough mixing. Thanks to these machines, bakers could bake more easily and lead better lives.

In the late Victorian period, the process of baking became much easier and more varieties of baked goods were seen in shops. Cherry cakes, almond cakes, and tarts《タルト》 were just some of the things that people could buy. All of these fancy《手のこんだ》 baked goods tasted [ク]scrumptious and looked just as nice. By the 1870s, as people gained more [ケ]leisure time, a [J]consumer culture developed and people could leave their homes and enjoy shopping. As new shopping areas were developed, women could have lunch or tea while [コ]socializing in ladies' tea shops.

Today, many British baked goods are enjoyed all over the world. For example, scones, shortbread《ショートブレッド》, and crumpets《クランペット》 can easily be found at our local shops. We can enjoy their rich, delicious flavor even more if we know their history and background.

問1　本文中の[ア]～[コ]に相当するものを下から選び，番号で答えなさい。動詞については現在形の意味で載せてあります。

1．忙しい	2．完全に	3．おいしい	4．余暇の
5．大いに	6．保存	7．衛生	8．予算
9．収入	10．貯金	11．購入する	12．輸入する

13．人付き合いをする　　14．こねる　　15．あたたまる　　16．ふくらむ

問２　本文中の［Ａ］～［Ｊ］の意味として適切なものを下から選び，番号で答えなさい。動詞については現在形の意味で，名詞については単数形で載せてあります。

1．a food that is combined with other foods to make a particular dish
2．the length of time that an item of food can be eaten safely
3．a person, shop, or business that sells goods to the public
4．for a period of time that has no fixed end
5．something that gives great pleasure
6．a set of instructions for cooking or preparing a particular food
7．a fact in the form of a number that shows information about something
8．not very big, serious, or important
9．a person who buys goods or services for their own use
10．to limit the food and / or drink that you have, especially in order to lose weight
11．important or serious
12．to become or make something larger or greater
13．the average length of life for people or animals
14．the food and drink that a person usually eats or drinks
15．in a way that does not last for long or forever
16．to try to do something, especially something difficult

Ⅲ　次の英文を読み，あとの問いに答えなさい。

For centuries, Native Hawaiians had no written language. Until the early 1800s, they had no alphabet or characters to write their history down. Instead, the Hawaiian language was a spoken language. Cultural information such as history, religious beliefs《宗教的な信念》 and the Hawaiian language were passed down to the next generation through different forms of storytelling《物語を話すこと》. One of these storytelling methods is the ancient Hawaiian dance called hula. In fact, hula is much more than a dance. For Native Hawaiians, hula is an important part of Hawaiian culture because it not only celebrates the many Hawaiian gods, but it is also like a history textbook. When hula is performed, the dancers are storytellers who tell the stories of Hawaii's past by using both gestures and songs.

There are two types of hula and they are quite different. Hula 'auana is the modern form of hula that many people imagine when they think of Hawaii. In 'auana, the performers wear colorful costumes and dance to songs which are sung in either Hawaiian or English. The songs of 'auana are performed with musical instruments such as the guitar and ukulele. These instruments help to give this form of hula a more modern image. (　A　), hula kahiko is the (　B　) form of hula that Native Hawaiians have performed for centuries. In kahiko, the songs are sung in the native Hawaiian language and there is no ukulele or guitar playing behind the dancers. Instead, the performers dance to the sounds of instruments made from natural materials such as bamboo, stones and gourds《ヒョウタン》. As the dancers move to these sounds, they sing a type of song called 'oli. In kahiko, the words of the 'oli are perhaps more important than the gestures of the hula. This is because it is the words of the 'oli which tell the stories of Hawaii's history. 'Oli are also often religious songs that celebrate Hawaiian gods such as Pele, the god of volcanoes, or Hina, the god of the moon. Because these 'oli have been sung and passed down for hundreds of years, Hawaiians have been able to keep a record of their history and keep their religious traditions alive.

However, when the Christian missionaries《キリスト教の宣教師》 arrived in Hawaii in 1820, they did not like hula because the dancers wore very little clothing and showed too much skin. They did not like that the Hawaiians were celebrating and praying to non-Christian gods either. So, in 1830, the missionaries persuaded《説得した》 Queen Ka'ahumanu to ban public performances of hula. Because Hawaiians could not perform hula, younger Hawaiians could not learn the stories of their ancestors or participate in the traditional ceremonies of hula. As a result, they lost an important part of their identity as Hawaiians. Fortunately, although public performance of hula was banned, Hawaiians continued to dance kahiko in secret, especially in the countryside.

Hula was banned in Hawaii for about 40 years. However, when David Kalakaua became king in 1874 and changed the law, Hawaiians could perform hula in public again. He said, "Hula is the language of the heart and therefore the heartbeat《心臓の鼓動》 of the Hawaiian people." He wanted Hawaiians to take pride in ancient traditions and encouraged them to perform 'oli and kahiko. In fact, the ceremonies for Kalakaua when he became king included performances of both the ancient and modern forms of hula.

In 1893, the Kingdom of Hawaii was overthrown《倒された》 and the United States took control of the Hawaiian islands. Just a few years later, the new government banned the use of the Hawaiian language in schools and the people were not allowed to speak their native language in public.

(C), the number of people who could speak the language quickly began to decline. However, although speaking Hawaiian in public was banned, people all over Hawaii continued to perform hula and sing 'oli. Many experts believe that thanks to hula, the Hawaiian people were able to preserve their history and their language for future generations.

Since the 1800s, Hawaiians have been using the written word to record and communicate their history. However, the traditions of storytelling through 'oli and hula (D). Today, schools throughout Hawaii teach both the Hawaiian language and hula because more people $_{E}$recognize the importance of preserving the traditions and language of Hawaii.

A. Fill in the space (A).

1. Although　2. On the other hand　3. Because　4. In addition

B. Fill in the space (B).

1. cultural　2. elementary　3. ancient　4. social

C. Fill in the space (C).

1. Surprisingly　2. First of all　3. Moreover　4. As a result

D. Fill in the space (D).

1. have been banned for 200 years
2. have all been lost or destroyed during the war
3. continue to be an important part of Hawaiian culture
4. are no longer passed down

E. Which word has the same meaning as $_{E}$recognize?

1．agree　　　　　2．understand

3．watch over　　4．suggest

F．Choose the best option to complete the sentence.

In hula kahiko,

1．the songs, or 'oli, are usually sung in English.

2．the songs, or 'oli, are not sung in English.

3．the dancers perform to the music of guitars and ukuleles.

4．the dancers use colorful costumes to help tell their stories.

G．Before the Christian missionaries arrived, how did the Hawaiians record and share their history ?

1．They recorded and shared their history through storytelling, song and dance.

2．They recorded and shared their history with the help of Christian missionaries.

3．They recorded and shared their history mostly through songs.

4．They recorded and shared their history using a unique Hawaiian writing system.

H．Choose the best option to complete the sentence.

In the 1800s, younger Hawaiians began to lose their Hawaiian identity because

1．Queen Ka'ahumanu became a Christian.

2．King Kalakaua continued to ban hula performances.

3．they could not take part in the traditions of Hawaii.

4．they no longer believed in Hawaiian gods such as Pele or Hina.

I．At the ceremony celebrating Kalakaua becoming king, what instruments could people hear ?

1．no musical instruments at all

2．only guitars and ukuleles

3．only instruments made from stones, bamboo or gourds

4．ukulele, guitar and instruments made of stones, bamboo, and gourds

J．以下の英文のうち，本文の内容に合わないものを３つ選び，番号の早い順に書きなさい。

1．When the government banned hula in the 1800s, some people in Hawaii did not obey the law.

2．The missionaries did not mind if the people prayed to Hawaiian gods.

3．Hula 'auana is less traditional than hula kahiko.

4．Although the government banned the Hawaiian language in the 1890s, the number of Hawaiian speakers actually increased.

5．Because hula was so important to Hawaiians, it helped to preserve the Kingdom of Hawaii.

6．The Hawaiian language was not banned until the United States took control of Hawaii.

Ⅳ　次の英文を読み，あとの問いに答えなさい。

Have you ever *stereotyped*《型にはめる》 someone ?　Perhaps we all have.　A stereotype《ステレオタイプ》 is a fixed idea or image that many people have of a particular type of person or thing.　However, it is sometimes not true in reality.　Stereotypes are often formed when we see people in a group, such as gender, race《人種》, or nationality《国籍》, and create an image in our minds that everyone in that group thinks and behaves in the same way.　One group that has been fighting against stereotypes is women and girls.

One stereotype that women often face is the idea that women talk more than men.　This stereotype is very persistent《根強い》 and can be found all over the world. In fact, in Japanese, one way to describe "noisy" in kanji is by stacking《重ねる》 three characters for "woman" together. There is also an expression from

(A)

(B-1) this is a common stereotype, men actually tend to《〜する傾向がある》 talk more than women. Studies have confirmed this since the 1950s. Out of 56 studies examining which sex《性別》 talks more, 34 showed that men talked more than women. Only two of the studies showed that women talked more than men. Last year, a well-known Japanese man attracted both national and international attention when he said, "Meetings with many women take so much time." C He will surely be surprised if he sees these research results.

Many researchers have been trying to explain why people think that women talk more than men. One of the explanations is that, in some countries, there are often very few women in meetings, so they tend to D stand out. In the 1980s, one researcher explained that when a minority《少数派》 represents less than 15% of a larger social group, they become much more visible than anyone else, and their actions attract more attention. Women often find themselves in these situations, so when they do speak out in meetings, people probably think, (E) Another explanation is that women and men tend to discuss different topics. Men sometimes judge "women's" topics as not important, so they feel that women talk too much.

The stereotype that women talk more than men is an example of a particular image (F) always represent the reality. On the other hand, stereotypes can not only influence the way we think about others, but also affect the way we think about ourselves. In the end, when we are stereotyped, we often believe in this stereotype. As a result, we behave in a way that reflects the stereotype.

You are probably familiar with the stereotype that boys are better than girls in math. Do you think this is true ? Let's look at the results of an international math test which Japan took part in. PISA is one of the biggest international tests that measures the abilities of 15-year-olds to use their knowledge and skills in reading, math, and science to meet real-world《実社会の》 challenges. According to PISA in 2018, boys performed much better than girls in math in 32 countries and economies《経済圏》 out of 78. This is nearly half of the total.

The interesting point about girls' performance in math tests in general (G-1) that this stereotype about math affects girls psychologically《心理的に》. In one study, researchers said to a group of girls before taking a math test, "In this math test, boys' scores are better than girls' scores." As a result, girls performed lower than boys. In another study, girls performed (H) boys even when they were not told about the gender factor《要因》 at all. It is interesting that in both studies, girls' performance (G-2) as high as boys when researchers said to girls, "This test is not affected by gender difference." These results suggest that girls are influenced in a negative way by the stereotype that boys are better than girls in math, even if no one says it to them directly.

Many people in Japan have the stereotype that boys are better than girls in math. This can be the reason why Japanese girls' performance in math was lower than Japanese boys' in PISA 2018.

However, in 14 countries and economies, girls did perform much better than boys. Japan could perhaps be like these countries if more people did not believe this stereotype. (B-2), this stereotype is just a stereotype, and it does not reflect the actual abilities of girls.

As you can see, stereotypes can have a great influence on the way we think, speak, and behave. We should stop and consider the ideas that we hold, as well as the language we use. If we don't do this, there is a chance that we will hurt someone.

A．(A)に入るものを選びなさい。

1．Argentina that translates as "If a man lends an ear, it's because he, too, wants to speak."

2．France that translates as "A woman's opinion changes as easily as the moon."

3．Turkey that translates as "Even though you know a thousand things, ask the man who knows one."

4．Germany that translates as "One man, one word – one woman, one dictionary."

5．Greece that translates as "Too many opinions sink the boat."

B．(B-1)と(B-2)に入るものをそれぞれ選びなさい。

1．Besides　2．Although　3．Instead　4．In other words　5．For example

C．下線部Cについて，彼が驚くのはなぜか，当てはまるものを選びなさい。

1．女性が少ない方が会議が短く済むというのは思い込みにすぎないと知るから。

2．女性の話は重要ではないと考えていたのに，実は重要だと知るから。

3．女性の方がよくしゃべるというのは日本だけではないと知るから。

4．女性が会議において少数派になることが多いと知るから。

D．下線部Dの意味を以下から選びなさい。

1．立ち去る　2．目立つ　3．立ち上がる　4．角が立つ

E．(E)に入るものを選びなさい。

1．"Well, she should be talking!"　2．"How can she talk?"

3．"Oh, she is talking!"　4．"What did she talk about?"

F．(F)に入るものを選びなさい。

1．which did not　2．which does not　3．which do not　4．which could not

G．(G-1)と(G-2)に入るものをそれぞれ選びなさい。同じものを複数回使ってもよい。

1．were　2．are　3．was　4．is

H．(H)に入るものを選びなさい。

1．as high as　2．as low as　3．higher than　4．lower than

I．以下の英文のうち，本文の内容に合うものを３つ選び，番号の早い順に書きなさい。

1．If you are a member of a minority ethnic group, and you are in a meeting, it is possible that others will think that you are talking more than others, even if you are not.

2．When you are listening to a speaker, and you are interested in the topic, you will probably feel the person is talking too much.

3．Studies show that men speak more than women. However, people believe that women talk more than men.

4．Boys performed as well as girls in the math test after hearing, "This test is not affected by gender difference."

5．According to research, girls tend to be affected by the stereotype that boys are better than girls in math, even if they don't realize it.

6．On the PISA test, girls in Japan did not perform as well as boys in math because their actual abilities were low.

7．When you are stereotyped by someone, it is rare to be affected by the stereotype.

V　下の絵を見て，あとの問いに答えなさい。

A．以下の［　］内の語を並べ替えて，絵②の男の子の願い事を表す適切な英文を完成させ，６番目と10番目の語を答えなさい。ただし，最初のHeと最後のplacesは数えません。

He［visit / travel / and / wishes / he / world / could / famous / around / the / many / that］places.

B．絵③の［ア］に入るように，以下の［　］内の語を並べ替えて適切な英文を完成させ，３番目と９番目の語を書きなさい。ただし，最初のI wantと最後のbeforeは数えません。

I want［because / sound / feelings / never / to / she / my / made / turtle's / understand / has / a］before.

C．絵④の［イ］に入るように，10語以上の英文を書きなさい。ただし，wishを使うこと。二文になっても構いません。

D．絵⑥の下線部**ウ**の意味を表す英文を一文で書きなさい。

【数　学】（70分）〈満点：100点〉

（注意）1．この試験は資料文とそれに続く問題とで構成されています。資料文を読みすすめながら，対応する問題に答えていくのがよいでしょう。

2．定規，コンパス等は使用できません。

資料文

―Farey 数列をめぐって―

1　Farey 数列

正の整数 p と整数 q を用いて，分数 $\frac{q}{p}$ の形に表される数を有理数という。たとえば $\frac{1}{2}$，$\frac{6}{9}$，$\frac{5}{12}$ などは有理数である。整数 q は $\frac{q}{1}$ と表されるから有理数である。

正の整数 p，q の ［　あ　］ とき，次のような操作を行うことによって，分母を小さくすることができる。

$$\frac{15}{20}=\frac{3\times5}{4\times5}=\frac{3\times\cancel{5}}{4\times\cancel{5}}=\frac{3}{4},\qquad \frac{63}{35}=\frac{9\times7}{5\times7}=\frac{9\times\cancel{7}}{5\times\cancel{7}}=\frac{9}{5}$$

この操作を約分といい，これ以上約分できなくなった分数を既約《きやく》分数という。

…問題 1

また，小数も次のように分数の形に表されるから有理数である。

$$0.75=\frac{75}{100}=\frac{3\times\cancel{25}}{4\times\cancel{25}}=\frac{3}{4},\qquad 1.8=\frac{18}{10}=\frac{9\times\cancel{2}}{5\times\cancel{2}}=\frac{9}{5}$$

…問題 2

以下では，0 以上 1 以下の既約分数について考える。ただし，0 の既約分数の形は $\frac{0}{1}$ と約束する。したがって，$\frac{0}{1}$ は既約分数であるが，$\frac{0}{2}$，$\frac{0}{3}$，$\frac{0}{4}$ などは既約分数ではない。

0 以上 1 以下の既約分数のうち，分母が 1 であるものは $\frac{0}{1}$，$\frac{1}{1}$ の 2 つである。この 2 つを小さいものから順に並べてできる数の列を F_1 とよぶことにする。すなわち

$$F_1：\frac{0}{1},\ \frac{1}{1}$$

である。

0 以上 1 以下の既約分数のうち，分母が 2 であるものは $\frac{1}{2}$ のみである。これと F_1 を構成《こうせい》する 2 つの数を小さいものから順に並べてできる新たな数の列を F_2 とよぶことにする。すなわち

$$F_2：\frac{0}{1},\ \frac{1}{2},\ \frac{1}{1}$$

である。

0 以上 1 以下の既約分数のうち，分母が 3 であるものは $\frac{1}{3}$，$\frac{2}{3}$ の 2 つである。これと F_2 を構成する 3 つの数を小さいものから順に並べてできる新たな数の列を F_3 とよぶことにする。すなわち

$$F_3：\frac{0}{1},\ \frac{1}{3},\ \frac{1}{2},\ \frac{2}{3},\ \frac{1}{1}$$

である。

0 以上 1 以下の既約分数のうち，分母が 4 であるものは [い] である。これと F_3 を構成する 5 つの数を小さいものから順に並べてできる新たな数の列を F_4 とよぶことにする。すなわち

$$F_4:\frac{0}{1},\ [う],\ \frac{1}{1}$$

である。

…問題 3

0 以上 1 以下の既約分数のうち，分母が 5，6，7，…であるものについて同様の操作をくり返して得られる数の列をそれぞれ F_5，F_6，F_7，…とよぶことにする。したがって

$$F_5:\frac{0}{1},\ [え],\ \frac{1}{1}$$

である。

…問題 4

一般に，正の整数 n に対して F_n は [お] を小さいものから順に並べてできる数の列となる。こうして得られる数の列 F_n を，位数《いすう》 n の Farey（ファレイ）数列という。

…問題 5

2　Farey 数列の長さ

以下では，特に断りのないかぎり n は正の整数とする。

位数 n の Farey 数列 F_n を構成する数の個数を F_n の長さといい，記号 $|F_n|$ で表す。たとえば，F_1 は $\frac{0}{1}$，$\frac{1}{1}$ の 2 つの数で構成されるから

$$|F_1|=2$$

である。また，F_2 は $\frac{0}{1}$，$\frac{1}{2}$，$\frac{1}{1}$ の 3 つの数で構成されるから

$$|F_2|=3$$

である。

ここでは，F_n の長さ $|F_n|$ について考えよう。

たとえば，$|F_4|$ は次のように求めることができる。まず，F_4 を構成する数の分母は 1，2，3，4 のいずれかである。0 以上 1 以下の既約分数のうち

- 分母が 1 であるものは，$\frac{0}{1}$，$\frac{1}{1}$ の 2 個
- 分母が 2 であるものは，$\frac{1}{2}$ の 1 個
- 分母が 3 であるものは，$\frac{1}{3}$，$\frac{2}{3}$ の 2 個
- 分母が 4 であるものは，[い] の [か] 個

である。求める $|F_4|$ はこれらの個数の和であるから

$$|F_4|=2+1+2+[か]=[き]$$

である。

このように考えると，F_n を構成する具体的な数を書き並べることなく，$|F_n|$ を求めることができる。

…問題 6

…問題 7

0 以上 1 以下の既約分数のうち，分母がちょうど n であるものの個数を記号 $f(n)$ で表す。たと

えば

$f(1)=2,\ f(2)=1,\ f(3)=2,\ f(4)=$ ［か］

であり，また

$f(1+1)=f(2)=1$

$f(1\times1)=f(1)=2$

$f(1)+f(1)=2+2=4$

$f(1)\times f(1)=2\times2=4$

である。

一般に，位数 n の Farey 数列 F_n の長さ $|F_n|$ を計算する式は

$|F_n|=$ ［く］

とまとめられる。

…問題 8

…問題 9

…問題10

3　Farey 数列と座標平面

Oを原点とする座標平面上の 3 点(0, 0), (3, 0), (3, 3)を頂点とする直角三角形の周および内部を表す領域《りょういき》を T_3 とする。

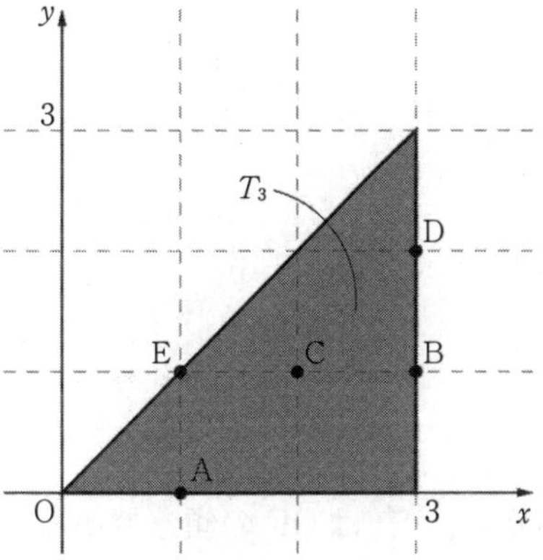

ここで，位数 3 の Farey 数列 F_3 を構成する 5 つの既約分数 $\frac{0}{1}$，$\frac{1}{3}$，$\frac{1}{2}$，$\frac{2}{3}$，$\frac{1}{1}$ のそれぞれについて，分母を x 座標，分子を y 座標に対応させることによって得られる 5 点 A(1, 0), B(3, 1), C(2, 1), D(3, 2), E(1, 1)を考えると，これらはすべて T_3 に存在する。このように，x 座標と y 座標がともに整数となる点のことを格子《こうし》点という。

一方，T_3 における原点を除くすべての格子点(a, b)について，a を分母，b を分子に対応させることによって得られる分数 $\frac{b}{a}$ を既約分数にしたものは，F_3 を構成する数となる。たとえば，T_3 における格子点(2, 2)に対応する分数 $\frac{2}{2}$ を既約分数にした $\frac{1}{1}$ は，たしかに F_3 を構成する数である。

このことを利用して，位数 6 の Farey 数列 F_6 を構成する数について調べてみよう。

まず，Oを原点とする座標平面上の 3 点(0, 0), (6, 0), (6, 6)を頂点とする直角三角形の周および内部を表す領域を T_6 とする。

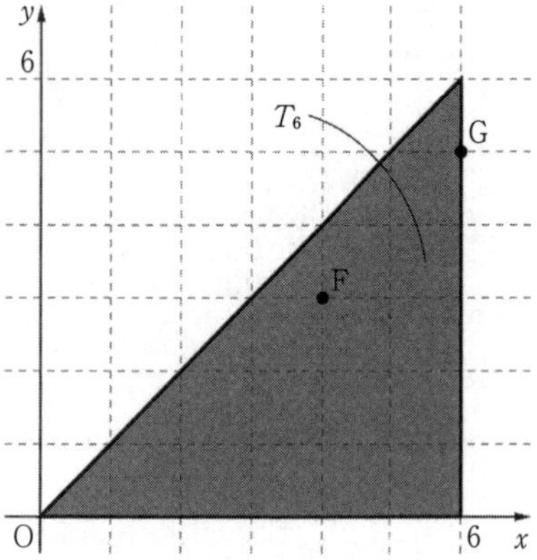

T_6 における格子点として，たとえば F(4, 3), G(6, 5)に注目することにより，既約分数 $\frac{3}{4}$, $\frac{5}{6}$ が F_6 を構成する数であることはすぐに分かる。さて，F_6 においてこの 2 つの数はどちらの方が先に現《あらわ》れるだろうか。もちろん，2 つの数を通分することにより大小を比較することもできるが，ここではより視覚的に大小を比較してみよう。

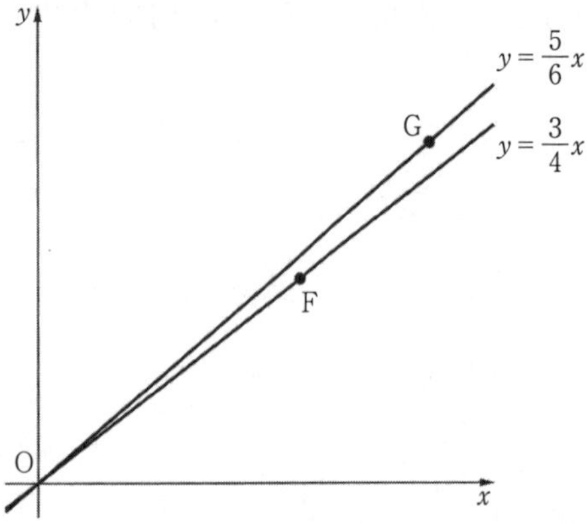

座標平面上の 2 点O，F を結ぶ直線 OF を表す式は $y=\frac{3}{4}x$ であるから，$\frac{3}{4}$ は OF の傾きである。同様に，$\frac{5}{6}$ は OG の傾きである。このことから，座標平面上で 2 直線 OF，OG の傾きを比較することにより $\frac{3}{4}$，$\frac{5}{6}$ の大小が明らかとなる。

次に，F_6 において $\frac{3}{4}$，$\frac{5}{6}$ は隣《とな》り合うかを視覚的に考えてみよう。ここで，F_n において隣り合うとは，2 つの数が F_n に現れ，かつ，その 2 つの数の間に他の数が現れない状態《じょうたい》のことである。たとえば，$\frac{0}{1}$，$\frac{1}{2}$ は F_2 において隣り合うが，F_3 において隣り合わない。もし，F_6 において $\frac{3}{4}$，$\frac{5}{6}$ が隣り合わないとすると，それは $\frac{3}{4}$，$\frac{5}{6}$ の間に他の既約分数が現れることを意味する。この既約分数を $\frac{b}{a}$ とおくと，格子点 H(a, b)が T_6 に存在することになる。ここで $\frac{b}{a}$ は OH の傾きであったことに注意すると，$\frac{b}{a}$ が $\frac{3}{4}$ と $\frac{5}{6}$ の間に現れるための条件は，[　㋘　] が成り立つことであり，この条件を満たす格子点Hとして[こ]が見つかる。以上のことから，F_6 において $\dfrac{3}{4}$，$\dfrac{5}{6}$ は隣り合わず，その間に既約分数[さ]が現れることが分かる。

…問題11

…問題12

…問題13

4　隣り合う既約分数

Farey 数列において隣り合う既約分数について考えてみよう。実は，次のことが成り立つ。

主定理１

F_n($n=1$，2，3，…)を構成する既約分数のうち，隣り合うどんな２つに注目しても，その２つの既約分数を $\dfrac{b}{a}$，$\dfrac{d}{c}$$\left(ただし，\dfrac{b}{a}<\dfrac{d}{c}\right)$とするとき

$$ad-bc=1$$

が成り立つ。

たとえば，$n=3$ のときを考えてみよう。F_3 において $\dfrac{1}{3}$ と $\dfrac{1}{2}$，$\dfrac{1}{2}$ と $\dfrac{2}{3}$ は隣り合うが，たしかに

$$3\cdot1-1\cdot2=3-2=1,\qquad 2\cdot2-1\cdot3=4-3=1$$

となっている。主定理１は n がどんな正の整数のときでも，この性質が成り立つことを主張するものである。

主定理１を証明するにあたって，補助定理を２つ紹介しよう。ここでは補助定理の証明は行わないが，興味があれば後で調べてみるとよい。

補助定理１は座標平面上の格子点を頂点とする三角形の面積を求めるときに役に立つものである。

補助定理１

Oを原点とする座標平面上に２点P(a，b)，Q(c，d)をとる。３点O，P，Qが反時計回りの位置にあるとき，△OPQ の面積 S は

$$S=\frac{1}{2}(ad-bc)$$

である。

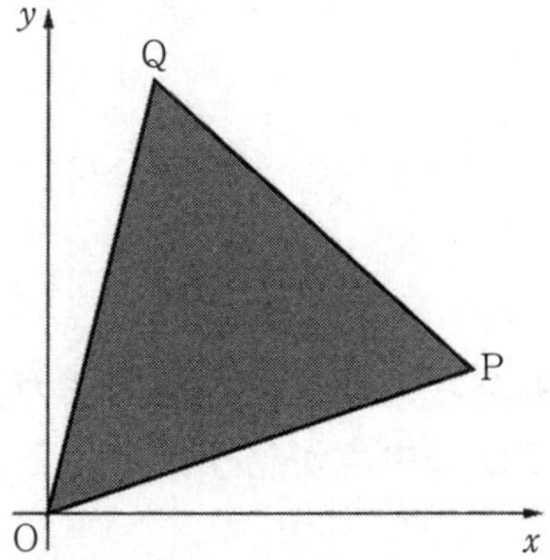

座標平面上の３点O(0，0)，P(5，0)，Q(3，4)を頂点とする △OPQ を考えよう。

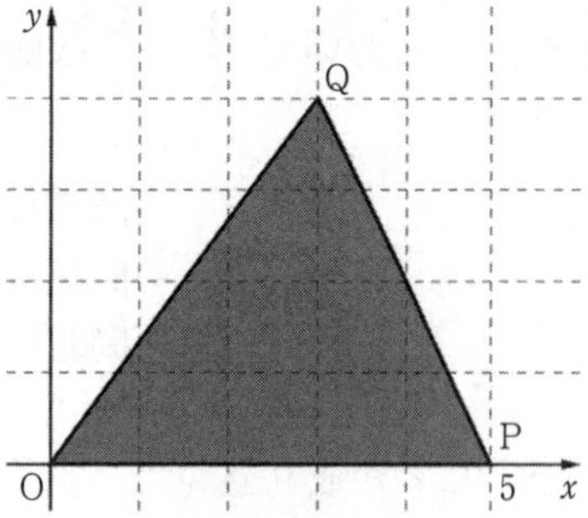

△OPQ の面積 S は，辺 OP を底辺とみなすことで

$$S=\frac{1}{2}\times(\text{底辺})\times(\text{高さ})=\frac{1}{2}\times5\times4=10$$

と計算できるが，補助定理 1 を利用すると

$$S=\frac{1}{2}(5\times4-0\times3)=\frac{1}{2}\times20=10$$

のように計算することもできて，結果は確かに一致する。

…問題14

補助定理 2 は Pick(ピック)の公式として知られており，これ自身がとても価値のある結果である。

補助定理 2 (Pick の公式)

座標平面上の格子点を頂点とする多角形の面積 S は

$$S=I+\frac{1}{2}J-1$$

である。ただし，I は多角形の内部(辺および頂点を含まない)にある格子点の個数，J は辺上(頂点を含む)にある格子点の個数である。

補助定理 2 を利用して，再び 3 点 O(0, 0), P(5, 0), Q(3, 4)を頂点とする △OPQ の面積を求めてみよう。

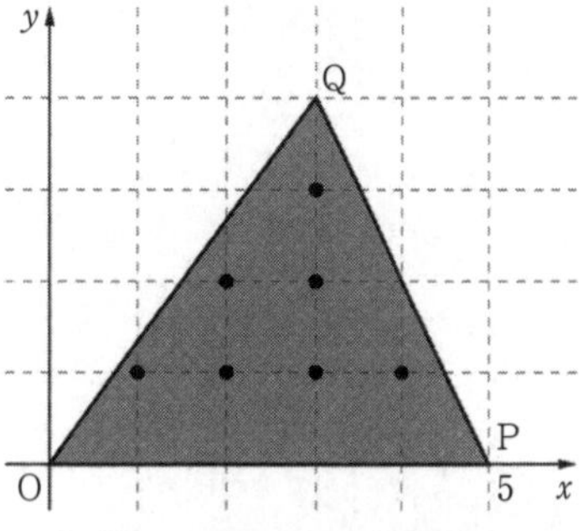

まず，△OPQ の内部(辺および頂点を含まない)には格子点が 7 個あるから，$I=7$ である。また，辺上(頂点を含む)には格子点が 8 個あるから，$J=8$ である。なお，辺 PQ の中点が格子点であることに注意せよ。よって，補助定理 2 より，△OPQ の面積 S は

$$S=7+\frac{1}{2}\times8-1=10$$

と計算できて，結果は確かに一致する。

続いて，補助定理 2 を利用して，座標平面上の 5 点 A(1, 1), B(6, 2), C(3, 3), D(5, 5), E(2, 6)をこの順に頂点とする多角形 ABCDE の面積を求めてみよう。

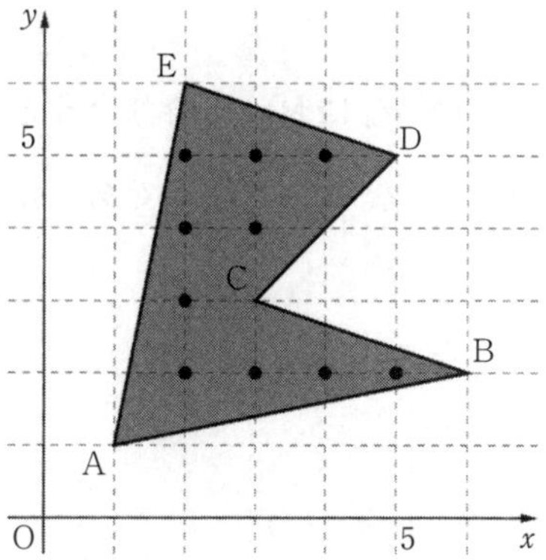

まず，多角形の内部(辺および頂点を含まない)には格子点が10個あるから，$I=10$ である。また，辺上(頂点を含む)には格子点が［し］個あるから，$J=$［し］である。なお，辺 CD の中点が格子点であることに注意せよ。よって，補助定理 2 より，求める多角形の面積 S は

$S=$［す］

である。

…問題15

…問題16

それでは，15ページの主定理 1 を証明しよう。既約分数 $\dfrac{b}{a}$，$\dfrac{d}{c}$$\left(ただし，\dfrac{b}{a}<\dfrac{d}{c}\right)$が F_n において隣り合うとする。このとき，O を原点とする座標平面上に 2 つの格子点 P$(a,\ b)$，Q$(c,\ d)$をとると，P，Q は 3 点$(0,\ 0)$，$(n,\ 0)$，$(n,\ n)$を頂点とする直角三角形の周および内部を表す領域 T_n に存在する。さらに，$\dfrac{b}{a}$，$\dfrac{d}{c}$ はそれぞれ座標平面上の直線 OP，OQ の傾きであるから，3 点 O，P，Q は反時計回りの位置にある。よって，補助定理 1 より，△OPQ の面積を S とすると

$S=$［せ］

である。また，$\dfrac{b}{a}$，$\dfrac{d}{c}$ が F_n において隣り合うことに注意すると，補助定理 2 より

$S=$［そ］

である。以上より

$ad-bc=1$

が成り立つ。

…問題17

5　Farey 数列の構成

さいごに，位数が大きな Farey 数列をつくるアルゴリズムについて考えてみよう。Farey 数列において隣り合う既約分数について，さらに次のことが成り立つ。

主定理 2

$F_n$$(n=1,\ 2,\ 3,\ \cdots)$を構成する既約分数のうち，隣り合うどんな 2 つに注目しても，その 2 つの既約分数の分母の和は $n+1$ 以上である。

たとえば $n=3$ として，F_3 において隣り合う 2 つの既約分数の分母の和が 4 以上となることを確かめてみよう。F_3 を構成する既約分数は $\dfrac{0}{1}$，$\dfrac{1}{3}$，$\dfrac{1}{2}$，$\dfrac{2}{3}$，$\dfrac{1}{1}$ であったから，隣り合うどんな 2 つに注目しても，分母の和はたしかに 4 または 5 となっている。主定理 2 は n がどんな正の整数のときで

も，この性質が成り立つことを主張するものである。

それでは，主定理2を証明しよう。既約分数 $\dfrac{b}{a}$，$\dfrac{d}{c}$ $\left(ただし，\dfrac{b}{a}<\dfrac{d}{c}\right)$ が F_n において隣り合うとする。もしも，この2つの既約分数の分母の和 $a+c$ が $n+1$ 以上でない，すなわち n 以下であったなら，どんなことが起こるだろうか。

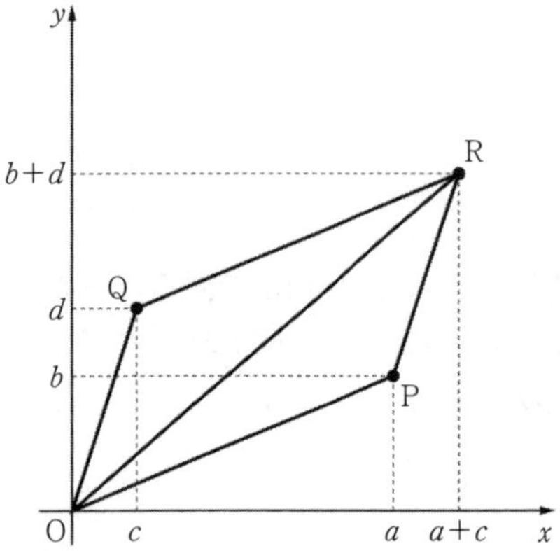

いま，$\dfrac{b}{a}$，$\dfrac{d}{c}$ の分母と分子のそれぞれの和をとって得られる新たな分数 $\dfrac{b+d}{a+c}$ を考えてみる。Oを原点とする座標平面上に2つの格子点P(a，b)，Q(c，d)をとると，R($a+c$，$b+d$)は四角形OPRQが平行四辺形となる位置にある格子点である。そこで，座標平面上の3直線OP，OQ，ORの傾きを考えることで

[た]

が成り立つ。(上の図について，2点P，Qの位置は正しいとは限らない。)

ここで，$a+c$ が n 以下であると仮定してみると，分数 $\dfrac{b+d}{a+c}$ を既約分数にしたものの分母も n 以下である。よって [ち] ということになる。

[た] が成り立つことと，[ち] ということから，F_n において $\dfrac{b}{a}$ と $\dfrac{d}{c}$ は隣り合わないことになってしまう。この結果は，F_n において $\dfrac{b}{a}$ と $\dfrac{d}{c}$ が隣り合うことと矛盾《むじゅん》する。この矛盾は，分母の和 $a+c$ が n 以下であると仮定したことによる。したがって，そのようなことが起こるはずはなく，分母の和 $a+c$ は $n+1$ 以上であるといえる。

このように，結論が成り立たないと仮定して矛盾を導くことにより証明する方法を背理法《はいりほう》という。

…問題18

…問題19

主定理1と主定理2を利用することで，次の主定理3を示すことができる。

主定理3

F_n(n=1，2，3，…)を構成する既約分数のうち，分母の和がちょうど $n+1$ であるすべての隣り合う2つの既約分数 $\dfrac{b}{a}$，$\dfrac{d}{c}$ $\left(ただし，\dfrac{b}{a}<\dfrac{d}{c}\right)$ について，その間に分数 $\dfrac{b+d}{a+c}$ を入れる。この操作によってできる新たな数の列こそが F_{n+1} である。

たとえば，$n=3$ のときを考えてみよう。F_3 において $\dfrac{0}{1}$ と $\dfrac{1}{3}$，$\dfrac{2}{3}$ と $\dfrac{1}{1}$ は隣り合い，これらの分

母の和はともに4である。よって，F_4 においてこれらの間に，それぞれ新たな既約分数 $\dfrac{0+1}{1+3}=\dfrac{1}{4}$，$\dfrac{2+1}{3+1}=\dfrac{3}{4}$ が現れることになる。一方，F_3 において $\dfrac{1}{3}$ と $\dfrac{1}{2}$，$\dfrac{1}{2}$ と $\dfrac{2}{3}$ は隣り合うが，これらの分母の和はいずれも4ではない。よって，F_4 においてこれらの間に，新たな既約分数が割り込むことはない。この操作によって，たしかに F_4 をつくることができる。主定理3は位数が大きなFarey数列をつくるアルゴリズムを与えていることが分かる。

いよいよ，主定理3を証明しよう。以下では，既約分数 $\dfrac{b}{a}$，$\dfrac{d}{c}$$\left(ただし，\dfrac{b}{a}<\dfrac{d}{c}\right)$が F_n において隣り合うとする。

まず，F_{n+1} において既約分数 $\dfrac{q}{p}$ が $\dfrac{b}{a}$，$\dfrac{d}{c}$ の間に現れるとしよう。このとき

$$\frac{b}{a}<\frac{q}{p}<\frac{d}{c}$$

が成り立つ。ここで左側の大小関係 $\dfrac{b}{a}<\dfrac{q}{p}$ について，両辺に同じ正の数をかけても2数の大小関係は変わらないから，両辺に ap をかけることによって

$$bp<aq$$

が成り立つ。さらに，両辺から同じ数を引いても2数の大小関係は変わらないから，両辺から bp を引くことによって

$$0<aq-bp \quad \text{すなわち} \quad aq-bp>0$$

が成り立つ。また，右側の大小関係 $\dfrac{q}{p}<\dfrac{d}{c}$ についても同様にして

$$dp-cq>0$$

が成り立つ。したがって，x と y を正の整数として

$$\begin{cases} aq-bp=x & \cdots\cdots① \\ dp-cq=y & \cdots\cdots② \end{cases}$$

と表すことができる。①の両辺を c 倍，②の両辺を a 倍して各辺をそれぞれ加えることにより

$(ad-bc)p=$ [つ]

となるから，15ページの主定理1を用いると

$p=$ [つ]

が成り立つ。いま x と y は正の整数であったから

$p\geqq$ [て] ……③

である。一方，$\dfrac{q}{p}$ は F_{n+1} を構成する既約分数であるから

$p\leqq$ [と] ……④

である。よって，③，④より

[て] $\leqq$ [と] ……⑤

が成り立つ。ところで，17ページの主定理2より

[て] $\geqq$ [と] ……⑥

が成り立つ。したがって，⑤，⑥より

[て] $=$ [と] ……⑦

が成り立つ。⑦より $x=y=1$ がわかるから，①，②を p，q について解くことにより

$p=$ [て]，　$q=$ [な]　……⑧

となる。⑧より，[に]。

一方，$\dfrac{b}{a}$，$\dfrac{d}{c}$ の分母の和が $n+1$ であるとしよう。このとき $a+c=n+1$ である。ここで，$\dfrac{b+d}{a+c}$ を考えると，これは既約分数である。なぜならば，既約分数でないと仮定すると，約分することにより分母は n 以下となり，17ページの主定理 2 の証明と同様の矛盾が生じるからである。$\dfrac{b+d}{a+c}$ は既約分数であり，かつ，$a+c=n+1$ であるから，$\dfrac{b+d}{a+c}$ は F_{n+1} に現れる。また，18ページの [た] が成り立つことから，[ぬ]。

以上のことから，主定理 3 が証明された。

…問題20

…問題21

…問題22

問　題

問題 1　[あ] に当てはまるものを，次のうちから**すべて**選び，記号で答えなさい。

(ア)　どちらも素数でない

(イ)　少なくとも一方が素数でない

(ウ)　最大公約数が 1 より大きい

(エ)　どちらも奇数である

(オ)　正の公約数が 2 つ以上存在する

問題 2　次の有理数を既約分数の形で答えなさい。

(1)　$\dfrac{18}{84}$

(2)　$\dfrac{2022}{210}$

(3)　0.132

問題 3　[い]，[う] を適切に埋《う》めなさい。

問題 4　[え] を適切に埋めなさい。

問題 5　[お] に当てはまるものを，次のうちから一つ選び，記号で答えなさい。

(ア)　0 以上 1 以下の有理数のうち，分母がちょうど n である数

(イ)　0 以上 1 以下の有理数のうち，分母が 1 以上 n 以下である数

(ウ)　0 以上 1 以下の既約分数のうち，分母がちょうど n である数

(エ)　0 以上 1 以下の既約分数のうち，分母が 1 以上 n 以下である数

問題 6　[か]，[き] を適切に埋めなさい。

問題 7　次の値を求めなさい。

(1)　$|F_6|$　　(2)　$|F_{10}|$

問題 8　n を正の整数とする。[く] に当てはまるものを，次のうちから一つ選び，記号で答えなさい。

(ア)　$f(1+2+3+\cdots+n)$

(イ)　$f(1\times2\times3\times\cdots\times n)$

(ウ)　$f(1)+f(2)+f(3)+\cdots+f(n)$

(エ)　$f(1)\times f(2)\times f(3)\times\cdots\times f(n)$

問題9　次の記述について，正しいものには○，間違っているものには×を記しなさい。

①　$f(10)=4$ である。

②　すべての正の整数 p，q に対して，$f(p\times q)=f(p)\times f(q)$ である。

③　すべての素数 p に対して，$f(p)=p-1$ である。

問題10　$f(100)$の値を求めなさい。

問題11　㋘ に当てはまるものを，次のうちから一つ選び，記号で答えなさい。

(ア)　(OH の傾き)＞(OF の傾き)と(OH の傾き)＜(OG の傾き)の両方

(イ)　(OH の傾き)＜(OF の傾き)と(OH の傾き)＞(OG の傾き)の両方

(ウ)　(OH の傾き)＞(OF の傾き)と(OH の傾き)＜(OG の傾き)の少なくとも一方

(エ)　(OH の傾き)＜(OF の傾き)と(OH の傾き)＞(OG の傾き)の少なくとも一方

問題12　㋙，㋚ を適切に埋めなさい。

問題13　次の記述について，正しいものには○，間違っているものには×を記しなさい。

①　F_6 において $\dfrac{1}{4}$ と $\dfrac{2}{5}$ は隣り合う。

②　F_7 において $\dfrac{5}{7}$ と $\dfrac{3}{4}$ は隣り合う。

③　F_n において $\dfrac{3}{5}$ と $\dfrac{2}{3}$ が隣り合うような正の整数 n の値は全部で 3 個ある。

（下の図は自由に用いて構いません。）

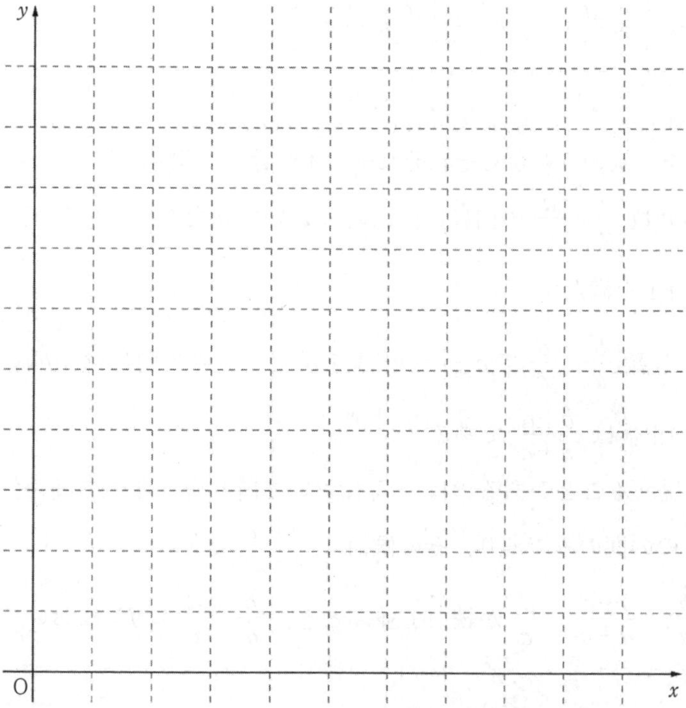

問題14　座標平面上の 3 点(0，0)，(3，5)，(−2，7)を頂点とする三角形の面積を求め，なるべく簡単な形で表しなさい。

問題15　㋛，㋜ を適切に埋めなさい。

問題16　座標平面上の 6 点 A(1，0)，B(7，3)，C(5，4)，D(2，2)，E(4，6)，F(0，5)をこの順に頂点

とする多角形ABCDEFの面積を求め，なるべく簡単な形で表しなさい。

（下の図は自由に用いて構いません。）

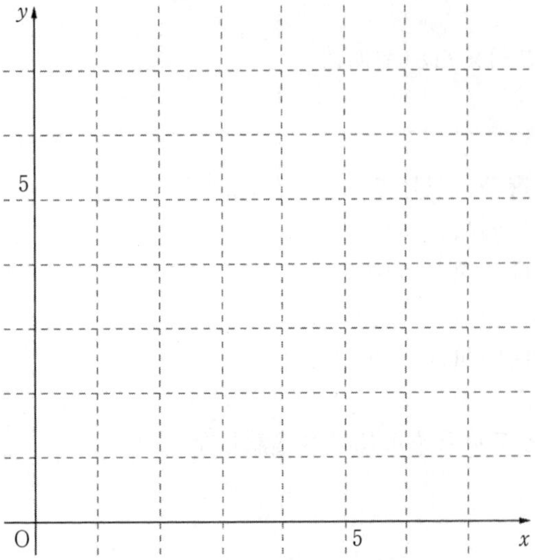

問題17　[せ]，[そ]を適切に埋めなさい。

問題18　[た]に当てはまるものを，次のうちから一つ選び，記号で答えなさい。

(ア)　$\dfrac{b}{a}<\dfrac{d}{c}<\dfrac{b+d}{a+c}$　　(イ)　$\dfrac{b}{a}<\dfrac{b+d}{a+c}<\dfrac{d}{c}$　　(ウ)　$\dfrac{d}{c}<\dfrac{b}{a}<\dfrac{b+d}{a+c}$

(エ)　$\dfrac{d}{c}<\dfrac{b+d}{a+c}<\dfrac{b}{a}$　　(オ)　$\dfrac{b+d}{a+c}<\dfrac{b}{a}<\dfrac{d}{c}$　　(カ)　$\dfrac{b+d}{a+c}<\dfrac{d}{c}<\dfrac{b}{a}$

問題19　[ち]を適切に埋めなさい。

問題20　[つ]～[な]を適切に埋めなさい。

問題21　[に]，[ぬ]に当てはまるものを，次のうちからそれぞれ一つずつ選び，記号で答えなさい。

(ア)　F_nにおいて隣り合う2つの既約分数$\dfrac{b}{a}$，$\dfrac{d}{c}$の間には，F_{n+1}において新たな既約分数が現れ，その正体は$\dfrac{b+d}{a+c}$であり$a+c=n+1$を満たす

(イ)　F_nにおいて隣り合う2つの既約分数$\dfrac{b}{a}$，$\dfrac{d}{c}$で$a+c=n+1$を満たすものの間には，F_{n+1}において新たな既約分数が現れ，その正体は$\dfrac{b+d}{a+c}$である

(ウ)　F_{n+1}において新たな既約分数が現れることがあるのは，F_nにおいて隣り合う2つの既約分数$\dfrac{b}{a}$，$\dfrac{d}{c}$で$a+c=n+1$を満たすものの間のみであり，その候補は$\dfrac{b+d}{a+c}$である

(エ)　F_{n+1}において3つの既約分数$\dfrac{b}{a}$，$\dfrac{b+d}{a+c}$，$\dfrac{d}{c}$が続いて並ぶとき，$\dfrac{b}{a}$，$\dfrac{d}{c}$はF_nにおいて隣り合う

問題22　次の問に答えなさい。

(1)　F_{10}において，$\dfrac{3}{4}$の次に現れる既約分数を求めなさい。

(2)　F_{30}において，$\dfrac{3}{4}$の次に現れる既約分数を求めなさい。

エ　梶井基次郎が、じっさいにどんな風景を主人公が見ていたか、読者に示そうとしたこと。
オ　梶井基次郎が、じっさいに風景画を描くことで主人公の気持ちに寄り添おうとしたこと。

問十　傍線部⑧「パノラマ的なものを欲する人物を主題化した作品」とはどのような作品ですか。説明として最も適切なものを次のア～オの中から**二つ選び**、記号で答えなさい。
ア　人が生まれながらに持つ孤独感に焦点をあてた作品。
イ　世間から完全に距離をとって生活している人物を描いた作品。
ウ　特定の対象に執着することを好まない人物をテーマにした作品。
エ　人との関係に一定の距離を置くことを求める人物を描いた作品。
オ　筆者と同様に思春期に深く悩み続けた人物をテーマにした作品。

問十一　傍線部⑨「不愉快な場面を非人情に見る」とはどのような意味ですか。説明として最も適切なものを、次のア～オの中から一つ選び、記号で答えなさい。
ア　人間社会での嫌なできごとは人々が思いやりの気持ちを失ったから起こるのだ、と分析して見るという意味。
イ　自分が嫌な目にあっている時に、そう感じる気持ちや自分の置かれた状況から離れて全体を見るという意味。
ウ　世の中で嫌なできごとが起きた時、それと直接関係ある人々だけがそのできごとを同情の目で見るという意味。
エ　自分を嫌な目にあわせる相手について、この人は人間らしい感情を失っているのだと思いやって見るという意味。
オ　嫌なできごとは、人がどんな思いを抱いているかということとは関係なく起こるのだ、と諦めて見るという意味。

問十二　太線部X「丘の上に登ることを選んだ私は、その行為を通じて何をしようとしていたのでしょうか」とありますが、なぜ筆者は丘に登ることを選んだと考えられますか。文の書き出しを「筆者は」ではじめて、七十字以上八十五字以内で答えなさい。なお、本文を最後まで読み、「パノラマ的な風景感覚」と「静かな展望」の関係に触れたうえで答えなさい。

意味。

イ　行き先を高い山にした先生や同級生たちへ怒りを感じずにはいられなかったという意味。

ウ　先生や同級生たちから当時抱えていた悩みにまで気を遣われるのがいやだったという意味。

エ　山登り以上に、周囲へ気を遣わせてしまっていることに負い目や劣等感を感じたという意味。

オ　嫌々キャンプに参加したことを先生や同級生に知られ、気を遣われたので居心地が悪くなったという意味。

問五　傍線部④「空々しい」の、ここでの意味として最も適切なものを、次のア～オの中から一つ選び、記号で答えなさい。

ア　大げさで重苦しい。

イ　人を見下したような。

ウ　じっさい以上にもの悲しい。

エ　わざとらしくて真実味がない。

オ　漠然としすぎて分かりにくい。

問六　傍線部⑤「パノラマは一八世紀に誕生した視覚の装置であり、錯視の装置ですが、これはたんにパノラマ館という見世物に終始したわけではありません」とはどのような意味ですか。説明として最も適切なものを、次のア～オの中から一つ選び、記号で答えなさい。

ア　明治時代の人々にとって、風景画とはパノラマ館での体験や装置そのものを指すようになっていたという意味。

イ　パノラマは錯視の装置として科学的な技術を追求していっただけでなく、芸術文化の向上を目的にしていったという意味。

ウ　パノラマ館での体験は、珍しい装置としてだけでなく、当時の風景画家たちの作風からも重大な影響を受けていたという意味。

エ　明治時代の人々にとってだけでなく、パノラマ館での体験や装置はわたしたちの生活にも、形を変えて取り入れられているという意味。

オ　パノラマは珍しいアトラクションとしてだけでなく、その視覚体験は明治時代に流行していた風景画鑑賞と同じような体験として認知されていたという意味。

問七　傍線部⑥「主人公は、眼前の実在の風景を、まるで風景画を見るように見ている」とありますが、どのようなことですか。説明として最も適切なものを次のア～オの中から一つ選び、記号で答えなさい。

ア　主人公は高台の城跡からの風景を、心の中の風景と重ねながら見ているということ。

イ　主人公は高台の城跡からの風景を、パノラマ的な視覚体験と重ねて見ているということ。

ウ　主人公は高台の城跡からの風景を、かつて見た「外国の画」と重ねて見ているということ。

エ　主人公は高台の城跡からの風景を、「故のない淡い憧憬」の気持ちを抱きつつ見ているということ。

オ　主人公は高台の城跡からの風景を、上野・浅草で見たパノラマ館の風景画を思い出しながら見ているということ。

問八　空欄［Y］に当てはまることばを漢字二字で本文中から抜き出して答えなさい。

問九　傍線部⑦「じっさい、梶井基次郎は、この風景のスケッチ画を残しています」とありますが、ここからどのようなことが分かると筆者は考えていますか。最も適当なものを、次のア～オの中から一つ選び、記号で答えなさい。

ア　梶井基次郎が、じっさいに見えている風景を階層化してとらえ直したこと。

イ　梶井基次郎が、じっさいの風景を見ずに小説を書き上げられるようになったこと。

ウ　梶井基次郎が、じっさいには存在しない町を舞台に小説を書けるようにしたこと。

物を主題化した作品だといっていいと思います。人間の関係すなわち社会関係に対し距離を置き、全体をとらえたいという気持ちを切実に感じている人物です。E・パノフスキーという学者は『〈象徴形式〉としての遠近法』という本の中で、遠近法の歴史には二つの要素があって、その一つは「距離を設定し客観化しようとする現実感覚の勝利だ」と述べています。

この作品の登場人物はこうも言っています。何か不愉快なことがあっても、「いつもの癖で、⑨不愉快な場面を非人情に見る、――そうすると反対に面白く見えてくる――その気持がものになりかけて来た」とか、体調を悪くした姉を別人と勘違いしたとき、「家のなかばかりで見馴《みな》れている家族を、ふと往来で他所目《よそ》に見る――そんな珍しい気持で見た故《せい》」と考えたりしています。「非人情に見る」とか「他所目に見る」――こういった言葉が、この人物の性向を見事に要約しています。特定の対象に執着せず、距離を置いて全体を眺めようとする態度ですね。非人情というのは『広辞苑』によれば、「人情から超然として、それにわずらわされないこと」とあります。ある意味では人間の世界から距離を置いて、わずらわされたくないという気持ちが、世間というものから距離を置きたい気持ちが、この小説の主人公には強くあるのです。こういう人物ですから、「パノラマ風の眺め」に「安らぎ」を覚え、いつまでも「静かな展望」に見入っていたいのです。

（野田研一『自然を感じるこころ―ネイチャーライティング入門』筑摩書房、二〇〇七年より）

注1　他人の家に身を寄せ、養ってもらっていること。また、その人。
注2　つくつくぼうし。「つくつくおーし」と繰り返し鳴くセミ。
注3　船を綱で他の船につなぎ合わせたり、岸のくいなどにつないだりして、船をつなぎとめること。

問一　傍線部a～eについて、漢字はその読み方をひらがなで書き、カタカナは漢字に直しなさい。

問二　傍線部①「山道をとぼとぼと歩いていた」とありますが、「とぼとぼ」と表現されているのはなぜですか。その理由として最も適切なものを、次のア～オの中から一つ選び、記号で答えなさい。

ア　打開するあてのない悩みを抱えていたから。
イ　どちらかというと山登りが好きではないのに登っているから。
ウ　丘のてっぺんに着いたら悩みと直面しなければならなくなるから。
エ　眼下に見渡す景色を楽しみにしてはいるものの、登りきる自信がないから。
オ　気分転換の方法はいろいろあるのに、どうして丘に登るのか理解できないから。

問三　傍線部②「主観的には深い悩みの中にありました」とありますが、「主観的には」と表現されているのはなぜですか。その理由として最も適切なものを、次のア～オの中から一つ選び、記号で答えなさい。

ア　深い悩みと一般的に定義されるような悩みでないことが、頭では分かっていたから。
イ　最初から解決できるあてのない悩みだと分かっていながら、解決しようとしているから。
ウ　この時の本人にとっては深刻でも、他の人から見ると深刻に思えないかもしれないから。
エ　実際には深刻な状況ではなかったのに、深刻な状況だと自分で勝手に思いこんでいたから。
オ　最初から悩みを解決しようとするのではなく、そういう言いわけをして単に気分転換を図っていたから。

問四　傍線部③「先生や同級生が自分を何かと気遣ってくれていること自体が苦痛に感じられる」とはどのような意味ですか。説明として最も適切なものを、次のア～オの中から一つ選び、記号で答えなさい。

ア　自分へ気を遣う周囲の人に返事をするのが億劫だったという

パノラマは一八世紀の終わり頃に考案され、日本には明治維新後の文明開化にともなって、一八九〇年、つまりおよそ一〇〇年後にヨーロッパから渡来したということです。梶井基次郎は一九〇一年生まれですから、上野・浅草で初公開された約一〇年後に生まれています。

この「パノラマ風の眺め」はなぜ主人公を魅了しているのでしょうか。それはまさしくパノラマが広く遠くまで見わたす眺望であるからにほかなりません。主人公が気に入っている「静かな展望」は、近景の小学校の校舎から遠景の入江にいたるその広大な視野、パノラマ的視野であるがゆえにこそ、主人公を魅了しているというべきでしょう。⑤パノラマは一八世紀に誕生した視覚の装置であり、錯視の装置ですが、これはたんにパノラマ館という見世物に終始したわけではありません。むしろ、パノラマ的な視覚体験は、当時一世を風靡《ふうび》していた風景画の逸すべからざるファクターでもありました。つまり、「パノラマ風の眺め」に見とれるということは、そのまま風景画を見るような経験と同じだったわけです。つまり、このときこの⑥主人公は、眼前の実在の風景を、まるで風景画を見るように見ているということになります。

ついでにいえば、パノラマの語源は、「すべて、全体」という意味を表すpanという語と、「見る」という意味のhoramaの合成語(いずれもギリシア語)です。英語でいえばall seeingという意味で、パノラマ的視線のことをall-seeing eyeと言ったりします。「すべてを見る目」というわけです。しかし、この「すべてを見る目」としてのパノラマ的視線は、それが成立するための前提条件を要します。第一には、対象からの Y と高さです。可能なかぎり広い範囲でものごとを視野に入れようとする場合、私たちは対象からできるだけ離れる必要があります。対象に接近するということは、全体を見失い、部分しか見えなくなることですから。パノラマ的視覚というのは、広く全体を見ようとするものですから、必然的に対象から離れる必要が出てきます。「城のある町にて」の主人公が高台の城跡に上がるのは、その遠望を可能にする Y を獲得するためです。小高い丘の上から広大な空間を見わたす。これこそパノラマ的視覚の要件ですから。

第二には、このような展望の位置を獲得した場合、そこに近景、中景、遠景という風景画的な階層化された構図が生まれるということです。いいかえれば、遠近法的構図です。この小説における風景の要素配置つまり構図は、次のように組み立てられています。

近景　小学校、寺の屋根、散在する植物の緑、赤いポスト、商店の看板、遊郭、芝居小屋、旅館＝町

中景　町はずれの煙突、黝《くろ》い木立、百姓家、街道、軽便(鉄道)の上げる煙《もや》＝町はずれ

遠景　入江、入江に舫う舟

こうやって並べて整理してみると一目瞭然ですが、風景画における遠近法的構図そのものですよね。(⑦じっさい、梶井基次郎は、この風景のスケッチ画を残しています。)そこでもう一度、パノラマ的、風景画＝遠近法的な視覚世界が対象からの距離、へだたりを前提としている点について考えてみましょう。離れるということは物理的に遠ざかるということです。遠ざかるということは、対象との間に距離があるということです。ということは、こんなふうに対象を遠望している人物は、対象とは疎遠な関係しかもちえていないことを意味しませんか。

もともと視覚というのは、たとえば触覚が対象に触れなければ知覚できない感覚であるのとeタイショウテキに、対象から離れなければ充分作動しない感覚です。だから、視覚を重視すればするほど対象から遠ざかることが大きな条件になっています。パノラマ的な風景感覚を求めようとすれば、この小説の主人公のように町から離れた少し高い場所に立たなければなりません。しかも、この主人公はそれを求めているのです。かなり切実に求めている人物といっていいでしょう。つまり、この小説は⑧パノラマ的なものを欲する人

ます。

では一体何だろうか。このパノラマ風の眺めは何に限らず一種の美しさを添えるものである。然《しか》し入江の眺めはそれに過ぎていた。そこに限って気韻が生動している。そんな風に思えた。

——

空が秋らしく青空に澄む日には、海はその青より稍々《やや》温《ぬく》い深青に映った。白い雲がある時は海も白く光って見えた。今日は先程の入道雲が上へ拡《ひろ》がってザボンの内皮の色がして、海も入江の真近までその色に映っていた。今日も入江はいつものように謎をかくして静まっていた。

最初の段落で言っていることは、一般に「パノラマ風の眺め」は美をもたらすが、「入江」の眺めはそれをはるかに凌駕《りょうが》するもので、「気韻が生動している」ということでしょう。「気韻生動」という言葉の意味は、『広辞苑《こうじえん》』によりますと、「絵や書などで、気品がいきいきと感じられること」とあります。おそらく、この「気韻生動」ということが、風景の中の「なにか」を言い当てようとしているに違いありません。とはいえ、「気韻生動」という言葉の意味を追いかけても「なにか」の意味が解けるような気もしません。なぜかというと、作家は「今日も入江はいつものように謎をかくして静まっていた」とこの一節を結んでいるからです。解けそうで解けない「謎」です。

ここまでのプロセスをもう一度整理してみましょう。

高台の城跡 ⇩ 「静かな展望」 ⇩ 「入江の眺め」 ⇩
「なにか」 ⇩ 「気韻生動」 ⇩ 入江の「謎」

次に皆さんは、自分自身が眺めの良い高台に立ったとき、どんな気持ちになってそこからの風景を眺めているか、少し自分の心に問いかけてみながら、続きを読んでみて下さい。

主人公は、「入江の眺め」を遠景とする「静かな展望」に心惹かれるものがあって、毎日のように城跡までやってくるわけですね。なぜこのような「静かな展望」に心惹かれるのか、これがいま私たちが追いかけている問いです。答の手がかりは、「このパノラマ風の眺めは何に限らず一種の美しさを添えるものである」という部分にc潜んでいる気がします。要するに主人公が安らぎを覚えているのは、「パノラマ風の眺め」だという点です。（もちろん、この文章の直後に、「然し入江の眺めはそれに過ぎていた」とありますから、それはたんなる「パノラマ風の眺め」以上のものと強調されているわけですが、いまは無視しておきます。）

「パノラマ風の眺め」とは何でしょうか。また、それが答の手がかりであるとはどういう意味でしょうか。考えてみましょう。

まず問題はパノラマです。『広辞苑』を見ますと、二つの意味に分けて説明されています。一つは一般的な意味で、「全景。広い眺望。一望の下に収められた景色」という説明です。基本的には大きく広くぐるりと見渡すことのできる眺望を指すようです。パノラマ写真という通常より広い視野でdサツエイしたものなどがありますね。二つ目は、こう説明されています。

都市や大自然・聖地などの眺望を屋内で見せる絵画的装置。円環状の壁面に緻密で連続した風景を描き、立体模型を配したり照明をあてたりして、中央の観覧者に壮大な実景の中にいるような感覚を与える。一七八九年イギリスのロバート＝バーカー（R. Barker 一七三九 一八〇六）が制作。日本では一八九〇年（明治二三）上野・浅草で公開。映画などの発達により衰退。回転画。

梶井基次郎が表現している「パノラマ風の眺め」という感覚の背景を理解するには、『広辞苑』の説明で一応こと足りると思います。

る情けない山登りでした。ですから、山が好きなんてとても言えないのです。

なのに、その後、悩み深い思春期に、X丘の上に登ることを選んだ私は、その行為を通じて何をしようとしていたのでしょうか。

梶《かじ》井《い》基《もと》次《じ》郎《ろう》「城のある町にて」

この答を探るために、一つ例を挙げてみましょう。

梶井基次郎という小説家がいます。一九〇一年(明治三四年)に生まれ、一九三二年(昭和七年)に没した昭和初期の作家です。この作家の代表作の中に、「城のある町にて」(一九二五年、大正一四年)という作品があります。じつはこの小説の主人公(峻《たかし》)がほとんど毎日のように町はずれの高台にある城跡に出かけては、そこからの眺めを飽かず眺めているような人物なのです。この人物はなぜそんなことをするのでしょうか。私の問いと重なるような作品なので、少し覗《のぞ》いてみましょう。

季節は夏から初秋へ向かう時期。場所はある地方の小さな町。主人公の峻は、都会からやってきて(おそらく学生)、この町にある姉のb嫁ぎ先に注1居候《いそうろう》しながら、夏休みを過ごしています。幼い妹の死という衝撃的な出来事から立ち直れない彼を気遣って、姉が自分の住む町でしばらく暮らすことを勧めたからです。都会からやってきたこの青年はひどく疲れていて、「心の静けさ」を求めています。

晴れた空の下、彼はその城跡から町を眺めています。見えているのは、小学校、寺の屋根、散在する植物の緑、赤いポスト、商店の看板、遊郭、芝居小屋、旅館など。そしてどこからか材木を叩《たた》く音や「注2つくつく法師」の鳴く声が聞こえてきます。さらに、町はずれの煙突、黝《くろ》い木立、百姓家、街道、軽便(鉄道)の上げる煙、入江、入江に注3舫《もや》う舟。こういうふうに、高台の城跡から見える風景を近景から遠景に向けて列挙したあとで、作者はこんなふうに書いています。

それはただそれだけの眺めであった。何処《どこ》を取り立てて特別心を惹《ひ》くようなところはなかった。それでいて変に心が惹かれた。

なにかある。本当になにかがそこにある。といってその気持を口に出せば、もう空々しいものになってしまう。

さて、ここまでの説明の中に、さきほどの問いの答は含まれているでしょうか。「特別心を惹くようなところ」はないのに、「変に心が惹かれた」と言っています。その理由は、「なにか」があるからだというのですが、その「なにか」は口に出すと「④空々しいものになってしまう」というわけで、どうにもはっきりしません。でも「なにか」があるらしいことは分かります。たぶん、この「なにか」を解くことができれば、私が最初に提出した問い――「この人物はなぜそんなことをするのか」――への答に近づけるかも知れません。

パノラマ風の眺め

じつは、作者は先ほどの引用の直後に、その「なにか」を説明しようと試みています。そのために、三つの連想を示しています。

1「故のない淡い憧憬《あこがれ》といった風の気持」

2「人種の異ったような人びとが住んでいて、この世と離れた生活を営んでいる。――そんなような所にも思える。」

3「なにか外国の画で、彼処《あそこ》に似た所が描いてあったのが思い出せない為《ため》」

でもどうやらいずれも近いけれどもやはり何か違うという感覚らしいのです。そして、こういう自問自答の果てに、作家はこう記しえていることを確認し、自分たちの社会を見直していく上での手がかりにしよう、ということ。

二 次の文章は『自然を感じるこころ―ネイチャーライティング入門』という本の一節です。読んで、後の問いに答えなさい。

なぜ丘に登るのか？

心が落ち込んだとき、迷いが溢《あふ》れて何も決められないようなとき、不安と心配ばかりが先に立って、しかもそのことを誰にも打ち明けられないようなとき、そんな苦しい時間が人にはあります。他人はそれを見てとって、「悩んでるんだね」と言います。そう、悩みがあって、それが深ければ深いほど、深刻であればあるほど、友だちだろうが親だろうが、かならずしも打ち明けられないことが少なくありません。そんなとき、私たちは何をするでしょう。どうすればその悩みを打開することができるでしょう。

ほんとうのことを言えば、打開する方法がないからこそ私たちは悩むわけで、どうすれば打開できるだろうなんてナンセンスに等しい言い方ですが、生きているかぎりは何度もこういう悩みに出遭います。誰も苦しみたくて、悩みたくて生きているわけではなく、できれば爽快に喜びに満ちた人生を送りたいと願っています。でも、どうしてもそんなふうにうまくはいかない。そんな状況に立ち至ったとき、どうしますか。

私自身のことを打ち明けてみます。中学生から高校生くらいの時期、私もある種の悩みの中にいました。同級生たちが快活に、そして自信に満ちた日々を過ごしているのに、私だけが不安と苦悩のただ中にいるような想《おも》いに日々駆られて、そこから脱出する a ホウトも見つからない、そんな気持ちだけで何年も暮らしていました。そのころのことで一つだけ思い出すことがあります。

私はほとんど毎日、放課後、家の近所にある標高三〇〇メートル足らずの丘に出かけていました。雨の日にはどうしていたのか思い出せませんが、少なくとも晴れた日には、農道を抜けて①山道をとぼとぼと歩いていた記憶があります。頂上と覚しき場所には、比較的大きめの岩が集まっていて、そのどこかに腰を下ろして、眼下に広がる風景を眺めていました。

さまざまな想念を持て余しながらですから、その丘のてっぺんに登ったからといって、悩みが片づいたはずもないのですが、なぜか私はそうやって丘に出かけていました。ときには、頂上に集まっている岩がどれも花崗岩《かこうがん》だと気づき、比較的近くにある有名な火山の噴火時に飛来したものだろうかなどという空想も交えながら、腰を下ろし、小さく見える田圃《たんぼ》や農道、散在する家並み、あるいは行き交う人や車を眺めていました。

なぜあのころ、ああいうふうにしきりに丘に登ったのだろうかと思い返すことがあります。もちろん、②主観的には深い悩みの中にありましたから、何とかそれを打開する方法を探っていたのだと思います。いや、丘に登ったからといって打開などできるわけもないので、たんに気晴らし、気分転換を図っていたのだと言ったほうが正確でしょうね。でも、どうして丘に登ることで、そういう気分転換ができると考えたのでしょう。スポーツで汗を流すとか、読書に耽《ふけ》るとか、よからぬ遊びに走るとか、気分転換の方法はいろいろあるわけですから、べつに丘に登ることだけが特別な意味を持っていたとは思えません。たぶん、たまたまそれを選んだに過ぎないのでしょう。

とはいえ、いまになっても思い返すのは、なぜあのとき自分は丘を選んだのだろうという疑問です。山登りが大好きだったというわけではありません。小学生の頃ですが、夏休みを利用して、熱心な担任の先生が、クラス全員を有名な山に連れていってくれたことがありました。キャンプをしながらかなり高い山に登る強行軍でした。人一倍体力のなかった私にはほんとうに辛い旅でした。③先生や同級生が自分を何かと気遣ってくれていること自体が苦痛に感じられも、そんな彼らも道ばたで老婆に手を差し出されたら、渡さずにはいられなくなる」とありますが、「非難」しているにもかかわらず「渡さずにはいられなくなる」のはなぜですか。説明したものとして最も適切なものを次のア～オの中から一つ選び、記号で答えなさい。

ア　エチオピア人は、相手に非難すべき点があると考えていても、自分と物乞いとの格差を生んでいる社会の歪みについても理解できているから。

イ　エチオピア人は、相手に非難すべき点があると考えていても、自分の不当な豊かさについても頭では理解できているため、渡さないわけにいかないから。

ウ　エチオピア人は、相手に非難すべき点があると考えていても、共感に心を開いているので、実際に物乞いと出会って共感すれば、その感情に素直に従うから。

エ　エチオピア人は、相手に非難すべき点があると考えていても、たとえ共感を覚えなくとも、彼らにお金を与えることで社会を再構築すべきと考えているから。

オ　エチオピア人は、相手に非難すべき点があると考えていても、共感を呼ぶような物乞いには施しをしなければならないという暗黙のルールがエチオピアにはあるから。

問七　傍線部⑦「内なる他者」とありますが、どういうことですか。説明したものとして最も適切なものを次のア～オの中から一つ選び、記号で答えなさい。

ア　世界の中には物乞いにお金をためらいなく与えるような感性の人がいるかもしれないと気づく別の自分、という意味。

イ　エチオピアの物乞いと比べて不当に豊かだという圧倒的な格差に気がつくことができるかもしれない別の自分という意味。

ウ　自分が日本に生まれたのは単なる偶然で、もしかしたらエチオピアの物乞いとして生きていたかもしれない別の自分、という意味。

エ　今まで気づくことのなかった、エチオピアの物乞いが可哀想だという憐れみの気持ちに気づくことができるかもしれない別の自分、という意味。

オ　外国の旅行者を見て、物乞いにお金を与えることをためらう自分に違和感をもつことで見えてくる、別の行動を取るかもしれない別の自分、という意味。

問八　空欄 A に入ることばとして最も適切なものを次のア～オの中から一つ選び、記号で答えなさい。

ア　善意　　イ　他責　　ウ　見栄　　エ　自負　　オ　敬意

問九　傍線部⑧「世界の歪みを揉みほぐしていこう」とありますが、どういうことですか。説明したものとして最も適当なものを次のア～オから一つ選び、記号で答えなさい。

ア　わきあがってくる感情を無視して「経済」・「非経済」の区別だけで世界をとらえているせいで、日本とエチオピアとのような不当な格差が世界中に生じているので、それを正していこう、ということ。

イ　社会のさまざまな「経済＝交換のモード」の場面で、本来なら不適切なものとして処理されるべき「思い」や「感情」が誤作動を起こしているので、そうしたことがない社会にしていこう、ということ。

ウ　ぼくらは人との関わり合いを「経済」・「非経済」で区別しながらとらえているが、そうやって世界をかたちづくっていくことにはすでに限界がきているので、社会からこうした区別をなくしていこう、ということ。

エ　あらゆる場面で「共感」こそが「経済＝交換のモード」より優先されるべきなのに、ぼくらが物乞いへの「共感」を抑制し、不当な格差を当たり前のこととして受け入れているので、それを是正しよう、ということ。

オ　「共感」に心をひらいている社会に触れることで、ぼくらが過剰に「共感」を抑制し「経済＝交換のモード」で世界をとら

イ　「わたしたち」と「かれら」の間には明らかな経済格差があるため、「彼ら」にお金を分け与えたいという思いと、その一方で「経済／非経済」というきまりに忠実でありたいという思いの間で板挟みになること。

ウ　「わたしたち」と「かれら」の間には明らかな経済格差があるため、「彼ら」にお金を分け与えなければならないのではないかという思いと、かといってすべての物乞いにお金を分け与えることはできないという思いの間で板挟みになること。

エ　「わたしたち」と「かれら」の間には明らかな経済格差があるため、「彼ら」にお金を分け与えなければならないという思いと、「彼ら」に生気のない顔で見つめられ、手を差し出されるとどういう対応をしてよいかわからないという思いの間で板挟みになること。

オ　「わたしたち」と「かれら」の間には明らかな経済格差があるため、「彼ら」にお金を分け与えることで格差を解消したいという思いと、お金を分け与えるよりは子どもの欲するガムやパンを与えることで「彼ら」に喜びを与えたいという思いの間で板挟みになること。

問四　傍線部④「ガムやパンをあげることはできても、お金を与えることには抵抗を感じてしまう」とありますが、それはなぜですか。その理由として**当てはまらないもの**を次のア〜オの中から一つ選び、記号で答えなさい。

ア　特別の演出が施されていない「お金」のやりとりでは人間らしい思いや感情が差し引かれてしまうため、「贈り物」として適当でないように感じられるから。

イ　「お金」のやりとりは、物乞いとのあいだに生じる思いや感情を引き受けることになるので、「お金」のやりとりをはさまないガムやパンを渡すことのほうが違和感が少ないから。

ウ　「お金」を与えるという行為はなんらかの代償との「交換」を想起させるが、物乞いは労働や商品でそれに代えるということをしないため、「お金」を払う理由がないように感じられるから。

エ　ぼくらは「経済／非経済」というきまりに忠実であるため、「経済」の領域にある「お金」を与えるという行為よりも、「非経済」の領域にあるガムやパンを渡すことのほうが違和感が少ないから。

オ　「交換」において、「わたしのお金」は「わたしの利得」の代価として使われるべきものであり、収支を合わせることが求められるため、物乞いにお金を与えることは適当でないように感じられるから。

問五　傍線部⑤「そう自分を納得させている」とありますが、どういうことですか。この描写から読み取れることがらの説明として最も適切なものを次のア〜オの中から一つ選び、記号で答えなさい。

ア　商品交換のモードに縛られた人はふつう物乞いにお金を渡さないことを確認した上で、現地の人たちからの非難に反論している。

イ　本来は与えられる側が決める交換のモードの理屈を、経済／非経済の価値観に縛られた与える側が、無理に押し通そうとしている。

ウ　商品交換のモードに縛られていて物乞いになにも渡さずにいるが、実際には物乞いに共感しており、与えずにいる負い目をおさえている。

エ　相手が身体の弱った老婆が目の前にいても、商品交換のモードに縛られているために、本来わきあがるはずの共感をまったく覚えていない。

オ　愛情によって結ばれていない相手にお金を渡すことは、なんらかの交換を伴わなくてはならないという商品交換のモードを再確認している。

問六　傍線部⑥「実際、物乞いを怠け者だと非難する人は多い。でそれは「貧しい人のために」とか、「助けたい」という気持ちからではない。あくまでも自分が彼らより安定した生活を享受できているという、圧倒的な格差への「うしろめたさ」でしかない。
　この違いはとても大きい。［　A　］の前者は相手を貶《おとし》め、自責の後者は相手を畏れる。
　そうやって物乞いの人たちと顔見知りになると、笑顔であいさつを交わすだけで、なにも求められなくなる。彼らも「いつももらうのは申し訳ない」と思うのかもしれない。贈与は人のあいだの共感を増幅し、交換はそれを抑圧する。
　エチオピアにいると、商品交換のモードに凝り固まった身体がほぐれていく。このほぐれた身体で、⑧世界の歪《ゆが》みを揉《も》みほぐしていこう。

（松村圭一郎《けいいちろう》『うしろめたさの人類学』ミシマ社、二〇一七年より）

問一　傍線部①「『経済化＝商品らしくすること』は、『脱経済化＝贈り物にすること』との対比のなかで実現する」とはどのようなことですか。説明したものとして最も適切なものを次のア～オの中から一つ選び、記号で答えなさい。

ア　モノのやりとりをする際、はじめから「商品」らしさがあるのではなく、すぐに対価を支払うことにおいて、「商品」らしさが際立ってくるということ。
イ　モノのやりとりをする際、はじめから「商品」らしさがあるのではなく、受けとったモノに「返礼」をすることにおいて、「商品」らしさが際立ってくるということ。
ウ　モノのやりとりをする際、はじめから「商品」らしさがあるのではなく、特別な演出をする「贈り物」との差異において、「商品」らしさが際立ってくるということ。
エ　モノのやりとりをする際、はじめから「商品」らしさがあるのではなく、やりとりのあいだに「時間」を差しこむことにおいて、「商品」らしさが際立ってくるということ。
オ　モノのやりとりをする際、はじめから「商品」らしさがあるのではなく、リボンや包装をして「贈り物」の演出をすることにおいて、「商品」らしさが際立ってくるということ。

問二　傍線部②「この区別は、人と人との関係を意味づける役割を果たしている」とはどのようなことですか。説明したものとして最も適切なものを次のア～オの中から一つ選び、記号で答えなさい。

ア　人と人との関係は、固定化されたものとしてあり、思いや感情を足し引きするモノのやりとりがあってもなくても、関係は自然とかたちづくられているということ。
イ　人と人との関係は、固定化されたものとしてあるが、ときには日ごろの感謝の気持ちを込めてプレゼントをして、思いや感情を表現していく必要があるということ。
ウ　人と人との関係は、固定化されているのではなく、人にモノを渡すときは出来るだけ愛情を込めた「贈り物」として、思いや感情を表現していくことが大切であるということ。
エ　人と人との関係は、固定化されているのではなく、経済と非経済との区別をめぐるモノのやりとりのなかで思いや感情を足し引きしながら、かたちづくられていく面があるということ。
オ　人と人との関係は、固定化されているのではなく、相手の性格の光の部分と闇の部分とを区別して接するなかで思いや感情を足し引きしながら、かたちづくられていく面があるということ。

問三　傍線部③「そんなジレンマに悩まされた」とありますが、ここでの「ジレンマ」は何と何との間で板挟みになることを指しますか。説明したものとして最も適切なものを次のア～オの中から一つ選び、記号で答えなさい。

ア　「わたしたち」と「かれら」の間には明らかな経済格差があるため、「彼ら」にお金を分け与えるべきだという思いと、ガムやパンを渡すことで葛藤を和らげたいという思いの間で板挟みになること。

あがる感情に従う必要はないのだから。

「みんなに与えられるわけではない」。そう思うかもしれない。でも、おそらく金額そのものが問題ではない。道で出会う物乞いにそのつど一ブル(約五円)ほど渡したところで、たいした額にはならない。彼らはそれくらいでも、こころよく「神のご加護を」と言って受けとってくれる。

商品交換のモードが共感を抑圧し、面倒な贈与と対価のない不完全な交換を回避する便法となる。ぼくらはその「きまり」に従っただけでなにも悪くない。⑤そう自分を納得させている。

あるいは「与えることは彼らのためにならない」と言うかもしれない。これだって同じ正当化にすぎない。ためになるかどうかは、そもそも与える側が決められるものではないからだ。いろんな理屈をつけて最初に生じたはずの「与えずにはいられない」という共感を抑圧している。共感とその抑圧。これが「構築」を考えるときのポイントになる。

「あふれる思い」の可能性

エチオピア人の振る舞いからは、彼らが共感に心を開いているのがわかる。かならずしも「分け与えなければならない」という宗教的義務が強固だからではない。物乞いの姿を前にしたときにわきあがる感情に従っているまでだ。だから相手に共感を覚えなければ、彼らだって与えない。⑥実際、物乞いを怠け者だと非難する人は多い。でも、そんな彼らも道ばたで老婆に手を差し出されたら、渡さずにはいられなくなる。

そう、老婆はただ「ほら、わたしを見なさい」と言って手を突き出している。エチオピア人は、その抗しがたいオーラにすっと身を任せる。

残念ながら、これは共感を抑圧している人には通じない。商品交換のモードはそこに生じた思いや感情を「なかったこと」にする。多くの日本人はそれに慣れきっている。

ぼくらでも、店で商品を買うような交換の場面で、店員とのモノのやりとりになんらかの思いや感情が「生じない」のではない。それは、そこから「差し引かれている」。

ふとわきでるさまざまな思いや感情は、交換のモードをとおして不適切なものとして処理され、「なかったこと」にされる。でもだからこそ、この「処理」はときどき誤作動する。

マクドナルドの店員のスマイルを、自分への好意だと勘違いすることもある。コンビニでバイトしている学生に聞いた話では、レジに立つ女性店員に告白する男性客がけっこういるそうだ。これは、むしろ当然のことだと思う。

商品交換の場でも、ときに抑圧をすり抜けて、思いや感情があふれだすことがある。そこに社会を再構築する鍵がある。別の振る舞いができる余地がみえてくる。

同時に、物乞いに抵抗なくお金を与えているエチオピア人の姿を見て、なぜ自分はお金を与えることに躊躇《ちゅうちょ》するのだろう、と問うことができる。他者の振る舞いから、自分自身がとらわれた「きまり」の奇妙さに気づくことができる。人の振り見て、我が身を疑う。これが人類学のセンスだ。モースの言った「鋭敏な感覚」にもつながるかもしれない。

ぼくらの身体は経済と非経済といった「きまり」に縛られている。でもつねに逸脱の可能性も開かれている。構築人類学は、この「ずれ」に光をあてる。そこから別の可能な姿の世界を構想する。それは⑦内なる他者に気づくことでもある。

最近、エチオピアでは、私もポケットに小銭があれば、誰かに渡している。なるべく収支の帳尻をゆるくして、お金が漏れていくようにしている。

自分が彼らよりも不当に豊かだという「うしろめたさ」がある。つねに彼らからいろんなものをもらってきたという思いもある。そのうしろめたさに、できるだけ素直に従うようにしている。

払う理由はない、となる。

「交換」において、「わたしのお金」は「わたしの利得」の代価として使われるべきものだ。そこではきちんと収支の帳尻を合わせることが求められる。簡単にお金は渡せない。

こうして、日本人の多くは物乞いに「なにもあげない」ことを選ぶ。

最近アディスでよく滞在しているオリンピアの路上にも、何人か「常連」の物乞いがいる。このあたりは、大通り沿いにビルが建ち並び、おしゃれな店も多い地区だ。

その歩道で、ひとりの高齢の老婆がよく物乞いをしている。浅黒い顔に刻まれた深い皺《しわ》からは、かなりの歳《とし》を重ねているように見える。足腰が弱っていて、ゆっくりとしか歩けない。だから歩道の中央に突っ立ったまま、道行く人に手を突き出すようにして、お金をせがんでいる。

歩いている人は、たいてい不意に腕や胸のあたりを手で突かれる格好になる。若い男性などは、不機嫌そうに振り返って、睨《にら》みつけたりする。でもほとんどの人は、その老婆の姿を目のあたりにすると、仕方ないなという顔になる。そしてポケットから小銭を取り出し、手渡している。

老婆は、当然のように無言でお金を受けとると、また次の人に手を突き出す。いままで、この老婆が物乞いに失敗したのを見たことがない。

エチオピアの人びとは、よく物乞いにお金を渡している。きっとぼくらのほうが豊かなのに、そんな金持ちの外国人が与えずに、あまりもたないエチオピア人が分け与えている。その姿に、ふと気づかされる。

いかにぼくらが「交換のモード」に縛られているのかと。

いまの日本の社会では、商品交換が幅を利かせている。さまざまなモノのやりとりが、しだいに交換のモードに繰り入れられてきた。それは、面倒な贈与を回避し、自分だけの利益を確保することを可能にする。厄介な思いや感情に振り回されることもなくなる。

しかし、この交換は、人間の大切な能力を覆い隠してしまう。

共感する力、共感を抑える力

ぼくらは他者と対面すると、かならずなんらかの思いを抱く。無意識のうちに他者の感情や欲望に自己の思いを共鳴させている。泣いている赤ちゃんを目の前にすると、なんだか自分まで悲しくなってくる。なにかしてあげねば、という気になる。人がタンスの角などに足の小指をぶつけるのを見ると、その「痛み」はひとごとには思えない。思わず「あいたた」と声が出てしまう。

この「共感」が、コミュニケーションを可能にする基盤でもある。

身体の弱った老婆を目のあたりにして、なにも感じないという人はいないだろう。でも「交換」のモードには、そんな共感を抑え込む力がある。

物乞いのおばあさんがみんなから小銭をもらうのは、彼女だってどこかでお金を商品と交換する必要があるからだ。どんなに貧しいおばあさんでも、スーパーに行って商品をタダでくださいと言ってもらえるわけではない。商品交換の場では、そのおばあさんが「貧しそう」とか、「歳をとっている」とか、「身体が弱っている」なんて共感を生じさせる情報は余計なものとして除去される。誰もが透明な存在として感情や思いなしに交換することが求められる。それはエチオピアでも同じだ。

でも多くの日本人は道端で物乞いの老婆を目にしたときも、この交換のモードをもちだしてしまう。いろんな共感を引き起こしそうな表情とか、身なりとかを見なかったことにする。(中略)

同時にそれは、ぼくらがたんに日本に生まれたという理由で彼らより豊かな生活をしているという「うしろめたさ」を覆い隠す。そして物乞いになにも渡さないことを正当化する。交換のモードでは、モノを受けとらないかぎり、与える理由はないのだから。心にわきうはありえない。そんな家庭は、それだけで「愛がない」と非難されてしまう。

子育てとは無償の愛情であり、家族からのプレゼントも日ごろの労働への報酬ではなく、心からの愛情や感謝の印である。それは店でモノを買うような行為とはまったく違う。ぼくらはそのようにしか考えることができない。たとえそのモノが数時間前まで商品棚に並んでいたとしても。

家族のあいだのモノのやりとりが徹底的に「脱経済化」されることで、愛情によって結ばれた関係が強調され、それが「家族」という現実をつくりだしている(なぜ「母親」が脱経済化された領域におかれるのかも、ひとつの問いだ)。

家族という間柄であれば、誰もが最初から愛にあふれているわけではない。それは脱感情化された「経済=交換」との対比において(なんとか)実現している。

「家族」にせよ、「恋人」にせよ、「友人」にせよ、人と人との関係の距離や質は、モノのやりとりをめぐる経済と非経済という区別をひとつの手がかりとして、みんなでつくりだしているのだ。

でも、ぼくらがその「きまり」に縛られて身動きがとれないのであれば、社会を動かすことなんてできない。構築人類学は、どういう視点からそれをずらそうとしているのか。エチオピアの事例から考えてみよう。

物乞いにお金を与えるべきか?

エチオピアを訪れた日本人が最初に戸惑うのが、物乞いの多さだ。街の交差点で車が停《と》まると、赤ん坊を抱えた女性や手足に障がいのある男性が駆け寄ってくる。生気のない顔で見つめられ、手を差し出されると、どうしたらよいのか、多くの日本人は困惑してしまう。「わたしたち」と「かれら」のあいだには、埋めがたい格差がある。かといって、みんなに分け与えるわけにもいかない。では、どうすべきなのか? これは途上国を訪れた旅行者の多くが抱く葛藤かもしれない。

私も最初に首都のアディスアベバ(以下、アディス)にいたとき、街を歩くたびに③そんなジレンマに悩まされた。安宿のあるピアッサという地区では、裸足《はだし》の子どもに「マニー、マニー」と言われながら、付きまとわれた。

私はいつもポケットにガムを入れておくようにした。そして、子どもにせがまれると、そのガムを渡した。欧米人のバックパッカーが、ザックからパンを取り出して配っているのを目にしたこともある。

ぼくらは、こういうときにお金を渡すのに慣れていない。④ガムやパンをあげることはできても、お金を与えることには抵抗を感じてしまう。たとえガムのほうが高価でも、わざわざガムを買って渡すことを選ぶ。

それは、これまで書いてきたように、ぼくらが「経済/非経済」というきまりに忠実だからでもある。

このきまりには、ふたつの意味がある。

ひとつは、お金のやりとりが不道徳なものに感じられること。特別の演出が施されていない「お金」は「経済」の領域にあって、人情味のある思いや感情が差し引かれてしまう。だから、人になにかを渡すとしたら、それはお金ではなく「贈り物」でなければならない。

ただし「贈与」は、他者とのあいだに生じる思いや感情を引き受けることも意味する。それは「売買」に比べると、なにかと厄介だ。子どもならガムでもいいが、大人にはそうはいかない。贈り物には相手が望むものを選ぶ必要がある。相手を怒らせることもある。だから「贈与」は難しい。

もうひとつは、お金がなんらかの代償との「交換」を想起させること。物乞いが、ぼくらのために働いてくれるわけでも、なにかを代わりにくれるわけでもない。このとき「わたし」が彼らにお金をほんの表面的な「印」の違いが、歴然とした差異を生む。

ぼくらは同じチョコレートが人と人とのあいだでやりとりされることが、どこかで区別しがたい行為だと感じている。だから、わざわざ「商品らしさ」や「贈り物らしさ」を演出しているのだ。

ぼくらは人とのモノのやりとりを、そのつど経済的な行為にしたり、経済とは関係のない行為にしたりしている。①「経済化＝商品らしくすること」は、「脱経済化＝贈り物にすること」との対比のなかで実現する。こうやって日々、みんなが一緒になって「経済／非経済」を区別するという「きまり」を維持しているのだ。

でも、いったいなぜそんな「きまり」が必要なのだろうか？

目に見えないルール

ぼくらはいろんなモノを人とやりとりしている。言葉や表情なども含めると、つねになにかを与え、受けとりながら生きている。そうしたモノのやりとりには、「商品交換」と「贈与」とを区別する「きまり」があると書いた。

ひとつ注意すべきなのは、そのモノのやりとりにお金が介在すれば、つねに「商品交換」になるわけではない、ということだ。

結婚式のご祝儀や葬儀の香典、お年玉などを想像すれば、わかるだろう。お金でも、特別な演出（祝儀袋／新札／袱紗《ふくさ》／署名）を施すことで贈り物に仕立てあげられる。ふつうは結婚式の受付で、財布からお金を出して渡す人なんていない。

なぜ、わざわざそんな「きまり」を守っているのか？　じつは、この「きまり」をとおして、ぼくらは二種類のモノのやりとりの一方には「なにか」を付け加え、他方からは「なにか」を差し引いている。

それは、「思い」あるいは「感情」と言ってもいいかもしれない。贈り物である結婚のお祝いは、お金をご祝儀袋に入れてはじめて、「祝福」という思いを込めることができる。と、みんな信じている。経済的な「交換」の場では、そうした思いや感情はないものとして差し引かれる。マクドナルドの店員の「スマイル」は、けっしてあなたへの好意ではない。そう、みんなわかっている。

経済と非経済との区別は、こうした思いや感情をモノのやりとりに付加したり、除去したりするための装置なのだ。

レジでお金を払って商品を受けとる行為には、なんの思いも込められていない。みんなでそう考えることで、それとは異なる演出がなされた結婚式でのお金のやりとりが、特定の思いや感情を表現する行為となる。

それは、光を感じるために闇が必要なように、どちらが欠けてもいけない。経済の「交換」という脱感情化された領域があってはじめて、「贈与」に込められた感情を際立たせることができる。だからバレンタインのチョコで思いを伝えるためには、「商品」とは異なる「贈り物」にすることが不可欠なのだ。

②この区別は、人と人との関係を意味づける役割を果たしている。たとえば、「家族」という領域は、まさに「非経済／贈与」の関係として維持されている。家族のあいだのモノのやりとりは、店員と客との経済的な「交換」とはまったく異なる。誰もがそう信じている。

レジでお金を払ったあと、店員から商品を受けとって、泣いて喜ぶ人などいない。でも日ごろの感謝の気持ちを込めて、夫や子どもから不意にプレゼントを渡された女性が感激の涙を流すことは、なにもおかしくない。

このとき女性の家事や育児を経済的な「労働」とみなすことも、贈られたプレゼントをその労働への「対価」とみなすことも避けられる。そうみなすと、レジでのモノのやりとりと変わらなくなってしまう。

母親が子どもに料理をつくったり、子どもが母の日に花を贈ったりする行為は、子どもへの愛情や親への感謝といった思いにあふれた営みとされる。母親の料理に子どもがお金を払うことなど、ふつ

二〇二二年度　国際基督教大学高等学校

【国　語】（七〇分）〈満点：一〇〇点〉

注意　1．解答に字数制限がある場合は、句読点や「　」、その他の記号も字数に数えます。

2．出題の都合上、本文の一部を省略あるいは改変していることがあります。

一　次の文章は『うしろめたさの人類学』という本の一節です。読んで、後の問いに答えなさい。

贈り物と商品の違い

店で商品を購入するとき、金銭との交換が行われる。でも、バレンタインデーにチョコレートを贈るときには、その対価が支払われることはない。好きな人に思い切って、「これ受けとってください」とチョコレートを渡したとき、「え？　いくらだったの？」と財布からお金をとり出されたりしたら、たいへんな屈辱になる。

贈り物をもらう側も、その場では対価を払わずに受けとることが求められる。このチョコレートを「渡す／受けとる」という行為は贈与であって、売買のような商品交換ではない。だから「経済」とは考えられない。

では、ホワイトデーにクッキーのお返しがあるとき、それは「交換」になるのだろうか。この行為も、ふつうは贈与への「返礼」として、商品交換から区別される。たとえほとんど等価のものがやりとりされていても、それは売買とは違う。そう考えられている。

商品交換と贈与を区別しているものはなにか？

フランスの社会学者ピエール・ブルデュは、その区別をつくりだしているのは、モノのやりとりのあいだに差しはさまれた「時間」だと指摘した。

たとえば、チョコレートをもらって、すぐに相手にクッキーを返したとしたら、これは等価なものを取引する経済的な「交換」となる。ところが、そのチョコレートの代金に相当するクッキーを一カ月後に渡したとしても、それは商品交換ではない。返礼という「贈与」の一部とみなされる。このとき、やりとりされるモノの「等価性」は伏せられ、「交換」らしさが消える。

商品交換と贈与を分けているものは時間だけではない。お店でチョコレートを購入したあと、そのチョコレートに値札がついていたら、かならずその値札をはずすだろう。さらに、チョコレートの箱にリボンをつけたり、それらしい包装をしたりして、「贈り物らしさ」を演出するにちがいない。

店の棚にある値札のついたチョコレートは、それが客への「贈り物」でも、店内の「装飾品」でもなく、お金を払って購入すべき「商品」だと、誰も疑わない。でもだからこそ、その商品を購入して、贈り物として人に渡すときには、その「商品らしさ」をきれいにそぎ落として、「贈り物」に仕立てあげなければならない。

なぜ、そんなことが必要になるのか？

ひとつには、ぼくらが「商品／経済」と「贈り物／非経済」をきちんと区別すべきだという「きまり」にとても忠実だからだ。この区別をとおして、世界のリアリティの一端がかたちづくられているとさえいえる。

そして、それはチョコレートを購入することと、プレゼントとして贈ることが、なんらかの外的な表示（時間差、値札、リボン、包装）でしか区別できないことを示してもいる。

たとえば、バレンタインの日にコンビニの袋に入った板チョコをレシートとともに渡されたとしたら、それがなにを意図しているのか、戸惑ってしまうだろう。でも同じチョコレートがきれいに包装されてリボンがつけられ、メッセージカードなんかが添えられていたら、たとえ中身が同じ商品でも、まったく意味が変わってしまう。

英語解答

Ⅰ ① 1　② 3　③ 4　④ 4
⑤ 1　⑥ 2　⑦ 1　⑧ 2
⑨ 3　⑩ 3　⑪ 2　⑫ 1
⑬ 4　⑭ 3　⑮ 1　⑯ 2
⑰ 4　⑱ 1　⑲ 4　⑳ 4

Ⅱ 問1　[ア]…5　[イ]…9　[ウ]…11
[エ]…8　[オ]…16　[カ]…14
[キ]…6　[ク]…3　[ケ]…4
[コ]…13
問2　[A]…5　[B]…1　[C]…14
[D]…13　[E]…7　[F]…2
[G]…11　[H]…4　[I]…16
[J]…9

Ⅲ A 2　B 3　C 4　D 3
E 2　F 2　G 1　H 3
I 4　J 2，4，5

Ⅳ A 4　B B-1…2　B-2…4
C 1　D 2　E 3　F 2
G G-1…4　G-2…3　H 4
I 1，3，5

Ⅴ A 6番目…around　10番目…visit
B 3番目…my　9番目…never
C (例)Didn't you make a wish? Or did you make a wish in your heart?
D (例)That's because I am happy with my life now.

Ⅰ〔長文読解―適語(句)選択―説明文〕

≪全訳≫❶近い将来，車は人間の操作なしで走れるようになる。これは長年の間，考えられてきたことだが，人工知能技術の進歩によって，もうすぐ現実のものとなるであろう。トヨタ，日産，メルセデス・ベンツ，ゼネラルモーターズなど，世界中の自動車会社が自動運転技術の開発に取り組んでいる。これらの企業に加え，グーグル，アップル，マイクロソフトといった企業も自動運転車の研究開発を行っている。多くの企業が公道で自動運転車の試験走行を行っているが，グーグルは全企業のうち延べ走行距離が最も長い。❷自動運転車はカメラやレーダーで周囲を確認し，人工知能を使って自動的に走行する。地図データの助けを得ながら，どこにでも行きたい所に連れていってくれるのだ。実際に，これらの技術の多くは最新の車種においてすでに利用可能である。例えば，現在販売されている車は先行車との距離を調べて，速度を調整することができる。また，道路幅を調べて自動的にハンドルを切ることができる。交通量が少ない高速道路では，運転手はほとんど何もする必要がない。それゆえ近い将来，自動運転車は増えるだろう。❸自動運転車には他にも良い点がいくつかある。まず，交通事故を減らすことができる。米国運輸省によると，交通事故の約94%は人的ミスによって起きる。そのほとんどは，運転手が酔っぱらっているか眠いかのどちらかで起きた事故である。しかし，コンピュータや機械はそのようなミスをしない。自動運転車の技術が発展すれば，事故件数は減少するだろう。❹自動運転車のもう1つの強みは，渋滞を減らせることだ。高速道路株式会社によれば，渋滞の多くはブレーキを踏むことで起きる。1台の車がブレーキを踏むと，その後ろの車もブレーキをかけ，最終的には道路上の全ての車が止まってしまうのだ。坂を上っているとき，運転者は車が減速していることに気づきにくい。その結果，車の速度が落ちて，後続車がブレーキを踏むことになる。また，トンネルに入るとよく見えないので，しばしば運転者は速度を落とす。一方，自動運転車はどんな環境でも同じ速度で走れるので，後続車はブレーキをかける必要がない。このようにして交通渋滞が少なくなるのだ。❺自動運転車には多くの良い点があるが，完璧ではない。2018年3月18日の夜，アメリカで自動運転車にはねられた人が亡くなった。自動車の相乗り会社であるウーバーが，この車を試運転中であった。時速63キロメートルで走行中に，４車線道路を横断していた49歳の女性をはねたのだ。横断歩道も信号機もなかった。運転席には人間の運転者が乗っていたが，彼女は前方を見ていなかったので，ブレーキを踏まなかった。また，車のレーダーは100メートルほど離れた地点で女性の存在に気づいたが，それでも車は止まらなかった。その車両には緊急ブレーキの機能があったが，急ブレーキによって乗り心地が悪くなるという理由で，ウーバーはこの機能をオフにしていたのだ。当時ウーバーは，より快適な乗り心地を開発するために車を試運転していた。❻この事故で人々は大きな問題を突きつけられた。将来，自動運転車が事故を起こした場合，誰が責任を取るのか，ということだ。今のところ，このような事態に対処する法律を持つ国はない。現在，多くの国が検討している法律では，自動運転車が事故を起こした場合，運転席に座っている人がその責任を負う。しかし将来，運転席に誰もいなかったら，誰が責任を取るのだろうか。また，車のコンピュータがハッカーに攻撃されたら，どうなるのだろうか。❼自動運転車による事故は，今日の自動車事故とは大きく異なる。コンピュータや機械が下す「判断」が，人を殺す可能性もあるということなのだ。自動運転車によって事故が減るとハイテク企業が考えているとしても，それでもなおそうした判断で人が死ぬかもしれないのだ。私たちはこのことを受け入れることができるだろうか。自動運転車が普及するにつれて，私たちは技術だけでなく，もっと多くのことを考える必要が出てくるだろう。

＜解説＞① for many years という‘期間’を表す語句があることから，‘have/has＋過去分詞’の現在完了形(‘継続’用法)を選ぶ。　② in addition to ～は「～に加えて」。自動運転技術開発に取り組む企業として，自動車会社のほかに新規参入企業が紹介されている。　③‘最上級＋of〔in〕～’の形。一般に，最上級の文で「～の中で」を表すとき，この文の all (the companies)のように‘～’が主語と‘同類’の複数名詞または数詞なら of を，‘範囲・場所’を表す単数名詞なら in を用いる。(類例) This company makes the most self-driving cars in Japan.「この企業は日本で最も多くの自動運転車を製造している」　④ with the help of ～は「～の助けにより」という意味。地図データによってどこにでも行けるという文意を読み取る。　⑤直後の文で，すでに実用化されている自動運転技術の一例が紹介されている。　available「利用〔入手〕できる」　⑥文の述語動詞は can check。前の車との距離を調べるのは，「販売されている車」である。　⑦ checking の目的語となる部分。‘疑問詞(how wide)＋主語(the road)＋動詞(is)’の間接疑問。　⑧直前の２文で自動運転車は自動的に速度調整やハンドル操作をすると述べているので，人間は何もする必要がないという文脈。　⑨ drivers を先行詞とする関係代名詞節をつくる。‘either *A* or *B*’「*A* か *B* のいずれか」の形。　drunk「(酒などに)酔った」　⑩自動運転技術が発展すれば交通事故の「数」は減る。‘量’を表す quantity や amount は一般に‘数えられない名詞’に用いる。　⑪ be動詞 is の後に‘主語＋動詞 ...’の形が続いていることに着目。be動詞と‘主語＋動詞 ...’をつなぐのは補語となる名詞節を導く接続詞 that。　⑫‘It is ～ for … to —’「…が〔…にとって〕—することは～だ」の形式主語構文。　⑬ be killed で「(事故などで)死ぬ」という意味を表す。過去の内容なので，２の現在完了形は不適。３の dead は「死んでいる」という状態を表し，１の injure は「～を傷つける」という意味の他動詞である。　⑭主語の it は the car を指している。車が人を「はねた」のである。ここも前から続く明確な過去の内容なので現在完了形は使えない。　⑮文後半の主語 she が指すものを考える。　⑯ウーバーが試験運転をしているのは「それの(＝ウーバーの)車」である。　⑰ deal with ～「～に対処する」　break out「(戦争などが)発生する」　carry out ～「～を実行する」　count on ～「～を頼りにする」　⑱前後の内容が相反する対照的な内容になっている。　⑲直前に前置詞 of があるので名詞が入る。　⑳ need to ～「～する必要がある」の形。to の後は think about ～「～について考える」。受け身にする必要はない。　*cf.* need ～ing「～される必要がある」≒‘need to be＋過去分詞’　This watch needs repairing.／This watch needs to be repaired.「この腕時計は修理する必要がある」

Ⅱ〔**長文読解―単語の意味―説明文**〕

≪全訳≫❶ほとんどのイギリス人は，スコーンやケーキが1杯の紅茶とともに味わう本当の楽しみであることを否定しない。イングランドで最も人気のあるケーキの1つは，ヴィクトリアサンドイッチケーキである。このケーキはヴィクトリア女王の好物だったとされることから，女王の名にちなんでいる。ヴィクトリア女王は1837年から1901年まで国を導き，これはヴィクトリア朝時代として知られるようになった。この時代に製パン方法は著しく変化した。グローバル化と産業革命により，材料だけでなく，パンやケーキ類の消費のされ方も変化したのだ。❷ヴィクトリア朝の初期，食べ物は高価だった。中産階級の家庭では，収入の半分強を食費に費やしていた。彼らの食事には，毎日，半ポンドのパンが含まれていた。パンは多くの場合，パン職人や焼き菓子職人によって直接家に配達されていた。また，街の市場やケーキ屋，パイ屋などからもパンやケーキ類を買うことができた。自宅のオーブンでパンを焼いたり，頼んで製パン所で焼いてもらったりすることもできた。オーブンを温めるには石炭が必要だったが，当時，石炭はとても高価だった。パンを焼くにはどの方法が安くあがるか，よく考えなければならなかった。家計のお金が限られていたため，石炭を買うには特別な予算を組まなければならなかった。❸『ヴィクトリア朝』の著者，A.N. ウィルソンによれば，パン職人の生活は，特に社交行事の多い時期はパンの注文が大幅に増えたため大変厳しかった。その期間中，パン職人は夜11時からパン生地をつくり始めた。パンがふくらむ間の2，3時間しか寝られず，その後は残りの大変な作業をこなさなければならなかった。驚くべきことに，足で生地をこねることもあったという。また，製パン所内は暑く，32度にもなった。彼らは1日14時間から19時間働き，休む間もなかった。焼きあがったパンを自分で配達しなければならないパン職人もいた。パン職人の労働条件はとても厳しかったので，彼らの平均余命はあまり長くはなかった。統計によれば，ロンドンのパン職人で42歳より長生きした人はほとんどいないという。❹グローバル化と産業革命によってパン職人の選択肢が増えると，彼らの生活は改善された。ヴィクトリア朝時代まで，パン職人は地元イギリス産の材料を使うしかなかった。しかし，市場が世界に広がると，パン職人は他の国から材料を買うことができるようになった。ニュージーランド産のバターやアメリカ産の小麦粉，フランス産の卵などが買えたのだ。パン職人のこれらの選択が，製品の保存可能期間や品質，味に影響を与えた。材料は新鮮である必要があったので，冷蔵庫が普及する前は食品の保存が深刻な問題だった。それゆえ，ケーキをほぼ無期限に保存するのに役立つアルコールを使った。ヴィクトリア朝時代が続くと，工場主は製パンの重労働をこなす機械を発明しようと試みた。パン職人が購入できた多くの新しい機械の中に，生地をこねたり，混ぜたりする機械があった。これらの機械のおかげで，パン職人はもっと簡単にパンを焼くことができ，より良い生活を送ることができるようになった。❺ヴィクトリア朝後期には，製パン工程がさらに簡易化され，店頭にはより多くの種類のパンやケーキ類が並ぶようになった。さくらんぼケーキ，アーモンドケーキ，タルトは，人々が買えた物の一部にすぎない。手のこんだこれらの焼き菓子はどれもおいしいだけでなく，見た目もすばらしかった。1870年代になる頃までには人々の余暇の時間が増えたので，消費文化が発達し，人々は外出して買い物を楽しむようになった。新しい商店街も生まれ，女性は女性専用の喫茶店でランチやお茶を楽しむことができた。❻今日，イギリスの多くの焼き菓子が世界中で楽しまれている。例えば，スコーン，ショートブレッド，クランペットは，近所のお店ですぐに見つかる。これらの歴史や背景を知れば，その豊かな味わいをさらに楽しむことができるのだ。

問1．前後の文脈から意味を推測する。［ア］significantly「著しく，大いに」　［イ］income「収入」　‘spend ～ on …’「…に～を使う」　［ウ］purchase「～を買う」(≒buy)　［エ］budget「予算」　［オ］rise には「(パンなどが)ふくらむ」という意味がある。 rise－rose－risen　［カ］knead「(パン生地など)をこねる」　［キ］preservation「保存」　［ク］scrumptious「とてもおいしい」　［ケ］leisure「余暇の」　［コ］socialize「(社交的に)交際する」

問2．問1と同様に，前後の文脈から考える。日頃から英英辞典に慣れておくとよい。［A］delight「楽しみ」(＝5．「大きな喜びを与えてくれるもの」)　［B］ingredient「材料」(＝1．「特定の料理をつくるために他の食品と組み合わされる食品」)　［C］diet「(日常の)食事，飲食物」(＝14.「人がふだん食べたり飲んだりしているもの」)　［D］life expectancy「平均余命」(＝13.「人や動物の平均寿命」)　［E］statistics「統計」(＝7．「何かについての情報を示す数字の形をした事実」)　［F］shelf life「(食品・薬などの)保存〔有効〕期間」(＝2．「食品を安全に食べられる時間の長さ」)　［G］major「大事な」(＝11.「重要な，深刻な」)　［H］indefinitely「無期限に」(＝4．「終わりが決まっていない期間」)　［I］attempt「～を試みる，企てる」(＝16.「あること，特に難しいことをしようと試みること」)　［J］consumer「消費者」(＝9．「自分で使用するために商品やサービスを買う人」)

Ⅲ〔長文読解総合―説明文〕

≪全訳≫❶何世紀もの間，ハワイ先住民には文字がなかった。1800年代初頭まで，彼らは自分たちの歴史を書きとめるためのアルファベットも文字も持っていなかった。その代わり，ハワイ語は話し言葉だった。歴史，宗教的な信念，ハワイ語といった文化的な情報は，さまざまな形で物語を話すことによって次世代へと受け継がれた。これらの語り伝えの1つがフラと呼ばれるハワイ古来の踊りである。実は，フラは単なる踊りではない。ハワイ先住民にとってフラはハワイ文化の重要な一部である。というのもフラはハワイの神々をたたえるだけでなく，歴史の教科書のようなものだからだ。フラを踊るとき，踊り手は身振りと歌によってハワイの過去の物語を伝える語り部となる。❷フラには2つのタイプがあり，それぞれ全く異なる。フラ・アウアナは，ハワイといえば誰もが思い浮かべる現代的なフラである。アウアナでは踊り手がカラフルな衣装を着て，ハワイ語か英語のいずれかで歌われる歌に合わせて踊る。アウアナの曲はギターやウクレレなどの楽器で演奏される。これらの楽器はフラ・アウアナに現代的なイメージを与えるのに一役買っている。一方，フラ・カヒコは，ハワイ先住民が何世紀にもわたって演じてきた古典形式のフラである。カヒコでは，歌はハワイ語で歌われ，踊り手の後ろでウクレレやギターが演奏されることはない。代わりに踊り手は，竹や石，ひょうたんなどの自然素材からつくられた楽器の音に合わせて踊る。踊り手はこれらの音に合わせて動きながら，「オリ」と呼ばれる歌を歌う。カヒコでは，フラの身振りよりもオリの言葉の方がおそらく重要である。というのもハワイの歴史を物語るものこそオリの言葉だからである。また，オリは，火山の神ペレや月の神ヒナなど，ハワイの神々をたたえる宗教的な歌であることも多い。これらのオリは何百年もの間，歌い継がれてきたので，ハワイの人々は自分たちの歴史を記録し，宗教的な伝統を守ることができたのである。❸しかし，1820年にキリスト教の宣教師がハワイに来たとき，彼らはフラを好まなかった。というのもフラの踊り手が肌もあらわな衣装を着ていたからである。また，ハワイの人々がキリストではない神々をたたえ，祈ることも気に入らなかった。そこで1830年，宣教師たちはカアフマヌ女王を説得して，人前でフラを踊ることを禁止した。フラを踊ることができないので，若者たちは自分の先祖の話を学べなかったり，フラの伝統的な行事に参加することができなかったりした。その結果，ハワイ人としてのアイデンティティーの重要な部分を失ってしまった。人前でフラを踊ることは禁止されたが，幸いなことに，特に地方においてハワイの人々はひそかにカヒコを踊り続けていた。❹ハワイでのフラの禁止は約40年に及んだ。しかし1874年にデイヴィッド・カラカウアが国王になり，法律が改正されると，ハワイの人々は再び人前でフラを踊ることができるようになった。彼は「フラは心の言葉であり，それゆえハワイの人々の心臓の鼓動である」と言った。彼はハワイの人々に古い伝統に対して誇りを持ってほしいと思い，オリやカヒコを演じることを奨励した。実際，カラカウアが国王になったときの式典では，古典フラと現代フラの両方が演じられた。❺1893年，ハワイ王国は倒され，アメリカがハワイ諸島を支配した。その数年後，新政府は学校でのハワイ語の使用を禁じ，人々は公の場でハワイ語を話すことが許されなかった。❻その結果，ハワイ語を話せる人数が急速に減少し始めた。しかしながら，公の場でハワイ語を話すことは禁止されても，ハワイ中の人々はフラを踊り続け，オリを歌い続けた。フラのおかげでハワイの人々は，自分たちの歴史と言語を後世に残すことができたと多くの専門家が考えている。❼1800年代以来，ハワイの人々は歴史を記録し，伝えるために文字を使ってきた。しかし，オリやフラを通して物語を語る伝統は，ハワイ文化の重要な一部であり続けている。今日，ハワイ中の学校がハワイ語とフラを教えているのは，より多くの人々がハワイの伝統と言語を守ることの重要性を認識しているからなのだ。

A＜適語（句）選択＞「空所Aを埋めよ」　空所を含む文からはそれまで続いた「フラ・アウアナ」の紹介に代わり，もう1つのフラである「フラ・カヒコ」の説明が始まっている。on the other hand「一方では」は異なる物事を‘対比’させる表現。

B＜適語選択＞「空所Bを埋めよ」　同じ段落第2文の Hula 'auana is the modern form of hula と対になる箇所である。　modern「近代の」⇔ ancient「古代の，古来の」

C＜適語（句）選択＞「空所Cを埋めよ」　直後の内容が直前の内容の‘結果’になっている。

D＜適語句選択＞「空所Dを埋めよ」　空所を含む文の文頭にある However に着目し，直前の文の「ハワイの人が歴史を記録するのに文字を使っている」と対照的な内容になると考えられる。文字が登場したが，オリやフラを通して物語を語る伝統は消えずに存続しているという文脈である。

E＜単語の意味＞「下線部Eの recognize と同じ意味の単語はどれか」　現在もハワイ語とフラを学校で教えているのは，多くの人が伝統と言語を守ることの大切さを「理解している」からだと考えられる。　recognize「～を認識する，認める」

F＜内容一致＞「文章を完成させるのに最も適した選択肢を選べ」　「フラ・カヒコでは，(　　)」―2.「オリと呼ばれる歌は英語では歌われない」　第2段落半ば参照。ハワイ語で歌われる。

G＜英問英答＞「キリスト教の宣教師がハワイに来る前，ハワイの人々はどのように歴史を記録し共有していたか」―1.「歌や踊りや物語を語ることで歴史を記録し共有していた」　第1段落参照。

H＜内容一致＞「文章を完成させるのに最も適した選択肢を選べ」　「1800年代，ハワイの若者がハワイ人としてのアイデンティティーを失い始めたのは，(　　)からだ」―3.「ハワイの伝統的なことに参加できなかった」　第3段落参照。　as a result「結果として」

I＜英問英答＞「カラカウア王を祝う式典で，人々はどんな楽器を聞くことができたか」―4.「ウクレレ，ギター，それに石や竹やひょうたんでつくられた楽器」　第4段落最終文参照。カラカウア王の式典では，古典フラと現代フラの両方が演じられた。第2段落より，現代フラであるフラ・アウアナで用いられるのはウクレレとギター，古典フラであるフラ・カヒコでは，竹や石やひょうたんなどの自然素材からつくられた楽器が用いられることがわかる。

J＜内容真偽＞1.「1800年代に政府がフラを禁止したとき，ハワイの人々の中にはその法律に従わなかった人もいた」…○　第3段落最終文の内容に一致する。　2.「宣教師は人々がハワイの神々に祈っても気にしなかった」…×　第3段落第2文参照。人々がキリストではない神に祈ることを気に入らなかった。　3.「フラ・アウアナはフラ・カヒコより伝統的ではない」…○　第2段落の内容に一致する。　4.「1890年代に政府がハワイ語を禁止したにもかかわらず，ハワイ語を話す人の数は実際のところ増加した」…×　第5段落最終文〜第6段落第1文参照。ハワイ語を話せる人の数は急速に減少した。　5.「フラはハワイの人々にとってとても重要だったので，ハワイ王国を維持するのに役立った」…×　第5段落第1文参照。ハワイ王国は倒された。　6.「アメリカがハワイを支配するまで，ハワイ語は禁止されていなかった」…○　第5段落の内容に一致する。

Ⅳ〔長文読解総合―説明文〕

≪全訳≫❶あなたは，誰かを型にはめたことがあるだろうか。ひょっとすると，私たちは皆そうした経験があるかもしれない。ステレオタイプ(固定観念)とは，ある特定のタイプの人や物に対して多くの人が抱いている強い先入観やイメージのことである。しかし，現実にはそれが正しくないこともある。ステレオタイプは多くの場合，性別や人種，国籍など，ある集団に属する人々を見て，その集団の人たちが同じように考え，行動するというイメージを私たちが心の中でつくりだすときに形成される。ステレオタイプと闘ってきたグループの1つが，女性や少女である。❷女性がよく直面する固定観念の1つに，女性は男性よりおしゃべりであるという考えがある。この固定観念は非常に根強く，世界中で見られる。実際，日本語で「かしましい」を漢字で表すには，「女」という字を3つ重ねる。また，ドイツ語には「男1人は1語，女1人は辞書1冊」という表現もある。❸これは一般的な固定観念だが，実は男性の方が女性よりもよくしゃべる傾向がある。このことは1950年代から研究によって確認されている。どちらの性別がより多く話すかを調べた56の研究のうち，34の研究が男性の方が女性より多く話すことを証明した。女性の方が男性よりも多く話すとした研究は2つだけであった。昨年，ある著名な日本人男性が「女性が多い会議は時間がかかる」と発言し，国内外から注目を集めた。彼がこれらの研究結果を見たら，きっと驚くだろう。❹なぜ女性は男性よりもよくしゃべると思われているのか，多くの研究者がその理由を解明しようとしてきた。その1つの説明は，国によっては会議に女性がほとんどいないケースが多いので，女性が目立ちやすいというものだ。1980年代，ある研究者は，少数派が大きな社会集団の15%に満たない場合，彼らは他の誰よりも人目につくようになり，その行動が多くの注目を集めると述べた。女性はこのような状況にあると感じることが多いので，会議で意見を述べると，出席者はおそらく「あっ，あの女性が話している！」と思うのだ。もう1つの説明は，女性と男性は異なる話題について話す傾向があるということである。男性はときに「女性の」話題は重要でないと判断するので，男性は女性がしゃべりすぎだと感じるのだ。❺女性が男性よりもよくしゃべるという固定観念は，ある特定のイメージが必ずしも現実を表しているわけではないという一例である。一方，固定観念は他人に対する考え方に影響を及ぼすだけでなく，自分自身の考え方に影響することもある。結局，型にはまった見方をすると，多くの場合その固定観念を信じてしまう。その結果，私たちはその固定観念を反映する行動を取ってしまうのだ。❻「男子は女子より数学が得意である」という固定観念をよくご存じだろう。これは本当だと思うだろうか。日本が参加した数学の国際的な学力調査の結果を見てみよう。PISAとは15歳の生徒を対象に，読解力，数学，科学の知識とスキルを使って実社会の課題に対処する能力を測る，最大級の国際学習到達度調査である。2018年のPISAによると，78のうち32の国と経済圏において，男子が女子より数学の成績で大きく上回っている。これは全体の半分近くである。❼一般的に，女子の数学のテストの成績において興味深い点は，数学に関する固定観念が女子に心理的な影響を与えていることである。ある研究では，数学のテストを受ける前に女子のグループに対して，「この数学のテストは男子の点数の方が女子よりも高い」と伝えた。その結果，女子の成績は男子より悪かった。別の研究では，性別の要因について全く知らされなかったのに，女子の成績は男子より低かった。興味深いのは，どちらの研究でも，研究者が女子に「このテストは性差による影響を受けない」と言うと，女子の成績は男子と同じくらい高かったことである。これらの結果が示唆しているのは，男子の方が女子より数学が得意だと直接言われなくても，その固定観念が女子に悪影響を及ぼしているということである。❽日本には，男子は女子より数学ができるという固定観念を持つ人が多い。2018年のPISAにおいて，日本の女子の数学の成績が男子より低かったのは，このことが理由であるかもしれない。しかし，14の国や経済圏では，女子が男子よりもはるかに良い成績を収めた。この固定観念を信じない人が多ければ，日本もこれらの国々のようになれるかもしれない。言い換えれば，この固定観念はあくまで1つのステレオタイプであって，女子の実際の能力を反映しているわけではないということだ。❾おわかりのように，固定観念は，私たちの考え方や話し方，行動に大きな影響を与えることがある。私たちは使っている言葉はもちろんのこと，自分が抱いている考え方についても，立ち止まってよく考えるべきである。そうしなければ，誰かを傷つけてしまう可能性があるのだ。

A＜適語句選択＞この段落で紹介されているステレオタイプは，女性は男性よりも口数が多いというもの。この概念に合う表現を選ぶ。

B＜適語句選択＞B-1．空所直後のthisは直前の段落で述べられている，女性は男性よりもおしゃべりだという固定観念のこと。文後半は，男性の方が口数が多いという対照的な内容になっていることから判断できる。　**B-2．**直後の1文が，直前の内容の言い換えになっていることを読み取る。つまり，「『男子の方が数学ができる』という固定観念を捨てれば，日本も女子の方が成績の良かった国のようになれる」ということは，『男子の方が数学ができる』というのはあくまで固定観念にすぎず，実際の女子の能力を反映するものではないということだと言える。

C＜文脈把握＞Heは前の文のa well-known Japanese manを指し，these research resultsは同じ段落前半で述べられている，女性より男性の方が口数が多いという研究結果を指す。「女性が多い会議は時間がかかる」という彼の発言は，女性はおしゃべりだという思い込みに基づいているが，実はそうではないことが研究で示されているので，それを知ったら彼は驚くだろうということである。

D＜熟語＞会議で女性が少なければ，その場にいる女性は「目立つ」。直後の文でvisibleと言い換えられていることからも判断できる。　stand out「目立つ」≒visible

E＜適語句選択＞空所に入るのは，少数派の女性が会議で発言したときの周囲の反応である。ただでさえ目立つところで発言すれば，より注目が集まることになる。

F＜適語句選択＞空所以降はa particular imageを先行詞とする関係代名詞節。先行詞が3人称単数で，「必ずしも現実を表すわけではない」とは，現在に当てはまる内容である。

G＜適語選択＞G-1．文頭からgeneralまでが主語なので，The interesting pointという3人称単数に合うbe動詞を選ぶ。現在に当てはまる一般的な数学のテストの話なので時制は現在形が適切。　**G-2．**主語はgirls' performanceという3人称単数で，過去に行われた研究結果に関する内容である。

H＜適語句選択＞この段落では，女子は数学が苦手という固定観念が女子の心理に与える影響について，研究結果をもとに述べている。この段落の最終文では，男子の方が数学ができると直接言われなくても，固定観念が女子に悪影響を及ぼしているとある。このことから，性差について何も言われなくても固定観念の影響で，女子の数学の成績は低かったと考えられる。

I＜内容真偽＞1．「あなたが少数民族の一員で会議に出ている場合，たとえそうでなくても，他の人よりも多く話していると思われる可能性がある」…○　第4段落第3文の内容に一致する。　2．「あなたが話し手の話を聞いていて，その話題に興味がある場合，おそらくその人がしゃべりすぎていると感じるだろう」…×　第4段落最終文参照。しゃべりすぎだと感じるのは，話題が重要でないと考えるとき。　3．「研究によると，男性は女性よりもよくしゃべる。しかし，人は女性の方が男性より多く話すと信じている」…○　第2，3段落の内容に一致する。　4．「『このテストは性差による影響を受けない』と聞いた後，男子は数学のテストが女子と同じくらいよくできた」…×　第7段落後ろから2文目参照。男子ではなく女子の話である。　5．「研究によると，女子はたとえ自覚していなくても，男子の方が女子より数学ができるという固定観念に影響される傾向がある」…○　第7段落最終文の内容に一致する。　6．「PISA のテストにおいて，日本の女子は実際の能力が低いため，数学の成績が男子ほどよくなかった」…×　第8段落参照。女子の成績が悪かったのは固定観念の影響によるものと考えられ，実際の能力が低いからとは言えない。　7．「誰かに固定観念を持たれても，その固定観念の影響を受けることはめったにない」…×　最終段落第1文参照。固定観念は考え方や話し方，行動に多大な影響を与える。

Ⅴ〔作文総合―絵を見て答える問題〕

≪全訳≫❶「ねえ，あれを見て！」／「わあ，君の誕生日に流れ星だよ，カレン！」／「早く，何か願い事をしようよ！」❷彼は世界中を旅して，多くの有名な場所を訪問できたらいいのにと思っている。❸「ア私はペットのカメの気持ちを理解したいな。彼女は今までに一度も鳴いたことがないから。」❹「カレン，どうしてそんなに静かなの？」／「イ(例)願い事しなかったの？　それとも心の中でしたの？」／「いいえ，してないわ」❺「どうして？　お金持ちになりたいとか，もっとたくさんの物が欲しいとか思わないの？」❻「うん，思わないわ。それは今の生活に満足しているからだよ」❼「わかったわ！　じゃあ，このプレゼントはいらないね」／「待って，何？　そんな！！！」

A＜整序結合＞絵の内容から，少年はいろいろな場所を旅したいという文になると考えられる。語群に wishes と could があるので，‘現在実現できそうもないことへの願望’を表す‘wish(＋that)＋主語＋(助)動詞の過去形…’「…であればいいのに」の形(仮定法過去)をつくる。動詞は travel と visit の2つだが，visit は文末の places を目的語にとると考えられるので，最初に travel を置き around the world を続ける。and でもう1つの動詞 visit をつなぎ，その目的語を many famous places とする。　He wishes that he could travel around the world and visit many famous places.

B＜整序結合＞絵の内容からカメの気持ちを理解したいと考えられるので，まず I want to understand my turtle's feelings とまとめる。残りは because に続けてその理由となる節をつくればよい。　make a sound「音を出す」　I want to understand my turtle's feelings because she has never made a sound before.

C＜条件作文＞流れ星を見て急いで願い事をした2人は，何も願い事をしないカレンを見て，不思議に思ったのだと考えられる。この後の No, I didn't. という返答を導く疑問文をつくる。この後に続く会話の内容から，カレンは願い事をしなかったと考えられるので，願い事をしたかを尋ねる文をつくるとよい。それだけでは10語以上という条件を満たせないので，その前後に一言つけ加えるとよいだろう。　(別解例) Did you make a wish?　It was a big chance!

D＜和文英訳―完全記述＞「それは～からだよ」は，That's〔That is〕because ～で表せる。「～に満足している」は be happy〔satisfied〕with ～などとすればよい。「今の生活」は my life now や my present life で表せる。

2022年度／国際基督教大学高等学校

数学解答

問題１　(ウ)，(オ)

問題２　(1)　$\frac{3}{14}$　(2)　$\frac{337}{35}$　(3)　$\frac{33}{250}$

問題３　(い)…$\frac{1}{4}$，$\frac{3}{4}$

(う)…$\frac{1}{4}$，$\frac{1}{3}$，$\frac{1}{2}$，$\frac{2}{3}$，$\frac{3}{4}$

問題４　$\frac{1}{5}$，$\frac{1}{4}$，$\frac{1}{3}$，$\frac{2}{5}$，$\frac{1}{2}$，$\frac{3}{5}$，$\frac{2}{3}$，$\frac{3}{4}$，$\frac{4}{5}$

問題５　(エ)　　問題６　(か)…2　(き)…7

問題７　(1)　13　(2)　33　　問題８　(ウ)

問題９　①…○　②…×　③…○

問題10　40　　問題11　(ア)

問題12　(こ)…(5，4)　(さ)…$\frac{4}{5}$

問題13　①…×　②…○　③…○

問題14　$\frac{31}{2}$　　問題15　(し)…6　(す)…12

問題16　$\frac{37}{2}$

問題17　(せ)…$\frac{1}{2}(ad-bc)$　(そ)…$\frac{1}{2}$

問題18　(イ)

問題19　(例)分数$\frac{b+d}{a+c}$を既約分数にしたものは，F_nを構成する数

問題20　(つ)…$ay+cx$　(て)…$a+c$

(と)…$n+1$　(な)…$b+d$

問題21　(に)…(ウ)　(ぬ)…(イ)

問題22　(1)　$\frac{7}{9}$　(2)　$\frac{22}{29}$

〔数と式，Farey(ファレイ)数列〕

問題１＜約分ができる条件＞分数$\frac{q}{p}$が約分できるのは，pとqが１以外に共通の約数を持つときである。つまり，１以外に公約数を持つので，最大公約数が１より大きいときといえる。また，正の公約数が２つ以上存在するときともいえる。$\frac{25}{9}$は，分母，分子がともに素数でないが，約分できない。少なくとも一方が素数でないともいえるが，約分できない。どちらも奇数であるが，約分できない。よって，当てはまるものは，(ウ)，(オ)である。

問題２＜既約分数＞(1)$\frac{18}{84}=\frac{3\times\cancel{6}}{14\times\cancel{6}}=\frac{3}{14}$　　(2)$\frac{2022}{210}=\frac{337\times\cancel{6}}{35\times\cancel{6}}=\frac{337}{35}$　　(3)$0.132=\frac{132}{1000}=\frac{33\times\cancel{4}}{250\times\cancel{4}}=\frac{33}{250}$

問題３＜分母が４の既約分数，数の列＞(い)０以上１以下の既約分数のうち，分母が４であるものは，$\frac{1}{4}$，$\frac{3}{4}$である。　　(う)$\frac{0}{1}<\frac{1}{4}<\frac{1}{3}$，$\frac{2}{3}<\frac{3}{4}<\frac{1}{1}$だから，$F_4$は，$\frac{0}{1}$，$\frac{1}{4}$，$\frac{1}{3}$，$\frac{1}{2}$，$\frac{2}{3}$，$\frac{3}{4}$，$\frac{1}{1}$となる。

問題４＜数の列＞０以上１以下の既約分数のうち，分母が５であるものは，$\frac{1}{5}$，$\frac{2}{5}$，$\frac{3}{5}$，$\frac{4}{5}$である。$\frac{0}{1}<\frac{1}{5}<\frac{1}{4}$，$\frac{1}{3}<\frac{2}{5}<\frac{1}{2}$，$\frac{1}{2}<\frac{3}{5}<\frac{2}{3}$，$\frac{3}{4}<\frac{4}{5}<\frac{1}{1}$だから，$F_5$は，$\frac{0}{1}$，$\frac{1}{5}$，$\frac{1}{4}$，$\frac{1}{3}$，$\frac{2}{5}$，$\frac{1}{2}$，$\frac{3}{5}$，$\frac{2}{3}$，$\frac{3}{4}$，$\frac{4}{5}$，$\frac{1}{1}$となる。

問題５＜数の列に並んでいる数＞F_1は分母が１の既約分数，F_2はF_1を構成する数と分母が２の既約分数，F_3はF_2を構成する数と分母が３の既約分数，F_4はF_3を構成する数と分母が４の既約分数，F_5はF_4を構成する数と分母が５の既約分数を，それぞれ，小さいものから順に並べてできる数の列だから，このように考えると，F_nで並んでいる数は，０以上１以下の既約分数で，分母が１以上n以下のものである。

問題6＜数列の長さ＞㋕ F_4 を構成する数のうち，分母が4であるものは$\frac{1}{4}$，$\frac{3}{4}$の2個である。

㋖ $|F_4|=2+1+2+2=7$ である。

問題7＜数列の長さ＞(1) F_6 を構成する数のうち，分母が5であるものは$\frac{1}{5}$，$\frac{2}{5}$，$\frac{3}{5}$，$\frac{4}{5}$の4個，分母が6であるものは$\frac{1}{6}$，$\frac{5}{6}$の2個だから，$|F_6|=|F_4|+4+2=7+4+2=13$ である。　(2) F_{10} を構成する数のうち，分母が7であるものは$\frac{1}{7}$，$\frac{2}{7}$，$\frac{3}{7}$，$\frac{4}{7}$，$\frac{5}{7}$，$\frac{6}{7}$の6個，分母が8であるものは$\frac{1}{8}$，$\frac{3}{8}$，$\frac{5}{8}$，$\frac{7}{8}$の4個，分母が9であるものは$\frac{1}{9}$，$\frac{2}{9}$，$\frac{4}{9}$，$\frac{5}{9}$，$\frac{7}{9}$，$\frac{8}{9}$の6個，分母が10であるものは$\frac{1}{10}$，$\frac{3}{10}$，$\frac{7}{10}$，$\frac{9}{10}$の4個だから，$|F_{10}|=|F_6|+6+4+6+4=13+6+4+6+4=33$ である。

問題8＜数列の長さ＞$|F_n|$ は0以上1以下の既約分数のうち，分母が1，2，3，……，n であるものの個数の和だから，$|F_n|=f(1)+f(2)+f(3)+\cdots\cdots+f(n)$ である。

問題9＜正誤問題＞①…○。0以上1以下の既約分数のうち，分母が10であるものは，$\frac{1}{10}$，$\frac{3}{10}$，$\frac{7}{10}$，$\frac{9}{10}$の4個だから，$f(10)=4$ である。　②…×。$p=1$，$q=2$ のとき，$f(p\times q)=f(1\times2)=f(2)=1$，$f(p)\times f(q)=f(1)\times f(2)=2\times1=2$ となり，$f(p\times q)=f(p)\times f(q)$ は成り立たない。　③…○。全ての素数 p は，p 未満のどの正の整数との間にも1以外に公約数を持たないから，$\frac{1}{p}$，$\frac{2}{p}$，$\frac{3}{p}$，……，$\frac{p-1}{p}$ の $p-1$ 個の分数は全て既約分数である。よって，$f(p)=p-1$ である。

問題10＜既約分数の個数＞$f(100)$ は，0以上1以下の既約分数のうち，分母が100であるものの個数だから，$\frac{1}{100}$，$\frac{2}{100}$，$\frac{3}{100}$，……，$\frac{99}{100}$ の99個の分数のうち，約分できないものの個数となる。$100=2^2\times5^2$ だから，分子が2，5の倍数でないものが既約分数である。1以上99以下の整数のうち，2の倍数は，$99\div2=49$ あまり1より，49個あり，5の倍数は，$99\div5=19$ あまり4より，19個ある。このうち，両方に含まれているものは，2と5の公倍数である10，20，30，40，50，60，70，80，90の9個だから，1以上99以下の整数のうち，2の倍数でも5の倍数でもないものの個数は $99-(49+19-9)=40$(個)である。よって，$f(100)=40$ である。

問題11＜数列と直線の傾き＞右図1で，$\frac{3}{4}<\frac{b}{a}<\frac{5}{6}$ となる条件は，直線OHが2直線OF，OGの間にあることだから，〔直線OHの傾き〕>〔直線OFの傾き〕と〔直線OHの傾き〕<〔直線OGの傾き〕の両方が成り立つことである。

図1

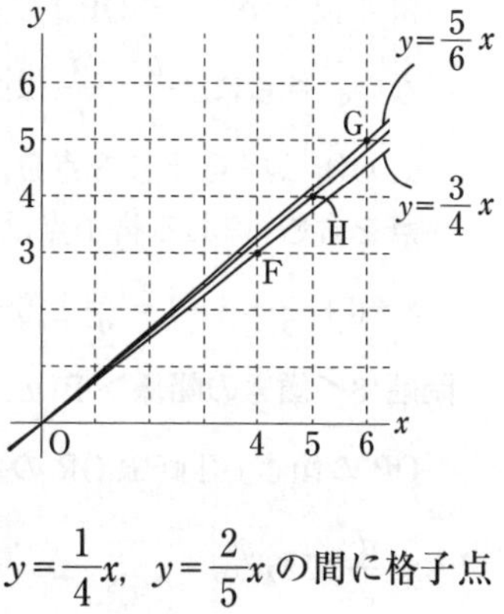

問題12＜数列と直線の傾き＞㋙右図1で，T_6 において，2直線OF，OGの間に格子点Hとして点(5，4)がある。　㋚図1で，2直線 $y=\frac{3}{4}x$，$y=\frac{5}{6}x$ の間にH(5，4)があるので，F_6 において，$\frac{3}{4}$，$\frac{5}{6}$ は隣り合わず，その間に既約分数$\frac{4}{5}$が現れる。

問題13＜正誤問題＞①…×。次ページの図2で，T_6 において，2直線 $y=\frac{1}{4}x$，$y=\frac{2}{5}x$ の間に格子点として点(3，1)があるから，F_6 において，$\frac{1}{4}$と$\frac{2}{5}$は隣り合わず，その間に$\frac{1}{3}$がある。　②…○。

図2 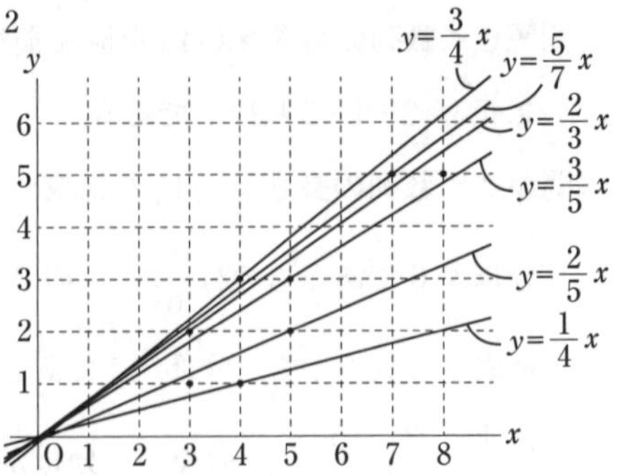

図2で，2直線$y=\frac{5}{7}x$，$y=\frac{3}{4}x$の間で，T_7には格子点はないから，F_7において，$\frac{5}{7}$と$\frac{3}{4}$は隣り合う。

③…○。$\frac{3}{5}$，$\frac{2}{3}$はF_nを構成する数であるから，$n≧5$である。図2で，2直線$y=\frac{3}{5}x$，$y=\frac{2}{3}x$の間に格子点として点(8，5)があるから，F_8において，$\frac{3}{5}$と$\frac{2}{3}$は隣り合わない。2直線$y=\frac{3}{5}x$，$y=\frac{2}{3}x$の間で，T_7には格子点はないから，F_nにおいて，$\frac{3}{5}$と$\frac{2}{3}$が隣り合う正の整数nは，$n=5$，6，7の3個である。

図3 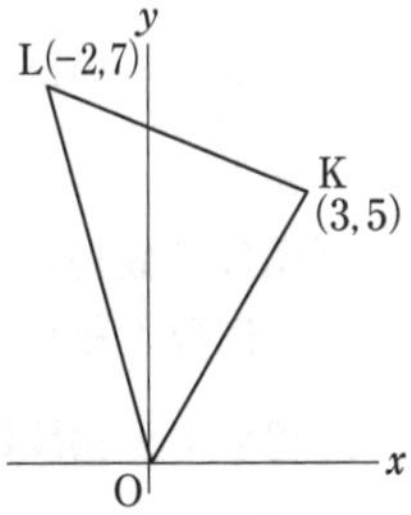

問題14＜面積＞右図3のように，2点K，Lを定めると，3点O(0，0)，K(3，5)，L(−2，7)を頂点とする△OKLの面積は，補助定理1より，△OKL$=\frac{1}{2}\times\{3\times7-5\times(-2)\}=\frac{1}{2}\times31=\frac{31}{2}$となる。

図4 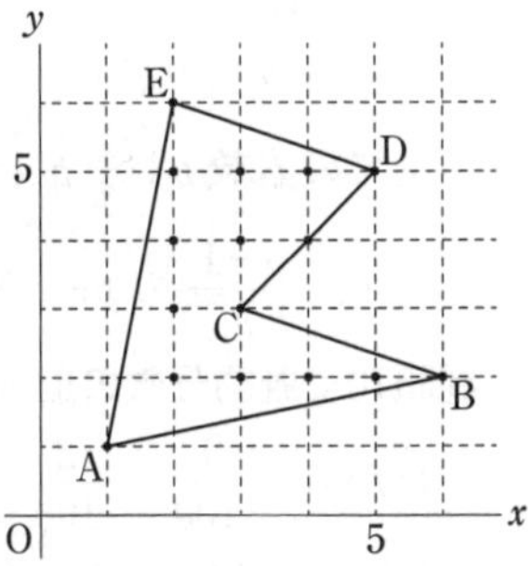

問題15＜個数，面積＞㋛右図4で，辺上(頂点を含む)にある格子点は，A，B，C，D，Eの5個と，線分CD上にある点(4，4)の，合わせて6個である。これより，$J=6$である。　㋜$I=10$，$J=6$だから，補助定理2より，$S=10+\frac{1}{2}\times6-1=12$となる。

図5 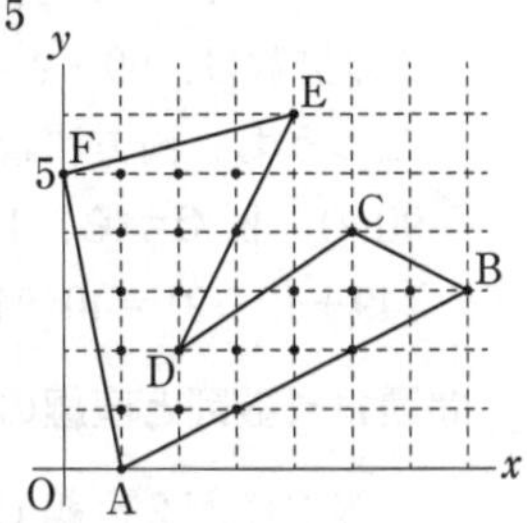

問題16＜面積＞右下図5で，多角形ABCDEFの内部(辺および頂点を含まない)にある格子点は15個であり，辺上(頂点を含む)にある格子点は，A，B，C，D，E，Fの6個と，線分AB上の点(3，1)，(5，2)，線分DE上の点(3，4)の，合わせて9個である。よって，$I=15$，$J=9$だから，補助定理2より，多角形ABCDEFの面積は$15+\frac{1}{2}\times9-1=\frac{37}{2}$となる。

図6 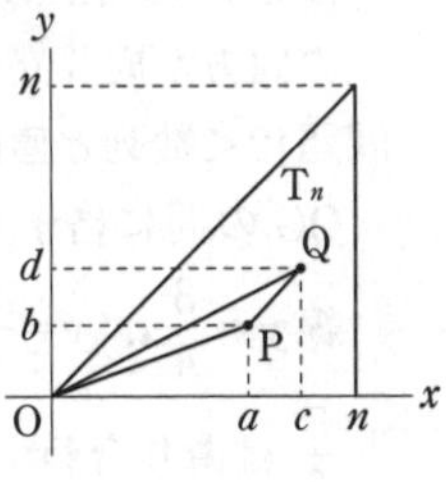

問題17＜面積＞㋝右下図6で，P(a，b)，Q(c，d)だから，補助定理1より，$S=$△OPQ$=\frac{1}{2}(ad-bc)$となる。　㋞$\frac{b}{a}$，$\frac{d}{c}$はF_nにおいて隣り合うから，△OPQの内部(辺および頂点を含まない)に格子点はない。さらに，$\frac{b}{a}$，$\frac{d}{c}$は既約分数で，F_nにおいて隣り合うから，辺OP，辺OQ，辺PQ上に3点O，P，Q以外の格子点はない。よって，辺上(頂点を含む)にある格子点はO，P，Qの3個だから，補助定理2より，$S=0+\frac{1}{2}\times3-1=\frac{1}{2}$となる。

問題18＜傾きの関係＞P(a，b)，Q(c，d)，R($a+c$，$b+d$)であり，〔直線OPの傾き〕＜〔直線ORの傾き〕＜〔直線OQの傾き〕だから，$\frac{b}{a}<\frac{b+d}{a+c}<\frac{d}{c}$である。

問題19＜数の性質＞$a+c$がn以下であると仮定すると，分数$\frac{b+d}{a+c}$を既約分数にしたものの分母も

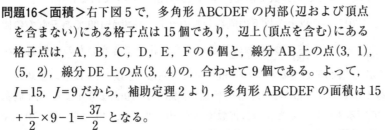

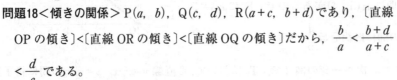

n 以下だから，分数$\dfrac{b+d}{a+c}$を既約分数にしたものは，F_n を構成する数である。解答参照。

問題20＜数の性質＞(つ) $aq-bp=x$……①，$dp-cq=y$……②だから，①$\times c+$②$\times a$ より，$(acq-bcp)+(adp-acq)=cx+ay$，$adp-bcp=ay+cx$，$(ad-bc)p=ay+cx$ となる。主定理１より，$ad-bc=1$ だから，$p=ay+cx$ である。　(て) x，y は正の整数だから，$ay+cx\geqq a\times1+c\times1$，$ay+cx\geqq a+c$ であり，$p\geqq a+c$……③となる。　(と)$\dfrac{q}{p}$は F_{n+1} を構成する数だから，$p\leqq n+1$……④である。(な)③，④より，$a+c\leqq p\leqq n+1$ だから，$a+c\leqq n+1$……⑤となる。一方，$\dfrac{b}{a}$，$\dfrac{d}{c}$は，F_n において隣り合うから，主定理２より，$a+c\geqq n+1$……⑥である。⑤，⑥より，$a+c=n+1$……⑦である。よって，$p=a+c$ である。$p=ay+cx$ だから，$ay+cx=a+c$ となり，x，y は正の整数だから，$x=y=1$ である。したがって，①より，$aq-bp=1$……㋐となり，②より，$dp-cq=1$……㋑となるから，㋐$\times d+$㋑$\times b$ で p を消去して，$(ad-bc)q=b+d$ となり，主定理１より，$q=b+d$ となる。

問題21＜数の性質＞(に)$\dfrac{b}{a}$，$\dfrac{d}{c}$が F_n において隣り合い，F_{n+1} において，既約分数$\dfrac{q}{p}$が$\dfrac{b}{a}$と$\dfrac{d}{c}$の間に現れるとすると，$p=a+c=n+1$，$q=b+d$ となるから，F_{n+1} において新たな既約分数が現れることがあるのは，F_n において隣り合う２つの既約分数$\dfrac{b}{a}$，$\dfrac{d}{c}$で，$a+c=n+1$ を満たすものの間のみであり，その候補は$\dfrac{b+d}{a+c}$となる。　(ぬ) F_n において隣り合う既約分数$\dfrac{b}{a}$，$\dfrac{d}{c}$の分母の和が $n+1$，つまり，$a+c=n+1$ であるとすると，$\dfrac{b+d}{a+c}$は既約分数となり，F_{n+1} を構成する既約分数となるから，$\dfrac{b+d}{a+c}$は F_{n+1} に現れる。さらに，$\dfrac{b}{a}<\dfrac{b+d}{a+c}<\dfrac{d}{c}$が成り立つから，$\dfrac{b+d}{a+c}$は F_{n+1} において$\dfrac{b}{a}$と$\dfrac{d}{c}$の間に現れる。よって，F_n において隣り合う２つの既約分数$\dfrac{b}{a}$，$\dfrac{d}{c}$で，$a+c=n+1$ を満たすものの間には，F_{n+1} において新たな既約分数が現れ，その正体は$\dfrac{b+d}{a+c}$となる。

問題22＜次に現れる既約分数＞⑴問題４より，F_5 で$\dfrac{3}{4}$の次に現れる既約分数は$\dfrac{4}{5}$である。分母の和は $4+5=9$ だから，主定理３より，$\dfrac{3}{4}$と$\dfrac{4}{5}$の間に新しい既約分数が現れるのは F_9 であり，その既約分数は$\dfrac{3+4}{4+5}=\dfrac{7}{9}$である。$4+9=13$ より，F_{10} では$\dfrac{3}{4}$と$\dfrac{7}{9}$の間に新しい既約分数は現れないから，F_{10} において$\dfrac{3}{4}$の次に現れる既約分数は$\dfrac{7}{9}$である。　⑵⑴と同様にして，$\dfrac{3}{4}$と$\dfrac{7}{9}$の分母の和は 13 だから，$\dfrac{3}{4}$と$\dfrac{7}{9}$の間に新しい既約分数が現れるのは，F_{13} であり，その既約分数は$\dfrac{3+7}{4+9}=\dfrac{10}{13}$である。$4+13=17$ だから，$\dfrac{3}{4}$と$\dfrac{10}{13}$の間に新しい既約分数が現れるのは，F_{17} であり，その既約分数は$\dfrac{3+10}{4+13}=\dfrac{13}{17}$である。以下同様にして，$\dfrac{3}{4}$と$\dfrac{13}{17}$の間に現れる既約分数は$\dfrac{3+13}{4+17}=\dfrac{16}{21}$，$\dfrac{3}{4}$と$\dfrac{16}{21}$の間に現れる既約分数は$\dfrac{3+16}{4+21}=\dfrac{19}{25}$，$\dfrac{3}{4}$と$\dfrac{19}{25}$の間に現れる既約分数は$\dfrac{3+19}{4+25}=\dfrac{22}{29}$となる。$4+29=33$ より，F_{30} では$\dfrac{3}{4}$と$\dfrac{22}{29}$の間に新しい既約分数は現れないから，F_{30} において$\dfrac{3}{4}$の次に現れる既約分数は$\dfrac{22}{29}$である。

国語解答

一　問一　ウ　　問二　エ　　問三　ウ
問四　イ　　問五　ウ　　問六　ウ
問七　オ　　問八　ア　　問九　オ
問十　ウ，エ　　問十一　イ
問十二　筆者は，丘の上から見える風景の「パノラマ風の眺め」に安らぎを覚え，距離を置いて不安や悩みの全体を見渡すために，静かな展望から得られるパノラマ的な風景感覚を求めたから。（83字）

二　問一　a　方途　b　とつ　c　ひそ
d　撮影　e　対照的
問二　ア　　問三　ウ　　問四　エ
問五　エ　　問六　オ　　問七　イ
問八　距離　　問九　ア

一〔論説文の読解―文化人類学的分野―文化〕出典；松村圭一郎『うしろめたさの人類学』「経済――『商品』と『贈り物』を分けるもの」。

≪本文の概要≫僕らは，「商品／経済」と「贈り物／非経済」を区別すべきだという「きまり」に忠実で，贈り物には思いや感情をつけ加え，商品交換からはそれを差し引いている。人と人との関係の距離や質も，この「きまり」によって皆でつくり出している。エチオピアでは物乞いが多いが，「経済／非経済」の「きまり」に縛られた日本人は，何も渡さない。今の日本の社会では商品交換が幅をきかせているが，交換のモードは，共感を抑え込んでしまう。エチオピア人は，共感に心を開いているので，道ばたで物乞いをされれば共感に身を任せてよくお金を渡しているのに，商品交換のモードに縛られた日本人には，それができないのである。しかし，エチオピア人の姿を見て，自分がとらわれた「経済／非経済」の「きまり」の奇妙さに，気づくことはできる。私も最近は，自分が彼らよりも不当に豊かだという後ろめたさから，物乞いにお金を渡している。エチオピアにいると，商品交換のモードに凝り固まった身体がほぐれていく。そのほぐれた身体で，自分たちの社会を見直していこう。

問一＜文章内容＞僕らは，「同じチョコレートが人と人とのあいだでやりとりされることが，どこかで区別しがたい行為だと感じている」ため，「わざわざ『商品らしさ』や『贈り物らしさ』を演出」する。同じ商品でも，「きれいに包装されてリボンがつけられ，メッセージカードなんかが添えられて」いると，「贈り物」になる。そういう「贈り物らしさ」の「演出」があることによって，「贈り物」とは異なる，「商品」の「商品らしさ」がはっきりするのである。

問二＜文章内容＞「母親が子どもに料理をつくったり，子どもが母の日に花を贈ったりする行為」は，「子どもへの愛情や親への感謝といった思いにあふれた営み」とされる。「家族のあいだのモノのやりとりが徹底的に『脱経済化』されること」で，「愛情によって結ばれた関係が強調」され，それが「『家族』という現実」をつくり出している。「人と人との関係の距離や質は，モノのやりとりをめぐる経済と非経済という区別をひとつの手がかりとして，みんなでつくりだしている」のである。

問三＜文章内容＞エチオピアを訪れた日本人は，物乞いをされると，「『わたしたち』と『かれら』のあいだには，埋めがたい格差がある」ことを考えて，何かを分け与えるべきかと思う。しかし，「みんなに分け与えるわけにもいかない」ので，「どうすべきなのか」と困惑し，葛藤する。

問四＜文章内容＞僕らは，「『経済／非経済』というきまりに忠実」で，「特別の演出が施されていない『お金』は『経済』の領域にあって，人情味のある思いや感情が差し引かれてしまう」ので，人に渡すものはお金ではなく「贈り物」でなければならないと考える（ア・エ…○，イ…×）。また，

「お金」は「なんらかの代償との『交換』を想起させる」ため，僕らは，「物乞いが，ぼくらのために働いてくれるわけでも，なにかを代わりにくれるわけでもない」ので「『わたし』が彼らにお金を払う理由はない」と考える(ウ…○)。「『交換』において，『わたしのお金』は『わたしの利得』の代価として使われるべきもの」で，「そこではきちんと収支の帳尻を合わせることが求められる」ので，僕らは「簡単にお金は渡せない」と思う(オ…○)。

問五＜文章内容＞「身体の弱った老婆を目のあたりにして，なにも感じないという人はいない」のであり，僕らも「共感」はしている。しかし，僕らは「『経済／非経済』というきまりに忠実」であるため，「交換のモード」を持ち出して「いろんな共感を引き起こしそうな表情とか，身なりとかを見なかったことに」し，物乞いの老婆を目にしても，何も渡さない。そして，自分は「『経済／非経済』というきまり」に従っただけで「なにも悪くない」と思おうとする。

問六＜文章内容＞エチオピア人は，「物乞いを怠け者だと非難」していたとしても，道ばたで老婆に手を差し出されると「その抗しがたいオーラにすっと身を任せる」ことになる。彼らは「共感に心を開いて」いるのであり，出会った老婆に「共感」すれば，その感情に従うのである。

問七＜文章内容＞僕らは「経済と非経済といった『きまり』に縛られて」いるが，それでも，「物乞いに抵抗なくお金を与えているエチオピア人の姿を見て，なぜ自分はお金を与えることに躊躇するのだろう，と問う」ことはできる。「他者の振る舞いから，自分自身がとらわれた『きまり』の奇妙さに気づくことができる」のである。そして，その気づきによって，「きまり」から「逸脱」して「別の可能な姿の世界を構想する」ことができる。それは，ふだんの「きまり」にとらわれた自分とは異なる自分に気づくことである。

問八＜文章内容＞「前者」は，「『貧しい人のために』とか，『助けたい』という気持ち」を指す。「『貧しい人のために』とか，『助けたい』という気持ち」などの，他人のためを思う心は，「善意」である。

問九＜文章内容＞僕らは，「経済と非経済といった『きまり』」に縛られ，「共感」を「交換のモード」によって抑圧しており，その身体は「商品交換のモードに凝り固まった」状態にあるといえる。しかし，「共感に心を開いている」エチオピア人を見て，「経済と非経済といった『きまり』」やその「きまり」のもとでの「商品交換のモード」にとらわれている自分を，疑うことができる。「私」は，そのようにして「経済と非経済といった『きまり』」やそのもとでの「商品交換のモード」で固まっている自分たちの社会を見直していきたいと考えているのである。

二〔**論説文の読解―芸術・文学・言語学的分野―文学**〕出典；野田研一『自然を感じるこころ　ネイチャーライティング入門』「なぜ自然を見るのか？――〈交感〉の思考」。

問一＜漢字＞ａ．「方途」は，方法のこと。　ｂ．「嫁ぎ先」は，嫁に行った家のこと。　ｃ．音読みは「潜水艦」などの「セン」。　ｄ．「撮影」は，写真やビデオや映画などを撮ること。　ｅ．「対照的」は，対立する二つの事柄の違いが，特に際立って見て取れるさま。

問二＜表現＞「とぼとぼ」は，ぼんやりと元気なく歩くさま。その頃の「私」は，「私だけが不安と苦悩のただ中にいるような想いに日々駆られて，そこから脱出する方途も見つからない」という気持ちで暮らしていた。「私」は，丘に出かけるときも，「さまざまな想念を持て余しながら」歩いていたのである。

問三＜表現＞「主観的」は，物事を自分自身の視点から認識する態度をいい，第三者の視点から見た場合にどうかということには関係なく，自分にとっての感じ方やとらえ方に基づいているさまを表す。その頃の「私」は，少なくとも自分自身では，自分が「深い悩みの中」にあると思い込んでいたのである。

問四＜文章内容＞「キャンプをしながらかなり高い山に登る強行軍」の旅は，「人一倍体力のなかった私にはほんとうに辛い旅」で，そんな「私」を「先生や同級生」は「気遣って」くれた。そうなると「私」は，「先生や同級生」に気を遣わせていると思い，そのことをまたつらく感じた。

問五＜語句＞言動が見え透いていて真実味がないことを，「空々しい」という。

問六＜文章内容＞「パノラマ」は，「錯視の装置」であり，「円環状の壁面に緻密で連続した風景を描き，立体模型を配したり照明をあてたりして，中央の観覧者に壮大な実景の中にいるような感覚を与える」ようになっている。「パノラマ」は，「見世物」であり，同時に，その「パノラマ的な視覚体験」は，「当時一世を風靡していた風景画の逸すべからざるファクター」でもあった。つまり，当時流行していた風景画は「パノラマ」的なものであり，「『パノラマ風の眺め』に見とれる」というのは，そのまま「風景画を見るような経験と同じだった」のである。

問七＜文章内容＞「パノラマ的な視覚体験」は当時の風景画の「逸すべからざるファクター」であり，「パノラマ風の眺め」に見とれることは，「そのまま風景画を見るような経験と同じ」だった。『城のある町にて』の主人公は，「パノラマ風の眺め」に安らぎを覚えており，「眼前の実在の風景」，つまり高台の城跡から見ている風景を，「パノラマ的な視覚体験」をさせる風景画を見ているときのように見ている。

問八＜文章内容＞「可能なかぎり広い範囲でものごとを視野に入れようとする」場合，私たちは「対象からできるだけ離れる」必要がある。つまり，対象との間の「距離」を十分取る必要がある。「高台の城跡に上がる」ことで，「遠望を可能」にする「距離」を獲得できる。

問九＜文章内容＞広大な空間を見渡せる位置を獲得した場合，そこに「近景，中景，遠景という風景画的な階層化された構図」が生まれる。『城のある町にて』で「風景画における遠近法的構図そのもの」を書いた梶井は，実際に見える風景をスケッチして，その風景を「階層化」してとらえていたと考えられる。

問十＜文章内容＞『城のある町にて』の主人公は，「特定の対象に執着せず，距離を置いて全体を眺めようとする態度」を取っている。彼には，「人間の世界から距離を置いて，わずらわされたくないという気持ち」，つまり「世間というものから距離を置きたい気持ち」が強くある。

問十一＜表現＞「非人情」とは，『広辞苑』によれば，「人情から超然として，それにわずらわされないこと」である。主人公は，「不愉快な場面」を前にしながら，そのときの気持ちにわずらわされずに「距離を置いて全体を眺めようとする」のである。

問十二＜文章内容＞「私」が丘に登ったのは，『城のある町にて』の主人公が高台の城跡に出かけるのと同様のことだと考えられる。『城のある町にて』の主人公は，「『入江の眺め』を遠景とする『静かな展望』」に心をひかれて，毎日のように城跡にやってくる。そして，その「パノラマ風の眺め」に「安らぎ」を覚える。この主人公には，「人間の世界から距離を置いて，わずらわされたくないという気持ち」，つまり「世間というものから距離を置きたい気持ち」が強くあり，「特定の対象に執着せず，距離を置いて全体を眺めようとする態度」で物事を見ようとする。そういう人物であるからこそ，「パノラマ風の眺め」に「安らぎ」を覚えていつまでも「静かな展望」に見入っていたいと思うのである。「私」もまた，丘の上からの「パノラマ風の眺め」に心をひかれ，不安や悩みから距離を置いて「全体」を眺めたいという思いから，丘の上からの「静かな展望」から得られる「パノラマ的な風景感覚」を求めて丘に登ったのだと考えられる。

Memo

Memo

2021年度　国際基督教大学高等学校

【英　語】（70分）〈満点：100点〉

I　［　］に入るものを選び，番号で答えなさい。

Roald Dahl is one of the ①［1　great story teller　2　most great story teller　3　greatest story tellers　4　greatest story teller］that the world has ever known. He ②［1　sells　2　is selling　3　has sold　4　was selling］over 200 million books since his first book was published and you might also know stories like *Charlie and the Chocolate Factory, Fantastic Mr Fox, The BFG and Matilda* from the film versions. Roald Dahl had a way of ③［1　speaking　2　telling　3　talking　4　saying］stories that makes them fun and easy to read. This, according to《によれば》 Dahl himself, is because he found it very ④［1　easy to remember　2　easily to remember　3　easy to remembering　4　easily remembering］what it was like to be a child.

Dahl was born in Llandaff《（地名）》 in Wales《ウェールズ》 ⑤［1　in　2　at　3　for　4　on］13 September 1916. His parents were both from Norway《ノルウェー》, but they moved to the UK ⑥［1　until　2　before　3　during　4　by］he was born. He went to boarding school《寄宿学校》, so he was living away from his parents for most of the year. He was also a bit naughty sometimes. Once, ⑦［1　play　2　played　3　for play　4　to play］a trick on the owner of a sweet shop, he put a dead mouse in one of the jars《ビン》 of sweets! As punishment《罰》, he was hit with a stick by his teacher at school. Dahl hated violence《暴力》, and in many of his stories the main characters are treated in cruel《ひどい》 ways ⑧［1　by their　2　with their　3　by his　4　with his］family or teachers. However, at the end of ⑨［1　each story　2　each stories　3　story　4　both stories］, the main character always wins.

Dahl's dream was to go to ⑩［1　excite　2　excited　3　exciting　4　be excited］foreign places, and he got the chance when he started working for an oil company in East Africa. When the Second World War broke out, he became a fighter pilot and came close to death when his plane crashed in the desert. As a result, he was too ill to continue being a pilot and ⑪［1　was send　2　was sent　3　was sending　4　sent］home. Next, he was given a new job at the British Embassy《大使館》 in Washington DC. There, he started writing speeches and war stories, and his first pieces of writing were published.

⑫［1　Have you heard of　2　Has he heard of　3　Have you heard from　4　Has anyone heard from］any of the following《次の》 stories?

Charlie and the Chocolate Factory

Charlie is a young boy from a poor family and, ⑬［1　about　2　among　3　for　4　like］most children, he loves chocolate. Charlie buys Wonka chocolate bars ⑭［1　so　2　and that　3　because　4　because of］he is hoping to find a golden ticket inside. Anyone who finds a golden ticket is invited to the Wonka Chocolate Factory to meet its owner, Willy Wonka.

However, there are some strange and mysterious things inside the factory !

The BFG

The BFG is a "Big Friendly Giant" who brings sweet dreams to children ⑮[1 during 2 while 3 at a time 4 at once] they are sleeping. One night he is seen by a girl ⑯[1 call 2 calling 3 to call 4 called] Sophie when she is not sleeping, and he carries her away to his homeland because he is scared she will tell the world about him. He is actually friendly, but the other giants are not. They bully《いじめる》 the BFG and want to eat people. Sophie decides ⑰[1 getting 2 not getting 3 to get 4 not to get] someone to help : the Queen of her country.

Matilda

Matilda is very smart and she loves ⑱[1 read 2 reads 3 reading 4 of reading] books, but her parents don't understand her and are cruel to her. Matilda's amazing mental powers《知性》 are discovered by her teacher, Miss Honey. Miss Honey then helps Matilda to develop these powers. At the same time, the headmistress《校長》 Miss Trunchbull is cruel to Miss Honey, so Matilda tries to help her teacher.

Boy : Tales of Childhood

This book is told like a novel, but it's not a novel : it's the life story of Roald Dahl's childhood and school experiences. He tells us about the dead mouse, his mean teachers at school, and the family trips ⑲[1 to 2 for 3 at 4 on] Norway during the summer holidays.

When Dahl ⑳[1 dead 2 dies 3 dying 4 died] in 1990, he was 74. He was buried《埋葬された》 in the Church of Saint Peter and Saint Paul in the village of Great Missenden《(地 名)》, and it is here that you can find the Roald Dahl Museum and Story *Centre. His stories continue to amaze, excite and inspire generations of children and their parents today.

* 英 Centre 米 Center

II 次の英文を読み，あとの問いに答えなさい。

Once upon a time, there was a small village. The people living there had close relationships with each other and were very cheerful. A boy named Nasir lived in the village with his parents. Each day, early in the morning, he took their [ア]herd of cows up the hill to find a [イ]suitable place for them to eat grass. In the afternoon he returned with them to the village.

One day when Nasir was watching the cows, he suddenly saw a wonderful light behind a flower [ウ]bush. When he came towards the branches, he noticed a beautiful *crystal ball. The ball was [A]glittering like a colorful rainbow. Nasir carefully took it in his hands and turned it around. [B]Unexpectedly, he heard a voice coming from the ball. It said, "You can make a wish for anything that your heart [エ]desires, and I will fulfill it." Nasir was confused to hear such a mysterious voice, but he became [オ]engrossed in his thoughts because he had many wishes. He put the crystal ball in his bag, gathered the cows, and returned to his home. On the way home, he [C]determined that he would not tell anyone about the crystal ball. The next day, Nasir still could not decide what to wish for.

The days passed as usual, and Nasir looked so happy that the people around him were amazed by his cheerful [カ]disposition. One day a boy followed Nasir and his herd and hid behind a tree. Nasir as usual sat in one corner of the field, took out the crystal ball and looked at it for a few moments. The boy waited until Nasir fell asleep. Then he took the crystal ball and ran off.

When the boy arrived in the village, he called all the [D]residents and showed them the ball. One of them took the crystal ball in her hands and turned it around. Suddenly they heard the voice from inside the ball. It said, "You can make a wish for anything, and I will [キ]grant it." One person took the ball and [ク]screamed, "I want a bag full of gold!" Another one took the ball and said loudly, "I want two boxes full of [E]jewelry!" Some of them wished for their own palaces. Everyone told their wish to the crystal ball, and all the wishes were fulfilled. However, the people of the village were not happy. They were [F]envious because, for example, the person that had a palace had no gold, and the person that had gold had no jewelry. The people of the village stopped speaking to each other, and after a while they became so [G]distressed.

Finally, they decided to return the crystal ball to Nasir. One person said to Nasir, "When we had a small village, we were living [ケ]harmoniously together." Another person said, "The [H]luxurious palaces and jewelry only bring us pain." When Nasir saw that the people were really [I]regretful, he said, "I have not made my wish yet. If you really want everything to be the same as before, then I will wish for it." Everyone [コ]consented. Nasir took the crystal ball in his hands, turned it around, and wished for the village to become the same as before. Nasir's wish was fulfilled, and once again, the people in the village were living [J]contentedly.

* a clear kind of rock shaped like a ball

問1　本文中の[ア]～[コ]に相当するものを下から選び，番号で答えなさい。動詞については現在形の意味で載せてあります。

1．没頭して	2．調和して	3．飼育員	4．茂み
5．叫ぶ	6．いがみ合って	7．群れ	8．考える
9．態度	10．悩む	11．思いもよらない	12．強く願う
13．かなえる	14．満足して	15．ふさわしい	16．同意する

問2　本文中の[A]～[J]の意味として適切なものを下から選び，番号で答えなさい。動詞については現在形の意味で，名詞については単数形で載せてあります。

1．find out something
2．make a strong decision
3．feeling sadness because of something that you have or have not done
4．in a way which shows that you are happy, especially because your life is good
5．wanting to be in the same situation as another person, or wanting something that belongs to another person
6．upset
7．in a way that surprises you
8．very expensive and beautiful
9．healthy
10．a person who actually lives in a place and is not just visiting
11．as it was imagined
12．can't decide
13．of little worth

14．shine with a bright light

15．a person who is traveling

16．something designed to make a person look more beautiful, often made with precious stones

Ⅲ　次の英文を読み，あとの問いに答えなさい。

George Smith is a common name, but the quiet young Englishman studying in the British Museum in London during his lunch hour was no ordinary man.

George Smith, born in 1840, came from a poor family and left school at 14. He got a job with a printing company, and while he was working there he became [1]interested in books about ancient cultures. In 1855, some British archeologists《考古学者》 were working in Iraq《イラク》. When they came back to England, they brought thousands of clay tablets《粘土板》 covered in strange writing to the British Museum. Smith was [2]intrigued—and the British Museum was close to his work place.

"Tablet" means a hard object which is the same size and shape as an iPad. We say "tablet computer" today because this type of computer can be held in the hands just like an old clay or stone tablet. The strange writing is called "cuneiform" and comes from ancient Iraq. Its symbols were made by pressing a stick into a clay tablet while the clay was soft. One of the museum's staff joked that cuneiform looked like "bird footprints《足跡》".

Smith did not have much free time for his hobby because, as well as a job, he had a wife and children. That is why, from Monday to Friday, he was spending his lunch hours in a room on the second floor of the museum. What was he doing？ He was translating the cuneiform on the tablets. It was not easy—most of the tablets were broken and not very clean—but Smith found he had a special talent for it. Soon, his skills were noticed by the museum's experts and he was given a job；the salary was low, but Smith was happy. By 1867, he was working with Sir Henry Rawlinson, Britain's leading expert on cuneiform.

Smith worked hard to translate the tablets and discovered many writings from ancient Iraq. Each discovery was exciting, but the main ⓐone was a long poem, a story called *The Epic of Gilgamesh*《（書名）》. It comes from about the year 1200 B.C. and is older than the Bible《聖書》. Smith quickly realized it must be the world's oldest written story, and for this reason it was very important. Although he could not translate every part and one tablet was missing, in 1872 he decided to publish his findings.

The story is about the life and adventures of a great hero called Gilgamesh. Although Gilgamesh is a good man, he becomes too proud, so the gods create a wild man as strong as Gilgamesh to fight him and teach him a lesson. The wild man is called Enkidu. He and Gilgamesh fight, but because neither of them can win, they become great friends instead. They then go on a long and dangerous journey《旅》 together, but before the journey is over, Enkidu becomes sick and dies. As a result, Gilgamesh falls into deep sadness.

Smith's translation was a popular success. Readers were [3]fascinated and wanted to find out more about the two characters. People asked, "What about the missing tablet？ Is it still at the site in Iraq？" The British Museum did not have a lot of money, so a London newspaper paid Smith to go and search for the missing tablet.

When Smith arrived at the site in Iraq, he found it in a terrible mess. Tablets were [4]<u>scattered</u> everywhere. After a difficult search, he found the missing one, but when he started trying to gather more tablets to send back to London, the newspaper company told him there was not enough money and ordered him to return home.

Smith was praised, but in his mind he was not happy. He kept thinking of the thousands of tablets left behind and was worried they might be damaged or stolen. By this time, he and his wife had six children. He did not want to leave his family again, but he believed there was important information on the tablets in Iraq. So he made just two more trips.

Iraq in those days was not safe for travelers. Disease was common; there was trouble and fighting. Government officers did not trust foreigners like Smith: they thought he was looking for gold and were always [ⓑ]. In 1876, Smith caught a disease in Iraq and died. He was 36 years old. While he was traveling, he kept a diary. The last words he wrote were about his wife and children.

Smith's work was not finished, but this expert without even a high school education was now famous. Others have continued to ⓒ<u>decipher</u> those "bird footprints" to this day. Every time *The Epic of Gilgamesh* is published, it becomes a little longer. One day, we will be able to read the complete story, just as it was in 1200 B.C.

A. Which word ([1]-[4]) does NOT share the same meaning as the other three words?

1. interested 2. intrigued 3. fascinated 4. scattered

B. iPads are described as tablet computers because

1. if you press a stick into an iPad while it is soft you can write cuneiform symbols on it.
2. iPads are the same size and shape as the clay or stone tablets people wrote on long ago.
3. George Smith used a tablet computer to help him understand cuneiform.
4. you can write in any language on a tablet computer.

C. George Smith visited the British Museum during his lunch hour because

1. he liked to look at the objects in the museum and eat his lunch at the same time.
2. the museum was close to his workplace《仕事場》 and he had nothing else to do.
3. he was interested in studying how birds walk.
4. he had no other free time during the day to study the clay tablets.

D. What did the museum's experts notice?

1. George Smith had a wife and children.
2. George Smith was spending his lunch hours at the museum.
3. George Smith was good at translating cuneiform.
4. George Smith was working with Sir Henry Rawlinson.

E. Which word does ⓐ<u>one</u> replace?

1. expert 2. discovery 3. story 4. tablet

F. George Smith's discovery of *The Epic of Gilgamesh* was important because

1. it was older than any other written stories known at that time.
2. he could not translate all of it and one tablet was missing.
3. it was about the life and adventures of a great hero called Gilgamesh.
4. he had to travel to Iraq to find the missing tablet.

G．Which fact shows that the British Museum did not have a lot of money to spend on research on the clay tablets ?

1．George Smith came from a poor family.
2．George Smith left school at 14 to work for a printing company.
3．A London newspaper paid for George Smith's first trip to Iraq.
4．Government officers in Iraq thought George Smith was looking for gold.

H．Fill in the space [ⓑ].

1．trying to stop him from traveling to the site
2．ordering him to take the gold back to London
3．inviting him to return to Iraq as soon as possible
4．very helpful

I．Which word has the same meaning as ⓒdecipher ?

1．work　2．translate　3．publish　4．write

J．本文の内容に合わないものを２つ選び，番号の早い順に書きなさい。

1．There have been many Englishmen named George Smith.
2．George Smith became interested in books about ancient cultures while working at a printing company.
3．In 1855, George Smith was working as an archeologist in Iraq.
4．The main character in *The Epic of Gilgamesh* becomes sick and dies while on a journey.
5．George Smith made a total of three trips to Iraq.
6．George Smith's work is continued by other people to this day.

Ⅳ　次の英文を読み，あとの問いに答えなさい。

Harriet Tubman was a black woman born in Maryland《（地名）》, in the South of the United States, around 1822. At that time, most black people in the South were slaves《奴隷》, while (A-1) in the North were not. She was born into an enslaved《奴隷にされた》 family as the fifth of nine children. Even as a small child, Harriet had to work for her master. When she was about six years old, her master sent her away to work on (A-2) farms. She cleaned houses in the morning and worked in the fields in the afternoon. At night, she cried because she missed her family.

One day, while Harriet was walking along a road, she passed a young slave boy. His overseer《奴隷監視人》 was looking for him and was very angry. Suddenly, the overseer stepped on the road and threw a heavy stone at the boy, but it missed him and hit Harriet (B). After this accident, for the rest of her life, she suffered from terrible headaches and also sometimes suddenly fell asleep when she was talking or working.

Harriet's master tried to sell her, but no one wanted to buy a slave who had such an illness. She was instead put to work with her father. He taught her how to cut down trees which were going to be sold. That work made her body and mind strong and introduced her to free black men who took the wood to the North by ship. From them, Harriet learned about the secret ways for black people to escape to the North. This information became very important later in her life. In this mixed environment of (C), Harriet met John Tubman, a free black man, and got married to him in

1844.

[1]

Harriet Tubman's master died in 1849. When his wife planned to sell off their slaves, Harriet was afraid that she would be separated from everyone she loved. Then she remembered hearing about the "Underground Railroad" from the free black people who sold the wood. It was a hidden network《網状組織》 of safe houses, boat captains, and coach《馬車》 drivers who were willing to protect slaves escaping from their masters. She finally came up with a plan to use the network to go to the North with two of her brothers. (D), along the way, her brothers became afraid and decided to return. Harriet went back with them to make sure they got back safely. Two days later, she left the farm again on her own and followed the North Star《北極星》 as her guide to Pennsylvania《(地名)》, and to freedom.

[2]

Harriet Tubman also worked as a Union Army《北軍の》 nurse and spy《スパイ》 during the Civil War《南北戦争》. In 1863, she became the first woman in United States history to plan and lead a military action, and made nearly 700 slaves free in South Carolina《(地 名)》.

[3]

After the war, many Southern states《州》 created new laws which made life very tough for the former slaves. Harriet saw how (E) to find work or health care. She raised money to help build schools and a hospital for them. During this time, women did not have much freedom and were not allowed to vote《投票する》. Harriet gave many speeches to encourage women to believe in themselves. She told the audience, "I was a conductor《車掌》 on the Underground Railroad, and I can say what many others cannot. F <u>I never ran my train off the track, and I never lost a passenger."</u>

[4]

As she became more famous, various people helped her in the fight to collect a veteran's《退役軍人》 pension《年金》 for her service in the Union Army. In 1899, she was finally given 20 dollars a month. This was very late in Harriet's life and 20 dollars was a small amount even then. In 2016, the United States Treasury《財務省》 announced that Tubman's image would appear on the 20 dollar bill. G <u>Many people see this as a fitting twist of fate.</u>

Harriet Tubman died on March 10, 1913, at the age of 91. Even when she was dying, she kept the freedom of her people in mind. Her final words were, "I go away to prepare a place for you."

A．(A-1)と(A-2)に入るものをそれぞれ選びなさい。

1．another　2．its　3．one　4．other

5．that　6．these　7．they　8．those

B．(B)に入るものを選びなさい。

1．her head　2．on the head　3．the head　4．to the head

C．(C)に入るものを選びなさい。

1．a father and a daughter working together

2．all the slaves working from morning till night

3．free and enslaved blacks working side by side

4．her working both indoors and out in the fields

D．（D）に入るものを選びなさい。

1．At first　　2．However　　3．In addition　　4．On the other hand

E．（E）に入るものを選びなさい。

1．difficult the people made these laws

2．difficult these laws made the people

3．these laws made it hard for the people

4．these laws made the people impossible

F．下線部Fを英語で言い換えたものとして最も適切なものを選びなさい。

1．I never failed in helping slaves escape to the North.

2．I never failed in guiding my family members to the North.

3．I never experienced any danger in helping black people get to the North.

4．I never got any support from the Underground Railroad when I was doing my job.

G．下線部Gは「多くの人々はこのことを彼女の人生にふさわしい運命のいたずらとみなしている」という意味になります。文中の this の表すものとして最も適切なものを選びなさい。

1．彼女が得ることになった年金の金額が，1か月分の額としては少なすぎたこと。

2．彼女が年金を得られるようになったのが，彼女の年齢を考えると遅すぎたこと。

3．彼女の年金と彼女の肖像画が使われる予定のお札の金額が偶然同じだったこと。

4．彼女が軍隊で働いたことで年金を得るために，多くの人々が彼女を助けたこと。

H．以下の文章は文中の［1］～［4］のどこに入りますか。番号を選びなさい。

Harriet returned to the South thirteen times to assist her brothers, parents, and many others who wanted to get to the North. She worked very hard with other members of the Underground Railroad to help slaves escape to the North, or to Canada.

I．以下の英文のうち，本文の内容に合うものを4つ選び，番号の早い順に書きなさい。

1．Even though she was a child, Harriet was separated from her family and worked in different places as ordered by her master.

2．When a slave boy's overseer was looking for him, the boy was so afraid that he threw a stone at Harriet by mistake.

3．Harriet's master gave up the idea of selling her before her illness of bad headaches and suddenly falling asleep was cured.

4．Through working with free black men selling the wood, Harriet got information which became very useful for her later in her life.

5．Harriet planned to escape to the North with two of her brothers, but in fact she was not able to do it because her brothers became scared.

6．Harriet helped black people in the South escape only to cities located in the North of the United States.

7．Even after the Civil War, Harriet never stopped trying to help former slaves make their lives better.

8．The United States Treasury told Harriet that they were going to put her image on the 20 dollar bill to honor her work.

V　下の絵を見て，あとの問いに答えなさい。

A．絵②の少年とCocoの関係を表す文として適切な英文になるように，[　]内の語を並べ替えて5番目と7番目の語を答えなさい。ただし，文頭の語も小文字で表しています。

　[born / has / care / the / since / been / was / of / boy / she / Coco / taking].

B．ア に入るように，[　]内の語を並べ替えて適切な英文を作り，6番目と9番目の語を答えなさい。ただし，文頭のＩは数えません。

　I [so / where / I / you / much / am / bought / wonder / enjoying / eggs / that / these] them.

C．イ に入るように，少年の台詞を10語以上で書きなさい。二文になっても構いません。

D．下線部ウの日本語と同じ意味になるように，指定された書き出しに続けて英訳しなさい。

【数　学】（70分）〈満点：100点〉

（注意）　1．この試験は資料文とそれに続く問題とで構成されています。資料文を読みすすめながら，対応する問題に答えていくのがよいでしょう。

2．定規，コンパス等は使用できません。

資料文

【第１章】

中学３年生のマリと，幼馴染《おさななじみ》のルイが，楽しそうに数学の話をしています。

ルイ：今日は，数学の考え方を使って，音の世界をかいま見てみよう。

マリ：え？　音？

ルイ：そうだよ。音と数学には深い関係があるんだ。a を正の数とするよ。$a\times a\times a$ はどう書きかえることができたかな？

マリ：a を３個かけたから，a^3 だね。かけている個数を右上に小さく書くと習ったよ。

ルイ：そうだね。この右上の小さな数を「指数《しすう》」というんだよ。

定義《ていぎ》1

> a を１でない正の数，n を自然数とする。a を n 個かけたものを a の n 乗《じょう》といい，a^n と表す。すなわち
>
> $$a^n=\underbrace{a\times a\times\cdots\times a}_{n\text{個}}$$

マリ：定義って何？

ルイ：定義は言葉の意味を表しているよ。英語ではDefinition。「a^n とはこういうものですよ」と説明しているんだ。ここから，a^n にどんな性質があるかを調べてみよう。計算の復習をするよ。$a^{11}\times a^2$ はどうかな？

マリ：a を11個かけていて，さらに a を２個かけているから，合計13個かけているね。だから a^{13} かな？

$$a^{11}\times a^2=a^{11+2}=a^{13}$$

ルイ：正解！　指数と指数を足せばいいんだね。割り算だとどうなるかな？

マリ：割り算だと，約分できるよね。

$$a^{11}\div a^2=\frac{a^{11}}{a^2}=\frac{a\times a\times a\times a\times a\times a\times a\times a\times a\times a\times a}{a\times a}=a^9$$

ルイ：そうだね。指数に注目するとどうなっている？

$$a^{11}\div a^2=a^{11-2}=a^9$$

マリ：あ！　引き算になっているね。

ルイ：お！　よく気づいたね。次は $(a^{11})^2$ を求めてごらん。

マリ：11乗の２乗？　式にしてみると…なるほど，11×2 をするんだね。

$$(a^{11})^2=a^{11}\times a^{11}=a^{11+11}=a^{11\times2}$$

ルイ：そう。指数と指数をかけるといいんだね。ここまでは２や11のように具体的な数を使ってきたけど，これを自然数 m や n とおいてまとめてみるよ。

定理《ていり》1

> a を１でない正の数，m と n を自然数としたとき，

① $a^m \times a^n = a^{m+n}$
② $a^m \div a^n = a^{m-n}$　(ただし，$m>n$)
③ $(a^m)^n = a^{m\times n}$

…問１

ルイ：a^n について，①～③のような性質を発見することができたね。このように，定義から導かれた性質を「定理(Theorem)」というよ。
マリ：定義と定理があるんだね。
ルイ：ここまでは指数を自然数に限定して考えたけど，自然数以外の数でも考えていくよ。
マリ：０って自然数じゃなかったよね？　a^0 はどうなるの？
ルイ：そうだね。０は自然数ではないよね。a^0 について考えてみよう。
マリ：a^0 を求めると何になるんだろう…０かなぁ？
ルイ：いや，求めるのではなくて，m や n が０のときでも，「定理１」が成り立つように，a^0 の値を決めたいんだ。
マリ：決めちゃっていいの⁉
ルイ：決めちゃっていいよ。定理１の①の両辺に $n=0$ を代入してみると，

$$a^m \times a^0 = a^{m+0}$$
$$a^m \times a^0 = a^m$$

ルイ：ここで a^m は０ではないので，両辺を a^m で割るよ。

$$\frac{a^m \times a^0}{a^m} = \frac{a^m}{a^m}$$
$$a^0 = 1$$

マリ：a^0 の値を１と決めるんだね。ということは，定理ではなく定義になるのか。
ルイ：そう！

定義２

> a を１でない正の数としたとき，
> $$a^0 = 1$$
> と定める。

ルイ：定義２では「a^0 はこうですよ～」と決めているんだね。
マリ：3^0 も 4^0 も 5^0 も１と定めるんだね。
ルイ：そうだね。指数が自然数や０のときを定義してきたので，次は負の整数のときを考えてみるよ。さっきの割り算で，割る式と割られる式を交代してみよう。

$$a^2 \div a^{11} = \frac{a^2}{a^{11}} = \frac{a\times a}{a\times a\times a\times a\times a\times a\times a\times a\times a\times a\times a} = \frac{1}{a^9}$$

ルイ：$m>n$ でないときでも，定理１の②が成り立つとしたら，どうなるかな？
マリ：わ～！　指数が負になったね。

$$a^2 \div a^{11} = a^{2-11} = a^{-9}$$

ルイ：指数が負であっても定理１の②が成り立つためには，$a^{-9} = \frac{1}{a^9}$ であることが必要なんだ。つまり，このように決めるんだよ。

定義3

aを1でない正の数，mを自然数としたとき，

$$a^{-m}=\frac{1}{a^m}$$

と定める。

マリ：でもこれって，mが負の整数でも成り立つよね。

ルイ：よく気づいたね。たとえばmに -2 をいれてみると，

$$(\text{左辺})=a^{-(-2)}=a^2$$

$$(\text{右辺})=\frac{1}{a^{-2}}=1\div a^{-2}=1\div\frac{1}{a^2}=1\times a^2=a^2$$

ルイ：つまり，定義3はこのように決めなおすことができるね。

定義4

aを1でない正の数，mを整数としたとき，

$$a^{-m}=\frac{1}{a^m}$$

と定める。

ルイ：mやnが負の整数であっても定理1の②が成り立つことが確かめられたので，次は定理1の①が成り立つことを確かめてみよう。定理1の①の左辺と右辺に$m=10$，$n=-4$を代入していくよ。

$$(\text{左辺})=a^{10}\times a^{-4}=a^{10}\times\frac{1}{a^4}=a^6$$

$$(\text{右辺})=a^{10+(-4)}=a^6$$

マリ：左辺と右辺が同じになったね。

ルイ：そうだね。一般に定理1の①は指数が整数でも成り立つんだよ。

…問2・問3

マリ：ところで，音の話といっていたけど，全然出てこないじゃないか。

ルイ：もう少し待ってて。指数をあと少し広げていくよ。マリは$\sqrt{}$の記号は知っているよね？

マリ：知っているよ。平方根だよね。

定義5

aを1でない正の数とする。2乗してaになる数，つまり，$x^2=a$を成り立たせるxの値をaの平方根という。平方根のうち正であるものを$\sqrt{a}$，負であるものを$-\sqrt{a}$と表す。

ルイ：$x^2=4$をみたすxを4の平方根というんだね。$x=\sqrt{4}$，$-\sqrt{4}$となるわけだ。

マリ：$\sqrt{4}=2$だよね？

ルイ：そうだね。$2^2=4$となることを知っているから，$\sqrt{4}=2$，$-\sqrt{4}=-2$といえる。つまり$x=2$，-2だね。実は，マリがよく知っている$\sqrt{a}$も指数を用いて表すことができるんだよ。

マリ：そんなこともできるのか！

ルイ：定義5から$(\sqrt{a})^2=a$，$(-\sqrt{a})^2=a$ということになるよね。$\sqrt{a}$を$\sqrt{}$の記号を使わず，指数を使って表してみよう。$\sqrt{a}=a^t$とおいてtは何になるか考えていこう。

まずは，$a^t=\sqrt{a}$の両辺を2乗する。

$(a^t)^2=a$

ルイ：$a=a^1$ なので，あえて，そう書いてみるね。

$(a^t)^2=a^1$

ルイ：t が整数になるかわからないけど，定理１の③が成り立つとして左辺を書き直してみよう。

マリ：定理１の③が成り立つとしたら，こうなるよね。

$(a^t)^2=a^{2t}$

ルイ：これが a^1 と等しいので，このようになるね。

$a^{2t}=a^1$

ルイ：指数に注目してごらん。

マリ：指数だけを取り出してみると…

$2t=1$

$t=\dfrac{1}{2}$

マリ：あっ！　分数だ！

ルイ：発見したね。

$\sqrt{a}=a^{\frac{1}{2}}$

マリ：ということは，$a^{\frac{1}{2}}$ を２乗すると…

$(a^{\frac{1}{2}})^2=a^{\frac{1}{2}\times 2}=a^1=a$

マリ：おお～！　戻った！　$\dfrac{1}{3}$ 乗や $\dfrac{1}{4}$ 乗はどうなるの？

ルイ：平方根（２乗根）だけではなく，３乗根や４乗根という言葉があるんだ。
　n 乗根について紹介するよ。

定義６

> 　a を１でない正の数，n を自然数としたとき，n 乗して a になる数，つまり，$x^n=a$ を成り立たせる x の値を a の n 乗根という。
>
> 　n 乗根のうち，正であるものを正の n 乗根といい，$a^{\frac{1}{n}}$ と表す。

マリ：え？　どういうこと？

ルイ：たとえば，$2^3=8$ なので，８の正の３乗根は２。これを，$8^{\frac{1}{3}}=2$ と表すことに決めたんだ。

マリ：なるほど。$3^4=81$ だから，81の正の４乗根は３であり，$81^{\frac{1}{4}}=3$ ということだね。

…問４

【第２章】

ルイ：さぁ，音と数学の話をするよ。

マリ：やっときた！

ルイ：ド→レ→ミ→ファ→ソ→ラ→シ→ドと段々音が高くなるメロディーを聞いたことはある？

マリ：うん，聞いたことはあるよ。

ルイ：最後にある，高いほうのドを【ド】というふうに表記するよ。つまり，ド→レ→ミ→ファ→ソ→ラ→シ→【ド】ということ。このドから【ド】までの音の幅をオクターブといったりするんだ。実は，このオクターブの幅の中には低い順に

ド，ド＃，レ，レ＃，ミ，ファ，ファ＃，ソ，ソ＃，ラ，ラ＃，シ，【ド】

という13個の音があるんだよ。でも複雑だから，この13個の音を低いほうから順に A_1，A_2，A_3，…，A_{13} と表すことにするよ。

マリ：ドが A_1 で，【ド】が A_{13} ということだね。

ルイ：この楽器を使おう。太い枠の中に，A_1 から A_{13} の音を出せる13本の弦《げん》があり，左側から長い順に並んでいるよ。弦の太さや，弦の張り具合は同じ。さぁ，長い弦と短い弦は，どっちのほうの音が高いかな。

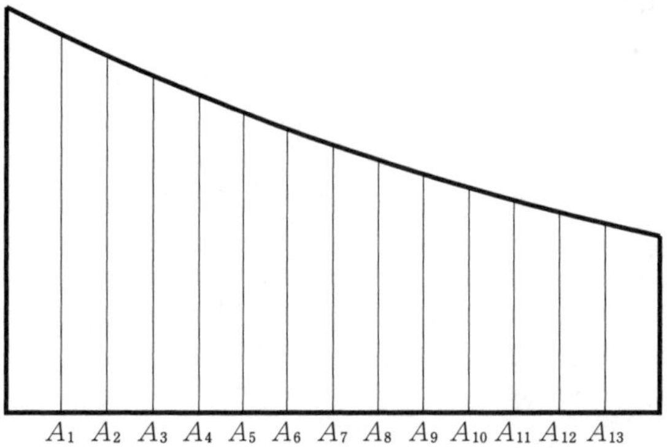

図1：枠の中に13本の弦が張られた楽器

マリ：なんとなく，長いほうの音が高い気がする。左から右へと弦をはじいてみるよ。「～♪～♪」おお！　実際にはじいてみると，短いほうの音が高いね。

ルイ：そうだね。一番左の弦が A_1，一番右の弦が A_{13} ということになるね。A_1 から A_{13} になるときに，だんだん音が高くなっていってる。そして，だんだん弦が短くなっている。音の高さと弦の長さにはとても深い関係があるんだよ。A_1 の弦の長さと A_{13} の弦の長さの比は 2：1 で，これはピタゴラスの時代(紀元前6世紀ごろ)から変わってないんだ。ところが，その間の弦，つまり，A_2 から A_{12} の弦の長さは時代とともに考え方が少しずつ変わってきたんだよ。その中で，平均《へいきん》律《りつ》という考え方を紹介するね。図1の楽器は平均律の考え方を使って弦の長さが調整されているよ。あの音楽室のピアノもこの考え方で音が調整されているんだ。

マリ：平均律…

ルイ：弦の長さを変えることで音を調整するとき，「引くか，足すか」ではなく，「何倍にするか」という考え方が主流だったんだよ。平均律では，隣《とな》り合《あ》う音の弦の長さの比が同じなんだ。

マリ：差ではなく，比で考えるんだね。

ルイ：そう。表1をみてごらん。ここでは A_1 の弦の長さを 2，A_{13} の弦の長さを 1 とするよ。そして，その間の弦の長さを同じ割合だけ短くしていくんだよ。

音	A_1	A_2	A_3	A_4	A_5	A_6	A_7	A_8	A_9	A_{10}	A_{11}	A_{12}	A_{13}
長さ	2	?	?	?	?	?	?	?	?	?	?	?	1

x倍 x倍 x倍 x倍 x倍 x倍 x倍 x倍 x倍 x倍 x倍 x倍

表1：隣り合う音の弦の長さの比が一定になるイメージ

マリ：なるほど。同じ数 x をかけていくんだね。

ルイ：A_1 の弦の長さに，x を12回かけて A_{13} の弦の長さになるので，これを12平均律というよ。

マリ：13種類の音を作るためにかけ算を12回するから，12平均律なんだね。

ルイ：A_2 の弦の長さは $2x$，A_3 の弦の長さは(A_2 の弦の長さ)$\times x$ だから…？

マリ：$2x\times x=2x^2$ だね。

ルイ：そうだね。x を求めていくよ。A_{13} の弦の長さはすでに 1 とわかっている。このことから，x についての方程式を作ることができるよね。

…問 5

ルイ：x の値を電卓で計算してみると，0.94387…と続くから，1 より少しだけ小さい。

マリ：少しずつ弦を短くしているんだね。

ルイ：そうだね。$x=0.94387\cdots$ としてもいいんだけど，もっと簡潔に表す方法を紹介するよ。**第 1 章**の続きとして，話を進めていくね。

a と b を正の数としたとき，

$$\sqrt{a}\times\sqrt{b}=\sqrt{ab}$$

ルイ：このように，$\sqrt{\ }$ がついた数のかけ算は，$\sqrt{\ }$ の中でかけ算することができたよね。これを a^n の形で表すとこのようになる。

$$a^{\frac{1}{2}}\times b^{\frac{1}{2}}=(ab)^{\frac{1}{2}}$$

ルイ：これが，$\dfrac{1}{2}$ 乗のときだけではなく，$\dfrac{1}{3}$ 乗や $\dfrac{1}{4}$ 乗などでも成り立つんだ。

マリ：確かめてみたい！

$$8^{\frac{1}{3}}\times 27^{\frac{1}{3}}=2\times 3=6$$
$$(8\times 27)^{\frac{1}{3}}=(216)^{\frac{1}{3}}=6$$

マリ：おお！　たしかに，

$$8^{\frac{1}{3}}\times 27^{\frac{1}{3}}=(8\times 27)^{\frac{1}{3}}$$

となっているね。

ルイ：a と b を 1 でない正の数，n を自然数とするとき，$a^{\frac{1}{n}}\times b^{\frac{1}{n}}=(ab)^{\frac{1}{n}}$ が成り立つことを証明してみるよ。

$a^{\frac{1}{n}}\times b^{\frac{1}{n}}$ を n 乗する。

$$\begin{aligned}(a^{\frac{1}{n}}\times b^{\frac{1}{n}})^n&=\underbrace{(a^{\frac{1}{n}}\times b^{\frac{1}{n}})\times(a^{\frac{1}{n}}\times b^{\frac{1}{n}})\times\cdots\times(a^{\frac{1}{n}}\times b^{\frac{1}{n}})}_{n\text{ 個}}\\&=\underbrace{a^{\frac{1}{n}}\times a^{\frac{1}{n}}\times\cdots\times a^{\frac{1}{n}}}_{n\text{ 個}}\times\underbrace{b^{\frac{1}{n}}\times b^{\frac{1}{n}}\times\cdots\times b^{\frac{1}{n}}}_{n\text{ 個}}\\&=(a^{\frac{1}{n}})^n\times(b^{\frac{1}{n}})^n\\&=a\times b\\&=ab\end{aligned}$$

$a^{\frac{1}{n}}\times b^{\frac{1}{n}}$ を n 乗すると，ab になった。

ここで，a と b は正の数なので，$a^{\frac{1}{n}}$ と $b^{\frac{1}{n}}$ も正の数である。

よって，$a^{\frac{1}{n}}\times b^{\frac{1}{n}}$ は，ab の正の [　　　] である。

ゆえに，$a^{\frac{1}{n}}\times b^{\frac{1}{n}}=(ab)^{\frac{1}{n}}$

…問 6

ルイ：まとめるとこのようになるよ。

定理２

> aとbを１でない正の数，nを自然数としたとき，
>
> $a^{\frac{1}{n}} \times b^{\frac{1}{n}} = (ab)^{\frac{1}{n}}$

ルイ：整数の比の値で表すことができる数を有理数というよ。ちなみに，指数が有理数のとき，たとえば，$a^{\frac{3}{4}}$ は $(a^{\frac{1}{4}})^3$ のように定義するよ。

マリ：ということは，$81^{\frac{3}{4}} = (81^{\frac{1}{4}})^3 = 3^3 = 27$ となるんだね。

ルイ：そうだよ。実は，定理１は指数が有理数のときも成り立つことが知られているんだ。

定理３

> aを１でない正の数，mとnを有理数としたとき，
>
> ①　$a^m \times a^n = a^{m+n}$
>
> ②　$a^m \div a^n = a^{m-n}$
>
> ③　$(a^m)^n = a^{m \times n}$

…問７・問８

ルイ：12平均律以外にも，５平均律や７平均律に調整された民族楽器もあるよ。今ではコンピュータを使って様々な音が作れるから，19平均律や25平均律なんてのも作れるみたいだ。

マリ：もはや，音楽の授業でやった，リコーダーなどのドレミだけじゃないのね。

ルイ：そうなんだよね。７平均律だとどんな音が出るんだろう。実際に音は聴けないけど，計算をすることで弦の長さを調べてみよう。２つの楽器があるとする。１つは，今までと同じ12平均律の楽器。もう１つは７平均律の楽器だよ。12平均律の楽器を楽器Ａ，７平均律の楽器を楽器Ｂと名づけておこう。楽器Ａと楽器Ｂは形が似ているけど弦の数が違うんだ。楽器Ｂの弦は長いほうから，B_1，B_2，B_3，…，B_8 の音が出るとしておこう。

マリ：楽器Ｂの弦の数は，８本ということだね。

ルイ：楽器Ａと楽器Ｂの一番長い弦と一番短い弦はそれぞれ同じ音が出るよ。つまり，弦の長さはこのようになる。

$(A_1$ の弦の長さ$) = (B_1$ の弦の長さ$) = 2$

$(A_{13}$ の弦の長さ$) = (B_8$ の弦の長さ$) = 1$

ルイ：どの弦も太さと張り具合は同じで，長さだけが違うものとするよ。

マリ：ということは，間の音が変わってくるんだね。

ルイ：そうだね。平均律なので，隣り合う弦の長さの比が等しいということになるね。楽器Ｂの音と弦の長さについて，表にするとこのようになるよ。

音	B_1	B_2	B_3	B_4	B_5	B_6	B_7	B_8
長さ	2	?	?	?	?	?	?	1

y倍　y倍　y倍　y倍　y倍　y倍　y倍

表２：楽器Ｂについて隣り合う音の弦の長さの比が一定になるイメージ

…問９

【第３章】

ルイ：もう１つ，音と数学の話をしよう。さっきは音の高さの話だったけど，次は音の大きさの話。

マリ：音が大きいとか，小さいとかいうよね。

ルイ：そうだね。花火や大きな太鼓《たいこ》の音って，触れていないのに，音を肌で感じることができるよね。それを音圧《おんあつ》というんだ。単位には，台風のニュースでよく聞くPa《パスカル》が使われるよ。この音圧が音の大きさに深くかかわっているんだ。人間は0.00002(Pa)から20(Pa)まで聞き取れるといわれているよ。

マリ：すごく幅広いね。

ルイ：0.00002(Pa)は小さすぎるので，μ《マイクロ》という記号を使って表すよ。たとえば0.001(g《グラム》)と表すより，1(mg《ミリグラム》)と表したほうがすっきりするよね。このm《ミリ》は1000分の1という意味だったよね。μは100万分の1という意味だよ。0.00002(Pa)をμPa《マイクロパスカル》で表すと，20(μPa)になるよ。

マリ：これって，どれぐらいの音なの？

ルイ：人間の聴力の限界といわれていて，ものすごく小さな音だよ。身近な音の大きさについて，私が調べたものを表3にまとめてみたよ。

番号	音の種類	音圧(μPa)
【1】	人間が聞き取れる最小の音	20
【2】	葉がこすれる音	200
【3】	静かな図書館	2,000
【4】	普通の会話	20,000
【5】	セミの鳴き声	60,000
【6】	目覚まし時計	200,000
【7】	人間が声として出せる最大の音量	2,000,000
【8】	少し離れた自動車のクラクション	4,000,000
【9】	近くの落雷	12,000,000
【10】	飛行機のジェットエンジン	20,000,000

表3：身近な音の種類とその音圧

マリ：わ～音圧がどんどん大きくなっていくね。

ルイ：大きな音ほど，空気に影響を与えていることがよくわかるね。

マリ：でも，音の大きさってこんなに変わるの？　たとえば，テレビでリモコンの音量を調整するとき，こんなに大きな幅がないよ。

ルイ：いいことに気づいたね。音圧の表現だと，人間が感じていることとちょっと違うように思うんだよね。それに，人間の感覚で少し音を大きくするだけで，音圧はどんどん大きくなって，数字が扱いづらくなってしまう。そこで，音圧をもとに定義された「音圧《おんあつ》レベル」を紹介するね。単位はdB《デシベル》だよ。

マリ：デシベル…騒音とかの話をするときに出てくるね。これも，音の大きさを表しているんだよね。

ルイ：そうだよ。実は，音の大きさは，音圧よりも音圧レベルで表したほうが，人間の感覚に近かったりするんだ。表3の【1】～【4】を音圧レベルに書きかえてみたよ。

番号	音の種類	音圧(μPa)	音圧レベル(dB)
【1】	人間が聞き取れる最小の音	20	0
【2】	葉がこすれる音	200	20
【3】	静かな図書館	2,000	40
【4】	普通の会話	20,000	60

表4：身近な音の種類とその音圧レベル

マリ：音圧から音圧レベルに書き直すことで数がスッキリしたね。

マリ：音圧が10倍になるとき，音圧レベルは20(dB)増えているね。かけ算と足し算だ…！

ルイ：「かけ算と足し算」は素敵なキーワードだよ！　音圧レベルの定義をもっと本格的にみていこう。

ルイ：a^m のような書き方から，もっと，mに注目した書き方をしてみよう。今回は a を10と決めておくよ。

マリ：10^m ということだね。

ルイ：次のように，記号を決めよう。

定義７

> $M=10^m$
> が成り立つとき，
> $\mathrm{L}(M)=m$
> と表す。

たとえば L(100)を求めてみよう。$100=10^2$ だから $\mathrm{L}(10^2)=2$ と書くことにしよう。

マリ：うーん…なんとなくわかるぞ。たしかに，より指数が注目された書き方に変わったね。

ルイ：ここに L(　)という箱があったとする。その(　)の中に 10^2 という数をいれると，2が出てくる，という感じだ。

マリ：ということは $\mathrm{L}(10^4)=4$ だね。

ルイ：そうだね。では L(1)は何になるかな？

マリ：少し工夫が必要だね。

…問10

ルイ：$\mathrm{L}(M)=m$ とするとき，mとMの関係を調べてみよう。mが１つ違うとMはどうなるかな？

…問11

マリ：こんなに変わるんだね。

ルイ：このようにmが少し変化しただけで，Mには大きな変化があるんだよ。音圧と音圧レベルの関係もそう。音圧レベルが少し大きくなっただけで，音圧はもっと大きくなっているよね。音圧と音圧レベルの関係はこのように決められているんだよ。

定義８

> 音圧が x(μPa)のときの音圧レベル y(dB)を，
> $$y=20\times\mathrm{L}\left(\frac{x}{20}\right)$$
> と定める。

マリ：わわわ，L(　)の中が分数になっちゃった…

ルイ：音圧が20(μPa)のとき，音圧レベルは０(dB)。人間が聞き取れる最小の音を基準として，その音圧レベルを０(dB)とするために，分母が20になっているんだ。定義８を使って，表５を埋めていこう。

番号	音の種類	音圧(μPa)	音圧レベル(dB)
【1】	人間が聞き取れる最小の音	20	0
【2】	葉がこすれる音	200	20
【3】	静かな図書館	2,000	40
【4】	普通の会話	20,000	60
【5】	セミの鳴き声	60,000	(あ)
【6】	目覚まし時計	200,000	?
【7】	人間が声として出せる最大の音量	2,000,000	(い)
【8】	少し離れた自動車のクラクション	4,000,000	(う)
【9】	近くの落雷	12,000,000	(え)
【10】	飛行機のジェットエンジン	20,000,000	(お)

表5：身近な音の種類とその音圧

ルイ：まずは，上の表の【6】目覚まし時計の音圧レベルを求めてみよう。

マリ：代入するとこのような式になるかな？

$$
\begin{aligned}
20\times \mathrm{L}\left(\frac{200000}{20}\right) &= 20\times \mathrm{L}(10000) \\
&= 20\times \mathrm{L}(10^4) \\
&= 20\times 4 \\
&= 80
\end{aligned}
$$

ルイ：正解！　目覚まし時計の音圧レベルは80(dB)なんだね。

…問12

マリ：【5】の音圧レベルを求めようとしたけど，なんだかうまくいかないよ。

$$
20\times \mathrm{L}\left(\frac{60000}{20}\right)=20\times \mathrm{L}(3000)=20\times ?
$$

ルイ：そうだね。さっきのように，L(　)の中が 10^n の形にならないよね。

マリ：なにかいい方法はないの？

ルイ：あるよ。L(3000)について考えてみよう。かけ算の形にすると次のように変形できるね。

$$
\mathrm{L}(3000)=\mathrm{L}(3\times 1000)
$$

マリ：そうだね。3さえなければ，すんなり求められるのに。

ルイ：このようにかけ算になったとき，次の定理が役に立つんだ。

定理4

> M，Nが正の数のとき
>
> $$\mathrm{L}(MN)=\mathrm{L}(M)+\mathrm{L}(N)$$
>
> が成り立つ。

マリ：え～！　なにそれ！　かけ算が足し算になっちゃった！　どうして？

ルイ：証明していくよ。L(M)はもともと指数に注目した書き方だったよね。さらに，MとNをかけると，その指数は足し算になった。その性質が表れているんだよ。

$\mathrm{L}(M)=p$, $\mathrm{L}(N)=q$ とおくと,

$M=\boxed{\quad ①\quad}^{\boxed{②}}$　　$N=\boxed{\quad ③\quad}^{\boxed{④}}$ である。

よって, $MN=\boxed{\quad ⑤\quad}^{\boxed{⑥}}$ である。

ゆえに, $\mathrm{L}(MN)=\boxed{\quad ⑦\quad}$

よって, $\mathrm{L}(MN)=\mathrm{L}(M)+\mathrm{L}(N)$

…問13

マリ：でも, L(3)って何？

ルイ：ああ, 詳しくはいつか話すけど, L(3)というのは $10^m=3$ をみたす数 m のことだよ。実はL(2)やL(3)の値は17世紀頃にすでに求められているんだ。

$\mathrm{L}(2)=0.301029995\cdots$

$\mathrm{L}(3)=0.477121254\cdots$

ルイ：ここでは $\mathrm{L}(2)=0.3010$, $\mathrm{L}(3)=0.4771$ として計算していこう。

…問14

ルイ：ところで, マリは目覚まし時計を２つ３つかけたことあるかい？

マリ：いや～ばれちゃったか～。より大きな音で目覚めたくて, やったことあるんだよ。

ルイ：本当にやっていたんだね。80(dB)の目覚まし時計が同時に２つ鳴《な》っているとき, 音圧が２倍になっているんだよ。もちろん, 目覚まし時計が３つ鳴っているなら, 音圧が３倍になっているんだ。

マリ：なるほど, 音圧と比例するんだね。

ルイ：目覚まし時計が２つ鳴っているときの音圧レベルは何だと思う？

マリ：160(dB)…？

ルイ：それだと, 飛行機のエンジン音より大きくなっちゃうよね。音圧レベルが２倍になっているわけではないよ。

マリ：そうか。２倍になっているのは, 音圧だもんね。

ルイ：では, 音圧レベルを160(dB)にするためには目覚まし時計は何個必要なんだろう？

…問15

マリ：ひぇ～！　こんなにたくさんの目覚まし時計は準備できないよ…。

ルイ：１個ずつ止めていくのは大変だね。

マリ：そんなことしていたら, 学校に遅刻しちゃうよ！

ルイ：これで, 音と数学の話は終わり。

マリ：難しいこともあったけど, 普段の生活の中に数学が隠れていることがよくわかったよ。ところで, 僕の数学の先生の声がとてもよく響くんだけど, あの先生の声の音圧レベルは100(dB)を超えているのかな…？

ルイ：それは, 授業中の音圧がすごそうだね。

マリ：今度測って報告するね！

問　題

問１　aを１でない正の数とする。次の$\boxed{\text{ア}}$～$\boxed{\text{ウ}}$にあてはまる整数を答えなさい。

(1)　$a^4 \times a^8 = a^{\boxed{\text{ア}}}$

(2)　$a^9 \div a = a^{\boxed{\text{イ}}}$

(3)　$(a^3)^7 \times a^2 \div a^4 = a^{\boxed{\text{ウ}}}$

問２　mやnが負の整数であっても資料文11ページの定理１の③が成り立つことを確かめたい。
次の$\boxed{\text{エ}}$～$\boxed{\text{キ}}$にあてはまる式や数を答えなさい。
定理１の③の左辺と右辺に$m=10$，$n=-4$を代入すると，

$$(\text{左辺}) = (a^{10})^{-4} = \frac{1}{(a^{10})^{\boxed{\text{エ}}}} = \frac{1}{a^{\boxed{\text{オ}}}} = a^{\boxed{\text{カ}}}$$

$$(\text{右辺}) = a^{10\times(\boxed{\text{キ}})} = a^{\boxed{\text{カ}}}$$

問３　aを１でない正の数とする。次の式を計算してa^nの形で答えなさい。

(1)　$a^3 \times (a^5)^{-2}$

(2)　$(a^2)^5 \times a^{-4} \div (a^3)^{-2}$

問４　次の値を整数で答えなさい。

(1)　$125^{\frac{1}{3}}$

(2)　$256^{\frac{1}{4}}$

問５　xについての方程式（xがみたす等式）を答えなさい。

問６　資料文15ページの証明の$\boxed{}$に入る最も適切な言葉を答えなさい。

問７　次の値を整数で答えなさい。

(1)　$(8^{\frac{1}{3}})^3$

(2)　$3^{\frac{1}{4}} \times 27^{\frac{1}{4}}$

(3)　$64^{\frac{5}{6}}$

(4)　$243^{0.2}$

(5)　$4^{\frac{7}{10}} \times 2^{-\frac{1}{5}} \div (2^{-\frac{2}{5}})^2$

問８　次の問いに答えなさい。

(1)　問５で作った方程式を用いてxの値を2^nの形で答えなさい。

(2)　A_2，A_7の弦の長さを2^nの形で答えなさい。

問９　楽器A，楽器Bについて，次の問いに答えなさい。

(1)　B_2，B_4の弦の長さを2^nの形で答えなさい。

(2)　次の①～③について，正しいものには○，間違っているものには×をそれぞれ解答用紙に記入しなさい。

①　表２のyの値は，表１のxの値よりも小さい。

②　B_2の弦の長さとA_3の弦の長さを比較したとき，B_2の弦の長さのほうが短い。

③　楽器Aと楽器Bのすべての弦を長いほうから並べたとき，A_3の弦とA_4の弦は隣り合っている。

(3)　(A_nの弦の長さ)＞(B_4の弦の長さ)となる最大の整数nの値を答えなさい。

問10　次の値を整数で答えなさい。

(1)　L(100000)

(2)　L(0.0001)

(3)　L(1)

問11　mとMがL(M)＝mをみたすとき，以下の［X］と［Y］にあてはまるものを語群から選び，記号で答えなさい。ただし，同じものをくり返して選んでもよい。

$$L(\boxed{\ X\ }) = m+1 \qquad L(\boxed{\ Y\ }) = m-1$$

語群

ア：$M-1$	イ：$M+1$	ウ：M	エ：$10M$	オ：$100M$
カ：M^2	キ：M^{10}	ク：$M-10$	ケ：$M+10$	コ：$\frac{1}{M}$
サ：$\frac{1}{M^2}$	シ：$\frac{1}{M^{10}}$	ス：$\frac{1}{10}M$	セ：$\frac{1}{100}M$	

問12　表5の(い)と(お)にあてはまる音圧レベルを答えなさい。

問13　資料文20ページの①～⑦にあてはまるものを語群から選び，記号で答えなさい。ただし，同じものをくり返して選んでもよい。

語群

ア：0	イ：1	ウ：2	エ：10	オ：20
カ：p	キ：q	ク：$p-q$	ケ：$p+q$	コ：pq
サ：$\frac{q}{p}$	シ：$\frac{p}{q}$	ス：M	セ：N	ソ：$M+N$
タ：$M-N$	チ：MN			

問14　表5の(あ)と(う)と(え)にあてはまる音圧レベルを答えなさい。ただし，L(2)＝0.3010，L(3)＝0.4771とし，小数第一位を四捨五入して整数で答えること。

問15　次の問いに答えなさい。

(1)　80(dB)の目覚まし時計が同時に2つ鳴っているときの音圧レベルを答えなさい。ただし，L(2)＝0.3010，L(3)＝0.4771とし，小数第一位を四捨五入して整数で答えること。

(2)　80(dB)の目覚まし時計をいくつ使えば音圧レベルがちょうど160(dB)となるか答えなさい。

出した類似性は、この詩の中ではすばらしい才知を感じさせてくれるものであるが、詩の文脈を離れては陳腐なものとなってしまい、価値がなくなってしまうということ。

エ　バトラーが「朝焼け」と「茹でられたロブスター」の間に見出した類似性は、バトラーの独自性を端的に表すものであることは誰もが認めるところであるが、詩の世界を離れてはそのすばらしさを誰にも説明することができないものであるということ。

オ　バトラーが「朝焼け」と「茹でられたロブスター」の間に見出した類似性は、この詩の中ではすばらしい才知を感じさせるものだが、いくらすばらしいといっても他の人が他の詩で用いると、もはや同じ価値は見出せなくなってしまうものであるということ。

問九　傍線部⑨「才知に富んだ優れた詩」とありますが、この評価を説明したものとして最も適切なものを次のア～オの中から一つ選び、記号で答えなさい。

ア　詩を読んだ者が詩を理解するために、詩人と同じような知識を持っていることが前提となるという意味で才知に富むと評価できる。そして理解した後には詩のすばらしさを言葉で他者に伝えたくなるという意味で優れた詩であると評価している。

イ　詩を読んだ者が、詩人の指摘を受けて考えた後に、二つのものには連関があると気づけるという意味で才知に富むと評価できる。そしてその気づきによって自分の世界に新しい視点が与えられた喜びを感じられるという意味で優れた詩であると評価している。

ウ　詩を読んだ者が直感的にではなく、時間と理性を要して理解に至ることができるものだという意味でこの詩は才知に富むと評価できる。さらにそこから面白みを感じるまでにも教養が必要であり、平凡な詩ではないという意味で優れた詩であると評価している。

エ　詩を読んだ直後は不可思議な思いを抱かせるが、詩人の挙げた二つのものの類似性を読者が理解できた後には面白さが共有されるという意味で才知に富むと評価できる。ただしその類似性に共感するのはかなり困難で、多くの詩に精通している必要があるという意味で、優れたという語をやや皮肉を込めて用いている。

オ　詩を読んだ者が詩人の指摘を受け、二つのものの関連に気づくと面白さが伝わってくるという意味でこの詩は才知に富んだ詩と評価できる。また、この評価の背景には、多くの詩は理性よりも感性に重点を置き、また面白みよりは憂《うれ》いを表現することの方が多いという常識を覆《くつがえ》しているという意味でも優れた詩であると評価している。

問十　傍線部⑩「暫定的な戯れの状態に留まっている」とありますが、どのようなことですか。説明したものとして最も適切なものを次のア～オの中から一つ選び、記号で答えなさい。

ア　機知によって発見された連関が、知的な驚きと喜びを与えるものであっても、それは次第にありきたりなおかしさに変わっていき、駄洒落《だじゃれ》のたぐいになってしまうということ。

イ　機知によって発見された連関が、知的な驚きと喜びを与えるものであっても、読んだ後にまで固定化した常識とはなっていかないので、詩の中でのおかしさを失わないということ。

ウ　機知によって発見された連関が、心に大きな驚きと喜びを与えるものであっても、おかしさが生まれるかどうかは対立を見出すかどうかにより、人それぞれに違っているということ。

エ　機知によって発見された連関が、心に大きな驚きと喜びを与えるものであっても、発見することによるおかしさであることから、二回目からは笑えないものになってしまうということ。

オ　機知によって発見された連関が、心に大きな驚きと喜びを与えるものであっても、詩を読んでいるときだけのおかしさに留まってしまい、その知識は詩の世界を離れると役に立たないものになってしまうということ。

問五　傍線部⑤「今の芸人たちがネタの中で好んで試行錯誤している笑いのポイント」とありますが、どのようなことですか。説明したものとして最も適切なものを次のア～オの中から一つ選び、記号で答えなさい。

ア　最近の芸人たちは、「イケメン」や「天才」と言えるような人たちも増えてきていて、従来の芸人のイメージとのギャップを利用しておかしみを表現しようとしているということ。

イ　最近の芸人たちは、優劣の枠組みの中で誰かをおとしめて笑いを取ることよりも、発話の仕方や動きなどのギャップによるおかしみを表現することを目指すようになっているということ。

ウ　最近の芸人たちは、過去の芸人が好んで演じていたキャラクターのステレオタイプにあてはめられることを拒み、ひとりひとりの個性をありのままに表現することを試そうとしているということ。

エ　最近の芸人たちは、ネタの中で出来合いの枠にあてはめる笑いを洗練させていくために、様々な行き違いやすれ違いのパターンを研究し、多様な「あるあるネタ」を開発しながら取り組んでいるということ。

オ　最近の芸人たちは、なるべく体型の違う二人でコンビを組むことによって、普段は出会わないような組み合わせに見せ、見た目にも何となく不釣り合いでおかしい感じを演出することを狙っているということ。

問六　傍線部⑥「私たちの心は、二つのものの適合と不適合の間をぶらぶら行き来させられるのである」とありますが、どういうことですか。八〇字以上一〇〇字以内で説明しなさい。

問七　傍線部⑦「そこに喜びが加味されるというわけである」とありますが、どのようなことですか。説明したものとして最も適切なものを次のア～オの中から一つ選び、記号で答えなさい。

ア　自分が今まで異なる意味集団にあるととらえていた二つのものが対比された時の驚きに、さらに、その二つの意味集団を行き来して不可思議や恐怖を感じてしまう意外性を見つけた時に、喜びも生まれてくるということ。

イ　自分が今まで異なる意味集団にあるととらえていた二つのものが対比された時に、二つのものが比較対象となって生まれる類似性への驚きが、その意味的な距離の遠さを越えたことについての喜びをも生じさせるということ。

ウ　自分が今まで異なる意味集団にあるととらえていた二つのものが対比された時に、その二つの事柄の連関への驚きに由来する不可思議や恐怖は、古びた知識によるものなので、その偏りを是正していく喜びが生まれるということ。

エ　自分が今まで異なる意味集団にあるととらえていた二つのものが対比された時に、その二つの事柄の意味的な距離が遠ければ遠いほど驚きが生まれるが、そこに少しでも共通の何かが見出されると喜びも生まれるということ。

オ　自分が今まで異なる意味集団にあるととらえていた二つのものが対比された時の驚きから、その二つのものの対比を通して自分が持っている「出来合いの枠」を実感することができるが、そこには驚きとともに喜びも生まれてくるということ。

問八　傍線部⑧「でたらめではない連関」とありますが、どのようなことですか。説明したものとして最も適切なものを次のア～オの中から一つ選び、記号で答えなさい。

ア　バトラーが「朝焼け」と「茹でられたロブスター」の間に見出した類似性は、バトラーの詩の才知を説明するのに最適な例であり、この例を挙げれば誰もがバトラーを高く評価するに違いないということ。

イ　バトラーが「朝焼け」と「茹でられたロブスター」の間に見出した類似性は、誰もが通常認識している連関ではなくバトラーが発見したと言えるものだが、詩の世界を離れても説明することができるということ。

ウ　バトラーが「朝焼け」と「茹でられたロブスター」の間に見

ウ　現実の人間に、ドラマや小説などの架空の人物の名前をつけることで、実在しないはずの人間が存在しているように感じられるから。

エ　「イケメン」や「天才」はめったに存在しないはずのものであるのに、産業革命の時代のように、大量生産されているように誤認させられるから。

オ　本来、ひとりひとりの人間は、類型化された「天才」などのタイプに収まりきらないものであるはずなのに、その前提をないものとしてとらえているから。

問二　傍線部②「『出来合いの枠』を無反省に利用した笑い」とありますが、どのようなことですか。説明したものとして最も適切なものを次のア～オの中から一つ選び、記号で答えなさい。

ア　あらかじめ共有されているイメージの枠組みを利用することで、誰にでも容易に参加できるような笑いであるということ。

イ　「女子アナウンサー」や「天才」などの特定のタイプを演じることができれば、無条件に使うことのできる笑いであるということ。

ウ　ある部分が典型的な事例と一致してさえいれば、老若男女を問わず誰もが現実を忘れて楽しむことのできる笑いであるということ。

エ　ある枠組みにあてはまるかどうかを考えるだけで、その枠組み自体を疑ったり乗り越えたりする創造性に欠けた笑いであるということ。

オ　「あるあるネタ」を用いる時、優越の笑いの色彩を帯びることがあるが、誰もが面白く感じられるので、しばしば利用してしまう笑いであるということ。

問三　傍線部③「『適合性と不適合性の対立』が、あるいは『関係と関係の欠如との対立』が生じていると言えるだろう」とありますが、どのようなことですか。説明したものとして最も適切なものを次のア～オの中から一つ選び、記号で答えなさい。

ア　サリーとマイクの体格差がコンビという関係にふさわしいかどうかの疑念を招き、見る人を不安にさせるということ。

イ　サリーとマイクは互いをコンビの相手として認識しているが、ほかの人からはそのように見られていないということ。

ウ　サリーとマイクはコンビという関係で結びつけられているが、同時に、体格の違いからそぐわない組み合わせにも見えるということ。

エ　サリーとマイクは外見からは互いにこれ以上なくぴったりの相手であるように見えるが、内面的には必ずしもそぐわないということ。

オ　サリーとマイクは同じように体格差のある他のコンビを多数想起させ、そのような枠組みにあてはまるものとして見ることができるということ。

問四　傍線部④「代わりに何か別の意味を発生させてしまう」とありますが、どのようなことですか。「何か別の意味を発生させてしまう」例として最も適切なものを次のア～オの中から一つ選び、記号で答えなさい。

ア　「ありがとうございます」を日常的に言う中で、いつのまにか「あざます」という形に短縮してしまうという事例。

イ　質問に対して「答えるに及ばない」と何度も言われているうちに、質問する側が追及することをやめてしまうという事例。

ウ　「ピザって十回言ってみて」と言われて繰り返し言っていると、口のまわりの筋肉が動きに慣れて、スムーズに言えるようになるという事例。

エ　「隣の客はよく柿食う客だ」と言うのを何度も練習しているうちに、個々の単語の意味が消えて、音そのものの響きが面白くなってしまうという事例。

オ　童謡「アルプス一万尺」をいつも歌っているが、「小槍《こやり》の上で」という歌詞の「小槍」が山の名前だと知らず、「子山羊《こやぎ》の上で」だと勘違いしたままでいるという事例。

眠りに落ちて時は久しく
そうしているうちに、朝焼けが、茹でられたロブスターのように
黒から赤へと変貌し始めた
（注8 154頁、一部筆者改訳）

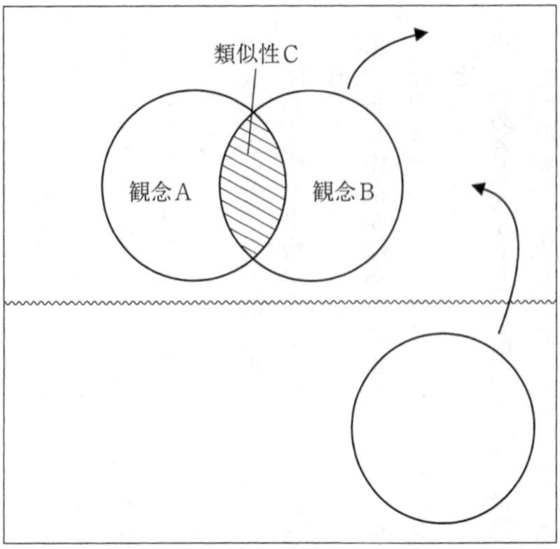

図3

この詩で起きていることを図示すれば図3のようになる。二つの円、観念Aと観念Bは、両者の類似性を普段誰も意識していない。しかし、AとBの重なるところであるCを誰かが発見すると、AにBが引き当てられ、一瞬その間だけ、類似するものとして扱われる。そもそも誰もが類似性を認識している似たもの同士（例えば「朝焼け」と「夕焼け」）であれば、その類似性をあらためて指摘しても、そのことに何の面白さもない。その一方で「朝焼け」と「茹でられたロブスター」とに何らかの類似性があるなどと、私たちは普段一切思っていない。ところが「黒から赤へと色が変化するもの」という両者に共通の何か（C）をバトラーが見出すと、両者の間に⑧でたらめではない連関が生じ、読み手にもその連関の面白さが伝わり、⑨才知に富んだ優れた詩が一つの形を成すことになる。

ただし、この類似性は暫定《ざんてい》的なものに過ぎず、共通の何かが見出されたからといって、「朝焼け」が「ロブスター」と同じカテゴリーに属するものと考えれば、文学的戯《たわむ》れのためならばいざ知らず、それ以外では軽率のそしりを受けることだろう。それだから、ここで起きていることはあくまでも暫定的な関係性の確認であり、「関係」と「関係の欠如」とが常に「対立」状態を保っているのである。AとBに共通する何かが暫定的に示されはするが、その関係はあくまでも⑩暫定的な戯れの状態に留まっている。その対立の間で心は揺さぶられ、そこに「喜びと驚き」が起こり、おかしさが生まれる。

（木村 覚『笑いの哲学』講談社、二〇二〇年より）

注1 第二次産業革命…一九世紀末から二〇世紀初めにかけての重化学工業を中心とする新技術の開発とそれに伴う新産業の興隆。
注2 H・ベルクソン／S・フロイト『笑い／不気味なもの』原章二訳、平凡社ライブラリー、二〇一六年
注3 ベルクソン…フランスの哲学者。（一八五九～一九四一）
注4 James Beattie, "An Essay On Laughter and Ludicrous Composition," in: *The Works of James Beattie: Essays*, Hopkins and Earle, 1809
注5 『モンスターズ・インク』…ディズニーとピクサーによる長編アニメーション映画。二〇〇一年公開。
注6 ジョゼフ・アディソン…イギリスの劇作家であり、文学者。（一六七二～一七一九）
注7 テティス…ギリシア神話の海の女神。
注8 サミュエル・バトラー『ヒューディブラス』バトラー研究会訳、松籟社、二〇一八年

問一 傍線部①「そもそも何かのタイプに似ているということそれ自体が滑稽なのだ」とありますが、なぜですか。理由を説明したものとして最も適切なものを次のア～オの中から一つ選び、記号で答えなさい。

ア 一人の人間と長いあいだ付き合っていると、その人が「イケメン」であるということが認識できなくなるから。

イ 社会的に評価されることの多い「女子アナウンサー」などが意図的に滑稽なタイプを演じてみせることで意外な印象を与えるから。

機知と驚き

スコットランド生まれの詩人で哲学者であったジェイムズ・ビーティは「笑いとおかしな構成について」というエッセイで、笑いを不一致のうちに見出《みいだ》した。ビーティによれば、二つのものの笑える組み合わせとは、両者の関係性がある程度不適合的であり、異質的であることをその条件とする。すなわち、一見無関係と思われているもの同士が組み合わされるのでなければ両者の関係性を笑うことはできないのである。これをより明確に言うならば、笑いの原因あるいはその対象となるものとは、組み合わされた二つのものが示す「適合性と不適合性の対立(opposition of suitableness and unsuitableness)」(注4 p.156)なのであり、または「関係と関係の欠如との対立([opposition] of relation and the want of relation)」(同前)なのである。

少し込み入った説明に映るかもしれない。けれども、ビーティによる不一致の笑いの定義は、的確にその事態を捉えていると言える。なるほど、例えば映画注5『モンスターズ・インク』に登場するサリーとマイクのようなでかちびコンビは、二人が横並びで立っているだけで少しコミカルである。そこには③「適合性と不適合性の対立」が、あるいは「関係と関係の欠如との対立」が生じていると言えるだろう。

(中略)

あるいは執拗《しつよう》に同じ動作を繰り返すことも、不一致の笑いを生み出すことがありそうである。例えば、執拗に同じ言葉を繰り返し発話していると、途中から言葉の意味内容がおぼろげになり、その発話行為の意味が曖昧になり、④代わりに何か別の意味を発生させてしまう。そうしたことの延長で、喋《しゃべ》っているうちに喋りが歌に変わり動作が踊りに変わってしまうミュージカル(映画)にも、同様のコミカルさが漂うことがあるだろう。

漫才に例を探せば、ボケがバカみたいに大げさに大声でゆっくりと合いの手を入れるだけで、その場にふさわしくない、不釣り合いな感じが出て笑ってしまう、などということがある。ボケがふざける。するとツッコミとボケの行き違い、すれ違い、テンションの違い、意見の相違が際立ってくる。あれやこれやの不一致は、優越の笑い以上に、⑤今の芸人たちがネタの中で好んで試行錯誤している笑いのポイントになっている。

不一致のおかしさは、比較対象の二つのものの間に普段から適合性あるいは関係性があると思い込んでいる私たちのその思い込みが、急に揺さぶられることで生じる。適合的で関係性があると思われているある集合の外に置かれているものが突然呼び出されて、今その集合の中に押し込められた。普段は起こらない二つのもののおかしな対比が突然始まり、⑥私たちの心は、二つのものの適合と不適合の間をぶらぶら行き来させられるのである。そうした心の状態を引き出すのは、のちに述べるように機知のなせる技である。機知の名に値するには、注6ジョゼフ・アディソンが言うように、その技に「喜びと驚き」がともなうのでなければならない。驚きは、そこに置かれたあるイメージともう一つのイメージとが簡単には類似しておらず、両者が関連していないと思われれば思われるほど激しくなる。両者が永遠にただ不適合なままであったら、驚きは不可思議か恐怖に変わることだろう。しかし、両者にわずかでもどんなものであっても類似性(適合性)が担保されるならば、⑦そこに喜びが加味されるというわけである。

ビーティは不一致の例として、詩人で諷刺《ふうし》家のサミュエル・バトラーの長編詩『ヒューディブラス』に記された一節を挙げている。そこでは「朝焼け」が唐突に「茹《ゆ》でられたロブスター」と比較されている。一瞥《いちべつ》するだけでは両者に一致するところはない。一切似ていないのだけれども、その色彩が〈黒から赤へと変化する〉という点に注目すると、その一点において両者に類似性を認めることができる。

太陽が注7テティスの膝に頭を埋めて

くてもコロニー内は過労による絶滅を免れているから。

ウ　働かない働きアリは、働かないこと自体がコロニー存続のために必要な仕事である。働かないアリがいることによって、働いているアリは休息しなくても過労状態に陥ることがなくなり、指令がなくてもコロニー内は過労による絶滅を免れているから。

エ　ある場合に働かない働きアリは、外敵と戦ったり、他のアリを安全な場所に移したりする必要のある非常時には、コロニーの存続のために必要な仕事を必ずする。この仕組みによって、指令がなくてもコロニー内は安全性を向上させ、外敵による絶滅を免れているから。

オ　ある場合に働かない働きアリは、他のアリが働けなくなった状況では、反応閾値に達して仕事を必ずするようになり、そのことによって必要な仕事が滞りなく行われコロニーは存続していくことになる。この仕組みによって、指令がなくてもコロニー内は過労や世話不足による絶滅を免れているから。

二

次の文章は『笑いの哲学』という本の一節です。読んで、後の問に答えなさい。

「出来合いの枠」が嵌《は》まる類似のおかしみ

あまりに似ている顔が二つあることでおかしくて笑ってしまう。そうした似ていることの反復が引き起こす笑いは、「出来合いの枠」そのもののなせる技ではないか。「出来合い」は英訳すれば「レディ・メイド」である。生命を持ったものが機械の作った既製品のように見えてしまう。一九〇〇年に発表された『笑い』が注1第二次産業革命の時代を象徴する工場労働とその生産品に接した当時の人々の感性を背景にしていることは、想像に難くない。

滑稽な人物とは一つのタイプなのである。逆に言えば、あるタイプに類似しているものは何かしら滑稽である。一人の人間と長いあいだ付き合って、すこしも滑稽なところを見いだせないことがある。しかし、なにかの偶然の結びつきから、その人間にドラマや小説の主人公の有名な名前をつけたとたん、少なくともその一瞬、その人は滑稽すれすれに見えてくる。小説の人物の方は滑稽でなくてもかまわない。ただその人物に似ているというだけでおかしくなるのだ。その人が自分自身からうっかり外へ出てきてしまったことが、いわば出来合いの枠のなかに嵌《はま》りこんでしまったことがおかしいのである。しかし何よりおかしいのは、自分というものを他人が簡単に嵌りこむことができるような枠にしていることであり、自分を性格のなかに凝り固めていることである。（注2　123―124頁《ページ》）

どんなタイプが滑稽なのか以前に、①そもそも何かのタイプに似ているということそれ自体が滑稽なのだと、注3ベルクソンは言う。俗に「あるあるネタ」と呼ばれているもののおかしさとは、これのことではないだろうか。「あるある」とは、相槌の言葉であって、ある何かの言動が、ある何かの典型的な事例と一致すると思われるとき、私たちはそれに向かって「あるある」と言う。優越の笑いの色彩を帯びる場合もあるけれども、前章で触れたような社会的に優れていると評価されがちなタイプ、例えば「女子アナウンサー」だとしても「イケメン」だとしても「天才」だとしても、何かがそれらのタイプをあらわすもので「あるある」と思われたら、それは笑いの対象となるのである。あるあるネタの笑いは、だからある種の「出来合いの枠」を確認する作業だと言えるだろう。あるあるネタは、優越の笑いではない場合もあるにせよ、あくまでも②「出来合いの枠」を無反省に利用した笑いであって、「出来合いの枠」の周りで思考は留《とど》まったままであり、それを逸脱するような力は何ら発揮されることがない。

（中略）

るワーカーとなってしまった結果、多くの個体が外敵に捕食され死滅してしまうから。

イ　ハウス栽培では自然の状態よりも花の蜜がたくさんあるため、休憩を取る判断をせず反応閾値で行動するミツバチには常に反応する刺激があって過剰労働になり、その結果ワーカーが過労死してしまうと考えられるから。

ウ　ハウス栽培では自然の状態よりも花の蜜がたくさんあるため、幼虫は成長のために多くの蜜が与えられコロニーが一時的に大きくなるが、閉鎖されたハウス内では短期間のうちに蜜が取りつくされてしまい、コロニーを維持するだけの蜜を収集することができなくなるから。

エ　ハウス栽培では自然の状態よりも花の蜜がたくさんあるため、多くのミツバチが必要とされるが、ワーカーとなるハチはコロニーの中であらかじめ役割を決められたハチだけであり、一部の厳しい労働環境に置かれたそのワーカーのミツバチが過労死してしまうと考えられるから。

オ　ハウス栽培では自然の状態よりも花の蜜がたくさんあるため、多くのワーカーが必要とされるが、集めた蜜はコロニーを維持するための幼虫の生育にあてられることになるため、ワーカーは必要な栄養分を与えられないまま過酷な労働環境に身を置くことになると考えられるから。

問十　傍線部⑨「なんと、働かないものがいるシステムのほうが、コロニーは平均して長い時間存続することがわかったのです」とありますが、なぜ筆者はこのような表現で説明しているのですか。理由を説明したものとして最も適切なものを次のア～オの中から一つ選び、記号で答えなさい。

ア　多くの個体が同時に働いた方が単位時間あたりに処理できる仕事量は常に大きく効率的であるはずなのに、コロニーの存続という観点からみると、疲労した個体が休む間に別の個体が取り組む方式が有効であることが、驚きといえるから。

イ　多くの個体が同時に働いた方が労働効率が高いのは当然であるが、労働する個体の数は常に一定に保たれている必要があり、働いている個体が多くなるのにつれて働かない個体の数も同じ数だけ増えなければならないことが、驚きといえるから。

ウ　働かない個体がいるコロニーの方が長期的に見れば労働効率が高いことは自明のことであるが、シミュレーションを行った結果、全員が一斉に働くシステムの方が単位時間あたりに処理できる仕事量が大きいことがわかり、驚きといえるから。

エ　当然多くの個体が同時に働いた方が労働効率は高いはずであるが、働かない個体は労働刺激が高くなったとしても働かず、働きアリが過労で倒れていったとしても短期的には彼らが生き残ることによってコロニーは存続するといったことが、驚きといえるから。

オ　仕事が一定期間以上処理されない場合はコロニーが死滅する、という条件を加えて実験をすると、働かない個体がいるコロニーの方が存続できる可能性が高いはずだという仮説が裏打ちされる結果になり、仮説と実験結果とが寸分違わぬ結果になったことが驚きといえるから。

問十一　傍線部⑩「働かない働きアリは、怠けてコロニーの効率をさげる存在ではなく、それがいないとコロニーが存続できない、きわめて重要な存在だといえるのです」とありますが、なぜですか。理由を説明したものとして最も適切なものを次のア～オの中から一つ選び、記号で答えなさい。

ア　働かない働きアリは、他のアリが死んでしまった状況ではその性質が変化し、コロニーの存続のために必要な仕事をするようになる。この仕組みによって、指令がなくてもコロニー内は過労や世話不足による絶滅を免れているから。

イ　ある場合に働いていない働きアリも、別の時間帯には働いており、等しく時間交代することによってコロニーの存続のために必要な仕事を分担している。この仕組みによって、指令がな

った場所だけを指示するという対応。

ウ　中学生がグループで保育園のボランティアをしているときに、自分のアイディアではなく、保育士さんが作ったプラン通りに子どもたちを遊ばせるという対応。

エ　町中で迷っている人に道を聞かれたとき、その場所自体は知らない場所だったのだが、近くに交番があることは知っていたので、交番までを案内するという対応。

オ　校外学習でグループ行動をしているときに、他の班員とはぐれて、途方に暮れていたところ、ふと目に入った人影が同じ班員であると思って反射的に駆け寄るという対応。

問五　傍線部④「このシステムであれば、必要な個体数を仕事量に応じて動員できるだけでなく、同時に生じる複数の仕事にも即座に対応できます」とありますが、なぜですか。理由を説明したものとして最も適切なものを次のア～オの中から一つ選び、記号で答えなさい。

ア　ある種の仕事では役に立たない「怠け者」の個体が、別の種類の仕事に対応する能力も低いとは限らないから。

イ　ある刺激に対して反応が鈍くて働いていない個体がいれば、別の刺激が生じたときにその「怠け者」が対応できるから。

ウ　アリの社会の中での役割によって、ある刺激に対する反応があるかどうかは分かれるため、一見「怠け者」に見える個体群も来《きた》るべき仕事に備えているといえるから。

エ　少しの刺激で反応できる個体が社会の中でリーダーシップをとることができれば、「怠け者」の個体群も同時に生じる複数の仕事に対して効率よく仕事をすることができるから。

オ　ある刺激に対して「怠け者」もそうでないアリも、いつも一定数の個体が働くことになるため、互いに刺激を受けあい、全体として継続性を持った安定した群れを作ることができるから。

問六　傍線部⑤「しかしさぼろうと思っているものはいない、という状態になっていれば」とありますが、この条件はなぜ必要なのですか。次のように答える場合に空欄に適切なことばを本文中から十二字以内で抜き出しなさい。

コロニーが司令官なしに社会的な組織行動を成立させるためには、［　　　　］だけが前提として必要なのであり、さぼる、さぼらないという個々の主体的な意思が介入すると機能しなくなるから。

問七　傍線部⑥「よくできていると思いませんか?」とありますが、筆者はどのような点を「よくできている」と考えているのですか。説明したものとして最も適切なものを次のア～オの中から一つ選び、記号で答えなさい。

ア　誰もさぼろうとしている者がいなければ、お互いに信頼しあって仕事が円滑にできる点。

イ　コロニーの中で司令塔となる個体が、適材適所の配置になるよう命令を出すことができている点。

ウ　それぞれの得意・不得意を補い合って、個々がかけがえのない働き手として価値を発揮している点。

エ　実際にどのような仕組みで動いているのかわからなくても、自然界の生物は繊細な仕事分担をしている点。

オ　外部からの刺激に対する反応の個体差によって、高度な判断によるのと同じような複雑な動きが可能になっている点。

問八　傍線部⑦「キモです」とありますが、「キモ」と置き換えることばとして最も適切なものを次のア～オの中から一つ選び、記号で答えなさい。

ア　原因　　イ　新鮮　　ウ　核心　　エ　不快　　オ　意外

問九　傍線部⑧「そうやってハウスに放たれたミツバチはなぜかすぐに数が減り、コロニーが壊滅してしまうのです」と筆者が考えるのはなぜですか。本文中から推測できる理由として最も適切なものを次のア～オの中から一つ選び、記号で答えなさい。

ア　ハウス栽培では自然の状態よりも花の蜜がたくさんあるため、コロニー内で幼虫を育てるはずのすべてのハチが過剰に蜜を取だといえるのです。

重要なのは、ここでいう働かないアリとは、のちの第4章で紹介するような社会の利益にただ乗りし、自分の利益だけを追求する裏切り者ではなく、「働きたいのに働けない」存在であるということです。本当は有能なのに先を越されてしまうため活躍できない、そんな不器用な人間が世界消滅の危機を救う――とはなんだかありがちなアニメのストーリーのようですが、シミュレーションはそういう結果を示しており、私たちはこれが「働かない働きアリ」が存在する理由だと考えています。

働かないものにも、存在意義はちゃんとあるのです。

（長谷川英祐『働かないアリに意義がある』
KADOKAWA、二〇一六年六月より）

注1　コロニー…同一種または数種からなる生物の集団。
注2　閾値…ある反応を起こさせるために必要な最低の刺激量。
注3　真社会性生物…集団の中で高度に分業が進み、繁殖に関わらない階級が存在する生物。

問一　傍線部a～eについて、漢字はその読み方をひらがなで書き、カタカナは漢字に直しなさい。

問二　傍線部①「要するに『個性』と言い換えることもできるでしょう」とありますが、ここでは何を「個性」と「言い換え」ているのですか。説明したものとして最も適切なものを次のア～オの中から一つ選び、記号で答えなさい。

ア　同じ種であっても、様々なことに関して、個々が持っている能力の違いにより個体ごとの対応に差があること。
イ　同じ種であっても、いろいろな場面で他の個体ごとに違う対応をするが、その元となっている性質や性格が異なっていること。
ウ　同じ種であっても、ある一つのことに関してどのように対応するかは、個体ごとに多少の違いがあるが、結局は同じ動きをすること。
エ　同じ種であっても、ある一つのことに関して、行動を起こす反応の程度はそれぞれに決まっており、しかもそれは個体ごとに違っていること。
オ　同じ種であっても、ある一つのことに関して対応は個体ごとに違うが、どのように違うかは流動的なので、一つの枠にあてはめることはできないこと。

問三　傍線部②「一つの仮説にたどり着きました」とありますが、どのような仮説ですか。説明したものとして最も適切なものを次のア～オの中から一つ選び、記号で答えなさい。

ア　どのような集団の中でも、よく働く個体が二割程度であることはいつも一定で変わらないという仮説。
イ　昆虫の社会にも仕事の発生状況を把握して、必要なだけの個体を現場に振り分ける調整役が存在するという仮説。
ウ　同じ群れの中でも、どのような種類の仕事を好むかが個体によって異なるために、同じ仕事を取り合わなくてすむという仮説。
エ　アリやハチが複雑な働き方をしているように見えるのは、人間が人間社会の管理システムを投影しているにすぎないという仮説。
オ　どの程度の刺激で反応するかに個体差があることで、必要なときに必要なだけの個体が働くよう自動的に調節されているという仮説。

問四　傍線部③「そのような対応」とありますが、どのような対応ですか。「そのような対応」の例として**誤っているもの**を次のア～オの中から一つ選び、記号で答えなさい。

ア　文化祭のクラスの発表の準備が、あるグループのミスで滞ってしまったときに、学級委員の考えで計画を変え、別のグループが補うことにするという対応。
イ　部長をしているクラブの公式戦会場が当日急に変更になったのだが、遅刻して来る後輩に詳しいことは説明せず、変更にないですので、女王がいかに長生きかがわかります。残念ながらワーカー個々の寿命の違いと労働の量を関連づけて調べた研究がなく、データはありません。しかし経験的な例から、働いてばかりいるワーカーは早く死んでしまうらしいことは推察されています。

少し前までは野菜のハウス栽培で、花を受粉させて結実させるのにミツバチが使われていました。ところが、⑧そうやってハウスに放たれたミツバチはなぜかすぐに数が減り、コロニーが壊滅してしまうのです。ハウスではいつも狭い範囲にたくさんの花があるため、ミツバチたちは広い野外であちこちに散らばる花からbサンパツ的に蜜を集めるときよりも多くの時間働かなければならず、厳しい労働環境に置かれているようです。この過剰労働がワーカーの寿命を縮めるらしく、幼虫の成長によるワーカーの補充が間に合わなくなって、コロニーが壊滅するようです。実験的に検証された結果ではありませんが、ハチやアリにも「過労死」と呼べる現象があり、これはその一例なのではないかと思われます。自然の条件下では、すべての個体が過労にならないとしても、労働頻度と寿命のあいだには関係があるかもしれません。

（中略）

私たちは個体の疲労とコロニー維持の関係に注目した実験をしました。するとそこでも反応閾値の差が、コロニーのcハンエイを支えていることがわかったのです。

ムシも疲れるとなると、様々な仕事をこなさなければならないコロニーは、メンバーをどのように働かせるべきなのか？　これはまったく新しい観点の研究テーマといえます。私たちは、コロニーメンバーの反応閾値がみな同じで、刺激(仕事)があれば全個体がいっせいに働いてしまうシステムと、実際のアリやハチの社会のように反応閾値が個体ごとに異なっていて、働かない個体が必ず出てくるシステムのdソウホウで、疲労のあるときとないときの労働効率を比較してみました。さらにそれぞれの状況で、コロニーの存続時間を比較するのです。こうしたことは現実のムシでは調べられないため、コンピュータのなかに仮想の人工生命をプログラムした、シミュレーションによって調べます。その結果、予想どおり、疲労の重さに関係なく全員がいっせいに働くシステムのほうが単位時間あたりに処理できる仕事量は常に大きいことが示されました。より多くの個体が働くのですから当然ですね。つまり、やはりみんながいっせいに働くほうが常に労働効率はいいのです。

しかし、しかしです。仕事が一定期間以上処理されない場合はコロニーが死滅する、という条件を加えて実験をすると、⑨なんと、働かないものがいるシステムのほうが、コロニーは平均して長い時間存続することがわかったのです。第1章で述べたように卵の世話などは短い時間でも行わないでいるとコロニー全体に大きなダメージを与える仕事ですから、この仮定はそれほど無理のあるものではありません。

なぜそうなるのか？　働いていたものが疲労して働けなくなると、仕事が処理されずに残るため労働刺激が大きくなり、いままで「働けなかった」個体がいるコロニー、つまり反応閾値が異なるシステムがある場合は、それらが働きだします。それらが疲れてくると、今度は休息していた個体が回復して働きだします。こうして、いつも誰かが働き続け、コロニーのなかの労働力がゼロになることがありません。一方、みながいっせいに働くシステムは、同じくらい働いて同時に全員が疲れてしまい、誰も働けなくなる時間がどうしても生じてしまいます。卵の世話などのように、短い時間であっても中断するとコロニーにeチメイ的なダメージを与える仕事が存在する以上、誰も働けなくなる時間が生じると、コロニーは長期間は存続できなくなってしまうのです。

つまり誰もが必ず疲れる以上、働かないものを常に含む非効率的なシステムでこそ、長期的な存続が可能になり、長い時間を通してみたらそういうシステムが選ばれていた、ということになります。⑩働かない働きアリは、怠けてコロニーの効率をさげる存在ではなく、それがいないとコロニーが存続できない、きわめて重要な存在では③そのような対応は不可能です。昆虫の単純な脳では、人が極度に発達させた大脳の前頭葉で処理しているような、高度な知能的判断をくだすことはとてもできません。そこで注3真社会性生物ができることのなかから選んだ方法（厳密にいえば自然淘汰《とうた》の結果に残された行動様式ですが）は、メンバーのなかに労働に対する反応閾値の幅をもたせるというものでした。

反応閾値に個体差があると、一部の個体は小さな刺激でもすぐに仕事に取りかかります。例えば、敏感な個体は幼虫が少し空腹になった様子を察知して、すぐにエサを与えます。幼虫たちはたくさんいるので、他の幼虫も空腹になった場合、敏感なハチたちが懸命に働いても手が足りなくなるでしょう。一部の幼虫はさらに空腹になり、早くエサをくれ！　とむずかりだします。つまり、幼虫の出す「エサをくれ」という刺激はだんだん大きくなっていきます。すると、いままで幼虫に見向きもしなかったハチたちのうち、それほど敏感ではない働きバチも幼虫にエサを与え始めます。それでも手が足りなければ幼虫の出す刺激はさらに大きくなり、最も鈍感なハチたちまでエサやりを始めます。幼虫が満腹になってくると敏感なハチだけでも手が足りるようになるため、鈍感なハチから順に仕事をやめてだんだんと働き手は減っていきます。やがて全部の幼虫が満腹すると、「エサをくれ」という刺激はなくなり、どのハチも幼虫にエサを与えなくなります。

このように、反応閾値に個体差があると、必要な仕事に必要な数のワーカーを臨機応変に動員することができるのです。このメリットが、司令官をもつことができない社会性昆虫たちのコロニーに個性が存在する理由ではないかとする仮説が「反応閾値モデル」です。

また、ある個体が一つの仕事を処理していて手いっぱいなときに、他の仕事が生じた際、その個体が新たな仕事を処理することはできませんが、新たな仕事のもたらす刺激値が大きくなれば反応閾値のより大きな別の個体、つまり先の個体より「怠け者」の個体がその仕事に着手します。

④このシステムであれば、必要な個体数を仕事量に応じて動員できるだけでなく、同時に生じる複数の仕事にも即座に対応できます。しかも、それぞれの個体は上司から指令を受ける必要はなく、目の前にある、自分の反応閾値より大きな刺激値を出す仕事だけを処理していれば、コロニーが必要とする全部の仕事処理が自動的に進んでいきます。高度な知能をもたない昆虫たちでも、刺激に応じた単純な反応がプログラムされていれば、コロニー全体としてはまるで司令官がいるかのように複雑で高度な処理が可能になるわけです。

つまり、腰が軽いものから重いものまでまんべんなくおり、⑤しかしさぼろうと思っているものはいない、という状態になっていれば、司令塔なきコロニーでも必要な労働力を必要な場所に配置できるし、いくつもの仕事が同時に生じてもそれに対処できるのです。⑥よくできていると思いませんか？　面白いのは、「全員の腰が軽かったらダメ」というところで、様々な個体が交じり合っていて、はじめてうまくいく点が⑦キモです。

ミツバチの例から、このような反応閾値の個体間変異が実際に存在していることはわかっています。人間から見るとみんな同じに見えるハチやアリたちは、実はそれぞれ違う個性をもっているのです。

（中略）

さてここまで、ワーカーのあいだに存在する「仕事に対する反応性の違い」が、コロニーのなかに働く個体と働かない個体をつくりだすことを見てきました。それがもって生まれた個性とはいえ、働いてばかりいる個体は疲れてしまったりしないのでしょうか？——それはやはり疲れるでしょう。

1年でコロニーが終わってしまうアシナガバチやスズメバチのような一部のハチは別にして、ミツバチやアリのように何年にもわたってコロニーが続く種類では、女王がワーカーに比べてとても長生きであることが知られています。確認されている例では、オオアリの一種で女王が20年以上生き続けたという記録があります。これは昆虫では最も長寿な例であり、働きアリの寿命は長くても3年くら

二〇二一年度 国際基督教大学高等学校

【国　語】（七〇分）〈満点：一〇〇点〉

注意　1．解答に字数制限がある場合は、句読点や「　」、その他の記号も字数に数えます。
　　　2．出題の都合上、本文の一部を省略あるいは改変していることがあります。

一　次の文章は『働かないアリに意義がある』という本の一節です。読んで、後の問いに答えなさい。

かなり単純な判断しかできないハチやアリたちの注1コロニーが効率よく仕事を処理していくためには、必要な個体数を必要な場所に配置するメカニズムが必要です。人間の会社では、これは上司の仕事です。しかし昆虫社会に上司はいないので、別のやり方が必要になります。このために用意されているのが「反応注2閾値《いきち》」＝「仕事に対する腰の軽さの個体差」です。「反応閾値」とは耳慣れない言葉ですが、社会性昆虫が集団行動をa制御する仕組みを理解するためには欠かせない概念ですので、できるだけわかりやすく説明します。

例えば、ミツバチは口に触れた液体にショ糖が含まれていると舌を伸ばしてそれを吸おうとしますが、どの程度の濃度の糖が含まれていると反応が始まるかは、個体によって決まっています。この、刺激に対して行動を起こすのに必要な刺激量の限界値を「反応閾値」といいます。

わかりやすく人間にたとえてみましょう。人間にはきれい好きな人とそうでもない人がいて、部屋がどのくらい散らかると掃除を始めるかが個人によって違っています。きれい好きな人は「汚れ」に対する反応閾値が低く、散らかっていても平気な人は反応閾値が高いということができます。①要するに「個性」と言い換えることもできるでしょう。

ミツバチでは、蜜にどの程度の濃度の糖が溶けていればそれを吸うか、とか、巣の中がどれくらいの温度になると温度をさげるための羽ばたきを開始するかというような、仕事に対する反応閾値がワーカーごとに違っている、ということが昔からわかっていました。つまり、必要とされる行動に対する反応しやすさに個体差があるのです。人間なら何人かの人がいれば、かならずきれい好きとそうでもない人が交じっており、きれい好きな人は少し散らかると我慢ができず掃除を始めてしまいます。仕事に対する「腰の軽さ」が違っているから、すぐやる人とやらない人がいるというわけです。

ミツバチに話を戻すと、ワーカーのあいだに個性が存在することがわかったので、それがなんのために存在するかについて学者たちは知恵を巡らせ、②一つの仮説にたどり着きました。それは「反応閾値モデル」と呼ばれるものでした。

これは、反応閾値がコロニーの各メンバーで異なっていると、必要なときに必要な量のワーカーを動員することが可能になるとする考え方です。説明しましょう。

コロニーが必要とする労働の質と量は時間と共に変わります。先に説明したように、どれだけの働きバチを蜜源に向かわせなければならないかは、どれだけの花が発見されたかによって変わります。幼虫がたくさんいて、みなが腹を空《す》かせている時間にはたくさんの働きバチが幼虫にエサを与える必要がありますが、幼虫が満腹している時間にはそれほどたくさんのハチが働く必要はありません。

こなさなければならない仕事の質と量にこのような時間的・空間的な変動があるとき、それに効率よく対処するにはどうしたらよいでしょう。人間なら、仕事の発生状況をマネージャーなどが把握して、人をそれぞれの現場に振り分ける、という対処をするでしょう。外回りの最中、会社から指示を受けて別の現場に急行、という経験をおもちの方もいらっしゃるかもしれません。しかし、ハチやアリ

2021年度／国際基督教大学高等学校

英語解答

I
①　3　②　3　③　2　④　1
⑤　4　⑥　2　⑦　4　⑧　1
⑨　1　⑩　3　⑪　2　⑫　1
⑬　4　⑭　3　⑮　2　⑯　4
⑰　3　⑱　3　⑲　1　⑳　4

II
問1　［ア］…7　［イ］…15　［ウ］…4
［エ］…12　［オ］…1　［カ］…9
［キ］…13　［ク］…5　［ケ］…2
［コ］…16
問2　［A］…14　［B］…7　［C］…2
［D］…10　［E］…16　［F］…5
［G］…6　［H］…8　［I］…3
［J］…4

III
A　4　B　2　C　4　D　3
E　2　F　1　G　3　H　1
I　2　J　3，4

IV
A　A-1…8　A-2…4　B　2
C　3　D　2　E　3　F　1
G　3　H　2
I　1，4，5，7

V
A　5番目…taking　7番目…of
B　6番目…much　9番目…wonder
C　(例)Oh, no！ You shouldn't use her eggs for our meals.
D　(例)eat up your food with a feeling of gratitude

I　〔長文読解―適語(句)選択―伝記〕

≪全訳≫❶ロアルド・ダールは，世界が知る中で最も優れた物語作家の1人だ。最初の本が出版されて以来，彼は2億冊以上の本を売り上げており，皆さんは『チャーリーとチョコレート工場』，『父さんギツネバンザイ』，『オ・ヤサシ巨人BFG』，『マチルダは小さな大天才』といった物語をその映画版によって知っているかもしれない。ロアルド・ダールは，楽しくて読みやすい物語を語るのが得意である。ダール自身によれば，この理由は，子どもであるとはどういうことなのかを覚えているのが，彼にはとても簡単だったからだということだ。❷ダールは1916年9月13日，ウェールズのランダフに生まれた。両親ともにノルウェー出身だったが，ダールが生まれる前にイギリスに引っ越していた。ダールは寄宿学校に通ったので，1年の大半は親とは離れて暮らしていた。ダールは，いたずら好きなところもあった。あるとき，駄菓子屋さんの店主にいたずらをするために，ダールはお菓子のビンの1つに死んだネズミを入れたのだ。罰として，ダールは学校の先生に棒でたたかれた。ダールは暴力をひどく嫌っており，彼の物語の多くでは，主人公が家族や先生にひどい扱いを受ける。しかし，それぞれの物語の最後では，主人公が常に勝利するのだ。❸ダールの夢はわくわくするような異国の地に行くことで，彼は東アフリカにある石油会社で働き始めたとき，このチャンスをつかんだ。第二次世界大戦が勃発すると，ダールは戦闘機のパイロットになり，飛行機が砂漠に墜落したときには死にかけた。その結果，重傷を負いパイロットを続けられなくなったので，帰国させられた。次にダールは，ワシントンDCにあるイギリス大使館で新たな仕事を与えられた。そこで彼は演説原稿や戦争の物語を書き始め，彼の最初の作品が出版された。❹次の物語のどれかについて聞いたことがあるだろうか。❺『チャーリーとチョコレート工場』／チャーリーは貧しい家庭出身の少年で，ほとんどの子どもたちと同じく，チョコレートが大好きだ。チャーリーはワンカのチョコレート・バーを買う。なぜなら中に入っている金色のチケットが欲しいからだ。金色のチケットを見つけた人は誰でも，ワンカのチョコレート工場に招待されて，オーナーのウィリー・ワンカに会えるのだ。しかし，工場の中には不思議で奇妙なものがいくつもあるのだ。❻『オ・ヤサシ巨人BFG』／BFGは「Big Friendly Giant」で，子どもたちが寝ている間にすてきな夢を届けてくれる。ある夜，彼はソフィーという女の子に，彼女が眠っていない間に目撃されてしまい，彼女を自分の国に連れて帰る。というのは，自分のことをソフィーが人々に話してしまうのを恐れたからだ。彼は実際には優しいのだが，他の巨人たちはそうではなく，BFGをいじめ，人間を食べたがっている。ソフィーは，誰かに手伝ってもらうことに決める。それはイギリスの女王だ。❼『マチルダは小さな大天才』／マチルダはとても賢く，本を読むのが大好きだが，両親は彼女のことを理解せず，彼女にひどくあたる。マチルダのすばらしい知性は，担任のハニー先生に発見される。それからハニー先生はマチルダが知性を伸ばす手助けをする。その一方で，校長のトランチブル先生はハニー先生にひどくあたるので，マチルダはハニー先生を助けようとする。❽『少年』／この本は小説のように語られているが，小説ではなく，ロアルド・ダールの幼少期と学校での経験の伝記である。ダールは私たちに，死んだネズミのこと，学校での嫌な先生のこと，夏休みのノルウェーへの家族旅行について語っている。❾ダールは1990年に亡くなったとき，74歳だった。彼はグレート・ミセンデンという村のセントピーター・セントポール教会に埋葬され，ここにはロアルド・ダールミュージアム＆ストーリーセンターがある。今日も，彼の物語は何世代もの子どもたちや親たちを，驚かせ，わくわくさせ，元気づけ続けているのだ。

＜解説＞①'one of the＋最上級＋名詞の複数形'「最も～なものの１つ」　②「～以来(ずっと)」という意味を表す since とともに使われる現在完了('継続'用法)を選ぶ。　③story を目的語にとるのは tell。　tell stories「物語を語る」　④'find it＋形容詞＋to不定詞...'「…するのが～だと思う〔わかる〕」の形。この it は to不定詞以下を指す形式目的語。　⑤'日付'につく前置詞は on。　⑥直後が'主語＋動詞'を含む文〔節〕なので，前置詞の３と４は不可。until「～まで(ずっと)」も意味が通らない。　⑦文の後半の he put 以下が主節。これを「～するために」という意味で修飾する'目的'を表す to不定詞の副詞的用法。　⑧前に are treated という受け身形があるので'動作主'を示す by を用いる。また，the main characters を受ける代名詞は their である。　⑨each や every の後には，名詞の単数形がくる。前文の many of his stories を受けるので，３，４は不可。　⑩foreign places を修飾する語を選ぶ。exciting「(物事などが)わくわくするような」と excited「(人が)わくわくして」の違いに注意。　⑪飛行機が墜落してパイロットを続けられなくなり，国に送り返されたという文脈。'be動詞＋過去分詞'の受け身が適切。　send－sent－sent　⑫hear of ～ は「～について耳にする，～のことを聞く」，hear from ～ は「～から連絡をもらう」。読者に問いかけている文なので主語は you。　⑬「～のように」の意味の前置詞 like が適切。　⑭直後の he 以下が文の前半の'理由'になっている。'because＋主語＋動詞...'の形。'because of＋名詞(句)'との違いに注意。　⑮「寝ている間に」という意味になる。'while＋主語＋動詞...'で「～する間に」。'during＋名詞(句)'「～の間に」との違いに注意。　⑯a girl called Sophie で「ソフィーと呼ばれる女の子」。called Sophie という過去分詞句が前の名詞 a girl を修飾する形。　⑰decide は目的語に to不定詞をとる。　decide to ～「～することに決める」　'get＋人＋to ～'「〈人〉に～させる〔してもらう〕」　⑱love ～ing「～するのが大好きだ」　⑲a trip to ～「～への旅行」　⑳die「死ぬ」は動詞，dead「死んでいる」は形容詞。dying は die の現在分詞で「死にかけている」という意味。

Ⅱ〔長文読解総合―物語〕

≪全訳≫❶昔々，小さな村があった。そこに住む人々は互いにとても仲が良く，とても陽気だった。ナシルという名の少年が，両親と一緒にこの村に住んでいた。毎日，朝早く，彼は牛の群れを丘の上に連れていって，牛が草を食べるのにふさわしい場所を見つけた。午後には，牛と一緒に村へ戻った。❷ある日，ナシルが牛の見張りをしていると，突然，不思議な光が花の茂みの後ろに見えた。彼が枝の方に行くと，美しい水晶玉に気づいた。水晶玉は色とりどりの虹のように輝いていた。ナシルは水晶玉を注意深く手に取り，回してみた。思いがけなく，声が水晶玉から聞こえてきた。それはこう言った。

「あなたの心が強く望むどんなことでも願えば，私がかなえてあげよう」　ナシルはそんな不思議な声を聞いて困惑したが，彼にはたくさんの願いがあったので，考えごとに没頭するようになった。彼は水晶玉をかばんにしまい，牛を集めて家に帰った。家に帰る途中，水晶玉のことは誰にも言わないようにしようと彼は決意した。翌日，ナシルは何を願うかまだ決められなかった。❸いつものように日々が過ぎ，ナシルはとても幸せそうに見えたので，周囲の人々は彼の陽気な態度に驚いた。ある日，1人の少年がナシルと牛の群れの後をつけて，木の陰に隠れた。ナシルはいつものように畑の一角に座り，水晶玉を取り出して，しばらく眺めていた。少年はナシルが眠りに落ちるまで待った。そして，水晶玉を奪って，走って逃げた。❹少年は村に着くと，住民全員を呼んで，水晶玉を見せた。そのうちの1人が水晶玉を両手に取って回した。突然，声が水晶玉の中から聞こえてきた。それはこう言った。「どんなことでも願えば，私がかなえてあげよう」　1人は水晶玉を手に取って，「かばんにいっぱいの金《きん》が欲しい！」と叫んだ。もう1人は水晶玉を手に取って，「箱2つにいっぱいの宝石が欲しい！」と大声で言った。何人かは自分自身の豪邸が欲しいと言った。全員が水晶玉に願いを伝え，全ての願いがかなえられた。しかし，村人たちは幸せではなかった。村人たちはねたんでいたのだ。例えば，豪邸を持っている人には金《きん》がなく，金《きん》がある人には宝石がなかったからだ。村人たちはお互いに話しかけるのをやめ，しばらくするととても苦しむようになった。❺結局，村人たちは水晶玉をナシルに返すことに決めた。1人はナシルにこう言った。「私たちが小さな村だったときは，調和して一緒に暮らしていた」　もう1人はこう言った。「ぜいたくな豪邸や宝石は，私たちに苦しみしかもたらさない」　村人たちが本当に後悔しているとナシルは知って，こう言った。「私はまだ自分の願いをしていません。もし皆さんが何もかも以前と同じになることを本当に望むなら，私はそれを願いましょう」　全員が同意した。ナシルは水晶玉を手に取って回しながら，村が前と同じになるようにと願った。ナシルの願いはかなえられ，前と同じように村人たちは満足して暮らしたのだった。

問1＜単語の意味＞[ア]herd「(牛や象などの)群れ」　直後の of cows「牛の」から判断できる。　[イ]suitable「ふさわしい，適切な」　この後の for them(＝cows) to eat grass「牛たちが草を食べる(ための)」は to不定詞の形容詞的用法で a suitable place を修飾している。　[ウ]bush「(低木の)茂み，やぶ」　[エ]desire「～を強く願う，望む」　desire には動詞のほかに「願い，願望」という名詞の意味もある。　[オ]engrossed「没頭した，熱中した」　be engrossed in thoughts で「考えごとに没頭する，物思いにふける」という意味になる。ここでは be の代わりに become が使われている。　[カ]disposition「気質，性質」　直前の cheerful「機嫌のいい，陽気な」という単語からナシルのご機嫌な態度が読み取れる。　[キ]grant「(願いなど)をかなえる」(≒fulfill)　[ク]scream「叫ぶ」　次の文の said loudly とほぼ同じ意味である。　[ケ]harmoniously「調和して，仲良く」　第1段落第2文の close relationship with each other の言い換えになっている。名詞形は harmony「調和，ハーモニー」。　[コ]consent「同意(する)」　前後の内容からナシルの提案に皆同意したことが読み取れる。　*cf.* informed consent「インフォームド・コンセント」(患者が危険性などを知らされたうえで手術などに同意すること)

問2＜語句解釈＞[A]色とりどりの虹のように「輝いて」いた。　glitter「きらきら輝く」(＝14.「明るい光を発して光る」)　[B]水晶玉が言葉を発するのは想定外のこと。　unexpectedly「思いがけなく，意外にも」(＝7.「あなたを驚かせるように」)　[C]水晶玉について誰にも言わないことを「決意した」。　determine「～を決意する」(＝2.「堅い決心をする」)　[D]水晶玉を見せるために呼び集めたのは村の「住民」。　resident「住人，居住者」(＝10.「ある場所に実際に住んでおり，単に訪問しているだけではない人」)　[E]jewelry「宝石」(＝16.「人をより美しく見せるためにつくられたもので，貴重な石でつくられることが多い」）　［F］欲しい物を手に入れたことで，他の人が持つ物まで欲しくなった。 envious「ねたんで，うらやんで」（＝5.「他の人と同じ状況になりたがったり，他の人の物を欲しがったりする」）　［G］互いに話をしなくなった村人たちの様子を考える。 distressed「苦しんで，悩んで」（＝6.「混乱した，動揺した」）　［H］豪邸は高価で立派な建物。 luxurious「ぜいたくな，豪華な」（＝8.「とても高価で美しい」）　［I］村人たちは願いごとをかなえてもらった後，苦しむようになったのだから，自分たちのしたことを「後悔している」。 regretful「後悔している」（＝3.「自分のしたことやしなかったことのせいで悲しさを感じている」）　［J］ナシルの願いのおかげで村人たちは再び仲良く暮らすようになった。 contentedly「満足して」（＝4.「特に人生がすばらしいことで，自分が幸せであることを示すように」）

Ⅲ〔長文読解総合―伝記〕

≪全訳≫❶ジョージ・スミスはよくある名前だが，昼食時間にロンドンの大英博物館で研究しているこの物静かなイギリスの若者は普通の男ではなかった。❷1840年に生まれたジョージ・スミスは，貧しい家庭の出身で，14歳で学校をやめた。彼は印刷会社に職を得て，そこで働きながら，古代の文化に関する本に関心を持った。1855年，イギリスの考古学者数名が，イラクで調査を行った。彼らはイギリスに戻るとき，奇妙な文字が書かれた粘土板(粘土のタブレット)を数千枚，大英博物館に持ち帰ってきた。スミスは興味をそそられた。そして，大英博物館は彼の仕事場に近かった。❸「タブレット」とは，iPad と同じ大きさ，形の固い物体を意味する。我々が今日「タブレットコンピュータ」というのは，この種のコンピュータが，ちょうど昔の粘土や石のタブレットのように，両手で持てるからだ。その奇妙な文字は「くさび形文字」と呼ばれており，古代イラクのものである。粘土が柔らかいうちに棒を粘土板に押しつけることによって，この文字はつくられた。博物館員の１人は，くさび形文字は「鳥の足跡」のように見える，と冗談を言った。❹スミスは趣味に使える自由時間があまりなかった。なぜなら，彼には仕事に加えて，妻も子どももいたからだ。だから，彼は月曜日から金曜日まで，昼食時間を博物館の２階の部屋で過ごしていたのだ。彼は何をしていたのだろうか。粘土板に書かれたくさび形文字を翻訳していたのだ。それは簡単ではなかった。粘土板の大半は破損しており，あまりきれいではなかったからだ。しかし，スミスは自分にはその特別な才能があることに気づいていた。ほどなくして，彼の技術に博物館の専門家たちが気づき，彼は仕事をもらった。給料は安かったが，スミスは幸せだった。1867年までには，スミスはくさび形文字に関するイギリスの第一人者であるヘンリー・ローリンソン卿とともに働いていた。❺スミスは粘土板の翻訳に懸命に取り組み，古代イラクの著作物の多くを発見した。それぞれの発見が胸躍るものだったが，主な発見は『ギルガメッシュ叙事詩』と呼ばれる長い詩の物語だった。この詩は紀元前1200年頃のもので，聖書よりも古い。これは世界で最も昔に書かれた話に違いないとスミスはすぐに気づき，それゆえにとても重要だった。彼は全部を翻訳することはできず，１枚の粘土板がなくなっていたが，1872年に彼は自分の研究結果を公表することに決めた。❻この物語は，ギルガメッシュと呼ばれる偉大な英雄の人生と冒険に関するものである。ギルガメッシュは善人だが，いばりちらすようになったので，神がギルガメッシュと同じくらい強い乱暴者をつくり，彼と戦わせて，彼をこらしめようとする。この乱暴者はエンキドゥと呼ばれる。ギルガメッシュとエンキドゥは戦うが，どちらも勝つことができなかったので，２人はその代わりに親友になる。それから２人は一緒に長く危険な旅に出ていくのだが，旅が終わる前にエンキドゥが病気になって死んでしまう。その結果，ギルガメッシュは深い悲しみに暮れる。❼スミスの翻訳は大成功だった。読者たちは魅了され，この２人の登場人物についてもっと知りたくなった。「見つからない粘土板はどうなっているんだ？　まだイラクの遺跡にあるのか？」と人々は尋ねた。大英博物館には金があまりなかったので，あるロンドンの新聞社がスミスに金を払って，見つかっていない粘土板を探しに行かせた。❽スミスがイラクの遺跡に到着すると，そこがめちゃくちゃに荒れていることに気づいた。粘土板は至る所に散乱していた。難航した捜索の後，彼は見つかっていなかった粘土板を見つけたが，もっと多くの粘土板を集めてロンドンに送り返そうとし始めると，新聞社は十分な金がないと彼に言い，帰国するように彼に命じた。❾スミスは賞賛されたが，心の中では幸せではなかった。彼は後に残された数千枚の粘土板のことを考え続け，それらが傷つけられたり盗まれたりするかもしれないと心配していた。この頃までに，彼と妻には６人の子どもがいた。彼は家族と再び離れたくはなかったが，イラクの粘土板には重要な情報があると信じていた。そこで，彼はあと２回だけ行ったのだった。❿当時のイラクは，旅行者にとって安全ではなかった。病気が蔓延《まんえん》しており，揉《も》めごとや抗争もあった。役人はスミスのような外国人を信用しておらず，彼が金《きん》を探していると考え，いつも彼が遺跡に行くのを止めようとした。1876年，スミスはイラクで病気にかかり，亡くなった。36歳だった。彼は旅行中，日記をつけていた。最後に書いた言葉は妻と子どもたちに関するものだった。⓫スミスの作業は終わらなかったが，高校教育すら受けていないこの専門家は当時，有名だった。他の人たちは今日に至るまで，それらの「鳥の足跡」を解読し続けている。『ギルガメッシュ叙事詩』は出版されるたびに，少しずつ長くなっている。いつの日か，我々は紀元前1200年と全く同じような完全版の物語を読めるようになるだろう。

A＜単語の意味＞「［１］-［４］の中で，他の３つと同じ意味ではないものはどの単語か」　［１］の意味は「興味がある」で，これはわかる。［４］はTabletsが主語になっているため，この意味にはなりえない。残りの［２］～［３］は人が主語になっていることから判断できる。　intrigued「興味をそそられる」≒fascinated「引きつけられる，興味をそそられる」　scatter「～をまき散らす」

B＜内容一致＞「iPadがタブレットコンピュータとして説明されているのは(　　)からだ」―２.「iPadが昔の人々が字を書いていた粘土や石の板(タブレット)と同じ大きさ，形だ」　第３段落第１，２文参照。iPadを持ち出すことで，内容の中心となる粘土板の大きさが具体的にわかると同時に，これらの板が「タブレットコンピュータ」という言葉の由来になっていることを説明している。

C＜内容一致＞「ジョージ・スミスが昼食時間に大英博物館を訪れていたのは(　　)からだ」―４.「１日の中で，粘土板を研究する自由時間が他になかった」　第４段落第１，２文参照。　as well as ～「～だけでなく，～に加えて」

D＜英問英答＞「博物館の専門家たちは何に気づいたか」―３.「ジョージ・スミスはくさび形文字の翻訳が得意だった」　第４段落第４～６文参照。a special talent for it の it は前文の translating the cuneiform を受けている。　skill(s)「技術，技能」

E＜指示語＞「ⓐの one と置き換えられる単語はどれか」　Each discovery was exciting, but the main one was a long poem というつながりに着目する。one は前に出ている‘数えられる名詞’の代わりとなる代名詞。discovery は「発見された物」という意味のときは‘数えられる名詞’。

F＜内容一致＞「ジョージ・スミスの『ギルガメッシュ叙事詩』の発見が重要だったのは(　　)からだ」―１.「当時知られていた書かれた話の中で最も古かった」　第５段落第２～４文参照。

G＜英問英答＞「大英博物館が粘土板の研究に費やす金があまりなかったことを示す事実はどれか」―３.「ジョージ・スミスが最初にイラクへ行く金は，あるロンドンの新聞社が払った」　第７段落最終文参照。

H＜適語句選択＞「空所ⓑを埋めよ」　前にあるコロン(：)に着目。コロンは「つまり，すなわち」の意味で，直前の内容を言い換えたり，具体的に説明したりする場合に用いられる。よって，スミスが信用されていなかったことを説明する内容を選ぶ。　‘stop … from ～ing’「…が～するのを妨げる，…が～しないようにする」

I ＜語句解釈＞「ⓒの decipher と同じ意味の単語はどれか」 “bird footprints”「鳥の足跡」とは，cuneiform「くさび形文字」をたとえた博物館員の言葉(第3段落最終文)。スミスがしていたのは「くさび形文字の翻訳」(第4段落第4文)。よって，スミスが亡くなった後も，他の人がくさび形文字の翻訳を続けたというような意味になると判断できる。 decipher「～を解読する」

J ＜内容真偽＞1.「ジョージ・スミスという名のイギリス人男性はたくさんいる」…○ 第1段落に一致する。 common「ありふれた，一般的な」 2.「ジョージ・スミスは，印刷会社で働いているときに，古代文化に関する本に関心を持った」…○ 第2段落第2文に一致する。 3.「1855年，ジョージ・スミスはイラクで考古学者として働いていた」…× 第2段落第2，3文参照。スミスは印刷会社で働いており，考古学者たちがイラクへ行った。 4.「『ギルガメッシュ叙事詩』の主人公は旅の途中で病気になって死んでしまった」…× 第6段落第5文参照。途中で死んだのは主人公のギルガメッシュではなく，エンキドゥである。 5.「ジョージ・スミスは合計3回イラクに行った」…○ 第9段落最終文に一致する。two more trips は‘数詞＋more ～’「さらに…(回〔個〕)の～」の形。 6.「ジョージ・スミスの仕事は今日に至るまで，他の人たちによって続けられている」…○ 最終段落第2文に一致する。

Ⅳ〔長文読解総合─伝記〕

≪全訳≫❶ハリエット・タブマンは，1822年頃にアメリカ南部のメリーランド州で生まれた黒人女性だ。当時，南部黒人の大半は奴隷だったが，北部の黒人はそうではなかった。彼女は奴隷にされた家族の9人の子どもの5番目として生まれた。ハリエットは幼児のときでさえも，所有者のために働かなくてはならなかった。6歳くらいのとき，所有者はハリエットを他の農場で働かせるために送り出した。午前中は家の掃除をし，午後には畑で働いた。夜になると，家族が恋しかったので泣いていた。❷ある日，ハリエットが道路を歩いていると，若い奴隷の少年とすれ違った。彼の奴隷監視人はこの少年を捜しており，とても怒っていた。突然，奴隷監視人は道路に出て，重い石を男の子に投げつけたが，石は彼には当たらず，ハリエットの頭に当たった。この事故以降，残りの生涯にわたって，彼女はひどい頭痛に悩まされ，さらに，話や仕事の途中に急に寝てしまうことがあった。❸所有者はハリエットを売ろうとしたが，そんな病気のある奴隷を買いたがる人はいなかった。そこで，彼女は父と働くことになった。売り物になる木の切り方を父はハリエットに教えた。この仕事はハリエットを心身ともに強くし，その木材を北部へ船で運ぶ非奴隷の黒人男性に彼女を引き合わせた。ハリエットは彼らから，黒人を北部に脱出させる秘密の方法を学んだ。彼女の後の人生で，この情報はとても重要になった。非奴隷の黒人と奴隷の黒人が一緒に働くこの入り混じった環境で，ハリエットは非奴隷の黒人男性であるジョン・タブマンと出会い，1844年に結婚した。❹ハリエット・タブマンの所有者が1849年に死んだ。所有者の妻が奴隷たちの売却を計画していたとき，ハリエットは愛するみんなと別れることを恐れた。そのとき，彼女は木材を売っていた非奴隷の黒人から「地下鉄道」について聞いたのを思い出した。それは，所有者から逃げてきた奴隷たちの保護をいとわない，安全な家や船の船長，それに馬車の運転手からなる秘密の網状組織だった。彼女はついに，この組織を利用して2人の兄弟と北部へ行く計画を立てた。しかし，途中で兄弟は怖くなって引き返すことに決めた。ハリエットは彼らが安全に戻れるように，一緒に引き返した。2日後，彼女は1人で再び農場を離れ，ペンシルベニア州への，そして自由への指針である北極星に従って進んでいった。❺ハリエットは南部に13回戻って，兄弟や両親，さらには，北部に行きたい他の多くの人たちを助けた。彼女は地下鉄道の他のメンバーとともに一生懸命働き，奴隷たちを北部やカナダに脱出させるのを手伝った。❻ハリエット・タブマンはまた，南北戦争の間，北軍の看護師，そしてスパイとしても働いた。1863年，彼女は軍事活動を計画，指揮したアメリカ史上初の女性となり，700人近くの奴隷をサウスカロライナ州で解放した。**7**南北戦争後，南部の州の多くは，元奴隷の生活を非常に厳しくする新法をいくつもつくった。こういった法律が，人々が仕事や医療を手にするのをどう難しくしているのかが，ハリエットにはわかった。彼らのために学校や病院を建てるのに役立つ資金を彼女は集めた。当時，女性にはあまり自由はなく，投票も許可されていなかった。ハリエットは女性たちに自分自身を信じるように促す演説をたくさん行った。彼女は聴衆にこう語った。「私は地下鉄道の車掌であり，他の多くの人が言えないことを言えます。私は自分の列車を脱線させたことも，乗客を失ったことも，一度たりともありません」**8**彼女がさらに有名になるにつれて，さまざまな人々が，北軍での軍務に対する退役軍人年金を彼女が得られるように支援した。1899年，彼女はようやく，ひと月あたり20ドルをもらえるようになった。これはハリエットの人生の終盤であり，20ドルは当時にしても少額だった。2016年，アメリカ財務省は，タブマンの肖像画が20ドル札に載ることを発表した。多くの人々はこのことを彼女の人生にふさわしい運命のいたずらと見なしている。**9**ハリエット・タブマンは1913年３月10日，91歳で亡くなった。彼女は死に向かうときでさえ，自分が関わった人々の自由を思い続けていた。彼女の最期の言葉はこうだ。「あなた方のための場所をつくるために逝きます」

A＜適語選択＞A-1. 直前の while は「だが一方」という‘対照’を示す用法。北部の黒人と南部の黒人の身分が対比されているのである。those には「人々」の意味がある。　**A-2.** 所有者がハリエットを追い出した先であり，farms と複数形になっていることから，other「他の」が適切。another の後には単数形が続くので，ここでは不可。　send ～ away〔send away ～〕「～を送り出す，追い払う」

B＜適語句選択＞hit ～ on the head で「～の頭に当たる」（≒hit ～'s head）。この‘hit ～ on the＋身体の一部’「～の〈身体の一部〉に当たる〔をたたく〕」と同じ形をとる動詞には他に pat，tap がある（どちらも「～を軽くたたく」という意味）。

C＜適語句選択＞of 以下は this mixed environment を説明する内容になる。this mixed environment とは，３文前で述べられている「非奴隷の黒人男性と知り合いになるような仕事の環境」のことだと判断できるので，これと同様の内容のものを選ぶ。　side by side「並んで，一緒に」

D＜適語（句）選択＞空所前の「兄弟と一緒に行く計画を立てた」と空所後の「兄弟は怖くなって引き返すことに決めた」が‘逆接’の関係になっている。

E＜適語句選択＞前後の内容から，元奴隷に不利な法により，彼らが仕事や医療を受けにくくなったという内容になればよい。‘make it＋形容詞＋for＋人＋to不定詞’は「〈人〉が～するのを…（の状態）にする」という意味で，この it は for 以下を受ける形式目的語である。

F＜英文解釈＞下線部は，黒人奴隷を脱出させるための組織で行ってきたことを the Underground Railroad という組織名にちなんで，ran my train off the track「列車を脱線させた」，lost a passenger「乗客を失った」という比喩を用いて語っているのである。黒人を失敗なく脱出させてきた内容を示す１.「私は奴隷の北部脱出支援に失敗したことは一度もない」が適切。

G＜指示語＞彼女が受け取った年金の月額と，彼女の肖像画が使われる予定のお札の金額がともに20ドルである偶然を「運命のいたずら」と言っているのである。

H＜適所選択＞脱落している文章の第１文の兄弟や両親の手助けをしたという内容は，第４段落後半で兄弟の脱出を手助けしようとした内容を発展させてより詳しく説明したものになっている。また，空所２の直後には also「また」とあり，ハリエットの具体的な活動が追加説明されていることから，この前にはハリエットが行った他の活動が書かれている必要がある。脱落している文章に書かれている，奴隷を脱出させる活動がそれに該当する。

I＜内容真偽＞１.「ハリエットは子どもだったけれども，家族と離れ，所有者に命じられたとおり別々の場所で働いていた」…○　第1段落後半に一致する。　2.「奴隷監視人が奴隷の少年を捜していたとき，少年はあまりにも怖くなったので，ハリエットに誤って石を投げた」…×　第2段落第3文参照。石を投げたのは奴隷監視人。　3.「ハリエットの所有者は，ひどい頭痛や突然寝てしまうという彼女の病気が治る前に，彼女を売ることを諦めた」…×　第2段落最終文〜第3段落第1文参照。ハリエットの病気は治らなかった。　4.「木材を売っている非奴隷の黒人男性とともに働くことを通じて，ハリエットは後の人生でとても役立つことになる情報を得た」…○　第3段落第4〜6文に一致する。　5.「ハリエットは2人の兄弟と北部への脱出を計画したが，2人が怖がったので実際にはできなかった」…○　第4段落第5〜7文に一致する。　6.「ハリエットは南部の黒人をアメリカ北部の都市にだけ脱出させた」…×　第5段落(問Hの文章)第2文参照。カナダにも脱出させている。　7.「南北戦争後もハリエットは元奴隷がよりよい生活を送れるための支援努力を決してやめなかった」…○　第7段落に一致する。　8.「アメリカ財務省はハリエットに彼女の業績をたたえるために彼女の肖像画を20ドル札に載せる予定だと伝えた」…×　第8段落第4文および第9段落第1文参照。肖像画の採用決定はハリエットの死後である。

V〔作文総合―絵を見て答える問題〕

≪全訳≫❶ジョーンズの農場／(鳴き声)「メー」❷「君はココだよ！」／「やあ，気分はどうだい，ココ？」／(鳴き声)「チュンチュン」❸「ア この卵がとてもおいしいから，これらをどこで買ったのか気になるなあ」／「あら，買ったんじゃないのよ。全部，ココの卵よ」❹「イ(例) えっ，そんな！　ココの卵は僕たちの食事のために使うべきじゃないよ」❺(鳴き声)「チュンチュン」／「ごめんよ，ココ。君の卵を食べるつもりじゃなかったんだ」❻「私たちは食べ物なしには生きていけないのよ。私たちにできる唯一のことは，感謝して残さずに食べることだよ」／「わかった，そうするよ」

A＜整序結合＞絵の内容から，少年はココが生まれてからココを大切に世話してきたことがわかる。語群の has，been，taking から，現在完了進行形(‘have/has been＋〜ing’)で表し，文の後半を，since を「〜以来」の意味の接続詞として用いて since she was born とまとめる。　The boy has been taking care of Coco since she was born.

B＜整序結合＞③の女性のセリフから，少年は卵を買った場所を知りたかったのだと考えられる。語群に wonder があるので，‘I wonder＋疑問詞＋主語＋動詞…’「私は〜だろうかと思う」の形をつくる。残りの語群に so と that があり，卵を買った場所を知りたかったのは，卵がおいしかったからだと考えられるので，全体を‘so 〜 that＋主語＋動詞…’「とても〜なので…」の構文にする。　I am enjoying these eggs so much that I wonder where you bought them.

C＜条件作文＞自分が食べた卵がココの卵だと知った少年のセリフ。泣き叫んでいる表情や，⑤でココに謝っていることから，少年はココの卵を食べたくなかったはずである。ココの卵を料理に使ったことやココの卵であることを事前に教えてくれなかったことへの不満などを表すとよいだろう。(別解例) What？ Why didn’t you tell me that before I ate them？ I didn’t want to eat her eggs.「なんだって？　どうして食べる前に言ってくれなかったの？　僕はココの卵は食べたくなかったよ」

D＜和文英訳―部分記述＞「(自分の食事を)残さずに食べる」は eat up を使って eat up your food などとするとよいだろう。「感謝して」は with a feeling of gratitude，with gratitude などで表せる。The only thing we can do is に続く部分なので，to不定詞の名詞的用法で to eat up 〜と続ければよいが，この文のように be動詞の前が do で終わる場合，to は省略されるのが一般的。

2021年度／国際基督教大学高等学校

数学解答

問題１　(1)　12　(2)　8　(3)　19

問題２　エ…4　オ…40　カ…－40

キ…－4

問題３　(1)　a^{-7}　(2)　a^{12}

問題４　(1)　5　(2)　4

問題５　$2x^{12}=1$　　問題６　n乗根

問題７　(1)　8　(2)　3　(3)　32　(4)　3

(5)　4

問題８　(1)　$2^{-\frac{1}{12}}$

(2)　A_2…$2^{\frac{11}{12}}$　A_7…$2^{\frac{1}{2}}$

問題９　(1)　B_2…$2^{\frac{6}{7}}$　B_4…$2^{\frac{4}{7}}$

(2)　①…○　②…×　③…○

(3)　6

問題10　(1)　5　(2)　－4　(3)　0

問題11　X…エ　Y…ス

問題12　(い)…100dB　(お)…120dB

問題13　①…エ　②…カ　③…エ　④…キ

⑤…エ　⑥…ケ　⑦…ケ

問題14　(あ)…70dB　(う)…106dB　(え)…116dB

問題15　(1)　86dB　(2)　10000個

〔数と式，音と数学〕

問題１＜式の計算＞(1)与式$=a^{4+8}=a^{12}$　(2)与式$=a^9\div a^1=a^{9-1}=a^8$　(3)与式$=a^{3\times7}\times a^2\div a^4=a^{21}\times a^2\div a^4=a^{21+2-4}=a^{19}$

問題２＜論証＞左辺は$(a^{10})^{-4}=\dfrac{1}{(a^{10})^4}=\dfrac{1}{a^{40}}=a^{-40}$，右辺は$a^{10\times(-4)}=a^{-40}$となる。

問題３＜式の計算＞(1)与式$=a^3\times a^{5\times(-2)}=a^3\times a^{-10}=a^{3+(-10)}=a^{-7}$　(2)与式$=a^{2\times5}\times a^{-4}\div a^{3\times(-2)}=a^{10}\times a^{-4}\div a^{-6}=a^{10+(-4)-(-6)}=a^{12}$

問題４＜数の計算＞(1)$125=5^3$だから，$125^{\frac{1}{3}}=5$となる。　(2)$256=4^4$だから，$256^{\frac{1}{4}}=4$となる。

問題５＜立式＞2にxを12回かけると1になることより，$2x^{12}=1$が成り立つ。

問題６＜論証＞aとb，$a^{\frac{1}{n}}$と$b^{\frac{1}{n}}$は正の数で，$a^{\frac{1}{n}}\times b^{\frac{1}{n}}$を$n$乗すると$ab$になるので，$a^{\frac{1}{n}}\times b^{\frac{1}{n}}$は$ab$の正の「$n$乗根」である。

問題７＜数の計算＞(1)与式$=8^{\frac{1}{3}\times3}=8^1=8$　(2)与式$=(3\times27)^{\frac{1}{4}}=(3^1\times3^3)^{\frac{1}{4}}=(3^{1+3})^{\frac{1}{4}}=(3^4)^{\frac{1}{4}}=3^{4\times\frac{1}{4}}=3^1=3$　(3)与式$=(2^6)^{\frac{5}{6}}=2^{6\times\frac{5}{6}}=2^5=32$　(4)与式$=243^{\frac{1}{5}}=(3^5)^{\frac{1}{5}}=3^{5\times\frac{1}{5}}=3^1=3$　(5)与式$=(2^2)^{\frac{7}{10}}\times2^{-\frac{1}{5}}\div2^{-\frac{2}{5}\times2}=2^{2\times\frac{7}{10}}\times2^{-\frac{1}{5}}\div2^{-\frac{4}{5}}=2^{\frac{7}{5}}\times2^{-\frac{1}{5}}\div2^{-\frac{4}{5}}=2^{\frac{7}{5}+\left(-\frac{1}{5}\right)-\left(-\frac{4}{5}\right)}=2^2=4$

問題８＜方程式，弦の長さ＞(1)$2x^{12}=1$より，$x^{12}=\dfrac{1}{2}$，$x^{12}=2^{-1}$となる。$x>0$だから，xは2^{-1}の正の12乗根であり，$x=(2^{-1})^{\frac{1}{12}}$より，$x=2^{-\frac{1}{12}}$である。　(2)$A_2$の弦の長さは，$2x=2^1\times2^{-\frac{1}{12}}=2^{1+\left(-\frac{1}{12}\right)}=2^{\frac{11}{12}}$である。$A_7$の弦の長さは，$2x^6=2\times\left(2^{-\frac{1}{12}}\right)^6=2\times2^{-\frac{1}{12}\times6}=2^1\times2^{-\frac{1}{2}}=2^{1+\left(-\frac{1}{2}\right)}=2^{\frac{1}{2}}$である。

問題９＜弦の長さ，正誤問題，*n*の値＞(1)2にyを7回かけると1になるので，$2y^7=1$が成り立ち，$y^7=\dfrac{1}{2}$，$y^7=2^{-1}$となる。$y>0$だから，yは2^{-1}の正の7乗根であり，$y=(2^{-1})^{\frac{1}{7}}$より，$y=2^{-\frac{1}{7}}$となる。よって，B_2の弦の長さは，$2y=2^1\times2^{-\frac{1}{7}}=2^{1+\left(-\frac{1}{7}\right)}=2^{\frac{6}{7}}$である。$B_4$の弦の長さは，$2y^3=2\times\left(2^{-\frac{1}{7}}\right)^3=2\times2^{-\frac{1}{7}\times3}=2^1\times2^{-\frac{3}{7}}=2^{1+\left(-\frac{3}{7}\right)}=2^{\frac{4}{7}}$である。　(2)①…○。$y=2^{-\frac{1}{7}}$，$x=2^{-\frac{1}{12}}$である。$-\dfrac{1}{7}<-\dfrac{1}{12}$より，$2^{-\frac{1}{7}}<2^{-\frac{1}{12}}$だから，$y<x$である。　②…×。$B_2$の弦の長さは$2^{\frac{6}{7}}$，$A_3$の弦の長さは$2x^2=2\times\left(2^{-\frac{1}{12}}\right)^2=2\times2^{-\frac{1}{12}\times2}=2^1\times2^{-\frac{1}{6}}=2^{1+\left(-\frac{1}{6}\right)}=2^{\frac{5}{6}}$である。$\dfrac{6}{7}>\dfrac{5}{6}$より，$2^{\frac{6}{7}}>2^{\frac{5}{6}}$だから，$B_2$の弦の長さは$A_3$の弦の長さより長い。　③…○。$A_3$の弦の長さは$2^{\frac{5}{6}}$，$A_4$の弦の長さは$2x^3=2$

$\times\left(2^{-\frac{1}{12}}\right)^3=2\times2^{-\frac{1}{12}\times3}=2^1\times2^{-\frac{1}{4}}=2^{1+\left(-\frac{1}{4}\right)}=2^{\frac{3}{4}}$ である。また，B_3の弦の長さは $2y^2=2\times\left(2^{-\frac{1}{7}}\right)^2=2\times2^{-\frac{1}{7}\times2}=2^1\times2^{-\frac{2}{7}}=2^{1+\left(-\frac{2}{7}\right)}=2^{\frac{5}{7}}$ である。$\frac{5}{6}>\frac{3}{4}>\frac{5}{7}$ より，$2^{\frac{5}{6}}>2^{\frac{3}{4}}>2^{\frac{5}{7}}$ だから，A_3，A_4，B_3の弦の長さは，長い順に，A_3，A_4，B_3となり，②より，B_2の弦の長さはA_3の弦の長さより長いので，A_3，A_4の弦の長さは，B_2の弦の長さより短くB_3の弦の長さより長い。このことから，楽器Aと楽器Bの全ての弦を長い方から並べたとき，A_3の弦とA_4の弦は隣り合う。　(3)B_4の弦の長さは $2^{\frac{4}{7}}$ である。また，A_6の弦の長さは $2x^5=2\times\left(2^{-\frac{1}{12}}\right)^5=2^1\times2^{-\frac{5}{12}}=2^{\frac{7}{12}}$，$A_7$の弦の長さは $2^{\frac{1}{2}}$ である。$\frac{7}{12}>\frac{4}{7}>\frac{1}{2}$ より，$2^{\frac{7}{12}}>2^{\frac{4}{7}}>2^{\frac{1}{2}}$ だから，B_4，A_6，A_7の弦の長さは，長い順に，A_6，B_4，A_7となる。よって，〔A_nの弦の長さ〕>〔B_4の弦の長さ〕となる最大の整数nの値は6である。

問題10＜約束記号＞(1) $\mathrm{L}(100000)=\mathrm{L}(10^5)=5$　(2) $\mathrm{L}(0.0001)=\mathrm{L}\left(\frac{1}{10000}\right)=\mathrm{L}(10^{-4})=-4$
(3) $\mathrm{L}(1)=\mathrm{L}(10^0)=0$

問題11＜約束記号＞$\mathrm{L}(M)=m$ より，$M=10^m$だから，$\mathrm{L}(\boxed{\mathrm{X}})=m+1$ より，Xは，$10^{m+1}=10^m\times10^1=M\times10=10M$ となる。また，$\mathrm{L}(\boxed{\mathrm{Y}})=m-1$ より，Yは，$10^{m-1}=10^m\times10^{-1}=M\times\frac{1}{10}=\frac{1}{10}M$ である。

問題12＜音圧レベル＞(い)$20\times\mathrm{L}\left(\frac{2000000}{20}\right)=20\times\mathrm{L}(100000)=20\times\mathrm{L}(10^5)=20\times5=100$(dB)　(お)$20\times\mathrm{L}\left(\frac{20000000}{20}\right)=20\times\mathrm{L}(1000000)=20\times\mathrm{L}(10^6)=20\times6=120$(dB)

問題13＜論証＞$\mathrm{L}(M)=p$，$\mathrm{L}(N)=q$ だから，$M=10^p$，$N=10^q$である。$MN=10^p\times10^q=10^{p+q}$である。$\mathrm{L}(MN)=\mathrm{L}(10^{p+q})=p+q$ となる。

問題14＜音圧レベル＞(あ)$20\times\mathrm{L}\left(\frac{60000}{20}\right)=20\times\mathrm{L}(3000)=20\times\mathrm{L}(3\times10^3)=20\times(\mathrm{L}(3)+\mathrm{L}(10^3))=20\times(0.4771+3)=69.542$ より，70dB である。　(う)$20\times\mathrm{L}\left(\frac{4000000}{20}\right)=20\times\mathrm{L}(200000)=20\times\mathrm{L}(2\times10^5)=20\times(\mathrm{L}(2)+\mathrm{L}(10^5))=20\times(0.3010+5)=106.02$ より，106dB である。　(え)$20\times\mathrm{L}\left(\frac{12000000}{20}\right)=20\times\mathrm{L}(600000)=20\times\mathrm{L}(6\times10^5)=20\times(\mathrm{L}(6)+\mathrm{L}(10^5))=20\times(\mathrm{L}(2\times3)+\mathrm{L}(10^5))=20\times(\mathrm{L}(2)+\mathrm{L}(3)+\mathrm{L}(10^5))=20\times(0.3010+0.4771+5)=115.562$ より，116dB である。

問題15＜音圧レベル，個数＞(1)80dB の目覚まし時計の音圧を x μPa とすると，$80=20\times\mathrm{L}\left(\frac{x}{20}\right)$が成り立ち，$\mathrm{L}\left(\frac{x}{20}\right)=4$ となる。80dB の目覚まし時計が同時に2つ鳴っているときの音圧は $2x$μPa だから，音圧レベルは，$20\times\mathrm{L}\left(\frac{2x}{20}\right)=20\times\mathrm{L}\left(2\times\frac{x}{20}\right)=20\times\left(\mathrm{L}(2)+\mathrm{L}\left(\frac{x}{20}\right)\right)=20\times(0.3010+4)=86.02$ より，86dB である。　(2)80dB の目覚まし時計を y 個使うと音圧レベルがちょうど160dB になるとすると，$160=20\times\mathrm{L}\left(\frac{xy}{20}\right)$が成り立つ。これより，$160=20\times\left(\mathrm{L}\left(\frac{x}{20}\right)+\mathrm{L}(y)\right)$，$160=20\times(4+\mathrm{L}(y))$，$4+\mathrm{L}(y)=8$，$\mathrm{L}(y)=4$ となるので，$y=10^4$，$y=10000$(個)となる。

＝読者へのメッセージ＝

問題14で利用した $\mathrm{L}(3)=0.4771$ は，$10^m=3$ を満たす数mですから，10を0.4771乗すると3になることを示しています。このとき，0.4771を10を底とする3の対数といいます。高校で学習します。

2021年度／国際基督教大学高等学校

国語解答

一 問一 a せいぎょ b 散発
c 繁栄 d 双方 e 致命
問二 エ 問三 オ 問四 オ
問五 イ
問六 反応閾値の個体間変異
問七 オ 問八 ウ 問九 イ
問十 ア 問十一 オ

二 問一 オ 問二 エ 問三 ウ
問四 エ 問五 イ
問六 適合性・関係性はないと思い込んでいた二つのものを，突然対比することになったために戸惑いを覚えるものの，その組み合わせの意外さゆえに，それまでの思い込みが揺さぶられて，喜びと驚きが生じる，ということ。(99字)
問七 エ 問八 イ 問九 イ
問十 オ

一〔説明文の読解―自然科学的分野―自然〕出典；長谷川英祐『働かないアリに意義がある』「働かないアリはなぜ存在するのか？」

問一＜漢字＞a．目的どおりになるように操作すること。 b．連続せず，途切れ途切れであること。 c．さかえること。 d．両方のこと。 e．命に関わること。「致命的」は，存続が危ぶまれるほど重大であるさま。

問二＜文章内容＞「反応閾値」＝「仕事に対する腰の軽さの個体差」とは何かを説明するために，まず，ミツバチの場合を見てみると，「どの程度の濃度の糖が含まれていると反応が始まるかは，個体によって決まって」いることがわかる。この「刺激に対して行動を起こすのに必要な刺激量の限界値」が「反応閾値」である。人間なら，「部屋がどのくらい散らかると掃除を始めるか」が「個人によって」違う。このようなことから，「反応閾値」は，「個体によって決まって」いて，その閾値がどの程度であるかは個体ごとに異なるといえ，それは各個体の「個性」ともいえる。

問三＜文章内容＞ミツバチのワーカーの間に存在する「個性」が「なんのために存在するか」について，学者たちは，「反応閾値モデル」という仮説を出した。「反応閾値に個体差がある」ことには，「必要な仕事に必要な数のワーカーを臨機応変に動員することができる」という「メリット」がある。このような「メリット」があることが，「司令官をもつことができない社会性昆虫たちのコロニーに個性が存在する理由」だろうというのが，「反応閾値モデル」の「仮説」である。

問四＜文章内容＞「こなさなければならない仕事の質と量」に「時間的・空間的な変動があるとき，それに効率よく対処する」には，人間なら「仕事の発生状況をマネージャーなどが把握して，人をそれぞれの現場に振り分ける，という対処」をする。実際に，その場面で働く人の動きを判断して指示を出す人が，いるのである。しかし，ハチやアリの場合，指示を出す「司令官」がいないため，その「仕事の発生状況をマネージャーなどが把握して，人をそれぞれの現場に振り分ける，という対処」はできない。「校外学習」のときの例では，指示を出す者がいない(オ…×)。

問五＜文章内容＞「反応閾値に個体差がある」こと，つまり「怠け者」もいることによって，「必要な仕事に必要な数のワーカーを臨機応変に動員すること」ができるだけでなく，「ある個体が一つの仕事を処理していて手いっぱいなときに，他の仕事が生じた際」には，「新たな仕事のもたらす刺激値が大きくなれば反応閾値のより大きな別の個体，つまり先の個体より『怠け者』の個体がその仕事に着手」することが可能である。

問六＜文章内容＞「反応閾値モデル」では，「反応閾値に個体差がある」ことによって，「必要な仕事に必要な数のワーカーを臨機応変に動員することができる」と考えられる。この仮説は，あくまでも「反応閾値に個体差がある」こと，すなわち「反応閾値の個体間変異」のうえに成り立っている。「労働に対する反応閾値の幅」や「仕事に対する反応性の違い」も，これとほぼ同義である。

問七＜文章内容＞アリやハチのコロニーには，司令官はいない。しかし，「反応閾値に個体差がある」ことにより，それぞれの個体が「自分の反応閾値より大きな刺激値を出す仕事だけ」していれば，「コロニーが必要とする全部の仕事処理が自動的に進んで」いき，「コロニー全体としてはまるで司令官がいるかのように複雑で高度な処理が可能になる」のである。

問八＜語句＞この場合の「キモ」は，「肝」で，物事の重要な点のことや，急所のこと。

問九＜文章内容＞「ハウスではいつも狭い範囲にたくさんの花がある」ため，ミツバチたちは，常に花に反応してしまい，「あちこちに散らばる花から散発的に蜜を集めるときよりも多くの時間働かなければならず，厳しい労働環境に置かれている」ようである。そして，「この過剰労働がワーカーの寿命を縮める」らしく，「幼虫の成長によるワーカーの補充が間に合わなくなって，コロニーが壊滅する」と考えられる。「『過労死』と呼べる現象」が，起きているらしいのである。

問十＜表現＞「コロニーメンバーの反応閾値がみな同じで，刺激(仕事)があれば全個体がいっせいに働いてしまうシステム」と，「反応閾値が個体ごとに異なっていて，働かない個体が必ず出てくるシステム」とを比べれば，前者の方が「労働効率」がよいのは「当然」である。しかし，「コロニーの存続時間」をシミュレーションで比較すると，「働かないものがいるシステムのほうが，コロニーは平均して長い時間存続する」という結果が出た。この結果は，「みんながいっせいに働くほうが常に労働効率はいい」ということと照らし合わせると，意外だったのである。

問十一＜文章内容＞「働かないものがいるシステム」では，「働いていたものが疲労して働けなくなる」と，「『働けなかった』個体」が働き出し，「それらが疲れてくると，今度は休息していた個体が回復して働きだし」て，「コロニーのなかの労働力がゼロになる」ということが生じない。こうして，そのコロニーは，「長期的な存続」が可能になる。逆にいえば，コロニーが長期的に存続するためには，「働かないもの」の存在が不可欠なのである。

二〔**論説文の読解―哲学的分野―哲学**〕出典；木村覚『笑いの哲学』「不一致の笑い」。

≪本文の概要≫あまりに似ている顔が二つあることで笑ってしまうのは，その人が「出来合いの枠」の中にはまり込んでしまったことになるからである。「あるあるネタ」のおかしさとはこれのことで，「あるあるネタ」の笑いとは，ある種の「出来合いの枠」を確認する作業だといえる。また，無関係で適合性がないと思われる二つのものの組み合わせは，不一致のおかしさを生む。ふだんは関係があると思われていない二つのものの対比が始まると，その機知によって私たちは，両者の適合と不適合の間を行き来させられ，「喜びと驚き」を感じる。そのような不一致の例として，ビーティは，バトラーの詩の中の「朝焼け」と「茹でられたロブスター」の対比を挙げている。ふだん私たちは，両者に類似性があるとは思っていないが，色彩が黒から赤へと変化するという類似性があることが見出されると，そのおもしろさが伝わる。ただし，この類似性は，暫定的なもので，暫定的な関係性の確認の中で「喜びと驚き」が起こって，おかしさが生まれているのである。

問一＜文章内容＞ある人が「あるタイプに類似している」ということは，その人が「出来合いの枠のなかに嵌りこんでしまった」ということである。それは，本来かけがえのない独自の存在であるはずのその人の自分という存在が，実は「他人が簡単に嵌りこむことができる」枠だったと知らされることなのである。

問二＜文章内容＞「あるあるネタの笑い」は，「ある種の『出来合いの枠』を確認する作業」である。

単に「出来合いの枠」を利用して，その枠に「嵌りこ」んでいることを指摘しさえすれば，それで笑いを取ることができるのである。

問三＜文章内容＞ビーティによれば，「二つのものの笑える組み合わせ」の条件とは，「両者の関係性がある程度不適合的であり，異質的であること」である。「一見無関係と思われているもの同士が組み合わされる」と，両者の関係性は笑えるものになる。これが，組み合わされた二つのものが示す「適合性と不適合性の対立」または「関係と関係の欠如との対立」である。サリーとマイクのコンビも，二人の体の大きさが違いすぎて「異質的」に見えることから，「二人が横並びで立っているだけで少しコミカル」に見えるのである。

問四＜文章内容＞かわりの「何か別の意味」は，「執拗に同じ言葉を繰り返し発話している」うちに「途中から言葉の意味内容がおぼろげに」なって「発生」するのである。

問五＜文章内容＞漫才の場合，「ツッコミとボケの行き違い，すれ違い，テンションの違い，意見の相違」などの「あれやこれやの不一致」が笑いを誘う。この「あれやこれやの不一致」の笑いは，「優越の笑い」以上に「今の芸人たち」が試みていることである。

問六＜文章内容＞「適合的で関係性があると思われているある集合の外に置かれているものが突然呼び出されて，今その集合の中に押し込められた」というのは，要するに，ふだんは適合性も関係性もない異質なものだと思い込んでいた二つのものを，不意に対比してみるということである。そういう事態に直面すると，私たちは，両者に何か類似点・共通点があるのだろうかと戸惑いながらも，その不一致がおかしく感じられて笑ってしまう。その意外な組み合わせに，私たちのそれまでの思い込みが「揺さぶられ」，「喜びと驚き」が生じるのである。

問七＜文章内容＞「適合的で関係性があると思われているある集合の外に置かれているもの」が「その集合の中に押し込められた」とき，「普段は起こらない二つのもののおかしな対比」が始まる。このとき，「そこに置かれたあるイメージともう一つのイメージ」が「類似」しておらず，「関連していない」ために，「驚き」が生じる。同時に，両者に何らかの「類似性(適合性)」が見出されると，それまでの思い込みから解放されて意外な発見ができたという「喜び」も生まれる。

問八＜文章内容＞私たちは，ふだん，「『朝焼け』と『茹でられたロブスター』とに何らかの類似性がある」などとはいっさい思っていない。しかし，この両者に「黒から赤へと色が変化するもの」という類似性があることを詩で示されると，読み手も単なる詩の中だけのでたらめな連関ではなく，類似性があるのだと納得し，「その連関の面白さ」を感じることになる。

問九＜文章内容＞読み手は，バトラーの詩によって，類似性や関連があるなどとは思っていなかった「朝焼け」と「茹でられたロブスター」に，「類似性」があることに気づかされる。そのとき，確かに類似性があると納得するなら，新しい視点から物事を見ることができるようになったという喜びがあるだろう。もちろん，この類似性の発見は，文学の中での「暫定的な関係性の確認」ではあるが，それでもそういう喜びをもたらしえるという意味で，この詩は優れた詩だといえる。

問十＜文章内容＞バトラーの詩で，「朝焼け」と「茹でられたロブスター」との類似性を認めた読み手は，その着眼・発想の意外さに驚き，新しい見方がひらかれた喜びを感じる。しかし，この類似性は「暫定的なもの」で，いつでもどこでも通用するわけではない。「共通の何かが見出されたから」といって，「朝焼け」と「茹でられたロブスター」が同じカテゴリーに属するなどと考えれば，「軽率のそしりを受ける」ことになってしまう。両者の類似性への気づきは，その場だけの「文学的戯れ」でしかなく，そこに生じる喜びや驚きも，あくまでこの詩を読んでいるかぎりのものなのである。

Memo

2020年度 国際基督教大学高等学校

【英　語】（70分）〈満点：100点〉

I　［　］に入るものを選び，番号で答えなさい。

Baseball and football are popular hobbies in America, but many children are now looking for other ways of being active. Recently, research ①［1 show　2 showed　3 showing　4 are shown］that the population of young people participating in traditional sports is getting smaller. They say that many kids, as well as their parents, think that sports for young people are becoming too serious and that sometimes the most important part, enjoying it, ②［1 is forgetting　2 is forgotten　3 has forgotten　4 has forgetting］. Kids today have a lot of choices. They don't have to play soccer or baseball. They can do parkour《パルクール》, ninja warrior *Sasuke*《サスケ(番組名)》 classes, rock climbing, and other things. Experts say that ③［1 when　2 while　3 as　4 though］we are all different, one sport may fit one personality or body type better than ④［1 another　2 other　3 the other　4 one another］.

One shy girl in America used to enjoy soccer, but she started to have trouble understanding her teammates when they talked only about winning. At age 8, she lost interest in the sport as competition grew heavier ⑤［1 between　2 among　3 through　4 at］her teammates. The girl then decided ⑥［1 to join　2 joining　3 to go　4 going］a summer camp at a local climbing gym. She felt that with climbing, she could just "go and do it." She has found pleasure and feels more confident. With climbing, people can see that they are improving each time, and it makes them feel good about themselves.

The girl also joined a friend for a mountain bike camp. She enjoyed being outside in nature, and she could ⑦［1 perfectly　2 hardly　3 lastly　4 clearly］see her personal growth by riding on difficult roads that she couldn't ride on before. Perhaps we can say that there is ⑧［1 few　2 small　3 less　4 several］pressure from other people in these sports that are not traditional. They are easier to start, and also they ⑨［1 make　2 allow　3 let　4 have］kids to be kids.

For sports ⑩［1 such as　2 like in　3 in　4 as］rock climbing or mountain biking, children are in control when they try to go over a big bump or ride on a difficult road. They connect their bodies with their minds. It is easier for them to set their own goals. An expert ⑪［1 which　2 whose　3 who　4 who she］studies the minds of athletes found that people can think harder about making one movement at a time towards a larger goal in sports that are done ⑫［1 lonely　2 alone　3 only　4 themselves］, for example, in cycling and running. It can be said that the feeling of success in ⑬［1 these sports is　2 this sport is　3 these sports are　4 this sport are］much more connected to personal growth than to victory. Also, kids can learn the importance of trying again. They are given many chances to challenge themselves or to fix a problem without worrying about other people. ⑭［1 Solving　2 Keeping　3 Taking　4 Making］mistakes is part of learning, and they can use these lessons in other parts of life.

Parents may worry, “Will our kids get the positive effects that come from team sports ?” Yes, they will. For example, in climbing, you will see that people often ⑮［1 talk 2 tell 3 ask 4 call］to other climbers about their technique, or they encourage others in reaching their personal goals. Being social and sharing experiences is part of becoming successful in any sport.

In addition, the sports are not limited to children, so they can be enjoyed ⑯［1 much 2 more 3 no 4 so］longer than team sports. One of the people who created the mountain bike camp said she came up with the idea when she noticed that girls who get older or injure themselves stop playing team sports. Balance, strength and speed can be learned through many activities, including daily adventures like going to the park or climbing trees. ⑰［1 Not all kids must to 2 Not all kids have to 3 All kids have not to 4 All kids must not to］play soccer or baseball to be athletes.

In the 2020 Tokyo Olympics, climbing, karate《空手》, skateboarding《スケートボード》 and surfing《サーフィン》 ⑱［1 is going to 2 are being 3 will be 4 will go to］official events. In recent Olympics, golf was brought back, too. In the last winter Olympics, new types of events in skiing《スキー》 and snowboarding《スノーボード》 were added. Tennis has recently become more popular ⑲［1 however 2 little by little 3 even though 4 because of］it used to be known as a hard sport for beginners.

In the end, no matter what sport or the level you play at, the most important thing is that you enjoy doing it. From that point of view, the fact that kids are turning to the new types of sports seems to have ⑳［1 its 2 those 3 their 4 that］positive points.

Ⅱ 次の英文を読み，あとの問いに答えなさい。

Seeing the “Mona Lisa《『モナ・リザ』》” at the Louvre《ルーヴル美術館》 can be a [A]disappointing experience—the painting is behind [ア]bulletproof glass, and the viewers are three meters away with a sea of arms and cameras getting in the way.

The museum's Leonardo Da Vinci [B]exhibition will change all that. People with tickets get the chance to be within [イ]touching distance of the [C]masterpiece in an empty museum. But there is a [ウ]catch.

This amazing chance will be experienced through a [D]virtual reality(VR) headset《ヘッドセット》. The real painting will not be included in the show. Instead, you will go into an empty room and put on the headset for an “[エ]immersive” experience in which the people around you [E]evaporate like magic, and what you get is a virtual world just for you and the smiling lady. Presenting the “Mona Lisa” using the newest VR technology is an [オ]innovative way to make sure that visitors will get to see the painting up close.

Named “Mona Lisa : Beyond The Glass,” the Louvre's first VR experience is a perfect exhibition to celebrate the 500th [F]anniversary of Da Vinci's death. Da Vinci was not only an artist, he used his great ideas in science too, and invented the first flying machine and the parachute《パラシュート》. His [G]curiosity led him to study the human body and how it works. What he discovered was used to improve his art.

This makes Da Vinci a true "Renaissance Man."《ルネサンスの教養人》 He lived based on the [カ]philosophy that a man's power for personal growth has no end. As a Renaissance Man, it was his goal to live to his fullest [キ]potential. He could not do this by studying only one thing. His work needed creativity from the arts, the training of the body, and the search for spiritual truth《真実》. He saw life as a whole, a [ク]synergy of different things. For example, Da Vinci did not see art and science as two areas of study that [H]compete against each other. Instead, he saw these fields as [ケ]complementary and enjoyed both. Art could inspire science, and [I]vice versa. In many ways, Da Vinci saw the world as a work of art, to be studied through the interested eyes of a scientist.

The VR exhibition of "Mona Lisa" [J]expands the human senses《五感》. It is art and technology, a mix of two different fields, to make one new reality. Da Vinci the Renaissance Man must be [コ]applauding.

問１　本文中の[ア]～[コ]に相当するものを下から選び，番号で答えなさい。動詞については現在形の意味で載せてあります。

１．革新的な	２．排他的な
３．どっぷり浸るような	４．特徴
５．拍手する	６．落とし穴
７．因果関係	８．可能性
９．防弾	10．相乗効果
11．補完的な	12．歴史的な
13．大笑いする	14．哲学
15．非常に近い	16．寿命

問２　本文中の[A]～[J]の意味として適切なものを下から選び，番号で答えなさい。動詞については現在形の意味で，名詞については単数形で載せてあります。

1. to make someone unable to think clearly
2. to make something greater in size, number or importance
3. sounds that are nice to listen to
4. a work of art that is an excellent example of the artist's work
5. images and sounds created by a computer that seem almost real
6. to disappear
7. the date of an important or special event
8. to feel that you have done something wrong
9. a collection of art shown to people
10. to work against each other
11. not as good as you hoped
12. the same can be said in the opposite way
13. in cooperation with each other
14. the date when you were born
15. happening only once in your life
16. a strong wish to know about something

Ⅲ　次の英文を読み，あとの問いに対して最も適切な答えを選び，番号を書きなさい。

There is an old Spanish picture of Galileo Galilei (1564-1642), the world-famous Italian mathematician《数学者》, philosopher《哲学者》, and astronomer《天文学者》, looking at the wall of his prison《牢屋》, while he was on trial《裁判》. "Eppur si muove" is written on the wall. In English, this means "And yet it moves." This phrase is as well-known as Martin Luther King Jr.'s "I have a dream." It is important to understand A its background.

It was natural for people to believe that the Earth is the center of the universe《宇宙》 and the Sun moves around it, as they saw this daily. In the 17th century Europe, the Catholic Church《カソリック教会》 had very powerful control over people. In the Bible《聖書》, King Solomon says, "The Sun rises, and it goes down again, back to where it came from." The Church taught people that everything written in the Bible is true, and that anyone who went against B this would be punished or even killed.

It is interesting that it was not Galileo who first presented the idea that the Earth moves. In 1543, a Polish《ポーランド人》 mathematician and astronomer called Copernicus wrote a book about this. He knew that this idea would shock people and the Church might punish him. He waited to publish his book until he was very close to death in 1543. In 1584, an Italian mathematician and philosopher called Giordano Bruno agreed with Copernicus about the Earth moving and wrote a book. He was tried《裁判にかける》 by the Church and was found guilty《有罪》. They forced him to say that his book was wrong. He refused and was burnt to death on February 17, 1600.

Until 1609, astronomers studied the sky only with their eyes, but Galileo started to use a telescope, a tool for looking at things in the sky. He himself made better telescopes that made things look thirty times bigger. With them, he discovered four moons going around Jupiter《木星》. He also found out that Venus《金星》 grows fat and thin as the Moon does. After thinking deeply about all these things, he agreed with Copernicus.

As Galileo's Sun-centered idea spread, the Church felt the need to tell people that this idea was wrong. In 1616, the Church tried Galileo and told him that he should not teach such an idea. Galileo agreed to do so, and he was not punished.

However, in 1632 when Galileo was 68 years old, he published a book called *The Dialogue Concerning the Two Chief World Systems* (『天文対話』) and he was tried for the second time. This time, Galileo was very careful and said he did not "believe" the Sun-centered idea. He said that he wrote a "discussion"《議論》 between one person who had the Sun-centered view and another who had the Earth-centered view. The Church did not believe this and said they would not forgive him until he said he was completely wrong. They even showed him the kind of tools they would use to punish him. As a result, Galileo said he was wrong. He said the Earth is at the center of the universe and that the Sun is moving around it. Galileo's book was banned《禁書にする》, he lost all his jobs, and his freedom was taken away. As he was very old and not in good health, he was not put in a prison, but was locked up in a house for the rest of his life. When Galileo died, he was not allowed to have a Christian《キリスト教徒の》 funeral《葬式》. Believe it or not, it took more than 300 years for (H).

Did Galileo really say "Eppur si muove"? Who knows? And yet, these words probably express what he felt when he died. Very close to death in 1642, Galileo, aged 77, was blind and could not see the things in the sky anymore. Under a lot of pressure from the Church and afraid of pain and death, Galileo had no one to support him or tell him that he was right. He was forced to say that the Earth is at the center of the universe and does not move. And yet, although Galileo's eyes could not see anything, his mind did see the truth clearly—that the Earth moves. "Eppur si muove."

A. 下線部Aが表すものを選びなさい。

1. Eppur si muove 2. I have a dream
3. the old Spanish picture 4. the wall of his prison

B. 下線部Bが表すものを選びなさい。

1. Galileo
2. the Sun-centered idea
3. the Sun's way
4. the Earth-centered idea

C. Why did Copernicus take a lot of time in publishing his book?

1. He was afraid of the Catholic Church.
2. He was not sure about his idea.
3. He was very old already.
4. He did not have enough money.

D. Why did the Catholic Church finally decide to kill Bruno?

1. He wrote a book supporting the Earth-centered idea.
2. He helped publish Copernicus' book.
3. He did not change his mind.
4. He said he would not continue teaching his idea.

E. Why was Galileo not punished when he was tried the first time?

1. He said that his Sun-centered idea was not true.
2. He promised to stop spreading his idea.
3. He got scared and said that he was sorry.
4. He told the Church that he was old and very sick.

F. How did Galileo try not to get in trouble with his book *The Dialogue Concerning the Two Chief World Systems*?

1. He did not write about Copernicus' idea.
2. He said that the Bible is right.
3. He waited until he was close to death.
4. He presented both views.

G．ガリレオの罰に含まれていないものを選びなさい。

1．They took away all his jobs.

2．They put him in a house which he could not leave.

3．They burned all his books.

4．They did not let him have a funeral as a Christian.

H．(H)に入るものを選びなさい。

1．the Church to say that they were wrong

2．astronomers to understand the Church's view

3．Galileo's first book to be published

4．Galileo's funeral to be done

I．本文の内容に合うものをすべて選び，番号の早い順に書きなさい。

1．The old Spanish picture shows us clearly that Galileo said "Eppur si muove."

2．In the 17th century, most people believed that the Sun, the Moon, and the stars go around the Earth because they saw this every day.

3．The telescopes that Galileo invented helped him to discover Jupiter.

4．Although Galileo said that he was wrong after the second trial, the Church punished him with tools.

5．The book that Galileo published had views that went against the Bible.

6．There were some people who supported Galileo when he was tried.

7．In the Bible, King Solomon believes that the Sun moves around the Earth.

8．Galileo died in the prison that is shown in the Spanish picture.

Ⅳ　次の英文は，南米の国 Paraguay の Cateura という町で活動しているオーケストラの話です。文章を読み，あとの問いに対して最も適切な答えを選び，番号を書きなさい。

Cateura is one of the poorest towns in Paraguay (A) outside the capital, Asunción. It has a huge landfill《ごみ捨て場》 and it receives about 3 million pounds of waste from the capital each day. The people in the town have to live with all this waste because many of them make their living by B selling "valuable" things from the garbage, and children usually get pulled out of school to help their parents. They grow up in a severe environment and they often have to face violence《暴力》 and crime《犯罪》.

Favio Chavez started working as a social worker in Cateura. He says, "I saw a lot of children and had the idea of giving them music lessons in my free time to keep them out of trouble." At first Favio had only five instruments and the children were (C) their own, so he asked his friend Nicolas Gomez, a well-known carpenter in the community to make new instruments for his group—out of recycled materials from the landfill. Nicolas used cans, spoons, forks, and boxes to make violins, flutes, guitars and other musical instruments. They looked a little strange, but they sounded really beautiful.

The children gradually got better (D-1) playing the instruments. Then Favio came up (D-2) a good idea. He formed the Recycled Orchestra and soon it grew from just a few members to over thirty-five. The orchestra gave new meaning to the lives of the children and their families. "I can't live a happy life without music," says Tania. She plays the violin in the orchestra.

Several years ago, the orchestra caught the eye of a team of people who make films and are led by a famous director Alejandra Amarilla. She knew that most people outside Paraguay did not know anything about the country, so the team went looking for a story to tell. "(E)," Amarilla says. "The unique point of this story was that it was very inspiring and would attract the viewers' interest in global issues." [1]

Four years ago, the film team made a short video in order to raise $175,000 to make a documentary《記録作品》. They not only raised the money but the video spread very quickly on the Internet. Since then, the Recycled Orchestra (F) in many countries around the world as well as in Paraguay. The group plays the music of Beethoven and Mozart, and even the popular music of the Beatles. And the young musicians have had great support from artists like Stevie Wonder, Metallica and Megadeth. [2]

These days, many children from Cateura want to join the orchestra. Ten-year-old Cinthia who also plays the violin says that she looked up to some of the older girls in the orchestra, and saw all the amazing chances they had to travel well beyond Paraguay. "I wanted to play because it seemed like they really loved what they were playing," she says, "and I wanted to visit other countries." [3]

However, it has not been easy for the Recycled Orchestra to go from being a community-based group to being a popular group around the world. "Nothing that happened to us was planned," Favio says. "We're still learning how to do this, from day to day." Up to now the orchestra has brought a lot of positive effects to Cateura. [4]

Favio says there has also been an even bigger change. "What we have done," he says, "is to lead our community to respect its children. We have also recognized that they need to get education. It's something sacred. Before the orchestra was formed, it wasn't like this. Before I started giving music lessons, the students' parents took them away by the hand because they needed them to work. Today, it's impossible for that to happen here. And we've already been able to do the most difficult thing which is to change the community. Maybe it did not have to be music that created such a big change. Children can do anything, for example soccer, chess, theater or some other activity." Favio says that the children playing in the Recycled Orchestra are creating something meaningful out of nothing. "To be a musician," he says, "you have to be creative, tough, careful and responsible. Without these strong points, you can't be a musician. But (H). Music itself can change society."

A．(A)に入るものを選びなさい。

1．locating　　2．which is located
3．which is locating　　4．which locates

B．下線部Bの内容を表すものを選びなさい。

1．ごみ捨て場で高価な貴金属を拾い集めて売ること。
2．ごみの中から再利用できそうなものを見つけて売ること。
3．高い費用をかけて処理したごみを売ること。
4．ごみ捨て場においてリサイクル品を売ること。

C．(C)に入るものを選びなさい。

1．poor enough to buy　　2．so poor to buy
3．too poor to buy　　4．very poor to buy

D．(D-1)と(D-2)に入るものをそれぞれ選びなさい。

1．about　　2．at　　3．for
4．from　　5．in　　6．into
7．of　　8．on　　9．to
10．with

E．(E)に入るものを選びなさい。

1．We didn't expect people to learn anything about children's problems
2．We knew that people were not interested in children's problems
3．We were sure that we would be able to solve children's problems
4．We wanted people to pay attention to children's problems

F．(F)に入るものを選びなさい。

1．performs
2．has performed
3．is performing
4．was performing

G．以下の文は文中の[1]～[4]のどこに入りますか。番号を選びなさい。

Money that the orchestra has collected from its international tours has been used to build new, safer homes for many people.

H．(H)に入るものを選びなさい。

1．it's still extremely difficult to be a musician if you don't have great power
2．music has such great power that it doesn't always depend on the musicians
3．people can't understand everything about music without great power
4．we are not sure whether great music can help people with its power

I．以下の英文のうち，本文の内容に合うものを3つ選び，番号の早い順に書きなさい。

1．The people in Asunción have to live with a huge amount of waste which is collected in the landfill.
2．A lot of children in Cateura have to work to help their parents and it is difficult for them to go to school.
3．Favio was asked to go to Cateura to give music lessons at an elementary school in his free time.
4．Favio and his friend Nicolas worked together to make various musical instruments out of materials which were collected in the landfill.
5．The director of the documentary film hoped that seeing an orchestra with instruments made from recycled materials would make people recognize problems in Paraguay.
6．The film team first made a short video about the Recycled Orchestra because they needed money to produce a documentary.
7．More and more children in Cateura now come to join the orchestra because they want to become professional musicians.
8．According to Favio, children should enjoy activities such as soccer and chess together with music in order to find something meaningful in life.

V　下の絵を見て，あとの問いに答えなさい。

絵 1

絵 2

絵 3

絵 4

絵 5

絵 6

絵 7

絵 8

A．絵 1 の Kota は class leader としてどのような人物がふさわしいと考えていますか。A～Dの内，3 つの情報を使って書きなさい。

He thinks a good class leader is someone (　　　　　　　　　　　　　　　　　　　　　　　　).

B．絵 3 の吹き出し内の A にあてはまるように，以下の(　)内の語を並べ替えて正しい英文を作り，3 番目と 6 番目を答えなさい。

You are a great friend of mine, but I think (is / was / reason / Natsuko / a / there / chosen / good / why).

C．絵 4 の吹き出し B で Kota は以下のセリフを言っています。このセリフを日本語に訳しなさい。

How kind!　Although nobody has noticed it, Natsuko has been giving water to the flowers every morning.

D．絵 7 の吹き出し内の C に入るセリフを絵 5 と絵 6 から読み取れる情報を使って，10語以上で書きなさい。ただし，a good leader can は字数に含めません。

A good leader can (　　　　　　　　　　　　　　　　　　　　　　　　　　　　　　　　).

【数　学】（70分）〈満点：100点〉

（注意）　1．この試験は資料文とそれに続く問題とで構成されています。資料文を読みすすめながら，対応する問題に答えていくのがよいでしょう。

2．定規，コンパス等は使用できません。

資料文

0章：オープニング

下町のねじ工場の社長は，２月になると数学を考えたくなります。今日も独り言をつぶやきながら工場の黒板になにやら書いています。

よし，今日は自然数について考えよう。自然数とは１以上の整数で，１，２，３，４，…と無限に続くことは明らかだ。つまり，自然数は無限個あるのだな。

うーん，そうだな，素数にちょっとしぼって考えてみるか。

素数とは，１と自分自身以外に約数をもたない数と定義されている。

ただし，１は除くのだったな。

こうすると，素数の列は，２，３，５，７，11，13，…と続いていく。

まあ，すぐにわかるのは，２以外の素数はすべて奇数だっていうことだな。

ということは，奇数の素数は２で割ったら必ず１余る。

つまり，あるkという０以上の整数が存在して，$2k+1$と表せるぞ。

おー，そういえば，おいらの生まれた1973年の1973は素数だったな。

➡問１

うーん，範囲を広げて**奇数**を少し細かく分類しようとすると，次のようにも考えられるな。１，５，９，13，…という奇数は，４で割ったら余りが１になる数だな。

つまり，kという０以上の整数が存在して，必ず$4k+1$と表せる。

一方，３，７，11，15，…という奇数は$4k+3$と表せるな。こちらは，４で割ったら余りが３になる数だ。

よし，kという０以上の整数に対して，$4k+1$で表すことができる奇数を，$4k+1$型の奇数，同様に，$4k+3$で表すことができる奇数を，$4k+3$型の奇数とそれぞれ呼ぶようにしよう。

ということは，奇数の**素数**ならば，必ず$4k+1$型もしくは$4k+3$型の奇数として表せるはずだな。

➡問２

１章：今日のテーマ

さてさて，自然数が無限個あることは明らかとして，素数も無限個あるよな，きっと。

でも，無限個あるってどんな風に証明すればいいのだろう？　よし，自分なりに考えてみるか。

社長は，黒板におもむろに次の定理を書き始めました。そして，天井を眺めるのでした。

定理１　素数は無限個ある。

うーん，うぉ，そうか，ひらめいたぞ。まず，証明のための準備で次の定理を考えるぞ。

定理１．１　nを２以上の自然数とすると，nと$n+1$は互いに素である。

よーし，“互いに素”とは，公約数が１以外は無いということだったな。つまり，隣り合うnと$n+1$の２つの数の間には１以外の公約数は無い，と言い換えてもいいな。

例えば，10と11は，確かに１以外の公約数は無い。つまり，10と11は互いに素だな。ものすごく数が大きくなってもこれは変わらないはずだ。

例えば，おいらの誕生年の1973とあいつの誕生年の1974は互いに素だな。

さて，たしかこの定理の証明は単純だったはずだ。こっちの裏紙に書こう。

➡問３

それでは，定理１．１を用いて，定理１『素数は無限個ある』ことを証明していくか。

黒板をいったんきれいにしよう。

定理１　『素数は無限個ある』の証明

今，nを２以上の自然数として，$N_1=n\times(n+1)$という新しい数を考える。

nは少なくとも１つは素因数をもつよな。あ，そういえば，素因数とは，素数の約数のことを指したのだな。

当然，$n+1$も少なくとも１つは素因数をもつ。そして，定理１．１より，nと$n+1$は互いに素なので，このN_1は少なくとも 4-① の素因数をもつ。

さらに，N_1+1という新しい数を考える。$N_1+1=n\times(n+1)+1$ということだな。

定理１．１より，N_1とN_1+1も 4-② ことがわかる。

ここで，新たに$N_2=N_1\times(N_1+1)$という数を考える。

N_1とN_1+1が 4-③ ことから，このN_2は，少なくとも 4-④ の素因数をもつ。

つまり，この段階で 4-⑤ の素数がこの世に存在するということである。

お，異なる素数が増えたじゃないか！　よーし，続けるぞ。

ここでまたまた，$N_3=N_2\times(N_2+1)$という新しい数を考えれば，同様に，このN_3は少なくとも 4-⑥ の素因数をもつことになる。

つまり，この段階で 4-⑦ の素数が存在するということである。

この操作は無限回繰り返すことが可能なので，異なる素数を無限個作り出すことが可能であることが証明できた。少しわかりづらければ，$n=4$などとして具体的に考えてみるとわかりやすいぜ。

➡問４

よしよし，ちょっと変わった証明方法だったが，これでいいだろう。

社長は，窓の外を眺めて，首をひねり始めました。

そして思い立って，予想①～予想③を書き出しました。

うーん，悩ましいな。２より大きい素数をさらに分類すると，$4k+1$型か$4k+3$型に分けられるはずだ。そうすると，以下の予想の中で，１つだけが正しいはずだが，いったいどれが正しいのだろうか？

今日は，これを真剣に掘り進めてみるぞ。いや，ねじだけに，頭をねじってみよう。

予想①　$4k+1$型の**素数**は有限個あるが，$4k+3$型の**素数**は無限個ある。

予想②　$4k+1$型の**素数**は無限個あるが，$4k+3$型の**素数**は有限個ある。

予想③　$4k+1$型の**素数**も，$4k+3$型の**素数**も無限個ある。

あ，電話だ。いかん，佐藤さんだ。今日が納期《のうき》のねじをまだ作ってなかった。

催促《さいそく》の電話だな。はい，どうも。ええ，今，宅配便が出発しましたよ。少々お待ちください。ふぅ，よーし，次に進もう。

２章：$4k+3$型の素数は無限個あるのか？

社長は，あらためて黒板に向かい始めました。

さてさて，そうだな，$4k+3$型の**素数**を少し掘っていきたいが，その前に$4k+1$型の**自然数の性質**

について，少し考えてみよう。まず，2つの$4k+1$型の奇数の足し算・引き算・かけ算を考えてみよう。

社長は，おもむろに書き始めてつぶやいた。

お，おー，これが突破口になるな。

今，2つの$4k+1$型の自然数，$4a+1$，$4b+1$を考える。ただし，a，bは0以上の整数とする。

この2つの数を足しても引いても必ず [5-①] になる。ま，そりゃそうだな。

また，この2つのかけ算$(4a+1)\times(4b+1)$を計算する。計算の結果から2つの$4k+1$型の自然数の積は，必ず [5-②] の自然数になることがわかる。

なるほど，これは重要な発見だな。

➡問5

これを受けて，分析を進めてみるぞ。そうか，そうか。

$4k+1$型の**素因数**しかもたない自然数は，結果的に必ず$4k+1$型の奇数になる ことがわかった。これについて，違う視点から解釈をすれば，$4k+3$型の奇数で，$4k+1$型の**素因数**しかもたないものは存在しないということだな。

なるほど，これを分析すると，

『$4k+3$型の自然数における素因数を考えると，そのうちの [6-①] **』** …★

➡問6

よし，これで準備は終わったぞ。ここからは，少しペースを上げて証明していくぞ。

社長は覚悟を決めて，おもむろに黒板に次を書き始めた。

定理2　$4k+3$型の素数は無限個ある。

方針としては，定理1のように，いくらでも大きな$4k+3$型の素数を，繰り返しの操作で作り出すことができることを示していこう。

今，pを5以上の素数としよう。また，次のような自然数qを考える。

$q=4\times(5\times7\times11\times\cdots\times p)+3$　……式①

ただし，かっこの中の$5\times7\times11\times\cdots\times p$は連続する**素数**（5以上）の積である。

こうすると，qは明らかに [7-①] 型の自然数である。

また，qは [7-②] 以下の素数では割り [7-③]。

つまり，

状況A．qはpより大きい**素数**である

もしくは，

状況B．qは素数ではないが，pより大きな素数で割り [7-④]

のいずれかである。

ここで，**状況A**．であるとすると，pより [7-⑤] が作れたことになる。

いいぞ，コーヒーを一口飲んで，一気にあとはやりきろう。ふんばるぞ！

そうか，そうか，今，**状況B**．だとすると，qは [7-①] 型の自然数で，かつ，素数ではないということだ。しかも，qは5より大きく [7-②] 以下の素数では割り [7-③]。

そこで，★でわかったことを踏まえると，qはpより [7-⑥] を素因数にもつはずである。

➡問7

ここまでをまとめると，**状況A**．と**状況B**．のいずれにしろ，新たなるpより大きい$4k+3$型の素数を作り出すことができたということである。

ここで，定理１の証明のように，式①の p に対して，より大きな素数を代入していく操作は繰り返すことができ，無限個の $4k+3$ 型の素数を作ることができるじゃないか。

まるでねじがぐるぐると回るようじゃないか。

うん，うん。いいじゃないか。すごくいいじゃないか。

よし，これでさっき考えた予想②はないってことだな。だいぶ前進したぜ。

３章：$\boldsymbol{4k+1}$ 型の素数は無限個あるのか？

お？　また電話が鳴っている。留守番電話に切り替えておこう。佳境《かきょう》に入りそうだからな。

社長は，だいぶ日が暮れてきたのにも関わらず，黒板にせっせと書き始めました。

さて，予想③が正しいかどうかを判断するために $4k+1$ 型の素数は無限個あるかどうかを考えるぞ。

定理２の『$4k+3$ 型の素数は無限個ある』で用いたようなアプローチは使えないかな？

まずは，２つの<u>$4k+3$ 型の自然数</u>の積の分析から始めるか。

a，b を０以上の整数とするとき，$4a+3$，$4b+3$ という２つの $4k+3$ 型の自然数の積を考える。

$(4a+3)\times(4b+3)=4\times($［　8-①　］$)+1$　……式②

この式の結果を分析しよう。仮に $4a+3$，$4b+3$ がある自然数の素因数だと考え直してみる。なるほど，こうか。

➡問８

この事実から，定理２の証明で用いたアプローチとは全く別のアプローチが必要そうだな。いやー，深いな。歴史を感じるぜ。

よーし，もう一度，示したいことをビシッと書いておこう。

> 定理３　$4k+1$ 型の素数は無限個ある。

社長は，黒板に定理３を書いたのちに，しばらく天井を見上げて，ぶつぶつとつぶやき始めました。

え，もしかするとあの有名な定理がこの証明に使えるのかい？

社長は，黒板の真ん中に書き始めます。

> 定理３．１　フェルマーの小定理①
> 自然数 n を素数 p で割り切れない数とするとき，$n^{p-1}-1$ は必ず p で割り切れる。

具体的な数で思い出してみようかな。例えば，$p=5$，$n=7$ としてみる。

確かに n は p では割り切れない。

こうすると，$n^{p-1}-1=7^{5-1}-1=7^4-1=2401-1=2400$ となり，確かに $p=5$ で割り切れる。

これはなかなか不思議な結果だよな。

➡問９

この定理３．１の証明のカギになるのは，次の準備だったはずだ。

> 準備３．１－１　s，t，r を自然数とする。今，s，t を r で割った商をそれぞれ s'，t'，余りをそれぞれ u，v とする。このとき，$s\times t$ を r で割った余りは，それぞれの余り u，v の積 $u\times v$ を r で割った余りと一致する。

証明は，この黒板の一連の式を見ればわかるな。

$s=s'\times r+u$ と $t=t'\times r+v$ としておくと，

$$
\begin{aligned}
s\times t &= (s'\times r+u)\times(t'\times r+v)\\
&= s'\times t'\times r^2+s'\times v\times r+t'\times u\times r+u\times v\\
&= (s'\times t'\times r+s'\times v+t'\times u)\times r+u\times v
\end{aligned}
$$

なるほど，確かに，$s\times t$ を r で割った余りは，$u\times v$ を r で割った余りと一致する。

たまたま，２つの数の積の余りを考えたけど，割られる数が３つ，４つと増えても，『割られる数の積を r で割った余り』は，『元の数それぞれを r で割った余りの積をさらに r で割った余り』と一致するってことだな…。うん？？？　自分でも何を言っているかわからないな。

こういうときは具体例で考えよう。

例えば，７，９，10の積 $7\times9\times10=630$ を４で割った余りは，２だ。

一方，それぞれを４で割った余りは，３，１，２だ。

このそれぞれの余りの積 $3\times1\times2=6$ を４で割った余りも２だ。

なるほど，この結果が偶然ではないことを，準備３．１－１は示しているのだな。

余りものってやつは，なかなか面白いのー。

よし，それじゃ，定理３．１のフェルマーの小定理①『自然数 n を素数 p で割り切れない数とするとき，$n^{p-1}-1$ は必ず p で割り切れる』を証明していこうかな。

さっきの具体例と同じ，$p=5$，$n=7$ の場合を例にして証明してみるぜ。

確認だが，確かに n は p では割り切れない。

$n^{p-1}-1=7^{5-1}-1$ が $p=5$ で割り切れることを次のように考えていこう。

少し関係ない話が続くように思えるけど，辛抱《しんぼう》，辛抱《しんぼう》。

　$1\times n$，$2\times n$，$3\times n$，…，$(p-1)\times n$ という数の列は，

　$p=5$，$n=7$ の場合は，1×7，2×7，3×7，4×7 の４つの数になる。

ここで，この４つの数 1×7，2×7，3×7，4×7 を $p=5$ で割った余りを考えると，それぞれ２，４，１，３となる。

ここで，1×7，2×7，3×7，4×7 の４つの数の積，

$(1\times7)\times(2\times7)\times(3\times7)\times(4\times7)$ を $p=5$ で割った余りを考える。

この余りは，準備３．１－１より，４つの数 1×7，2×7，3×7，4×7 を $p=5$ で割ったそれぞれの余りである４つの数２，４，１，３の積 $2\times4\times1\times3$ を $p=5$ で割った余りと一致するということだな。…**重要な事実**

ここで，４つの数の積からそれぞれの余りの数の積を引いてみるぞ。

$$
\begin{aligned}
&(1\times7)\times(2\times7)\times(3\times7)\times(4\times7)-2\times4\times1\times3\\
&\qquad=(1\times2\times3\times4)\times(7^4-1)
\end{aligned}
$$

この変形で 7^4-1 が登場したぜ。

ここで，**重要な事実** より，$(1\times7)\times(2\times7)\times(3\times7)\times(4\times7)-1\times2\times3\times4$ は，$p=5$ で割ったら必ず割り切れるということである。…**重要な結果**

➡問10

お，なんか一瞬，止まった感じがするが，繰り返すと，

　$(1\times2\times3\times4)\times(7^4-1)$ も５で割り切れるはずである。

しかし，$(1\times2\times3\times4)$ が５で割り切れないので，7^4-1 が必ず５で割り切れるということである。

おー，確かに，黒板に書かれているとおり，自然数 n を素数 p で割り切れない数とするとき，例えば，

$p=5$，$n=7$ とした場合に，$n^{p-1}-1$ は必ず p で割り切れる理由を示したぞ。

これは，一般の場合でも同様の考え方でできるはずだ。よしよし。

社長は，食事も忘れて，黒板に向かっている。さっきから留守番電話のランプが点滅しっぱなしだ。

よーし，いよいよ佳境《かきょう》に入ったぜ。たまらんぜ！

次の定理はこの先に必ず使うことになる。黒板のすみに書いておこう。

> 定理３．２　フェルマーの小定理②
> 　自然数 n を素数 p で割った余りは，n^p を p で割った余りと一致する。
> 　これは言い換えると，n^p-n は p で割り切れる，ということである。

この証明は定理３．１を用いればすぐにわかるな。

この証明も紙に書いておくか。

➡問11

よーし，いろいろなものがつながってきたぜ！　ここからが勝負だな。

それでは，目標の定理３『$4k+1$ 型の素数は無限個ある』を証明するぜ。

今，<u>n を偶数</u>とすれば，n^2 が４の倍数になるので，n^2+1 は $4k+1$ 型の奇数であることは明らかだな。

だから，n^2+1 の素因数は $4k+1$ 型もしくは $4k+3$ 型だな。

そこで，『n^2+1 が $4k+3$ 型の**素因数** $p=4m+3$（m は０以上の整数）をもつ』とする。…***仮定１***

この後の話を考えて，とりあえず $n^{p-1}+1$ という数を考えてみるぞ。

しつこいけど，この p は，***仮定１***で定義した，素因数 $p=4m+3$ だな。

ここまで来たら，もうやるしかないな。

$$n^{p-1}+1=n^{4m+3-1}+1=n^{4m+2}+1=n^{2(2m+1)}+1=(n^2)^{2m+1}+1$$

と変形ができた。さらにこの先のために，$(n^2)^{2m+1}+1$ を因数分解してみよう。

この因数分解にはちょっと準備がいるな。

> 準備３．１－２　今，b を正の奇数とすると，X^b+1 という式は
> $$X^b+1=(X+1)(X^{b-1}-X^{b-2}+X^{b-3}-\cdots-X+1)$$
> と因数分解できることが知られている。

確かに，$b=5$ としてみて，右辺を計算してみると，

$$\begin{aligned}&(X+1)(X^{5-1}-X^{5-2}+X^{5-3}-X^{5-4}+1)\\&=(X+1)(X^4-X^3+X^2-X+1)\\&=X^5-X^4+X^3-X^2+X+X^4-X^3+X^2-X+1\\&=X^5+1\end{aligned}$$

なるほど，よくできた因数分解だな。

元に戻って，$(n^2)^{2m+1}+1$ を因数分解するが，$2m+1$ が<u>奇数</u>であることと，準備３．１－２より，

$$\begin{aligned}n^{p-1}+1&=(n^2)^{2m+1}+1\\&=(n^2+1)\{(n^2)^{2m}-(n^2)^{2m-1}+(n^2)^{2m-2}-\cdots-(n^2)+1\}\end{aligned}$$

とできる。

➡問12

ここで，***仮定１***より，右辺の n^2+1 が $4k+3$ 型の素因数 $p=4m+3$ をもつとしていたな。

ということは，<u>$n^{p-1}+1$ は，p で割り切れることになってしまった</u>ぞ。すごい発見だな。

おや，ちょっと待て。今，n^2+1 は p を素因数にもつとしたな。

そうすると，[13-①] より n^2 は p では割り切れないな！

つまり，n は p では割り切れないってことだ。

おー，なるほど，これで定理３．１のフェルマーの小定理①を使うことができて，その結果，$n^{p-1}-1$ は p で割り切れるってことだな。

➡問13

おや，おや，おや？

社長は，頭を抱えた。しばらくしてから，黒板を消しおもむろに書き出した。

うーん，なんてことだ。こんなことがあるのか？

わかった事　⇒　n を偶数とすると，$4k+3$ 型の素数 p に対して，
$n^{p-1}+1$ も $n^{p-1}-1$ も p で割り切れる。

あれ，だけど，こんなことってありえないよな。おぉー，あの定理を使える！

> 定理３．３　a を整数とする。$a-1$ と $a+1$ を同時に割り切る素数があるとすると，それは２以外にない。

確かに，13と15は，互いに素であるし，46と48は，２以外の公約数は無いな。

よし，定理３．３を別紙に証明しておくか。

この定理は，数十分前に考えた定理１．１に似ているぜ。

> 定理１．１　n を２以上の自然数とすると，n と $n+1$ は互いに素である。

➡問14

こう考えると，定理３．３より，$n^{p-1}+1$ も $n^{p-1}-1$ も素数 p で割り切れることから，それは $p=2$ しかありえないことになる。

ところが，このことは，p を [15-①] としたこととは，合致しない。

➡問15

つまり，***仮定１***では，n を偶数とし，n^2+1 は $4k+3$ 型の素因数をもつと仮定したことが，起こりえないことがわかった。

ふぅー，厳しい道のりだったが，次のことがこれで明らかになったぜ。

> 定理３．４　**n を偶数とすれば，n^2+1 は $4k+1$ 型の素因数のみをもつ。**

社長は，肩で息をしています。ところが，ドアをノックする音がうっすら聞こえます。

よーし，定理３『$4k+1$ 型の素数は無限個ある』をいよいよビシッと証明して終わるぜ。

これが，信じられないくらいあっという間にできるのがすごいぜ！！！　ガハハハッ！

今，$4k+1$ 型の連続する素数５，13，17，…，q の積を考え，それに２をかけたものを r とするぞ。

つまり，$r=2\times5\times13\times17\times\cdots\times q$ だ。こうすると，r は偶数だ。

ここで，r^2+1 を考える。

定理３．４より，r^2+1 は $4k+1$ 型の素因数のみをもつことは，わかっている。

しかし，r^2+1 の素因数は，r の $4k+1$ 型の連続する素因数５，13，17，…，q とは異なる $4k+1$ 型の素因数ということじゃないといけないな。つまり，q より大きな新たなる $4k+1$ 型の素数が作り出されたということだ。

ここで，定理１や定理２のように，この操作は無限に繰り返すことができるので，$4k+1$ 型の素数は無限個あることが示されたぜ。

➡問16

よーし，これで，予想③「$4k+1$ 型の**素数**も，$4k+3$ 型の**素数**も無限個ある。」が示されたぜ。
ねじを作るのも奥が深いが，数学も奥深いぜ。
ドンドンドン!! はあ？ 誰，ドアを叩くのは？

4章：もっと広い視点で見る。それも数学。

ドス，ドス，ドス。おかみさんが入ってきました。
あんたー，電話にも出ないで何やっているのよ？ また数学？ はー，その素数の話ね。
あんた，本当にわかってないわね。それは，もっと一般化されているのよ。
ディリクレの算術級数定理っていう定理よ。
『互いに素である自然数 a，b に対して，n を自然数とすると，$a\times n+b$ と書ける素数が無限個ある』ってことよ。
ほんと，あんたって，小さなねじのようにこまごましたことばっかり気にするのね。
もっと広い視点で見なさいよ！

➡問17

うん？ 携帯電話が鳴っている。誰だ？
あ，もしもし，佐藤さん？ だから，配達に出たって言っているでしょ！
え，違う？
ねじに不良品が含まれているって？ それは，この前に説明したじゃない！
え，次，ハレー彗星が来るのはいつか？ それもずいぶん前に説明したでしょ!!

パチッと，静かに工場の電気が消えました。

問　題

問1 1973を自然数 k を用いて $2k+1$ という形で表すとする。k の値を求めなさい。

問2 以下の自然数のうち，$4k+1$ 型および $4k+3$ 型の**素数**を**すべて**選び，それぞれ解答しなさい。
17，31，41，45，79，85

問3 定理1．1を以下の文章のように証明する。空らん3-①～3-③を最も適切な語句で埋めたい。下記のア～キの語群から1つ選んで，記号で答えなさい。ただし，同じ語を複数回選んでもよい。
証明
今，ある n と $n+1$ の2つの数が互いに素ではないとする。つまり n と $n+1$ は2以上の公約数 m をもつとする。こうすると，n と $n+1$ の差，つまり，$n+1-n$ も [3-①] を約数にもつはずである。しかし，$n+1-n=1$ であり，1は [3-②] を [3-③] にもたないので，n と $n+1$ が2以上の公約数をもつことはありえないことが言えた。つまり，互いに素である。(証明終)
語群　ア．1　イ．m　ウ．$m+1$　エ．n　オ．$n+1$
カ．約数　キ．素数

問4 資料文の文章中の空らん4-①～4-⑦を適切な語句で埋めたい。下記のア～サの語群から最も適切なものを1つ選んで，記号で答えなさい。ただし，同じ語を複数回選んでもよい。
語群　ア．1つのみ　イ．異なる2つ　ウ．異なる3つ　エ．異なる4つ
オ．異なる5つ　カ．異なる6つ　キ．異なる7つ　ク．異なる8つ
ケ．互いに素である　コ．互いに素でない　サ．素因数をもつ

問5　次の問いに答えなさい。

(1)　$(4a+1)\times(4b+1)$を展開しなさい。

(2)　資料文の文章中の空らん5-①・5-②を適切な語句で埋めたい。下記のア～カの語群から最も適切なものを1つ選んで，記号で答えなさい。ただし，同じ語を複数回選んでもよい。

語群　ア．奇数　　イ．偶数

ウ．$4k$型　　エ．$4k+1$型　　オ．$4k+2$型　　カ．$4k+3$型

問6　社長の分析を踏まえて，[6-①]に入る最も適切な主張を1つ選びなさい。

『$4k+3$型の自然数における素因数を考えると，そのうちの[　　6-①　　]』

ア．**少なくとも**1つの素因数は$4k+1$型の素数である。

イ．**少なくとも**1つの素因数は$4k+3$型の素数である。

ウ．**少なくとも**2つの素因数は$4k+1$型の素数である。

エ．**少なくとも**2つの素因数は$4k+3$型の素数である。

問7　資料文の文章中の空らん7-①～7-⑥を適切な語句で埋めたい。下記のア～スの語群から最も適切なものを1つ選んで，記号で答えなさい。ただし，同じ語を複数回選んでもよい。

語群　ア．$4k$　　イ．$4k+1$　　ウ．$4k+2$　　エ．$4k+3$

オ．k　　カ．p　　キ．q

ク．切れる

ケ．切れない

コ．小さい$4k+1$型の素数

サ．小さい$4k+3$型の素数

シ．大きい$4k+1$型の素数

ス．大きい$4k+3$型の素数

問8　次の問いに答えなさい。

(1)　式②の空らん8-①を適切な式で埋めなさい。

(2)　式②からわかることは，次の5つのうちどれか。最も適切なものを1つ選んで記号で答えなさい。

ア．$4k+1$型の自然数は，その素因数のうち，**少なくとも**1つは$4k+1$型の素数が存在する。

イ．$4k+1$型の自然数は，その素因数のうち，**少なくとも**1つは$4k+3$型の素数が存在する。

ウ．$4k+1$型の自然数は，その素因数のうち，**少なくとも**2つは$4k+1$型の素数が存在する。

エ．$4k+1$型の自然数は，その素因数のうち，**少なくとも**2つは$4k+3$型の素数が存在する。

オ．$4k+1$型の自然数の素因数は必ずしも$4k+1$型の素数となるとは限らない。

問9　$n=35$として，$n^{p-1}-1$が素数pで**割り切れないような例**を作りたい。このような素数pを1つ答えなさい。

問10　[***重要な事実***]と[***重要な結果***]の関係を一般的な言葉に書き換えると以下のことに言い換えられる。

『ある2つの異なる整数a，$b(a>b)$をnで割った余りが**等しい**とするならば，$a-b$はnで割り切れる。』

証明

aを自然数nで割った商と余りをそれぞれr，uとし，bを自然数nで割った商と余りをそれぞれs，uとする。ここで，$a-b=n\times$([　空らん　])なので，確かに，$a-b$はnで割り切れる。

(証明終)

上記の証明の中の空らんを適切な式で埋めなさい。

問11　定理３．２を証明するために下記の証明の11-①～11-④の空らんを適切な語句や式で埋めたい。後のア～チの語群から最も適切なものを１つ選んで，記号で答えなさい。ただし，同じ語を複数回選んでもよい。

> 定理３．２　フェルマーの小定理②
> 　自然数 n を素数 p で割った余りは，n^p を p で割った余りと一致する。
> 　これは言い換えると，n^p-n は p で割り切れる，ということである。

証明

まず，n が p で割り切れるような数であれば，n^p も当然 p で割り切れる。

つまり，当然 n^p-n は，p で割り切れる。

そこで，n が p で割り切れないときを考える。

まず，$n^p-n=n\times($ [11-①] $)$ と変形しておく。

ここで**定理３．１**より，[11-①] は必ず [11-②] で割り切れるので，n^p-n は p で割り切れることが示せた。

こう考えると，n^p を素数 p で割った商と余りをそれぞれ r，u とし，n を素数 p で割った商と余りをそれぞれ s，v とすると，

$n^p-n=(pr+u)-(ps+v)=p\times(r-s)+$ [11-③]

ここで，n^p-n が p で割り切れるので，[11-③] は [11-④] でなければならない。

つまり，n を素数 p で割った余りは，n^p を p で割った余りと一致する。(証明終)

語群　ア．$n^{p-1}+1$　イ．n^p+1　ウ．$n^{p+1}+1$
　エ．$n^{p-1}-1$　オ．n^p-1　カ．$n^{p+1}-1$
　キ．n　ク．p　ケ．r
　コ．s　サ．u　シ．v
　ス．$u+v$　セ．$u-v$　ソ．$v-u$
　タ．0　チ．1

問12　次の問いに答えなさい。

(1)　$3^6-3^5+3^4-3^3+3^2-3+1$ の値を求めなさい。

(2)　$n^{14}+1$ を因数分解すると，$n^{14}+1=(n^2+1)($ [空らん] $)$ とできる。空らんを適切な式で埋めなさい。

問13　資料文の文章中の空らん13-①を適切な語句で埋めたい。下記のア～オの語群から最も適切なものを１つ選んで，記号で答えなさい。

語群　ア．n は偶数　イ．p は奇数　ウ．定理１．１
　エ．定理３．１　オ．準備３．１－２

問14　定理３．３を以下の書きだしに続く形で証明しなさい。なお，**問３**の証明方法で2つの数の差をとることを参考にしなさい。

> 定理３．３　a を整数とする。$a-1$ と $a+1$ を同時に割り切る素数があるとすると，それは２以外にない。

書きだし⇒『今，$a-1$ と $a+1$ の公約数が素数 p であるとする。』

問15　資料文の文章中の空らん15-①を最も適切な語句で埋めなさい。

問16　資料文の文章中に「しかし，r^2+1 の素因数は，r の $4k+1$ 型の連続する素因数 5，13，17，…，q とは異なる $4k+1$ 型の素因数ということじゃないといけないな。」とあるが，r の $4k+1$ 型の連続する素因数 5，13，17，…，q が r^2+1 の素因数とはならない理由を簡潔に説明しなさい。

問17　おかみさんの指摘が正しいものとして，社長の次の発言のうち正しいものを**すべて**記号で答えなさい。

ア．なるほど，ってことは，$6n$ 型の素数は，無限個あるんだな!!!

イ．なるほど，ってことは，$6n+1$ 型の素数は，無限個あるんだな!!!

ウ．なるほど，ってことは，$6n+2$ 型の素数は，無限個あるんだな!!!

エ．なるほど，ってことは，$6n+3$ 型の素数は，無限個あるんだな!!!

オ．なるほど，ってことは，$6n+4$ 型の素数は，無限個あるんだな!!!

カ．なるほど，ってことは，$6n+5$ 型の素数は，無限個あるんだな!!!

キ．なるほど，ってことは，$4n+1$ 型の素数と $6n+5$ 型の素数は決して一致することはないんだな!!!

ク．なるほど，ってことは，6 以下のどんな自然数 b に対しても，$7n+b$ 型の素数は無限個あるんだな!!!

ケ．なるほど，ってことは，7 以下のどんな自然数 b に対しても，$8n+b$ 型の素数は無限個あるんだな!!!

によって、世界における自分の位置がよりはっきり把握できるようになる。自分を知るには、自分から離れなくてはいけない。」（『ヒューマニティーズ　文学』六十頁）

生徒　小野さんの言葉にあった「いま、ここ」から離れるという表現はすごく分かります。想像の世界では、過去や未来、ここではないどこかへ自由に飛んでいくことができます。現実の「いま、ここ」から離れられる解放感があります。

先生　現実は厳密な意味では決して繰り返すことなく、時間は自分の意志とは関係なく流れていく。しかし「安全地帯」にいるとき、「いま、ここ」に縛られた現実を離れることができる。

生徒　でも、まだ分からないところがあります。筆者の話にあったように、絶滅収容所における子供たちの遊びは果たして「人間の生と深く結びついている」とまでいえるのでしょうか。現実には極限状態の中で、なぜ遊びが「人間の生」と結びつくようなことが可能なのでしょうか。

先生　これについて講演者の小野正嗣さんは次のように説明しているよ。「子供たちの周囲は地獄である。どこにも逃げ場がない。だからこそ子供たちは想像力によって避難する場所を、かりそめのものだとわかっていても作らなくてはいけないのだ。遊んでいる？　それは遊びではあるが、単に遊びだけではない。生を破壊しようとする現実に、子供たちは遊びによって必死で抵抗しようとしているのだ。」（『ヒューマニティーズ　文学』六十九頁）

生徒　人間が人間らしく生きるために想像力は欠かせない……。極限状態におけるこうした遊びに何か崇高ささえ感じるような気がします。

(1) 右の会話文中にある空欄[A]と[B]に当てはまる語として最も適切なものをそれぞれ下のア～オの中から一つ選び、記号で答えなさい。

[A]　ア　人間性　イ　統一性　ウ　親近性
　　エ　恒常性　オ　現実性

[B]　ア　絶対化　イ　相対化　ウ　個性化
　　エ　正当化　オ　可視化

(2) 本文中の傍線部⑩に「死の世界」とありますが、ここで筆者が言う「死の世界」とは、どのような世界だと思われますか。本文や会話文も参考にして、六十字以内で説明しなさい。

問八　傍線部⑧「書くとき作家は、ふだんの自分とはまったく異なる主観性を経験しているわけです」とありますが、ここでいう「ふだんの自分とはまったく異なる主観性」と同じ意味で使われている文中の他の語として最も適切なものを、次のア～オの中から一つ選び、記号で答えなさい。

ア　空想的世界　　イ　創造的自己　　ウ　登場人物の心情
エ　社会的自己　　オ　現実の世界

問九　傍線部⑨「やっぱりていねいに読まなくてはいけないのです」とありますが、なぜですか。理由を説明したものとして最も適切なものを次のア～オの中から一つ選び、記号で答えなさい。

ア　小説を書く人は、読書を通して自分の居場所や、生きられる隙間を見つけた方が人生が豊かになって良いから。

イ　小説を書く人は、模倣をすることを通してしか物事を学習できないため、手軽な模倣対象として文章を読んだ方が良いから。

ウ　小説を書く人が上達するには多くのお手本が必要であり、手本をとにかく模倣することでしか技術的な上達は見込めないから。

エ　小説を書く人が模倣をすることは許されないので、既に書かれた作品の隙間を縫うようにして、書けるものを見つける必要があるから。

オ　小説を書く人は、文章を読んだり書いたりして模倣したい作品とのズレを知り、自分だからこそ書ける題材や領域を見つけていくことが必要だから。

問十　以下の文章は、この講演録についての中学三年生の生徒と先生の対話である。読んで、以下の(1)・(2)の問いに答えなさい。

生徒　講演録を読んでいて、幼稚園のころ砂場で水を入れながらお団子を作ったこと、白砂をまぶしてデコレーションしたことを懐かしく思い出しました。白砂をきれいにかけられたお団子は物置小屋にこっそり隠したり……。
　それにしても、遊んでいるときに楽しいという感覚は分かるんですが、なぜ「現実とよりよく向き合うために」、「よりよく生きるために」現実を離れる必要があると筆者は述べているのですか？　なんだか現実逃避をしているような気がするのですが。

先生　遊びや文学作品を読むことは、現実の世界と想像の世界との二つの世界の間に入ることだと述べていたね。そうした隙間に入ることは人間が人間として生きていくための「安全地帯」に入ることだとされていた。

生徒　遊ぶことや文学作品を読むことが［　A　］を守っていくというのは何となく分かる気はします。もしそうしたことがなかったら気分がとげとげしくなる気がします。でも、一体なぜそれが「現実とよりよく向き合う」ことになるのでしょうか？

先生　夢中になって遊んでいたり、本を読むことに没頭していたりしたときの感覚を思い出してほしいんだけど、喜びや幸せな感覚でいっぱいだったんじゃないかな。たとえ暗い話やスリリングな話でも、そこには現実を生きているときとは違う満たされた感覚があったと思うよ。
　そうした時間を満喫したあとで日常に戻ってくると、現実が少し違って見えてきたり、現実を捉え直したりできることがある。それまでの出来事や自分を適度に［　B　］することができる。それが現実の向き合い方に関わってくるんだと思うよ。

生徒　たしかに、遊んだり読書に没頭したりしたあと現実に戻ってくると、それまでより自分を少し離れたところから見られるようになっている気がします。

先生　そうだね。講演者の小野正嗣さんは次のようにも述べているよ。「おのれの『いま、ここ』から離れて、虚構の世界に一時的に避難する。結局は、『いま、ここ』に再び戻るほかないのだとしても、（中略）かりそめの滞在を経験することとえば泥のかたまりを泥団子と認識する人と本当に食べられるお団子と認識する人たちが衝突せずに遊べること。

オ　通常、現実の世界と空想の世界とは切り離されていると考えられるが、遊びの場面では現実の世界を忘れることで空想の世界に入り込むことができるので、たとえば泥団子は食べられないという現実的な認識を忘れ、自分の手の中でおいしいお団子が出来上がっていく空想に没頭し楽しむことができること。

問五　傍線部⑤「本の世界に没入する主人公が、子供だということもまた、遊びと文学の親近性を示しているように感じます」とありますが、筆者はどのような点に「遊びと文学の親近性」を感じているのですか。説明したものとして最も適切なものを次のア～オの中から一つ選び、記号で答えなさい。

ア　遊びにおいて、子供が役割やキャラクターを模倣し、現実のものを想像力によって何か別のものに見立てている点。

イ　遊びの中で他者になったり周囲の世界を別のものにしたりする経験を積むことで、ゆたかな想像力を獲得している点。

ウ　子供が遊んでいるときの幸福さや充溢感《じゅういつかん》に、見たり読んだりしている人が思わず引きつけられて注目せずにはいられない点。

エ　空想の世界を現実の世界に重ねることで、現実とは少しずれた世界を生み出し、そこに身を置いて喜びや幸せを感じている点。

オ　現実の世界で居心地の悪い思いを抱えている状況においても想像力を失わずに遊んだり物語に入り込んだりする能力が、子供特有のものである点。

問六　傍線部⑥「『生きよ』と呼びかけてくる」とありますが、なぜですか。理由を説明したものとして最も適切なものを次のア～オの中から一つ選び、記号で答えなさい。

ア　小説や詩は、読者が自分の想像力を注ぎ込み、読者の方から働きかけることを絶対的に必要としているから。

イ　小説を通じて作者から読者へ励ましの声が送られるので、読者は小説を読むことで前向きな気持ちになれるから。

ウ　読者が登場人物に共感することで、登場人物がいきいきとした魅力を持ち、読者に生きよと励まし、訴えかける力を持つから。

エ　読者は、自分の存在を認め支えてくれる言葉を意識せずにはいられないため、小説の中にある励みになる言葉を最もよく記憶するから。

オ　小説や詩は、読者が自分の体験や記憶を総動員して「命」を与えることで成立するものであるため、読者は自分の経験によって励まされるから。

問七　傍線部⑦「ダンテやシェークスピアの詩句を読むことは、その言葉を書きつけた瞬間のダンテやシェークスピアになることだ」とありますが、なぜですか。理由を説明したものとして最も適切なものを次のア～オの中から一つ選び、記号で答えなさい。

ア　作品を読むとき、読者は単なる文字列に能動的に働きかけるが、その際、作者になったような気持ちで一言一言を吟味し直すから。

イ　単なる文字列を意味のあるものとして読むためには、読者はそれを書いているときの作者の気持ちと心を一つにしなければならないから。

ウ　その作品を書いた小説家や詩人の想像力を能動的に理解しなければ、自分だけのために書かれたものとして作品を読むことができないから。

エ　単なる文字列だったものに、読者が能動的に働きかけて意味を読みとることは、その作品を書いた小説家や詩人の行為を新たに蘇《よみがえ》らせることだから。

オ　誰が書いた作品でも読まれるまでは単なる文字列に過ぎず、読者が自分だけの体験や記憶を動員しながら読むことで、作者の意図とは無関係な自分だけの作品として蘇るから。

イ　子供は遊びながら大人になるため、子供と大人の中間に属する存在になっているということ。

ウ　子供は遊びを通して、自分とは年齢の離れた大人になりきり、他者の人生を生きるということ。

エ　子供はごっこ遊びを通して人間にとっての他者、つまり人間以外の存在になりきるということ。

オ　子供は遊んでいるとき、自分とは異なる存在になりきり、他者としてふるまっているということ。

問二　傍線部②「あなたの限られた経験からそう断言するのはどうかと疑問を抱かれる方もいるかもしれませんが、僕は子供が四人いますので、たぶん四六時中身近で見ているサンプルの数は、普通の人よりは多いので、信頼していただきたい」とありますが、ここには講演会における筆者のどのような姿勢が見て取られますか。説明したものとして最も適切なものを次のア～オの中から一つ選び、記号で答えなさい。

ア　数字を出して説明することを学者の使命とする姿勢。

イ　聴者に信頼してもらうことを講演会の目標にしている姿勢。

ウ　自分の身近な経験を語りつつ、ユーモアも交えながら話をしていく姿勢。

エ　聴者の関心よりも自分にとって面白いと感じることを話そうとする姿勢。

オ　自分の教養を披露することで、聴衆にも多くの知識を得てもらいたいという姿勢。

問三　傍線部③「遊んでいるときに幸せを感じている自分が、いつもの自分かどうかは実に不確かだと思うのです」とはどのようなことですか。説明したものとして最も適切なものを次のア～オの中から一つ選び、記号で答えなさい。

ア　遊んでいるときの子供は別の存在になりきっていても、この幸せは本当の幸せではないと分かっているということ。

イ　遊んでいるときの子供は別の存在になりきっているので、幸せを感じている主体も別の存在であるはずだということ。

ウ　遊んでいるときの子供は別の存在になりきっているので、本当の自分と別の存在との間で常に混乱状態にあるということ。

エ　遊んでいるときの子供は別の存在になりきっていても、本気で自分が別の存在になっているとは信じていないということ。

オ　遊んでいるときの子供は別の存在になりきっているので、幸せを感じているのがその子自身であるといえるかどうかはあいまいだということ。

問四　傍線部④「遊びの世界では、現実と空想が同時に存在することに矛盾はまったくないのです」とはどのようなことですか。説明したものとして最も適切なものを次のア～オの中から一つ選び、記号で答えなさい。

ア　通常、現実の世界と空想の世界とは切り離されていると考えられるが、遊びの場面では空想上の他者になりきることができるため、たとえば現実の自分は泥団子を食べることができないが、空想上の人物になりきれば泥団子を食べられると信じていること。

イ　通常、現実の世界と空想の世界とは切り離されていると考えられるが、遊びの場面では空想を楽しむことで現実をよりよくできるので、たとえば空想の世界でおいしいお団子を作る経験をすることによって現実のお団子もおいしく感じられるようになること。

ウ　通常、現実の世界と空想の世界とは切り離されていると考えられるが、遊びの場面では両者は重なる仕方で存在できるので、たとえば泥団子は泥のかたまりなので食べられないという現実的な認識を保ちながら、自分の手の中でおいしいお団子が出来上がっていく空想を楽しむことができること。

エ　通常、現実の世界と空想の世界とは切り離されていると考えられるが、遊びの場面ではある人は現実の世界を認識し、また他の人は空想の世界を認識して共に遊ぶことができるので、たる文章が自分のものではないように感じられるのです。

（中略）

書くという行為が、自分とはちがうものになる体験であるように、書くためには、他者の、自分以外の人々が書いてきた言葉を通過すること、それも「模倣」という形で通過することが必要だと思います。そもそも人はどうして書きたいと思うのでしょうか。今日は日曜日ですので、朝からうちの長男は、ニンニンジャーと仮面ライダードライブをテレビで見ながら、画面のなかで動くヒーローたちを真似て、必死で飛び跳ねたり、腕をくねらせたり振り回したりしていました。ヒーローの動きを真剣に真似し、そうやってヒーローになりきっているのです。裸で飛び跳ねていましたから、「服を着なさい」と母親に注意されました。そしたら、「うるさい！」とその一瞬だけ見事に父親の模倣をして、またヒーローたちの世界に戻っていきましたけれど。子供の遊びとは、自分が憧れる対象を模倣することでもあります。小説や詩を書くという行為が、これとどこにちがいがあるでしょうか。

言葉を覚えることも模倣から始まります。文章を書くことにしても同じことです。自分が小説や詩を読んで、感動したり打ちのめされたりした経験があるからこそ、自分も同じことがしたいと思い、書きたいと思うのではないでしょうか。そうやって書き始めると、どうしても自分が好きな作家の文体の模倣になってしまう、あるいは、逆にその作家のような文章を書きたくて、必死で模倣するのだけれど、どうしても同じにはならない。

意図的に模倣するのであれ、無意識のうちの模倣になってしまうのであれ、その真似すべきオリジナルな対象とは、ぴったり重なり合うことはない。どうしても隙間が生じるのです。でも、実はその隙間こそが、書き手であるあなた自身の場所なのです。

さらによいことに、世界には僕たちの知らない素晴らしい作品が無数にあります。本を読めば読むほど、真似をしたい作品も増えてくる。そしてそのたびに、自分が憧れ一体化したいと願うそうした作品から、「ここはあなたの場所じゃない」とはね返され、蹴っ飛ばされる。何も目印も指標もない茫漠《ぼうばく》とした空間に放り出されるのは不安で恐ろしいことですが、文学の夜空を満たす実に多様な星々＝作品の輝きやその配置をよりよく知れば知るほど、少なくとも「ここは自分の場所ではない」というところだけはわかるようになってくる。読めば読むほど、そうやって「ここでもない」「あそこでもなかった」と模索しているうちに、ほかの誰でもないこの自分が書くべき場所が少しずつ明らかになってくる。小説を書きたいと思う人たちは、だから、⑨やっぱりていねいに読まなくてはいけないのです。たくさん読めとは言いませんが、読むことに労力を惜しんではいけないと思います。

（中略）

文学は遊びと親和性がとても強く、遊びはつねに人に喜びを与えます。遊んでいる子供からあふれるあの喜びの力を思い出してください。それは命の力そのものです。だから、絶滅収容所がその典型ですが、遊びのない世界は、想像力を働かすことを禁じられた世界は、⑩死の世界にほかなりません。文学は遊びとともにつねに「いのち」の側にあり、僕たちを待っています。

（小野正嗣「講演　読む・書く・学ぶ」
『すばる』二〇一五年一〇月号による）

注6　アウシュビッツ…ポーランド南部の都市オシヴェンチムのドイツ語名。第二次大戦中、ナチスードイツの強制収容所の一つがここに造られ、ユダヤ人など多数が虐殺された。

問一　傍線部①「多くの場合、その子は、自分ではないものになっているのです」とはどのようなことですか。説明したものとして最も適切なものを次のア～オの中から一つ選び、記号で答えなさい。

ア　子供は遊びによって他の子供と一体感を得るため、自分以外の存在にもなれるということ。

帯を作る文学は、人間が人間として生きていくために必要不可欠な営み、つまり人間にとって本質的な営みです。文学は「生」の側につねにあります。小説や詩は、それを読む人がいなければ、ただの文字列です。まず読む人がそこに自分の想像力を注ぎ込み、能動的に働きかけてくれなければ、作品になることができないのです。ひとつの小説や詩は、読者の存在を絶対的に必要とする。読者である私たちに生きてほしい。作品として自分が生き続けるためにも、どうしても私たちに生きてもらわないと困るのです。

よくよく考えると、作品に対して私たちはとことん無力です。なぜなら、いくら望もうとも私たちは作品のなかの世界を変えることはできないからです。たとえば、私たちがどれだけ強く反対のことを望んでもロミオはロミオのままです。それでも私たちが読まなければ、ロミオくんは存在しなかったことになってしまいます。

小説や詩は、作品として自分が生き続けるためにも、私たちに生きてほしい。私たちひとりひとりの存在を大切なものと認めて、⑥「生きよ」と呼びかけてくる。だからこそ、小説や詩を読むときに私たちは、支えられている、励まされていると感じ、そこに自分の居場所があると感じられるのです。これは自分に向けて、自分だけのために、書かれたのではないか――そんなふうに思われる小説や詩に出会った経験を多くの人がしているはずです。それは、読者が自分の想像力を、それまで生きてきた体験や記憶などとともに総動員して、誰のものでもない文字列であったものに「命」を与えたということです。そうやって自分だけの作品として蘇《よみがえ》らせたのです。

あるいは、もっと極端なことを言えば、その作品を書いたのは、実は小説家や詩人ではないのです。ひとりひとりの読者がそれぞれのやり方で、その文字列をたどり直しながら、書き直していると言ってはいけないでしょうか。アルゼンチンの作家のボルヘスは、⑦ダンテやシェークスピアの詩句を読むことは、その言葉を書きつけた瞬間のダンテやシェークスピアになることだというようなことを言っています。もしもボルヘスの言う通りだとしたら、私たちは本を読むとき、実は単に読んでいるだけではなくて、読みながら書いているということになるのかもしれません。

さきほど子供の遊びについて、子供は遊ぶときに自分とはちがうものになっていると言いました。「ごっこ」遊びという言葉があるように、その行為の中心をなすのは「模倣」行為です。

読んでいるときに、私たちは登場人物の心情に同一化するという経験をよくします。読むことは書いている作家や詩人になることだというのは、いまいちピンと実感できないという人も、読書に我を忘れているときには、本当に我をどこかに忘れて、登場人物の誰かになりきっている経験があるはずです。それと同様に、書くというのは、その間、ふだんの自分とはちがう自分になる不思議な経験なのです。語り手が「ぼく」とか「わたし」の小説を考えてください。創造的自己と社会的自己の区別を語ったプルーストを持ち出すまでもなく、当たり前のことですが、小説から聞こえてくるその「声」は、語り手の声であって、その小説を書いた作家の声ではありません。村上春樹さんの初期の作品は、「ぼく」によって語られますが、その「ぼく」が現実の村上春樹さんその人だと考える人は一人もいないはずです。

（中略）

⑧書くとき作家は、ふだんの自分とはまったく異なる主観性を経験しているわけです。そればかりではありません。小説などを書いているときに、自分の想像力が描き、自分の言葉によって構築されつつある世界と、実際にそれを書きつけている現実の書斎、僕の場合だと、汚くてちらかっていて子供たちが決して足を踏み入れようとしないゴミ箱のような部屋とのあいだ、空想的世界と現実の世界との隙間に、書き手自身が滑り込んだかのように、ふだんの自分とは違うものになっているのです。だから、小説を書き上げると、いつもの単なる親父ギャグのうるさいおっさんに戻って、目の前にあ

ル・ベケットの言葉は、そのような意味で理解できると思います。想像力が死んでしまうような出来事にさらされたときこそ、だからこそ、人は想像しなくてはならないのです。

　文学もまた、現実を想像力によって二重化することによって生まれるものです。そのときの素材と手段はひとつしかありません。言葉です。言葉を題材にして、言葉を用い、想像力を駆使して現実とは少しずれた世界を出現させます。ちょうど遊んでいる子供が現実でありながら現実ではない世界、あるいは現実であると同時に非現実である世界のなかに身を置いているように、文学も人が生きていくために必要な隙間、「遊び」を作り出します。夢中になって本を読んでいるときに、僕たちはいったいどこにいるのでしょうか。そう尋ねられて、きょう電車で本を読みながらここまで来た方も多いと思いますが、「電車のなか」だなんて真顔で答える方はいないでしょう。

　まあ、いてもよいのですが。それは半分は正解で、半分は間違っているのはわかると思います。電車のなかという現実と同時に、読んでいた本の言葉が作り出す想像的な世界のなかにもいたと言ってもよいでしょう。

　そのことは、ある本を読んでいるうちに、その本の世界に入り込み冒険をするという手法を取る物語が、児童文学、つまり子供にも読まれることを前提として書かれた文学ジャンルのなかに多く見られることと無関係ではないと思います。そう言うと、ミヒャエル・エンデの名作『はてしない物語』を思い浮かべる方も多いでしょう。3年ほど前に刊行されたものですが、川上弘美さんの書かれた『七夜物語』がそのような形式になっています。主人公は、偶然手に取った本を読んでいるうちに、本のなかにある異世界へと導かれていくのです。

　僕の限られた読書体験から得た印象では、そうした種類の本においては、主人公は現実の世界においてどこか居心地の悪い思いを抱えています。『はてしない物語』では主人公のバスチアンは、母を失って父との関係もあまりよくない10歳の男の子だったはずです。『七夜物語』の主人公の少女さよの両親は離婚しています。さよは小学校4年生だから10歳ですね。⑤本の世界に没入する主人公が、子供だということもまた、遊びと文学の親近性を示しているように感じます。

　たいていの場合、外部の世界との関係に違和感を覚えている主人公たちは、本のなかの世界を体験することで、世界の重みが少しだけ軽くなるというか、息苦しさがましになるようです。本の世界に生きる、つまり本を読むことを通して、現実との関係がよい方向に変化するのです。そして、それは、そうした物語――繰り返しますが、主人公たちが本の世界のなかに入り込み、なんらかの出来事を体験したのちに、現実に戻ってくるという物語――を書いた本を読む私たち自身の身にも起こっているのです。面白いですよね。

　私たち人間には、現実とよりよく向き合うために、ということは、よりよく生きるために、言葉の力を借りて、つかの間であれ――しかし本を読んでいるときの時間の流れ方はふだんとはまったく異なることもまた、みなさんのよく知るところです――現実から離れることが必要であるかのようです。しかもそのときに、私たちが拠《よ》りどころとする言葉が、想像力の純度が高い文学作品の言葉であるということがとても面白いと思うのです。

　本を読むことは、現実の世界と想像力の世界との二つの世界のあいだで遊ぶことです。いまここにいらっしゃるみなさんの多くが、ここに来るまでの電車のなかで、文庫本の頁《ページ》を開いて、そこで楽しく遊んでいたのに、電車が着いて、現実に引き戻されてしまいました。そしていま、こんないんちきくさいおっさんの要領を得ない言葉を浴びせかけられて、悪夢の世界に閉じ込められている――嘘《うそ》をつかないでください。そう思っている人もいるでしょ？

（中略）

　さて、いずれにしても遊びと同様に、現実と空想の狭間に安全地子供は遊んでいるときに、自分とはちがうもの、ちょっとむずかしい言い方をすると、他者になっている。そう言うことができると思います。②あなたの限られた経験からそう断言するのはどうかと疑問を抱かれる方もいるかもしれませんが、僕は子供が四人いますので、たぶん四六時中身近で見ているサンプルの数は、普通の人よりは多いので、信頼していただきたい。

遊ぶときに子供は自分とは別の存在になっている。そして幸せでいっぱいである。とすると、幸せで満たされているのは、その子なのでしょうか、それともその子がなりきった別の存在なのでしょうか。遊びが終わると喜びが消えます――遊びが終わるときの、つまり家に帰る時間が来たり宿題をやりなさいとか言われたりして、遊びを中断せざるをえないときの、なにかふだんの味気ない日常に引き戻されるような、あのすごく残念な感じは、確実に自分のものだと言えます。ところが、③遊んでいるときに幸せを感じている自分が、いつもの自分かどうかは実に不確かだと思うのです。

いや、そんなことはないと言われるかもしれません。なるほど子供は遊ぶとき、想像力を駆使して、他者になるだけではなく、同時に周囲の世界も別のものに変える。公園のベンチが船になったり、ブランコが飛行機になったり、草木の茂る場所が、猛獣や魔物が潜むジャングルや森になったりする。しかし、それは現実を何か別のものに見立てているだけではないか、と言われるかもしれません。役割、キャラクターを模倣しているだけであって、本気で自分が何か別のものになっているなんて信じていないのだ、と。砂遊びを見なさい。子供は砂まみれ泥まみれになりながら、お団子やケーキを作る。こちらがたじろいでいるのをよそに、目をきらきらさせて、「はい、どうぞ食べてください」と、そのどろどろの団子やらケーキを差し出してくる。そんなとき、子供だってそれが本当に食べられるものだと信じているわけではない、と。

そのとおりです。ただ、④遊びの世界では、現実と空想が同時に存在することに矛盾はまったくないのです。別の言い方をすれば、遊びとは、現実の世界に、想像力によって作った世界を重ねて二重化することだと思うのです。そして二つの世界はきれいに重なり合わず、必ず隙間が生まれる。遊んでいるとき、子供がどこにいるのかと言えば、現実でもなければ、完全に想像力の世界だけでもない、その隙間、その狭間《はざま》なのだと思います。

そう言えば、機械で接合部分に与えられたゆとり、隙間やゆるみを「遊び」と言います。この遊びが、その機械が動作する際に安全装置の役割を果たしているということは重要です。おそらく機械だけではなく、人間の遊びもまた、人間が人間らしく生きるための安全装置なのです。

遊びの反対は真剣さではないのだとしたら、何なのでしょうか。僕は「死」ではないかと思います。注6アウシュビッツなどの絶滅収容所の極限状態において、ガス室へと続く列のなかでも子供は遊んでいたという生存者の記録があります。子供は大人たち以上に具体的に何が起こっているのかわかっていなかったかもしれませんが、それでもただならぬ事態であることは周囲の大人たちの不安と絶望から感じ取っていたはずです。それでも子供たちは遊ぼうとして、それを見ていた大人たちは、すべてが奪われた無残な状況のなかで、そこらに落ちている棒きれや布切れを使って人形などを作り子供を遊ばせてやろうとしたというのです。遊びが人間の生と深く結びついていることがよくわかります。

人の命を奪う巨大な災厄を前にしたときに、人は「想像を絶する」出来事だという表現を使います。さきほど、遊びは、現実が想像力の世界によって二重化されるときに生まれるのではないかと言いました。それは遊びが成立するためには、想像力が不可欠だということです。「想像を絶する」事態には、遊びは存在しえません。人から想像力を奪おうとする世界には、遊びの場所はありません。それは死の世界なのです。だからこそ、人は想像しなければなりません。「想像力、死んだ、想像せよ」という、アイルランド生まれで、ずっとフランスに暮らし、英語とフランス語で書いたサミュエいうこと。

イ　権威主義は、権威ある学説を唱えた研究者を絶対的な権威そのものと同一視している。そこで、その研究者が生きている間は、その分野の研究をたった一人に依存することになってしまうということ。

ウ　権威主義が、権威を利用して巨大な利益を生み出してきたため、それらが失われることに人々は強い抵抗感を抱く。そのため、過ちを犯したとしても決して認めず、正しいと押し通そうとするということ。

エ　権威主義が、ある世界観や価値を絶対的なものとして提示することで、人々は安心を得ている。それらが崩壊してしまうことへの不安から、逸脱するものを認めることができなくなってしまうということ。

オ　権威主義は、かつての王や教会のように、権威ある学説によって人々に安心を与えている。そのように人々から信奉されてきたため、間違いを犯してもかたくなに認めない傲慢さを身につけているということ。

二

この文章は、作家であり大学教員でもある筆者が講演会で話したものです。読んで、後の問いに答えなさい。

目の前で幼い子供が遊んでいます。とても幸せそうです。喜びで小さな体ははち切れそうです。笑い声は聞こえてきません。むしろ逆です。すごく集中して、思いつめていると言いたいくらい、目元にぎゅっと力のこもった顔つきをしています。真剣さの塊となって、何をしているのでしょうか。

さっき言いました。遊んでいるのです。

多くの人が知っているように、真剣さと遊びは矛盾しません。体の内側で燃えているような喜びもあるのです。もちろんこの内なる炎は、ちょっとしたきっかけで、体の外側に飛び出します。火花が爆《は》ぜるように、きゃはは、ふふふ、と笑いとなって現われます。

遊んでいるときほど、子供が幸せに見えるときはありません。子供だけではありません。一般に、大人だって遊びに夢中になっているときには幸せそうに見えます。一般に、幸福さの感覚は、充溢《じゅういつ》感と結びつきます。「幸せな気持ちでいっぱい」のとき、「いっぱい」になっているのは何なのでしょうか。

子供の心？　子供の体？

そうでしょう。

でも、その心や体は、いったい「誰」のものなのでしょうか。

当然、その心や体の持ち主である子供のものに決まっているではないか、と思われるかもしれません。

ところが、子供が何をして遊んでいるのかを見てみますと、①多くの場合、その子は、自分ではないものになっているのです。うちには2歳《さい》の男の子がいます。その子を見ていると、このあいだまで遊ぶときは、『トイ・ストーリー』のバズ・ライトイヤーになりきって生活していました。最近は、そこに仮面ライダー（仮面ライダードライブ）が加わって、ときどき仮面ライダーに変身しています。

（中略）

上のお姉ちゃんたちも同じでした。プリキュア・シリーズなどの変身物のアニメを見ては、変身ポーズを取ったりしていました。漫画やアニメの登場人物になる、変身するだけではありません。そういうものがなくても、子供は遊ぶとき、自分とはちがうものになっています。ままごとなどを考えれば、そのことはすぐにわかると思います。子供がお母さんになりきって、やはり赤ん坊になりきった別の子の面倒をみている。赤ん坊になりきった子は、「えーん、えーん」と泣く真似《まね》をして、それを見たお母さん役の子が「おなかがすいたのね、ご飯をあげますね」などと言っている。すると、そこに脇から別の子が、「うるさいぞ、静かにしろ！　お父さんはいま仕事をしているんだ！」などと大きな声で怒鳴る。それを聞いてドキリとするわけです。あ、それ、おれの真似じゃないか、それってすごく感じの悪い親父《おやじ》だなあ、と。

問六　傍線部④「優等生的な回答」とありますが、「優等生的」という語は、ここではどういう意味で用いられていますか。説明したものとして最も適切なものを次のア～オの中から一つ選び、記号で答えなさい。

ア　科学的知見は原理的に不完全であるということまでの文脈を正確に読み取ることができる読者なら、当然導き出せる結論だという意味。

イ　科学的知見は原理的に不完全であるということまでの文脈からは到底導き出せない結論だが、良心的であることは間違いないという意味。

ウ　科学的知見は原理的に不完全であるということまでの文脈から導かれる結論としては正しいのだが、実現するのが容易ではないという意味。

エ　科学的知見は原理的に不完全であるということまでの文脈を真摯に受け止めて、地道な努力をかさねてゆけばいつかは真実に到達できるという意味。

オ　科学的知見は原理的に不完全であるということまでの文脈を理解できていれば誰にでも分かる結論なのに、残念ながら現実がそうなっていないという意味。

問七　傍線部⑤「科学的知見の確度の判定という現実的な困難さに忍び寄って来るのが、いわゆる権威主義である」とありますが、「科学的知見の確度の判定」が「困難」だと、どうして「権威主義」が「忍び寄って来る」のですか。理由を説明したものとして最も適切なものを次のア～オの中から一つ選び、記号で答えなさい。

ア　権威を持たせることで確度も高まるので、確度の判定が困難な場合に権威の高さから判断するのは合理的な考え方であるから。

イ　権威の高さと確度を同一視するやり方は理解が容易であり、分からないという不安定な状態に留まらずに済む安心感があるから。

ウ　権威の高さを用いることで、確度の判定というわずらわしい行為をしないで済み、結果的には効率的に科学を進展させられるから。

エ　専門家が自らの専門分野について正確な確度の判定を行うためには、一般の人たちの専門家への信頼という権威が不可欠であるから。

オ　権威の高さは確度の高さと同じだと考えた方が分かりやすく、科学を敬遠している人に科学の分かりやすさを伝えるのに最適であるから。

問八　傍線部⑥「『神託を担う科学』」とはどういうことですか。説明したものとして最も適切なものを次のア～オの中から一つ選び、記号で答えなさい。なお、「神託」とは、「神のお告げ」という意味です。

ア　過去から伝えられてきた神の教えが科学的知見によって解明されること。

イ　研究者の献身的な働きによって、科学と宗教の境界線がより明確になること。

ウ　妄信的に従うべきものとして、科学的な知見が社会の中に位置づけられること。

エ　科学的な知見の発展により、科学が宗教の一つとして社会の中に位置づけられること。

オ　世の中の神秘的な事柄の解明は科学が担うべきものとして社会の中に位置づけられること。

問九　傍線部⑦「この失墜への恐怖感が〝硬直したもの〟を生む」とはどういうことですか。説明したものとして最も適切なものを次のア～オの中から一つ選び、記号で答えなさい。

ア　権威主義は、ある権威を人々に妄信させることが社会の安定のために必要だと考えている。そこで、人々が不安を克服し、自らの理性によってこの世界の姿を解き明かすことを恐れると

問一　傍線部a～eについて、漢字はそのよみをひらがなで書き、カタカナは漢字に直しなさい。

問二　空欄 A に当てはまる最も適切な慣用句を、次のア～オの中から一つ選び、記号で答えなさい。

ア　金に糸目をつけない　　イ　背に腹は代えられない

ウ　枚挙にいとまがない　　エ　ない袖は振れない

オ　歯に衣を着せない

問三　傍線部①「玉石混交の科学的知見」とありますが、この傍線部での「玉」とは何を指していますか。説明したものとして最も適切なものを次のア～オの中から一つ選び、記号で答えなさい。

ア　他の研究者たちには結果を再現することができないような知見。

イ　とても確からしくて、ほとんど例外なく現実に合っているような知見。

ウ　世界的に権威のある賞をとったり、有名な雑誌に載ったりするような知見。

エ　後の研究者たちから検証される必要なく不動の真理となっていくような知見。

オ　研究者たちが活発に修正を加えることで、現在の姿をまったく留《とど》めなくなるような知見。

問四　傍線部②「それはまるで生態系における生物の『適者生存』のようである」とはどういうことですか。説明したものとして最も適切なものを次のア～オの中から一つ選び、記号で答えなさい。

ア　科学的知見がやがて人間の手を離れて進化していくことは、生物の進化が人間の予測や制御を受け付けない様子によく似ているということ。

イ　有用性や再現性のある科学的知見が後世に残ってゆくことは、生物のうち環境の変化に適応したものが生き残ってゆく様子によく似ているということ。

ウ　現在は素晴らしいとされる科学的知見も科学以外の学問が台頭すれば滅びることは、一つの生物が永久には生きられない様子によく似ているということ。

エ　科学的知見が新しい説を生み出すことでしか生き残れないことは、生物が進化を繰り返すことでしか新しい環境に適応できない様子によく似ているということ。

オ　科学的知見が「不動の真理」となって、現実の状況の変化にもかかわらず長い時間の中で批判に耐え続けることは、生物が環境の変化に適応し生き残る様子によく似ているということ。

問五　傍線部③「原理的に不完全な」とはどういうことですか。説明したものとして最も適切なものを次のア～オの中から一つ選び、記号で答えなさい。

ア　科学的知見は、その時点でどのくらい確からしいのかは言えるが、絶対的に正しいと言い切ることができないという点で、どこまでも不完全なものであるということ。

イ　科学的知見は、「それで終わり」と判定するようなプロセスがいまだ発見されていないため、不確かな研究手法にもとづく成果にすぎないという点で、どこまでも不完全なものであるということ。

ウ　科学的知見は、あくまでもある研究者がある状況下で行った実験等から導き出されたものにすぎず、同一の結果を再現することは決してできないという点で、どこまでも不完全なものであるということ。

エ　科学的知見は、実験室のように厳密に統制された環境において見出されたものであるため、それらが一般生活下でどの程度有効かは未知数であるという点で、どこまでも不完全なものであるということ。

オ　科学的知見は、ニュートンの理論がアインシュタインの理論によって一部修正されたように、偉大な研究もその後の研究の進歩によって必ず誤りを発見されるという点で、どこまでも不完全なものであるということ。

えばいいのか、人の心理というシステムが持つバグ、あるいはセキュリティーホールとでも言うべき弱点と関連した危うさである。端的に言えば、人は権威にすがりつき安心してしまいたい、そんな心理をどこかに持っているのではないかと思うのだ。拠《よ》りどころのない「分からない」という不安定な状態でいるよりは、とりあえず何かを信じて、その不安から逃れてしまいたいという指向性が、心のどこかに潜んでいる。権威主義は、そこに忍び込む。

そして行き過ぎた権威主義は、科学そのものを社会において特別な位置に置くことになる。⑥「神託を担う科学」である。倒錯した権威主義の最たるものが、科学に従事している研究者の言うことなら正しい、というような誤解であり(それはこのエッセイの信頼性もまた然《しか》りなのだが……)、また逆に科学に従事する者たちが、非専門家からの批判は無知に由来するものとして、聖典の注5寓言《ぐうげん》のような専門用語や科学論文の引用を披露することで、高圧的かつ一方的に封じ込めてしまうようなことも、「科学と社会の接点」ではよく見られる現象である。これまで何度も書いてきたように、科学の知見は決して１００％の真実ではないにもかかわらず、である。

こういった人の不安と権威という構図は、宗教によく見られるものであり、「科学こそが、最も新しく、最も攻撃的で、最も教条的な宗教的制度」というポール・カール・ファイヤアーベントの言は、c示唆に富んでいる。「権威が言っているから正しい」というのは、本質的に妄信的な考え方であり、いかにdビジを弄しようと、とどのつまりは何かにしがみついているだけなのだ。

また、もう一つ指摘しておかなければならないことは、権威主義が〝科学の生命力〟を蝕《むしば》む性質を持っていることだ。権威は人々の信頼から成り立っており、一度間違えるとそれは失墜し、地に落ちてしまう。権威と名のつくものは、王でも教会でも同じなのだろうが、⑦この失墜への恐怖感が〝硬直したもの〟を生む。「権威は間違えられない」のだ。また、権威主義者に見られる典型的な特徴が、それを構築する体系から逸脱するものを頑《かたく》なに認めない、という姿勢である。それは権威主義が本質的に人々の不安に応えるために存在しているという要素があるからであり、権威主義者はその世界観がe瓦解し、その体系の中にある自分が信じた価値が崩壊する恐怖に耐えられないのである。

現代の民主主義国家では、宗教裁判にかけられたガリレオ・ガリレイの地動説のような、権威主義による強権的な異論の封じ込めはもう起こらないと信じたいが、特定の分野において「権威ある研究者」の間違った学説が、その人が存命の間はまかり通っているというようなことは、今もしばしば見られるようには思う。権威主義に陥ってしまえば、科学の可塑性、その生命力が毒されてしまうことは、その意味で、今も昔も変わらない。科学が「生きた」ものであるためには、その中の何物も「不動の真実」ではなく、それが修正され変わり得る可塑性を持たなければならない。権威主義はそれを蝕んでしまう。

そして、何より妄信的な権威主義と、自らの理性でこの世界の姿を解き明かそうとする科学は、その精神性において実はまったく正反対のものである。科学を支える理性主義の根底にあるのは、物事を先入観なくあるがままに見て、自らの理性でその意味や仕組みを考えることである。それは何かに頼って安易に「正解」を得ることとは、根本的に真逆の行為だ。

（中屋敷　均『科学と非科学　その正体を探る』による）

注1　漸進的…段階を追って次第に進むこと。

注2　教条主義…理論や教説を発展するものと見ず、そこに述べられている命題や原理を絶対的なものと考え、当面する具体的な諸条件を吟味せず機械的に適用する態度。原理主義。

注3　可塑性…変形しやすい性質。

注4　臨床…病床に臨むこと。

注5　寓言…他のものごとにことよせて意見や教訓を含ませて言う言葉。たとえばなし。

わり」と判定するようなプロセスが体系の中に用意されていない。どんなに正しく見えることでも、それをさらに修正するための努力は、科学の世界では決して否定されない。だから科学的知見には、「正しい」or「正しくない」という二つのものがあるのではなく、その仮説がどれくらい確からしいのかという確度の問題が存在するだけなのである。

では、我々はそのような「③原理的に不完全な」科学的知見をどう捉えて、どのように使っていけば良いのだろうか？　一体、何が信じるに足るもので、何を頼りに行動すれば良いのだろう？　④優等生的な回答をするなら、より正確な判断のために、対象となる科学的知見の確からしさに対して、正しい認識を持つべきだ、ということになるのだろう。

「科学的な知見」という大雑把なくくりの中には、それが基礎科学なのか、応用科学なのか、成熟した分野のものか、まだ成長過程にあるような分野なのか、あるいはどんな手法で調べられたものなのかなどによって、確度が大きく異なったものが混在している。ほぼ例外なく現実を説明できる非常に確度の高い法則のようなものから、その事象を説明する多くの仮説のうちの一つに過ぎないような確度の低いものまで、幅広く存在している。それらの確からしさを正確に把握して峻別《しゅんべつ》していけば、少なくともより良い判断ができるはずである。

たとえば、近年、医学の世界でbテイショウされているevidence-based medicine（ＥＢＭ）という考え方では、そういった科学的知見の確度の違いを分かりやすく指標化しようとする試みが行われている。これは医学的な知見（エビデンス）を、調査の規模や方法、また分析手法などによって、階層化して順位付けし、[注4]臨床判断の参考にできるように整備することを一つの目標としている。同じ科学的な知見と言っても、より信頼できるデータはどれなのかを判断する基準を提供しようとする、意欲的な試みと言えるだろう。

しかし、こういった非専門家でも理解しやすい情報が、どんな科学的知見に対しても公開されている訳ではもちろんないし、科学的な情報の確度というものを単純に調査規模や分析方法といった画一的な視点で判断して良いのか、ということにも、実際は深刻な議論がある。一つの問題に対して専門家の間でも意見が分かれることは非常に多く、そのような問題を非専門家が完全に理解し、それらを統合して専門家たちを上回る判断をすることは、現実的には相当に困難なことである。

こういった⑤科学的知見の確度の判定という現実的な困難さに忍び寄って来るのが、いわゆる権威主義である。たとえばノーベル賞を取ったから、『ネイチャー』に載った業績だから、有名大学の教授が言っていることだから、といった権威の高さと情報の確度を同一視して判断するというやり方だ。この手法の利点は、なんと言っても分かりやすいことで、現在の社会で「科学的な根拠」の確からしさを判断する方法として採用されているのは、この権威主義に基づいたものが主であると言わざるを得ないだろう。

もちろんこういった権威ある賞に選ばれたり、権威ある雑誌に論文が掲載されるためには、多くの専門家の厳しい審査があり、それに耐えてきた知見はそうでないものより強靭さを持っている傾向が一般的に認められることは、間違いのないことである。また、科学に限らず、音楽家であろうが、塗師であろうが、ヒヨコ鑑定士であろうが、専門家は非専門家よりもその対象をよく知っている。だから、何事に関しても専門家の意見は参考にすべきである。それも間違いない。多少の不具合はあったとしても、どんな指標も万能ではないし、権威主義による判断も分かりやすくある程度、役に立つなら、それで十分だという考え方もあろうかと思う。

しかし、なんと言えばよいのだろう。かつてアインシュタインは「何も考えずに権威を敬うことは、真実に対する最大の敵である」と述べたが、この権威主義による言説の確度の判定という手法には、どこか拭い難い危うさが感じられる。それは人の心が持つ弱さと言

二〇二〇年度 国際基督教大学高等学校

【国語】（七〇分）〈満点：一〇〇点〉

注意 1．解答に字数制限がある場合は、句読点や「 」、その他の記号も字数に数えます。

2．出題の都合上、本文の一部を省略あるいは改変していることがあります。

一 次の文章を読んで、後の問いに答えなさい。

科学と生命は、実はとても似ている。それはどちらも、その存在を現在の姿からさらに発展・展開させていく性質を内包しているという点においてである。その特徴的な性質を生み出す要点は二つあり、一つは過去の蓄積をきちんと記録する仕組みを持っていること、そしてもう一つはそこから変化したバリエーションを生み出す能力が内在していることである。この二つの特徴が注1漸進的な改変を繰り返すことを可能にし、それを長い時間続けることで、生命も科学も大きく発展してきた。

だから、と言って良いのかよく分からないが、科学の歴史を紐解《ひもと》けば、たくさんの間違いが発見され、そして消えていった。科学における最高のaエイヨとされるノーベル賞を受賞した業績でも、後に間違いであることが判明した例もある。たとえば1926年にデンマークのヨハネス・フィビゲルは、世界で初めて「がん」を人工的に引き起こす事に成功したという業績で、ノーベル生理学・医学賞を受賞した。しかし、彼の死後、寄生虫を感染させることによって人工的に誘導したとされたラットの「がん」は、実際には良性の腫瘍であったことや、腫瘍の誘導そのものも寄生虫が原因ではなく、餌のビタミンA欠乏が主因であったことなどが次々と明らかになった。

ノーベル賞を受賞した業績でも、こんなことが起こるのだから、多くの「普通の発見」であれば、誤りであった事例など、実は A 。誤り、つまり現実に合わない、現実を説明していない仮説が提出されることは、科学において日常茶飯事であり、2013年の『ネイチャー』誌には、医学生物学論文の70%以上で結果を再現できなかったという衝撃的なレポートも出ている。

しかし、そういった①玉石混交の科学的知見と称されるものの中でも、現実をよく説明する「適応度の高い仮説」は長い時間の中で批判に耐え、その有用性や再現性故に、後世に残っていくことになる。そして、その仮説の適応度をさらに上げる修正仮説が提出されるサイクルが繰り返される。②それはまるで生態系における生物の「適者生存」のようである。ある意味、科学は「生きて」おり、生物のように変化を生み出し、より適応していたものが生き残り、どんどん成長・進化していく。それが最大の長所である。現在の姿が、いかに素晴らしくとも、そこからまったく変化しないものに発展はない。注2教条主義に陥らない〝注3可塑性《かそせい》〟こそが科学の生命線である。

しかし、このことは「科学が教えるところは、すべて修正される可能性がある」ということを論理的必然性をもって導くことになる。科学の進化し成長するという素晴らしい性質は、その中の何物も「不動の真理」ではない、ということに論理的に帰結してしまうのだ。たとえば夜空の星や何百年に1回しかやってこない彗星《すいせい》の動きまで正確に予測できたニュートン力学さえも、アインシュタインの一般相対性理論の登場により、一部修正を余儀なくされている。法則中の法則とも言える物理法則でさえ修正されるのである。科学の知見が常に不完全ということは、ある意味、科学という体系が持つ構造的な宿命であり、絶え間ない修正により、少しずつより強靱《きょうじん》で真実の法則に近い仮説ができ上がってくるが、それでもそれらは決して100%の正しさを保証しない。

より正確に言えば、もし100%正しいところまで修正されていたとしても、それを完全な100%、つまり科学として「それで終

英語解答

Ⅰ ① 2　② 2　③ 3　④ 1
⑤ 2　⑥ 1　⑦ 4　⑧ 3
⑨ 2　⑩ 1　⑪ 3　⑫ 2
⑬ 1　⑭ 4　⑮ 1　⑯ 1
⑰ 2　⑱ 3　⑲ 3　⑳ 1

Ⅱ 問1　[ア]…9　[イ]…15　[ウ]…6
[エ]…3　[オ]…1　[カ]…14
[キ]…8　[ク]…10　[ケ]…11
[コ]…5

問2　[A]…11　[B]…9　[C]…4
[D]…5　[E]…6　[F]…7
[G]…16　[H]…10　[I]…12
[J]…2

Ⅲ A 1　B 4　C 1　D 3
E 2　F 4　G 3　H 1
I 2，5，7

Ⅳ A 2　B 2　C 3
D D-1…2　D-2…10
E 4　F 2　G 2　H 2
I 2，5，6

Ⅴ A （例）who can get high marks on tests, is good at sports, and is popular among classmates
B 3番目…a　6番目…why
C なんて心が優しいんだ！　誰も気づいていないけど，ナツコは毎朝花に水をあげているんだ。
D （例）work together with others by asking for their help and listening to their ideas

Ⅰ〔長文読解─適語(句)選択─説明文〕

≪全訳≫❶アメリカでは，野球とフットボールは人気のある趣味だが，今多くの子どもたちは活動的になれる他の方法を探している。最近の調査によると，伝統的なスポーツに参加する若者の数はより少なくなりつつある。調査では，親だけでなく多くの子どもたちも，若者向けのスポーツは真剣になりすぎていて，ときどきスポーツを楽しむという最も重要な部分が忘れられていると思っていることがわかっている。現代の子どもたちには選択肢がたくさんある。彼らはサッカーや野球をする必要がない。彼らはパルクールや忍者戦士サスケのクラス，ロッククライミングといったことができる。専門家によると，私たちは皆違っているので，あるスポーツは他のスポーツより，ある人の性格や体格に合うかもしれないということだ。❷アメリカのある内気な少女は以前はよくサッカーを楽しんでいたが，チームメイトが勝つことしか話さないと，彼女たちを理解するのが難しく感じ始めた。8歳のとき，チームメイトの間で競争がより激しくなるにつれて，彼女はそのスポーツへの興味を失った。それから，少女は地元のクライミングのジムでサマーキャンプに参加することに決めた。彼女は，クライミングではただ「スポーツをやれる」と感じた。彼女は喜びを見出して，より自信を持てていると感じている。クライミングでは，人々は毎回自分が上達していることがわかり，そのおかげで自分自身に満足するのだ。❸その少女はまた，友人に加わりマウンテンバイクのキャンプに参加した。彼女は外で自然の中にいるのを楽しみ，以前は走れなかった難しい道を走れたことで，自分の個人的な成長をはっきりと理解できた。おそらく，伝統的ではないこのようなスポーツは，他人からあまりプレッシャーを感じないと言えるのだろう。それらはより始めやすく，また子どもが子どもらしくいられるのだ。❹ロッククライミングやマウンテンバイクなどのスポーツでは，大きなこぶを越えたり，難しい道を走ろうとしたりするときに，子どもたちは状況をよく把握している。彼らは身体を心と結びつけているのだ。彼らにとって，自分自身の目標を設定するのがより簡単だ。スポーツ選手の精神を研究する専門家は，人間は，例えばサイクリングやランニングなど1人で行うスポーツにおいて，より大きな目標に向かって一度に1つの動きをすることについてより真剣に考えられるということに気づいた。これらのスポーツでの成功感覚は，勝つことよりも個人的な成長にはるかにつながりがあると言える。また，子どもたちは再挑戦することの重要性を学ぶこともできる。彼らには，自分自身に挑戦したり，他人を気にせずに問題を解決したりする多くの機会が与えられる。間違えることは学習の一部分であり，彼らは人生の他の部分でこれらの教訓を生かすことができる。❺親は「うちの子どもたちは団体競技によってもたらされる好ましい効果を得られるだろうか」と心配するかもしれない。答えはイエスだ。例えば，クライミングでは，人々が自分の技術について他のクライマーとよく話したり，他の人が自分自身の目標を達成するのを励ましたりしているのを目にするだろう。社交的であることや経験を共有することは，どのスポーツでも成功する要素である。❻それに，それらのスポーツは子どもに限定されないので，団体競技よりもはるかに長く楽しむことができる。マウンテンバイクのキャンプをつくり出した人のうちの１人は，年齢が上がったり，けがをしたりした少女たちが団体競技をやめてしまうということに気づいたときに，この考えを思いついたと言った。バランス，強さ，スピードは，公園へ行ったり木に登ったりといった日常の冒険を含む，多くの活動を通して身につけることができる。スポーツ選手になるために，全ての子どもたちがサッカーか野球をしなければならないというわけではないのだ。❼2020年の東京オリンピックでは，クライミング，空手，スケートボード，サーフィンが公式種目になる予定だ。近年のオリンピックでは，ゴルフも復活した。この前の冬季オリンピックでは，スキーやスノーボードに新しい種目が加えられた。テニスは以前は初心者には難しいスポーツとして知られていたが，最近では人気が高まっている。❽結局，たとえどんなスポーツをどんなレベルでプレーしようと，最も重要なことは，そのスポーツをするのを楽しむことだ。その観点から考えると，子どもたちの関心が新種のスポーツに向かっているという事実は，肯定的な点があるように思われる。

①Recently「最近」は通例，過去形または現在完了形とともに使われる。　②「それを楽しむという最も重要な部分が忘れられている」という意味になると考えられるので，受け身形 'be動詞＋過去分詞' の文にする。　③'理由' を表す接続詞 as「～なので」が適切。　④前にある one sport に着目する。one に対して「別のもの」を表す another が適切。　⑤「(３人以上)の間で」を意味する among が適切。between は「(２人)の間で」。　⑥decide to ～ で「～することに決める」という意味。この後には a summer camp という名詞が続くので他動詞の join が適切。3 は go の後に to が必要。　⑦文意より，clearly「はっきりと」が適切。　⑧'数えられない名詞' を修飾して「あまり～ない」という意味を表す less が適切。　⑨'allow … to ～'「…が～するのを許可する，…に～させておく」の形。　⑩'*A* such as *B*'「*B*のような*A*」　⑪直前に expert「専門家」，直後に動詞 studies が続くので，'人' を先行詞にとる主格の関係代名詞 who が適切。⑫直後に「サイクリング」や「ランニング」が例として挙げられているので，「１人で行うスポーツ」とする。　alone「１人で」　⑬直前の文の sports を受けているので，複数形の these sports が適切。この文の主語は the feeling of success in these sports なので，be動詞は is。　⑭make mistakes で「間違える」。　⑮直後に前置詞 to があるので，talk to ～「～と話す」とする。⑯比較級を強めて「はるかに，ずっと」という意味を表す much が適切。　⑰not all ～ で「全て～というわけではない」という部分否定を表す。must の後に to は続かない。　⑱未来を表す 'will＋動詞の原形' の形。4 は文意が通らない。　⑲'逆接' を表す even though「～ではあるが」が適切。　⑳前にある the fact を指す代名詞となる its が適切。

Ⅱ〔長文読解総合―説明文〕

≪全訳≫❶ルーヴル美術館で『モナ・リザ』を見るのは，期待外れの経験である場合がある――絵画は防弾ガラス越しにあり，その絵を見る者は，たくさんの腕やカメラに邪魔されながら(その絵から) 3メートル離れているのだ。❷ルーヴル美術館のレオナルド・ダ・ヴィンチ展はその全てを変えるだろう。チケットのある人は，誰もいない美術館でその傑作から非常に近い距離内にいる機会を得る。だが，落とし穴がある。❸この驚くべき機会は仮想現実(VR)ヘッドセットを使って体験される。その展示には本物の絵画は含まれないのだ。その代わりに，誰もいない部屋の中へ入ってヘッドセットをつけ，周りの人々が魔法のように消える「どっぷり浸るような」体験をするのだ。そこで手に入るのは自分とほほ笑んでいる女性のためだけの仮想世界である。最新のVR技術を使用して『モナ・リザ』を公開することは，確実に観覧者がその絵画を間近で見られるようにする革新的な方法である。❹『モナ・リザ：ビヨンド・ザ・グラス(ガラス越しの)』と名づけられた，ルーヴル美術館初のVR体験は，ダ・ヴィンチの没後500周年を祝うのにふさわしい展示会だ。ダ・ヴィンチは芸術家であっただけでなく，彼の偉大な考えを科学にも利用し，初期の飛行機やパラシュートを発明した。好奇心から人体やその仕組みを研究した。彼が発見したことは彼の芸術作品を高めるのに利用された。❺このことがダ・ヴィンチを正真正銘の『ルネサンスの教養人』にしている。彼は，個人的な成長に対する人間の能力には終わりがないという哲学に基づいて生きていた。ルネサンスの教養人として，自分の潜在的な可能性の限界まで生きることが彼の目的だった。1つのことだけを研究するのでは，これは果たせなかった。彼の作品は，芸術，身体の訓練，精神的な真実の探求に由来する独創性が必要だった。彼は人生全体を異なる物事の相乗効果と考えていた。例えば，ダ・ヴィンチは芸術と科学を競合する2つの研究分野とはとらえていなかった。そうではなく，これらの分野を補完的なものと見なし，両方を楽しんだ。芸術は科学にひらめきを与えることができ，その逆も然りだ。いろいろな意味で，ダ・ヴィンチは世界を，科学者の興味深い目を通して研究される芸術作品ととらえていた。❻『モナ・リザ』のVR展示は人間の五感を広げる。それは芸術と科学技術の2つの異なる分野の融合であり，1つの新たな現実をつくる。ルネサンスの教養人，ダ・ヴィンチは拍手しているに違いない。

問1＜単語の意味＞[ア]bulletproof は「防弾」という意味。bullet は「弾丸」，-proof は「～を防ぐ，防～の」という意味を表す接尾語。　[イ]直後に distance があるので「非常に近い，接触している」という意味だと判断できる。touching には「人を感動させる」という意味もあるので，文脈に応じて判断する。　[ウ]文頭の But に注目。『モナ・リザ』を間近で見るチャンスだが，catch もあるという文脈から，「落とし穴，策略，わな」という意味だと判断できる。　[エ]この後の in which 以下が説明する内容が，immersive experience の補足説明になっている。immersive「どっぷり浸るような，没入型の」　[オ]「最新のVR技術を使用」するのだから「革新的な」が適する。　[カ]直後の that 以下が philosophy の説明になっている。この that は「～という」という意味を表す‘同格’の接続詞 that。　[キ]potential は「可能性」。to ～'s fullest potential で「～の潜在的な可能性の限界まで」という意味。　[ク]次の文の For example 以下で具体的に説明されている内容から「相乗効果」という意味だとわかる。　[ケ]ダ・ヴィンチは芸術と科学を競合する2つの研究分野とはとらえずに，両方を楽しんだという内容から，これらの分野を補完的なものとしてとらえたのだとわかる。　[コ]直前に，『モナ・リザ』のVR展示は人間の五感を広げ，芸術と科学技術の2つの異なる分野の融合であり，1つの新たな現実をつくるとある。これはまさにダ・ヴィンチ自身が実践していたことと重なることから，ダ・ヴィンチはその展示に「拍手して」いるに違いないと考えられる。

問2＜語句解釈＞[A]この後の「―」以下で述べられているのは，「期待外れの」経験である(＝11.「望んでいたほどよくはない」)。　[B]話題となっているのはルーヴル美術館で行われるレオナルド・ダ・ヴィンチの『モナ・リザ』の「展示」である(＝9．「人々に見せられる芸術品のコレクション」)。　[C]この the masterpiece は “Mona Lisa” を受けている。『モナ・リザ』は「傑作」(＝4．「芸術家の作品の優れた例である芸術品」)。　[D]virtual reality は「仮想現実」(＝5．「ほぼ現実のように見えるコンピュータによってつくり出された像や音」)。この後に続く内容から推測できる。　[E]直後に，「手に入るのは自分とほほ笑んでいる女性のためだけの仮想世界」とあるので，周りの人々は魔法のように「消える」(＝6．「消滅すること」)。　[F] anniversary は「記念日，～周年」(＝7．「重要な，あるいは特別な出来事の日付」)。　[G]ダ・ヴィンチを人体やその仕組みの研究に導いたものは「好奇心」(＝16.「何かについて知る強い願望」)。　[H]compete は「競合する」(＝10.「互いに反対する」)。この後の instead「その代わりに，そうではなく」から，compete against each other と complementary が相反する内容になっていることがわかる。　[I]vice versa は「逆もまた同様」という意味の決まり文句(＝12.「同じ事が逆の方法で言える」)。　[J]『モナ・リザ』のVR展示は人間の五感を「広げる」もの(＝2．「大きさ，数，重要性において何かをより大きくすること」)。

Ⅲ〔長文読解総合―説明文〕

≪全訳≫❶世界的に有名なイタリア人の数学者，哲学者，天文学者であるガリレオ・ガリレイ(1564年－1642年)が，裁判にかけられている間に牢屋の壁を見ているスペインの古い絵画がある。「Eppur si muove」と壁には書かれている。英語でこれは「それでもそれ(＝地球)は動く」という意味だ。この言葉は，マーティン・ルーサー・キング・ジュニアの「私には夢がある」と同じくらい有名だ。その背景を理解することは重要だ。❷地球が宇宙の中心で，太陽がその周りを回っているのを毎日見ていたので，人々がこれを信じるのは当然だった。17世紀のヨーロッパでは，カソリック教会が大変強力に人々を支配していた。聖書には，ソロモン王は「太陽は昇り，そしてまた沈み，昇ってきた場所へと戻る」と書いてある。教会は人々に，聖書に書かれていることは全て真実で，これに逆らう者は誰でも罰せられるか殺されさえするだろうと教えた。❸地球が動いているという考えを最初に提示したのはガリレオではなかったことは興味深い。1543年に，コペルニクスというポーランド人の数学者，天文学者がこのことについて本を書いた。彼は，この考えが人々に衝撃を与え，教会が彼を罰するかもしれないということをわかっていた。1543年に自らの死が間近に迫るまで，彼は自分の本を出版するのを待った。1584年にジョルダーノ・ブルーノというイタリア人の数学者，哲学者が，地球が動いていることに関してコペルニクスの意見に同意して，本を書いた。彼は教会によって裁判にかけられ，有罪を宣告された。教会は彼に，自分の本は間違っていると言うように強要した。彼は拒絶し，1600年2月17日に火刑に処せられた。❹1609年まで天文学者は肉眼だけで空を研究していたが，ガリレオは空にあるものを見るための道具である望遠鏡を使い始めた。彼は自分で，物体が30倍大きく見えるさらによい望遠鏡をつくった。それを使って，彼は木星の周りを回る4つの月を発見した。彼は，月と同様に金星が丸くなったり細くなったりすることも発見した。これら全ての物事について深く考えた後に，彼はコペルニクスの意見に同意したのだ。❺ガリレオの太陽を中心とした考えが広まるにつれて，教会は人々に，この考えが間違っていると伝える必要を感じた。1616年に，教会はガリレオを裁判にかけて，彼にそのような考えを説くべきではないと告げた。ガリレオはそうすることに応じ，罰せられなかった。❻しかしガリレオが68歳だった1632年，彼は『天文対話』という本を出版し，2度目の裁判にかけられた。今回は，ガリレオは大変用心深く，太陽を中心とした考えを「信じて」いないと言った。彼は，太陽を中心とした考えを説くある人物と地球を中心とする考えを説く別の人物の「議論」を記したのだと言った。教会はこれを信じず，自分が完全に間違っていたと言うまで彼を許さないと言った。教会は彼に，彼を罰するために使う道具の種類を見せさえした。結果的に，ガリレオは自分が間違っていたと言った。彼は，地球が宇宙の中心で，太陽はその周りを回っていると言った。ガリレオの本は禁書にされ，彼は職を全て失い，自由が奪い取られた。高齢で健康状態もよくなかったので，彼は牢屋には入れられなかったが，残りの生涯の間，家に閉じ込められた。ガリレオが亡くなったとき，彼はキリスト教徒の葬式を行うことが許されなかった。信じられないような話だが，H教会が自分たちが間違っていたと言うのに300年以上かかった。**7**ガリレオは本当に「Eppur si muove」と言ったのだろうか。誰にわかるだろうか。それでも，この言葉はおそらく，息を引き取るときに彼が感じたことを表しているだろう。死が間近に迫っていた1642年，77歳のガリレオは目が不自由で，もはや空にあるものを見ることはできなかった。教会から多くの圧力をかけられ，痛みや死を恐れていたガリレオには，彼を支援したり，彼が正しいと言ってくれたりする人は1人もいなかった。彼は，地球が宇宙の中心で動かないということを強制的に言わされた。それでも，ガリレオの目は何も見えなかったが，彼の心は確かに真実を見きわめていたのだ──地球は動くということを。「Eppur si muove」

A **＜指示語＞**前に出ている内容で，ここに当てはめて意味が通るのは，前文にある This phrase，つまり「Eppur si muove」である。

B **＜指示語＞**この this は前文の everything written in the Bible「聖書に書かれている全てのこと」を受けており，聖書には「太陽は昇り，そしてまた沈み，昇ってきた場所へと戻る」という，地球中心の考えであるソロモン王の言葉が書かれている。

C **＜英問英答＞**「なぜコペルニクスは本を出版するのに多くの時間がかかったか」─1.「彼はカソリック教会を恐れていた」　第3段落第3，4文参照。

D **＜英問英答＞**「なぜカソリック教会は最終的にブルーノを殺すことに決めたか」─3.「彼は自分の考えを変えなかった」　第3段落終わりの3文参照。

E **＜英問英答＞**「なぜガリレオは最初に裁判にかけられたとき罰せられなかったか」─2.「彼は自分の考えを広めることをやめると約束した」　第5段落第2，3文参照。

F **＜英問英答＞**「ガリレオはどうやって自著『天文対話』がトラブルにならないようにしたか」─4.「彼は両方の考えを提示した」　第6段落第1〜3文参照。ガリレオは太陽中心の考えである「地動説」と地球中心の考えである「天動説」の両方の考えを提示した。

G **＜要旨把握＞**ガリレオの罰については第6段落後半で述べられている。1.「彼らは彼の職業を全部奪い取った」，2.「彼らは彼を，離れることができない家に入れた」，4.「彼らは，キリスト教徒として彼が葬式を行うことを許さなかった」は罰に含まれている。3.「彼らは彼の本を全部焼却した」という記述はない。本は禁書にされた。

H **＜適語句選択＞**空所を含む文は‘It takes＋時間＋for＋人＋to 〜.’「〈人〉が〜するのに(時間が)…かかる」の構文。直前の Believe it or not は「信じられないかもしれないが」という意味で，驚くようなことを言うときの前置き表現。驚くべきことに，教会が誤りを認めたのはガリレオの死から300年以上たった1983年である。

I **＜内容真偽＞**1.「スペインの古い絵画は，ガリレオが『Eppur si muove』と言ったことを私たちにはっきりと示している」…×　第1段落参照。『Eppur si muove』と書かれてはいるが，ガリレオが言ったとは書かれていない。　2.「太陽，月，星が地球の周りを回っているのを毎日見ていたので，17世紀に大半の人々はこれを信じていた」…○　第2段落第1，2文の内容に一致する。　3.「ガリレオが発明した望遠鏡は彼が木星を発見するのに役立った」…×　第4段落第2，3文参照。ガリレオは木星の周りを回る4つの月を発見した。　4.「ガリレオは2度目の裁判の後で自分が間違っていたと言ったが，教会は道具を使って彼を罰した」…×　第6段落第1～6文参照。　5.「ガリレオが出版した本には，聖書に反する考えが載っていた」…○　第6段落第1～3文の内容に一致する。　6.「ガリレオが裁判にかけられたとき，彼を支援した人々もいた」…×　第7段落第5文参照。ガリレオを支援した人は1人もいなかった。　7.「聖書では，ソロモン王は太陽が地球の周りを回ると信じている」…○　第2段落第3文の内容に一致する。　8.「ガリレオはスペインの絵画に示されている牢屋で亡くなった」…×　このような記述はない。

Ⅳ〔長文読解総合─ノンフィクション〕

≪全訳≫❶カテウラは，パラグアイの首都アスンシオンの外側に位置する最貧の町の1つだ。巨大なごみ捨て場があり，毎日首都から約300万ポンドのごみを受け入れている。この町の人々の多くは，ごみから「価値のある」物を売って生計を立てているので，この町の人々はこのごみ全部とともに生活しなければならず，子どもたちはたいてい親を手伝うために学校を中退する。彼らは厳しい環境で育ち，しばしば暴力や犯罪に直面しなければならない。❷ファヴィオ・チャベスはカテウラで民生委員として働き始めた。彼は「私は多くの子どもたちを見て，彼らがトラブルに巻き込まれないように，自分に時間があるときに彼らに音楽のレッスンをしてあげようと考えました」と言う。最初，ファヴィオは楽器を5つしか持っておらず，子どもたちは$_{C}$貧しすぎて自分の楽器が買えなかったので，彼は，そのコミュニティで有名な大工である友人のニコラス・ゴメスに，ごみ捨て場のリサイクル材料から，自分のグループのために新しい楽器をつくるように頼んだ。ニコラスは缶やスプーン，フォーク，箱を使って，バイオリンやフルート，ギターなどの楽器をつくった。それらは少々変わった見た目をしていたが，とても美しい音色がした。❸子どもたちは徐々に楽器を演奏するのが上手になっていった。それからファヴィオはいい考えを思いついた。彼がリサイクル・オーケストラを結成すると，すぐにほんの数人のメンバーから35人以上へと増大した。そのオーケストラは子どもたちやその家族の人生に新しい意味を与えた。「私は音楽がなくては楽しく暮らせません」とタニアは言う。彼女はオーケストラでバイオリンを弾いている。❹数年前，そのオーケストラは，映画を制作し，著名な監督であるアレハンドラ・アマリヤが率いる人々からなるチームの目にとまった。彼女は，パラグアイの国外の大半の人々はこの国について何も知らないことを知っていたので，そのチームは語るべき話を探しに行った。「$_{E}$私たちは人々に子どもたちの問題に目を向けてほしかったのです」とアマリヤは言う。「この話のユニークな点は，大変感動的で，地球規模の問題に視聴者の関心を引きつけることでした」❺4年前，その映画チームは記録作品をつくるための17万5000ドルを集めるために，短編の動画をつくった。彼らは資金を集めただけでなく，その動画はインターネットであっという間に広まった。それ以来，リサイクル・オーケストラは，パラグアイはもちろん世界中の多くの国々で演奏している。その集団はベートーヴェンやモーツァルトの音楽や，ビートルズのポピュラー音楽さえ演奏する。そして，若い音楽家たちはスティービー・ワンダー，メタリカ，メガデスといったアーティストから大きな支援を得ている。$_{G}$オーケストラが海外ツアーで集めたお金は，多くの人々のために新しくより安全な家を建てるために使われている。❻近頃は，多くのカテウラの子どもたちがオーケストラに参加したがっている。こちらもバイオリンを弾く10歳のシンシアは，彼女はオーケストラの年長の少女の何人かを尊敬していて，パラグアイをはるかに越えて旅行するという彼女たちのすばらしい機会の全てを見たと言う。「彼女たちは自分が演奏しているものが本当に好きそうなので，私は演奏したいと思いました」と彼女は言う。「それに私は外国を訪れたかったんです」❼しかし，リサイクル・オーケストラがコミュニティを拠点とした集団から世界中の人気集団へと成長するのは簡単ではなかった。「私たちに起きたことはどれも，計画されたものではありませんでした」とファヴィオは言う。「私たちは日々，いまだにこれをどのようにしてするべきか学んでいるのです」　現在まで，オーケストラはカテウラに多くの良い影響をもたらしている。**8**ファヴィオは，さらに大きな変化もあったと言う。「私たちがしたことは」と彼は言う。「子どもたちを尊重するようコミュニティを導くことです。私たちはまた，子どもたちが教育を受ける必要があることも認識しています。それは尊いものです。オーケストラが結成される前は，状況は違っていました。私が音楽のレッスンを始める前は，生徒の親たちは仕事で彼らが必要だったので，彼らの手を取って連れて帰りました。今日では，ここでそんなことは起こりえません。そして，私たちはすでにコミュニティを変えるという最も難しいことをすることができました。もしかしたら，そのような大きな変化を起こすのには音楽である必要はなかったかもしれません。子どもたちは例えば，サッカーやチェス，演劇，その他の活動など，何でもできますから」　ファヴィオは，リサイクル・オーケストラで演奏する子どもたちは，何もない状態から意味のあるものを生み出していると言う。「音楽家になるためには」と彼は言う。「創造性に富み，たくましく，注意深く，責任感のある人物でなければなりません。こうした長所がなければ，音楽家にはなれません。しかし，H音楽には非常に偉大な力があるので，常に音楽家しだいであるとはかぎらないのです。音楽そのものが社会を変えることができるのです」

A＜適語(句)選択＞be located ～ で「～に位置する」という意味。which の先行詞は，文の意味から主語の Cateura である。

B＜語句解釈＞valuable は「価値のある，役立つ，有益な」という意味で，下線部は「ごみの中の価値ある物を売ること」という意味。「価値ある物」は「高価な貴金属」だけに限定されず，「再利用できそうなもの」全てが当てはまる。

C＜適語句選択＞直前に，最初は楽器が５つしかなかったとあり，直後には友人の大工に新しい楽器をつくるように頼んだとあるので，'too ～ to …'「～すぎて…できない」の構文で，「子どもたちは貧しすぎて自分の楽器が買えなかった」とする。

D＜適語選択＞D-1. get better at ～ing で「～するのが上達していく」。get better は 'get＋形容詞'「～(の状態)になる」の形。　D-2. come up with ～ で「～を思いつく」。

E＜適文選択＞直後の「地球規模の問題に視聴者の関心を引きつける」という内容は，４の「人々に子どもたちの問題に目を向けてほしかった」の言い換えになっている。　pay attention to ～「～に注意を払う，～に目を向ける」

F＜適語(句)選択＞文頭に Since then「それ以来」とあるので，'have/has＋過去分詞' の現在完了('継続' 用法)の文にする。

G＜適所選択＞脱落文は「オーケストラが海外ツアーで集めたお金は，多くの人々のために新しくより安全な家を建てるために使われている」という意味。第５段落に，リサイクル・オーケストラが世界中で演奏していることが述べられており，この文はこの段落をまとめる文となる。

H＜適文選択＞直前に But があるので，前の文と対照的な内容が入ると考えられる。前の文で音楽家の資質について述べている一方で，直後の文では Music itself「音楽そのものが」と，音楽自体の力を強調していることから，But の前後では音楽家と音楽が対比されていると判断できる。'such＋形容詞＋名詞＋that ～' で「非常に…な―なので～」。not always は「いつも〔必ずしも〕～というわけではない」という部分否定を表す。

I＜内容真偽＞1.「アスンシオンの人々は，ごみ捨て場で集められる大量のごみとともに生活しなければならない」…×　第１段落第１～３文参照。アスンシオンではなくカテウラの人々。　2.「カテウラの多くの子どもたちは親を手伝うために働かなければならず，彼らが学校へ行くのは難しい」…○　第1段落第3文の内容に一致する。　3.「ファヴィオは，時間のあるときに小学校で音楽のレッスンをするためにカテウラへ行くよう頼まれた」…×　第2段落第1，2文参照。子どもたちへの音楽のレッスンは，カテウラで民生委員として働いていたファヴィオが自ら思いついた。　4.「ファヴィオと友人のニコラスは協力して，ごみ捨て場で集めた材料からさまざまな楽器をつくった」…×　第2段落第3，4文参照。楽器をつくったのはニコラス。ファヴィオは頼んだだけ。　5.「記録作品映画の監督は，リサイクル材料からつくられた楽器のオーケストラを見ることで，人々がパラグアイの問題を認識することを望んだ」…○　第4段落の内容に一致する。　6.「映画チームは記録作品を制作するお金が必要だったので，最初はリサイクル・オーケストラに関する短編の動画をつくった」…○　第5段落第1文の内容に一致する。　7.「現在カテウラでますます多くの子どもたちがオーケストラに参加しに来ているのは，彼らがプロの音楽家になりたいと思っているからだ」…×　このような記述はない。　8.「ファヴィオによると，子どもたちは人生で意味のあるものを見つけるために音楽とともにサッカーやチェスなどの活動を楽しむべきだ」…×　このような記述はない。

V〔作文総合―絵を見て答える問題〕

≪全訳≫❶僕がこのクラスの学級委員長になるのに最適な人物だ。❷ナツコ！　ナツコ！！❸君は僕の親友だけど，Aナツコが選ばれたもっともな理由があると思うよ。❹翌朝学校で…(吹き出し)Bなんて心が優しいんだ！　誰も気づいていないけど，ナツコは毎朝花に水をあげている。❺昼食時に…(吹き出し右)誰か私を手伝ってくれる？／(吹き出し左)ナツ，僕がみんなからメッセージを集めるよ！／(吹き出し真ん中)私は折り紙で花をつくりたいわ！❻2週間後…(吹き出し下)カフェはどう？／(吹き出し上)すてきな案ね！／❼(吹き出し上)よいリーダーとはどんなものかやっとわかったよ！／(吹き出し右)教えてくれよ，コウタ！／(吹き出し下)よいリーダーは(例)助けを求めたり，意見を聞いたりして他の人と一緒に取り組んでいくことができる人だよ。❽(吹き出し左)君はすばらしいリーダーだよ，ナツコ！／(吹き出し右)ありがとう，コウタ！　私をサポートしてちょうだいね！

A＜条件作文＞解答例はA，B，Dの3つの情報を使っている。訳は「彼はよい学級委員長とは，テストでよい点を取ることができて，スポーツが上手で，クラスメートに人気がある人物だと思っている」。

B＜整序結合＞語群に is と there があるので there is ～ の文を考える。good には「(理由などが)正当な，妥当な」という意味があるので，there is a good reason「もっともな理由がある」とまとめられる。また，reason why ～ で「～である理由」という意味を表すので why を続け，残った語を Natsuko was chosen「ナツコが選ばれた」とまとめて why の後に置く。　You are a great friend of mine, but I think there is a good reason why Natsuko was chosen.

C＜英文和訳＞'How＋形容詞(＋主語＋動詞)!'「なんて～だろう！」の感嘆文。although は「～だけれども」という'逆接'を表す接続詞。'have/has been＋～ing' は現在完了進行形で「～し続けている」という意味。

D＜条件作文＞絵5からはナツコがスミス先生のサプライズ誕生日パーティーについてクラスメートのサポートを募っている様子が，絵6からはナツコが学園祭の出し物についてクラスメートの意見を求めている様子が読み取れる。こうした様子から，クラスメートの意見を取り入れながら周りと協力できる人といった内容が考えられる。

数学解答

問1　986

問2　$4k+1$型の素数…17，41

　　$4k+3$型の素数…31，79

問3　3-①…イ　3-②…イ　3-③…カ

問4　4-①…イ　4-②…ケ　4-③…ケ

　　4-④…ウ　4-⑤…ウ　4-⑥…エ

　　4-⑦…エ

問5　(1)　$16ab+4a+4b+1$

　　(2)　5-①…イ　5-②…エ

問6　イ

問7　7-①…エ　7-②…カ　7-③…ケ

　　7-④…ク　7-⑤…ス　7-⑥…ス

問8　(1)　$4ab+3a+3b+2$　(2)　オ

問9　5〔7〕　問10　$r-s$

問11　11-①…エ　11-②…ク　11-③…セ

　　11-④…タ

問12　(1)　547

　　(2)　$n^{12}-n^{10}+n^8-n^6+n^4-n^2+1$

問13　ウ

問14　(例)今，$a-1$と$a+1$の公約数が素数pであるとする。このとき，$a-1$と$a+1$の差，$(a+1)-(a-1)$もpを約数に持つ。$(a+1)-(a-1)=2$であり，2は素数だから，$p=2$である。よって，$a-1$と$a+1$を同時にわり切る素数があるとすると，それは2以外にない。

問15　$4k+3$型の素因数

問16　(例)r^2とr^2+1は互いに素だから。

問17　イ，カ，ク

〔数と式—整数の性質〕

問1＜kの値＞$2k+1=1973$より，$2k=1972$，$k=986$である。

問2＜素数＞6つの自然数のうち，素数は，17，31，41，79である。$17=4\times4+1$，$31=4\times7+3$，$41=4\times10+1$，$79=4\times19+3$だから，$4k+1$型の素数は17と41，$4k+3$型の素数は31と79である。

問3＜論証＞nと$n+1$が2以上の公約数mを持つとすると，a，bを自然数(ただし，$a<b$)として，$n=ma$，$n+1=mb$と表せるから，$(n+1)-n=mb-ma=m(b-a)$となり，$(n+1)-n$もmを約数に持つ(3-①…イ)。$(n+1)-n=1$であり，1はmを約数に持たない(3-②…イ　3-③…カ)。

問4＜論証＞nを2以上の自然数とすると，n，$n+1$は少なくとも1つは素因数を持つ。定理1.1より，nと$n+1$は互いに素だから，nと$n+1$が持つ素因数は異なる。よって，$N_1=n\times(n+1)$は，少なくとも異なる2つの素因数を持つ(4-①…イ)。定理1.1より，N_1とN_1+1は互いに素である(4-②…ケ　4-③…ケ)。N_1は少なくとも異なる2つの素因数，N_1+1は少なくとも1つの素因数を持ち，それらは異なるから，$N_2=N_1\times(N_1+1)$は，少なくとも異なる3つの素因数を持つ(4-④…ウ)。つまり，この段階で異なる3つの素数がこの世に存在することになる(4-⑤…ウ)。同様にして，$N_3=N_2\times(N_2+1)$とすると，N_3は少なくとも異なる4つの素因数を持つから，少なくとも4つの素数がこの世に存在することになる(4-⑥…エ　4-⑦…エ)。

問5＜式の計算，論証＞(1)与式$=16ab+4a+4b+1$　(2)$(4a+1)+(4b+1)=4a+4b+2=2(2a+2b+1)$，$(4a+1)-(4b+1)=4a-4b=2(2a-2b)$となる。$2a+2b+1$，$2a-2b$が整数より，$2(2a+2b+1)$，$2(2a-2b)$はともに偶数であるから，2つの数$4a+1$，$4b+1$をたしてもひいても必ず偶数になる(5-①…イ)。また，$(4a+1)\times(4b+1)=16ab+4a+4b+1=4(4ab+a+b)+1$であり，$4ab+a+b$は0以上の整数だから，$(4a+1)\times(4b+1)$は$4k+1$型の自然数である。よって，2つの$4k+1$型の自然数の積は必ず$4k+1$型の自然数になる(5-②…エ)。

問６＜整数の性質＞$4k+1$ 型の素因数しか持たない自然数は，必ず $4k+1$ 型の自然数になる。つまり，$4k+1$ 型の素因数だけの積で $4k+3$ 型の自然数を表すことはできないから，$4k+3$ 型の自然数における素因数は，少なくとも１つが $4k+3$ 型の素数である。

問７＜論証＞$q=4\times(5\times7\times11\times\cdots\cdots\times p)+3$ より，q は $4k+3$ 型の自然数である(7-①…エ)。$4\times(5\times7\times11\times\cdots\cdots\times p)$ は，２と，５以上 p 以下の素数でわり切れ，３ではわり切れないので，q は p 以下の素数ではわり切れない(7-②…カ　7-③…ケ)。このとき，q は，p より大きい素数か，p より大きい素数でわり切れる数のいずれかである(7-④…ク)。q が p より大きい素数とすると，p より大きい $4k+3$ 型の素数がつくれたことになる(7-⑤…ス)。q が p より大きい素数でわり切れる数とすると，q は $4k+3$ 型の自然数であり，素数ではなく，p 以下の素数ではわり切れないから，★より，q は少なくとも１つは $4k+3$ 型の素数を素因数に持つ(7-⑥…ス)。

問８＜文字式の利用＞(1)$(4a+3)\times(4b+3)=16ab+12a+12b+9=16ab+12a+12b+8+1=4\times(4ab+3a+3b+2)+1$　　(2)式②は，$4k+1$ 型の自然数が２つの $4k+3$ 型の素因数の積で表されているので，$4k+1$ 型の自然数の素因数は，必ずしも $4k+1$ 型の素数になるとは限らない。

問９＜素数＞定理3.1より，自然数 n が素数 p でわり切れないとき，$n^{p-1}-1$ は必ず p でわり切れるから，$n^{p-1}-1$ が素数 p でわり切れないとき，素数 p は自然数 n の約数となる。$35=5\times7$ より，35の素因数は５，７である。$p=5$ のとき，$n^{p-1}-1=35^{5-1}-1=35^4-1$ であり，35^4 が５でわり切れることから，35^4-1 は５でわり切れないので，適する。$p=7$ のとき，$35^{7-1}-1=35^6-1$ だから，同様にして，７でわり切れない。

問10＜論証＞$a=n\times r+u$，$b=n\times s+u$ だから，$a-b=(n\times r+u)-(n\times s+u)=n\times r+u-n\times s-u=n\times r-n\times s=n\times(r-s)$ となる。

問11＜論証＞$n^p-n=n\times(n^{p-1}-1)$ と変形できる(11-①…エ)。定理3.1より，$n^{p-1}-1$ は必ず p でわり切れるから，n^p-n は p でわり切れる(11-②…ク)。$n^p-n=(pr+u)-(ps+v)=pr+u-ps-v=p\times(r-s)+u-v$ である(11-③…セ)。n^p-n，$p\times(r-s)$ が p でわり切れるから，$u-v$ も p でわり切れる。$0\leqq u<p$，$0\leqq v<p$ だから，$u-v$ は０でなければならない(11-④…タ)。

問12＜数の計算，因数分解＞(1)準備3.1－2の公式より，$3^7+1=(3+1)(3^6-3^5+3^4-3^3+3^2-3+1)$ だから，$3^6-3^5+3^4-3^3+3^2-3+1=\dfrac{3^7+1}{3+1}=\dfrac{2188}{4}=547$ である。　　(2)準備3.1－2の公式より，$n^{14}+1=(n^2)^7+1=(n^2+1)\{(n^2)^6-(n^2)^5+(n^2)^4-(n^2)^3+(n^2)^2-n^2+1\}=(n^2+1)(n^{12}-n^{10}+n^8-n^6+n^4-n^2+1)$ となる。

問13＜論証＞定理1.1より，n^2 と n^2+1 は互いに素だから，n^2+1 が p を素因数に持つとき，n^2 は p を素因数に持たない。つまり，n^2 は p ではわり切れない。

問14＜論証＞$a-1$ と $a+1$ の公約数は $a-1$ と $a+1$ の差の約数であることを利用する。解答参照。

問15＜論証＞仮定１で，p を $4k+3$ 型の素因数としたので，p は２ではない。

問16＜論証＞定理1.1より，r^2 と r^2+1 は互いに素だから，r^2 と r^2+1 は共通する素因数を持たない。r^2 の素因数は r の素因数と同じだから，r^2+1 の素因数は r の素因数とは異なる。

問17＜正誤問題＞ア…誤。n は自然数だから，$6n$ は素数ではない。　　イ…正。６と１は互いに素である。　　ウ…誤。６と２は互いに素ではない。　　エ…誤。６と３は互いに素ではない。　　オ…誤。６と４は互いに素ではない。　　カ…正。６と５は互いに素である。　　キ…誤。おかみさんの指摘からはわからない。$4n+1$ 型の素数と $6n+5$ 型の素数が一致することもある。　　ク…正。７と，６以下の自然数 b は互いに素である。　　ケ…誤。８と２，８と４は互いに素ではない。

国語解答

一 問一 a 栄誉 b 提唱 c しさ
d 美辞 e がかい

問二 ウ 問三 イ 問四 イ

問五 ア 問六 ウ 問七 イ

問八 ウ 問九 エ

二 問一 オ 問二 ウ 問三 オ

問四 ウ 問五 エ 問六 ア

問七 エ 問八 イ 問九 オ

問十 (1) A…ア B…イ

(2) 想像力がつくる現実と空想の隙間としての「遊び」がなく，「いま，ここ」の現実に縛られて人間らしく生きることができない世界。(60字)

一〔論説文の読解―自然科学的分野―科学〕出典；中屋敷均『科学と非科学――その正体を探る』「科学は生きている」。

≪本文の概要≫科学は，その存在を現在の姿からさらに発展・展開させていくという生命力と可塑性を持つ。しかしこれは，科学の中の何物も「不動の真理」ではないことを意味する。実際，科学の知見は常に不完全で，絶え間なく修正されていってもなお，100%の正しさの保証はない。科学的知見には，正しいか正しくないかではなく，その仮説がどれくらい確かなのかという確度の問題が存在するだけなのである。しかし，より正確な判断のために，科学的知見の確からしさに対して正しい認識を持つべきだといっても，非専門家にとっては，それは困難である。その「わからない」という不安定な状態へ，人々を安心させるために，権威の高さと情報の確度を同一視して判断するというわかりやすい手法で，権威主義が忍び寄ってくる。だが，行きすぎた権威主義は，科学を社会の中で特別な位置に置き，科学への妄信や，科学研究者による非専門家からの批判の封じ込めにもつながる。また，権威主義は，科学を硬直させ，権威を構築する体系から逸脱するものをかたくなに認めないという姿勢も生む。権威主義に陥ると，科学の可塑性，生命力は損なわれてしまうのである。何より，妄信的な権威主義と，自らの理性でこの世界の姿を解明しようとする科学は，その精神性において全く正反対のものである。

問一＜漢字＞a.「栄誉」は，大変な名誉のこと。　b.「提唱」は，提示して主張すること。　c.「示唆」は，それとなく気づかせること。　d.「美辞」は，巧みな言葉のこと。　e.「瓦解」は，一部が崩れることから全体が崩れていくこと。

問二＜慣用句＞「ノーベル賞を受賞した業績」でも，後に間違いであることが判明することがあるのだから，「多くの『普通の発見』」であれば，「誤りであった事例」など，実はとても数えきれないほど多い。非常に多くていちいち数えきれないことを，「枚挙にいとまがない」という。

問三＜文章内容＞「玉石混交」は，優れたものとつまらないものが入り交じっていること。科学的知見の中には，「石」ともいうべきかなり多くの「誤り，つまり現実に合わない，現実を説明していない仮説」がある。科学的知見の中で「玉」，つまり優れたものといえるのは，現実に合っている，現実を説明している仮説である。

問四＜文章内容＞「科学的知見と称されるもの」の中で，「現実をよく説明する『適応度の高い仮説』」は，「長い時間の中で批判に耐え，その有用性や再現性故に，後世に残って」いって，「その仮説の適応度をさらに上げる修正仮説が提出されるサイクルが繰り返される」ことになる。このようにして「科学的知見」が後世に残っていくさまは，「変化を生み出し，より適応していたものが生き残り，どんどん成長・進化していく」という生物の「適者生存」と似ている。

問五＜文章内容＞「科学の知見が常に不完全」であることは，科学という体系が持つ構造的な宿命である。科学は，「絶え間ない修正により，少しずつより強靭で真実の法則に近い仮説ができ上がってくるが，それでもそれらは決して100％の正しさを保証しない」のであり，科学的知見には，「『正しい』or『正しくない』という二つのものがあるのではなく，その仮説がどれくらい確からしいのかという確度の問題が存在するだけ」なのである。

問六＜文章内容＞科学に「不動の真理」はなく，科学的知見についても「その仮説がどれくらい確からしいのかという確度」を問うことしかできないのであれば，「より正確な判断のために，対象となる科学的知見の確からしさに対して，正しい認識を持つべきだ」と考えることができる。しかし，「非専門家でも理解しやすい情報が，どんな科学的知見に対しても公開されている訳ではもちろんない」うえに，「専門家の間でも意見が分かれる」ような問題を「非専門家が完全に理解し，それらを統合して専門家たちを上回る判断をする」のは，「現実的には相当に困難なこと」である。

問七＜文章内容＞科学的知見の確からしさに対して，非専門家が正しい認識を持つことは難しい。だから，科学的知見の確からしさについて判断するときに，「権威主義」という「権威の高さと情報の確度を同一視して判断するというやり方」が忍び寄ってくる。「この手法の利点」は，「なんと言っても分かりやすいこと」で，「権威にすがりつき安心して」しまいたい，「とりあえず何かを信じ」て，よりどころのない不安定な状態から逃れてしまいたいという思いが心のどこかにある人々にとっては，権威主義は，安心感をもたらしてくれるものになるのである。

問八＜文章内容＞「行き過ぎた権威主義」は，「科学そのものを社会において特別な位置に置く」ことで，「科学に従事している研究者の言うことなら正しい」という「誤解」を生じさせたり，「科学に従事する者たち」が「非専門家からの批判」を「無知に由来するもの」として「高圧的かつ一方的に封じ込めて」しまったりするような事態を引き起こす。宗教のように，科学は常に正しいものと信じなければならないかのようになってくるのである。

問九＜文章内容＞権威は，「一度間違える」と信頼を失って「失墜」してしまうため，権威主義者は，「権威は間違えられない」と思って科学を硬直させ，権威を「構築する体系から逸脱するものを頑なに認めない，という姿勢」をとってしまう。こうして，「権威主義」は，「科学の可塑性，その生命力」を「蝕んでしまう」のである。

二〔**論説文の読解—芸術・文学・言語学的分野—文学**〕出典；小野正嗣「講演　読む・書く・学ぶ」（「すばる」2015年10月号掲載）

問一＜文章内容＞子どもは，遊んでいるとき，「漫画やアニメの登場人物」，ままごとなら「赤ん坊」や「お母さん」や「お父さん」になりきっている。子どもは，「自分とはちがうもの，ちょっとむずかしい言い方をすると，他者になっている」のである。

問二＜表現＞「子供は遊んでいるときに，自分とはちがうもの，ちょっとむずかしい言い方をすると，他者になっている」という見解を示したところで，「ぼく」は，自身の経験にふれて，「四六時中身近で見ているサンプルの数」が普通の人より多いなどと，ユーモアのある表現で話を進めていこうとしている。

問三＜文章内容＞「遊ぶときに子供は自分とは別の存在になっている。そして幸せでいっぱいである」とすると，「幸せで満たされている」のは，「その子」なのか「その子がなりきった別の存在」なのかという疑問が生じる。これがどちらなのかは「不確か」である。

問四＜文章内容＞普通は，「現実」と「空想」は別で，この二つが同時に存在するのは矛盾しているということになる。しかし，例えば，子どもは，砂遊びをしていて「どろどろの団子やらケーキ」が「本当に食べられるものだと信じているわけではない」けれども，「はい，どうぞ食べてください」と言って差し出すのである。そのように，「遊び」とは，「現実の世界に，想像力によって作った世界を重ねて二重化すること」である。

問五＜文章内容＞「遊んでいる子供」は，「現実でありながら現実ではない世界，あるいは現実であると同時に非現実である世界のなかに身を置いて」いる。それと同様に，文学も「現実を想像力によって二重化」することによって生まれ，「人が生きていくために必要な隙間，『遊び』」をつくり出して，「現実」と「想像的な世界」に同時にいることを可能にする。

問六＜文章内容＞小説や詩は，「それを読む人がいなければ，ただの文字列」で，「まず読む人がそこに自分の想像力を注ぎ込み，能動的に働きかけてくれなければ，作品になることができない」ため，「読者の存在を絶対的に必要と」する。小説や詩は，「作品として自分が生き続けるため」に，「どうしても私たちに生きてもらわないと困る」のである。

問七＜文章内容＞作品を読んでいて「これは自分に向けて，自分だけのために，書かれたのではないか」と感じることがあるのは，「読者が自分の想像力を，それまで生きてきた体験や記憶などとともに総動員して，誰のものでもない文字列であったものに『命』を与えた」ということであり，読者は，作品を「その文字列をたどり直しながら，書き直している」といえる。

問八＜文章内容＞「読んでいるとき」に，私たちは，「登場人物の心情に同一化」し，「登場人物の誰かになりきって」いる。それと同様に，「書く」ということは，「その間，ふだんの自分とはちがう自分になる」という経験であり，書いている自分は，プルーストの言葉でいえば，日常を生きる「社会的自己」とは異なる「創造的自己」である。

問九＜文章内容＞文章を書きたいと思って書き始めると，「真似すべきオリジナルな対象」と自分の書くものとの間には，「どうしても隙間が生じる」ことになる。しかし，その「隙間」こそが，「書き手であるあなた自身の場所」である。さらに，たくさんの本を読むうちに，「少なくとも『ここは自分の場所ではない』というところだけはわかるように」なり，「『ここでもない』『あそこでもなかった』と模索しているうちに，ほかの誰でもないこの自分が書くべき場所が少しずつ明らかになってくる」ものである。そのようにして自分の書くべきものがわかってくるようにするために，「読むことに労力を惜しんではいけない」のである。

問十＜文章内容＞⑴「現実を想像力によって二重化する」ことで，現実と空想の世界の間の隙間を生む遊びや文学は，「人間が人間らしく生きるための安全装置」である（A…ア）。よりよく生きるために人間は，一度「現実から離れることが必要」であり，遊びや文学によって現実と空想の世界の間で時間を過ごした後，日常に戻ってくると，今まで自分がいた現実を少し遠くから離れて見ることが可能になるので（B…イ），遊びや文学は，「現実とよりよく向き合う」ための役割も果たしている。　⑵「死の世界」とは，「遊びのない世界」であり，「想像力を働かすこと」ができない世界である。文学も遊びも，想像力をはたらかせることによって，「人が生きていくために必要」な現実と空想の「隙間」をつくり出す営みであり，人は，この「隙間」があることによって，「いま，ここ」の現実から離れることができ，人間らしく生きていくことができる。想像力をはたらかせることを禁じられ，このような「隙間」をつくり出すことができない状況では，人は，「いま，ここ」の現実から離れることができず，人間らしく生きていくことができないという意味で，その状況は，「死の世界」だといえる。

2019年度 国際基督教大学高等学校

【英　語】（70分）〈満点：100点〉

I　[　]に入るものを選び，番号で答えなさい。

In the 1933 film *Dinner at Eight*, Jean Harlow sits in bed on a heart-shaped cushion, eating little by little through a giant box of chocolates. In fact, ①[1 ever if　2 ever since　3 even if　4 even since] movies became popular, chocolate has become a symbol of love. But the question is, ②[1 does　2 do　3 can　4 could] chocolate's connection with love start with the movies? Or was it a symbol of love long before the movies came along?

Chocolate's history started from the Theobroma cacao《(樹木名)》 tree, native to South America. Cacao beans collected from these trees were a rich treat ③[1 along　2 between　3 around　4 among] Mayans《マヤ人》 and Aztecs《アステカ人》. They made drinks that mixed roasted cacao beans with honey and chilies《唐辛子》 and called it "xocolatl," meaning "bitter water." Back then, cacao beans were ④[1 as big as　2 as expensive as　3 more than　4 higher than] gold and used to pay taxes《税金》. Cocoa was called "the food of the gods" and often ⑤[1 drunk　2 drank　3 drinking　4 drink] at special services.

By the early 1600s, chocolate ⑥[1 became　2 has become　3 becomes　4 is becoming] popular all over Europe. In London, chocolate houses were used as social gathering spots and began to compete ⑦[1 for　2 with　3 to　4 at] coffee shops. One house advertised chocolate as a drink that "cures many diseases." Louis XV, the king of France from 1715 to 1774, drank chocolate drinks daily. ⑧[1 During　2 While　3 When　4 Until] Marie Antoinette married Louis XVI in 1770, she brought her personal chocolate maker to Versailles《(地名)》. He created such recipes as chocolate mixed with orchid《ラン》 for strength, with orange blossom ⑨[1 to calming　2 for calm　3 for to calm　4 to calm] the mind, or with sweet almond milk for stomach problems.

⑩[1 Although　2 However　3 Because　4 So] we think of Valentine's Day when we think of chocolate, the holiday was actually not created until much later. Valentine's Day's connection to love seems ⑪[1 to see　2 seeing　3 to appear　4 appearing] first in Geoffrey Chaucer's poem in 1382. From there, it developed into a popular early spring holiday. Songs and poems celebrated hearts filled with love, but candy and chocolates were not part of the celebration ⑫[1 still　2 yet　3 already　4 just] because sugar was precious in Europe. Gradually, technology changed Valentine's Day into a great business.

People in the Victorian era (1837–1901) loved sending ⑬[1 their　2 its　3 those　4 whose] partners Cupid《キューピッド》-covered gifts and cards. Around that time in the U.S, Richard Cadbury created "eating" chocolates to make "drinking" chocolate more delicious. He put cupids and flowers on heart-shaped boxes. People could use the beautiful boxes for a long time in many different ways

⑭ [1 during 2 after 3 when 4 later] eating the chocolates. In Japan, Morinaga began producing chocolate in 1899, and this move was followed by many other companies in the early 20th century.

Today, the business success of Valentine's Day and chocolate ⑮ [1 can see 2 is seeing 3 can be seen 4 is be seeing] all over the world, but the tradition in Japan is quite different from that of ⑯ [1 anywhere 2 everyone 3 everywhere 4 anyone] else. Here, Valentine's Day has developed into a day when women give chocolate ⑰ [1 only not to their lovers but also to 2 not only to their lovers but also to 3 also not to their lovers but only to 4 not also to their lovers but only to] their male co-workers《同僚》 and those in higher positions《役職》. This tradition and industry developed when it was found that the people ⑱ [1 bought 2 buying 3 buy 4 to buy] the products were mostly female customers. So, White Day was created, and Japan began a tradition for men who wanted to honor women. And on this day, white chocolate was the gift ⑲ [1 which has been 2 which will be 3 that is 4 that was] most popular originally, though now there are many other choices.

Jean Harlow made chocolate a dream treat. Others then found ways to explain how chocolate makes people smile. Science actually shows that chocolate has phenethylamine《（物質名）》 which is ⑳ [1 same 2 a same 3 the same 4 similar] chemical produced by the brain when people are in love. It seems only natural that humans made this connection!

II 次の英文を読み，あとの問いに答えなさい。

"Tenugui" are a type of traditional Japanese towel. They can be used in various ways other than just drying your hands or body. They come in a variety of [ア]patterns, sometimes funny, sometimes traditional, and in different colors, so they are also fun to collect and to look at. They are not so expensive and can be bought all over Japan, not just in special stores but also in souvenir corners or museum shops.

They are a bit different from Western towels. These traditional Japanese [イ]fabrics are thin and [A]absorb large amounts of water. The ends are cut without being [ウ]weaved to help the cloth dry more quickly. In addition to that, they draw heat when they dry, so a tenugui cloth can be a great [B]substitute for a handkerchief or towel, especially in summer.

You can find a great number of tenugui that come in traditional Japanese patterns and designs in front of shops. Often, the patterns are carefully hand-[エ]dyed by craftspeople using a technique called *tenasen*. In this technique, paints of different colors are used for each pattern.

The manager of one shop explains there are more than 1,000 patterns, [オ]ranging from the traditional to recently created designs. "Some customers enjoy hanging a different tenugui at the entrance to their home every month, and I really recommend that, too, to give your home some brightness," she adds.

As she recommends, tenugui have become popular as [C]ornaments recently, and are sometimes hung beautifully in picture frames. "If you buy a tenugui because of its beauty, try using it as a handkerchief, a tablecloth or to clean your shoes after enjoying it as an ornament, until it [D]wears," she says.

Tenugui are like [E]versatile actors, as they are thinner and less [カ]bulky than handkerchiefs.

Also, they are larger and longer, so you can find a lot of interesting ways to use them with a little [F]ingenuity. You can wrap your neck with them to keep warm when you feel cold outside in winter or when the air-conditioner is too strong in summer. When riding a motorcycle, wrapping your head with a tenugui inside your helmet helps you to stay [キ]comfortable.

It is said that tenugui were already in use during the Nara period. At first, they were quite expensive, but during the Edo period [G]common people started using them as well. Now they are used for various purposes, sometimes as aprons or bandannas.

After the Meiji period, Japan tried to learn the Western way of life, and the use of Japanese tenugui became much less common. They seemed to be largely forgotten. However, in recent years, people have once again realized the convenience and beauty of tenugui. More and more stores have started selling them in the past 10 years or so. As the number of foreign visitors increases, they have become popular not only as daily goods but also as souvenirs.

Since some cloths are fine and others are [ク]coarse, tenugui can be [H]divided into several types. As you can imagine, it is very difficult to make thin lines or images of small objects on the tenugui if the cloth is coarse. On the other hand, you can easily create delicate patterns on fine cloths.

Today, tenugui is produced in two different ways. The traditional way is called *chusen* and it uses paper to give color to the cloth. Since the paint [I]infiltrates the cloth, the patterns appear on both sides. When the tenugui is used for a long period of time, the color fades, and this gives it a nice worn look.

The other way is printing. Printing can produce patterns and characters that are more delicate. Since the print is on just one side, the back side is a [ケ]solid color, and this is different from *chusen* tenugui.

If you compare it with *chusen* tenugui, printed tenugui can produce patterns or characters that are more [J]detailed, as this technique uses a silkscreen. A silkscreen, in short, is a kind of cloth in a frame. You draw up a design on this cloth and cut out [コ]figures to make holes. When ink or paint is forced through the screen, the liquid goes down through the holes onto another cloth, and this finally makes it into a tenugui. It seems like a form of art itself when solid white cloths, one after another, turn into beautiful tenugui.

問1　本文中の[ア]～[コ]に相当するものを下から選び，番号で答えなさい。動詞については現在形の意味で載せてあります。

1．一様の	2．選ぶ	3．及ぶ	4．快適な
5．かさばる	6．加熱する	7．きめの粗い	8．高価な
9．人物画	10．図形	11．製法	12．染色する
13．縫う	14．布地	15．派手な	16．模様

問2　本文中の[A]～[J]の意味として適切なものを下から選び，番号で答えなさい。動詞については現在形の意味で，名詞については単数形で載せてあります。

1．able to do many different things
2．appearing everywhere or very often
3．to become thinner or weaker because of continued use over time
4．to cover with clothes
5．to describe fully
6．goods for sale

7．handsome and liked by many
8．to make in an artificial way
9．a material to make products
10．an object used to make something look better
11．ordinary, without power
12．to pass into or through
13．to separate into two or more parts or pieces
14．a skill that allows someone to solve problems or invent things
15．to take in something
16．a thing that takes the place of something else

Ⅲ　次の英文を読み，あとの問いに番号で答えなさい。

About 65.5 million years ago, all the dinosaurs that ruled over the Earth for a very long time became extinct. Over the years, scientists studying about the history of the Earth have given several theories《仮説》 about the causes for this global event. One early theory was that small mammals《哺乳類》 ate too many of the dinosaurs' eggs, so they could not survive. Another theory was that the dinosaurs' bodies became too big to be controlled by their small brains《脳》. Some scientists believed that a great plague《伝染病》 killed all the dinosaurs. Starvation was also a possible cause. The giant creatures needed huge amounts of food and maybe they ate up all the plants around them. But many of these theories are easily found to be wrong. In fact, dinosaurs were rulers of the Earth for over 160 million years before they became extinct. How can one say that their brains were too small to manage their large bodies?

For many years, climate change was the best theory to explain why the dinosaurs disappeared. The dinosaurs grew in number in the planet's humid, tropical《熱帯の》 climate. However, at the time of the extinction《絶滅》 of the dinosaurs, the planet was slowly becoming cooler. Dinosaurs were cold-blooded《変温の》. This means that they got body heat from the sun and the air, so they could not survive in very cold climates. But this theory seems to be wrong, too. For example, some cold-blooded animals, such as crocodiles《ワニ》, did survive. Also, climate change takes millions of years, so any creature has enough time to slowly change itself to live in cold places.

In the 1980s, two American scientists discovered a lot of iridium《イリジウム(元素)》 deep under the ground. Such a great amount of iridium is usually found only in space, and it was buried there in the same period as the dinosaurs died out. This means that there is a possibility that a huge meteor《隕石》 falling on the Earth caused the extinction of the dinosaurs. The scientists needed to find a mark made by such a meteor to show that this theory is true. Then in 1991, a huge hole that is 176 kilometers wide was discovered at the end of Mexico's Yucatán Peninsula《(地名)》. Scientists believe that the meteor that fell there was about 10 kilometers wide. It hit the Earth at the speed of 64,000 kilometers an hour and produced 2 million times more energy than the most powerful nuclear bomb ever used. The heat from the meteor burnt the Earth's surface《表面》 around the area badly and caused big forest fires. The dust《ホコリ》 blown into the sky surrounded the whole Earth and stopped the sunlight from reaching it. The meteor produced millions of waves taller than buildings and killed many forms of life.

The whole Earth became dark as night for months, maybe even years. There was no sunlight and the Earth's temperature dropped so much that most of the plants died. Then, the plant-eating dinosaurs had nothing to eat and died in a few weeks. The meat-eating dinosaurs died a month or two later. According to this theory, just one meteor killed over 75 percent of all life on the Earth and put an end to the dinosaurs' rule.

This tragedy for the dinosaurs was good news for some creatures. Some mammals survived because they could dig holes to hide in the ground, could keep themselves warm without the sun, and needed only a little amount of food. These mammals were very small animals like squirrels《リス》 and rats, and they were able to escape extinction because they were different from the dinosaurs. They were not as strong as the dinosaurs in power and had no chance of winning against one in a fight. F(①), these weak, little creatures (②) in the war for survival because they were able to fit themselves to live in the changing environment.

Imagine a world without that terrible meteor hitting the Earth. You see a world full of giant dinosaurs walking around today. You see only small creatures like mice and squirrels hiding under trees or in holes. You will understand that the dinosaurs' extinction was good for us humans because those animals that finally survived are our (H). We are all here on the Earth thanks to the global tragedy.

A．恐竜の絶滅を説明する仮説として本文中にないものを選びなさい。
　1．The dinosaurs became extinct because they got sick.
　2．The dinosaurs became extinct because they ate each other.
　3．The dinosaurs became extinct because their eggs were eaten.
　4．The dinosaurs became extinct because they had nothing to eat.

B．気候変動が恐竜の絶滅の主な原因だという説が間違っている理由を選びなさい。
　1．気候変動は長い年月に及ぶので，恐竜が変化に順応できたはずだから
　2．恐竜は太陽から熱を得ていたから
　3．恐竜が変温動物であった証拠がないから
　4．他の変温動物も全て絶滅したから

C．恐竜絶滅の原因が隕石の衝突であると最初に考えられた理由を選びなさい。
　1．恐竜の絶滅がごく短い期間に起こったと思われるから
　2．イリジウムは地球上で大量に見つかる元素だから
　3．イリジウムが見つかった地層が恐竜の絶滅した時期と一致したから
　4．イリジウムは恐竜にとって非常に有害だから

D．恐竜絶滅の原因が隕石の衝突であるという説を裏付けたものを選びなさい。
　1．イリジウムを含む巨大な隕石が見つかったこと
　2．大きな隕石なら核爆弾の数百万倍の破壊力があることが分かったこと
　3．ワニなどの水生動物が生き残ったこと
　4．隕石の衝突の跡が見つかったこと

E．植物の多くが死滅した元の原因を選びなさい。
　1．草食の恐竜が全て食べてしまったから

2．隕石が大きな津波を引き起こしたから

3．大規模な森林火災が全地球を襲ったから

4．ホコリが大気中に長期間とどまったから

F．下線部Fの(①)と(②)に入る最も適切なものをそれぞれ選びなさい。

① 1．In addition　2．In this way　3．However　4．Although

② 1．fought　2．won　3．lost　4．suffered

G．哺乳類が生き残った理由として本文中にないものを選びなさい。

1．They were too small for the dinosaurs to eat.

2．They were able to be safe in the ground.

3．They could live without much food.

4．They were able to live in cold places.

H．(H)に入る最も適切なものを選びなさい。

1．pets　2．ancestors

3．food　4．friends

I．本文の内容に合うものをすべて選び，番号の早い順に書きなさい。

1．The small animals were able to survive because they did not lay eggs.

2．Climate change used to be one of the strongest theories for the extinction of dinosaurs.

3．No plants survived on the planet after the meteor hit.

4．Meat-eating dinosaurs died out after the plant-eating dinosaurs.

5．All cold-blooded animals including the dinosaurs went extinct.

6．The meteor had no effect on the creatures living in the ocean.

7．One of the reasons for some mammals to escape from extinction is that they were able to dig holes in the ground.

8．The dinosaurs were strong in power but not smart enough to survive.

9．There are more dangerous meteors in space that can cause our extinction.

IV　次の英文はイギリスの理論物理学者スティーヴン・ホーキング(1942-2018)の自伝*My Brief History*(2013)の一節です。ホーキングは21歳の時に筋萎縮性側索硬化症と診断され，「車椅子の物理学者」として知られてきました。文章を読み，あとの問いに番号で答えなさい。

When I was twenty-one and got a serious disease, I felt it was very unfair. Why (A) this happen to me? At the time, I thought, “My life is over and I will never be able to realize my dreams.” But now, fifty years (B), I can quietly feel happy with my life. I have been married twice and have three beautiful children. I have been successful in my career as a scientist. I think most theoretical《理論の》 physicists《物理学者》 will agree that my opinion of quantum《量子》 emission《放出》 from black holes is correct, though it has not so far brought me a Nobel Prize because it is very difficult to prove《証明する》 through experiment《実験》. (C), I won the even more important Fundamental《基礎の》 Physics《物理学》 Prize. It was given to me because my work had theoretical importance, even though it has not been proved by experiment.

The fact that I am disabled has not caused me serious difficulty in my work as a scientist. In fact, (D-1) some ways, I guess it has been a convenience. I haven’t had to teach students at university, and I haven’t had to be busy (D-2) a lot of meetings. So I have been able to keep my mind on research.

To my fellow scientists I'm just another physicist, but to ordinary people I became perhaps the best-known scientist in the world. I am not only as famous as a rock star, but also I fit the image of a disabled genius《天才》. I can't hide myself anywhere— $_{\text{E}}$ the wheelchair gives me away.

Being well-known to the world has both good and bad points. The bad points are that it can be difficult to do ordinary things such as shopping without being surrounded by people wanting to take photographs of me, and that in the past the media has taken too much interest in my personal life. But the advantages are great enough to make up for the hardship I experienced. People seem really pleased to see me. $_{\text{F}}$ I even had my biggest-ever audience when I was the anchor for the Paralympic Games in London in 2012.

I have had a full and rich life. I believe that disabled people should only do things that they are able to do and not worry about the things they can't do. In my case, (G). I have travelled a lot. I visited the Soviet Union《ソビエト連邦》 seven times, and I often met Russian scientists who were not allowed to travel to the West at that time. After the end of the Soviet Union in 1990, many of the best scientists left for the West, so I (H) Russia since then.

I have also visited Japan six times, China three times, and many other places all over the world. I have met the presidents of South Korea, China, India, and the United States. I have made speeches in the Great Hall of the People《人民大会堂》 in China and in the White House. I have been under the sea in a submarine《潜水艦》, and up in a hot air balloon and a zero-gravity《無重力》 flight.

My early work showed that general relativity《一般相対性理論》 broke down at singularities《特異点》 in the Big Bang《ビッグバン》 and black holes. My later work shows what happens at the beginning and end of time. I have lived a happy life and enjoyed doing research in theoretical physics. I'm happy if I have added something to our understanding of space.

A．(A)に入るものを選びなさい。

1．may　2．shall　3．should　4．will

B．(B)に入るものを選びなさい。

1．after　2．later　3．passed　4．past

C．(C)に入るものを選びなさい。

1．At that time　2．For a while

3．In some way　4．On the other hand

D．(D-1)と(D-2)に入るものをそれぞれ選びなさい。

1．as　2．around　3．for　4．in

5．of　6．on　7．to　8．with

E．下線部Eを英語で言い換えたものとして最も適切なものを選びなさい。

1．I can easily go away in the wheelchair if I want to

2．it is not easy for me to use the wheelchair in public places

3．people can recognize me quite easily because of the wheelchair

4．the wheelchair makes me feel lonely among people who can walk easily

F．下線部Fの日本語訳として，以下の書き出しに続けるのに最も適切なものを選びなさい。

2012年ロンドンパラリンピックで，私がアンカーを務めた時には，

1．自分がこれまで見たことのないほど沢山の観衆を目にした。

2．自分が今まで見たことのないほど多くの選手が共に走った。

3．パラリンピック史上最多の観客を会場に動員した。

4．パラリンピック史上最多の選手が競技に参加した。

G．(G)に入るものを選びなさい。

1．I have had few things I really wanted to do

2．I have managed to do most of the things I wanted to do

3．I have given up most of the things I have wanted to do

4．I sometimes had to do many things I didn’t want to do

H．(H)に入るものを選びなさい。

1．did not travel in

2．did not visit

3．have not been to

4．have not come to

I．本文の内容に合うものを3つ選び，番号の早い順に書きなさい。

1．When Hawking got a serious disease at the age of twenty-one, his doctor told him that he had to give up doing research on science.

2．Hawking was not given a Nobel Prize because he did not explain much about what he was doing in his experiments.

3．Hawking believes that being physically challenged did not stop him from becoming a successful scientist.

4．Hawking does not like it when people take too much interest in him, but at the same time he is glad when people seem happy to see him.

5．Hawking believes that disabled people should try to do as many things as they can, including things that may not be easy for them.

6．Hawking has been invited to many countries all over the world, and he never forgets to make speeches in public places.

7．Hawking says he is glad if he has done something to help people understand more about space.

V　下の絵を見て，あとの問いに答えなさい。

Mr. Obata Comes to the Rescue !

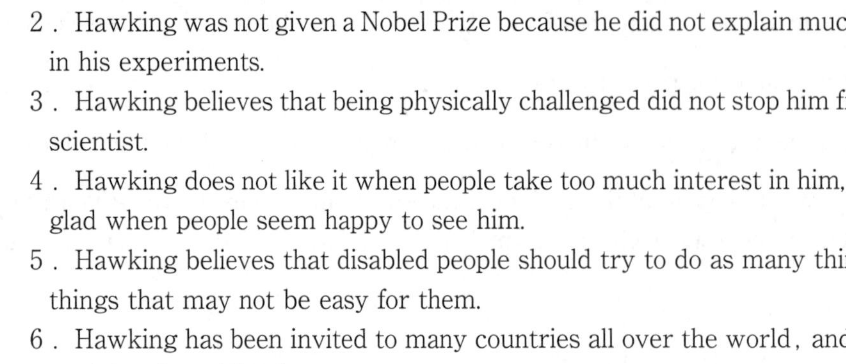

A．絵1のポスターに関して，[A] に入る英文を10語以上で，以下の2点がわかるように書きなさい。ただし，解答は1文とし，Yoshi-chanは1語とする。

● よしちゃんを探していること
● 警察署への情報提供を求めていること

B．絵2の吹き出し [B] のオバタさんとよしちゃんの母親との約束に関して，(　)内の語を並べ替えて正しい英文を作り，3番目と9番目を答えなさい。

If I find (that / will / to / him / promise / I / back / I / him, / bring) you myself.

C．絵4に関して，(　)内の語または句を並べ替えて正しい英文を作り，3番目と9番目を答えなさい。

When (top / replied / hill, / called / the / the / Mr. Obata / of / someone / from), "I'm here!"

D．絵7のインタビューに関して，下線部Dの意味を表す英文を書きなさい。2文になってもかまいません。

【数　学】（70分）〈満点：100点〉

（注意）１．この試験は資料文とそれに続く問題とで構成されています。資料文を読みすすめながら，対応する問題に答えていくのがよいでしょう。

２．定規，コンパス等は使用できません。

資料文

【1日目：導入】

中学3年生のC太は，数学好きな姉，I子さんと寝る前に話をしています。

I子：中学ももうすぐ卒業ね。数学の勉強で印象に残ったことや心残りなこと等ある？

C太：心残りなこととしては，「資料の活用」，つまり統計に関する授業について，授業時間が少なくて簡単に終わっちゃったんだ。もう少し勉強したかったなぁ。

I子：今の中学校ではなかなか時間を取り切れていない分野よね。情報機器の発達もあって，データの分析をする際に「資料の活用」に関する知識は今まで以上に重要になってきているのに…。そうしたら，「資料の活用」について，もう少し話をしましょう。

C太：ありがとう！

I子：そうしたら，具体例を用いてまずは話をしましょう。

図表1はT市の1月の平均気温を1920年から2019年まで100年分調べ，その100回のデータをまとめたグラフよ。これを「ヒストグラム」というの。

実際の気温は通常，小数第1位までで表しているけれど，このヒストグラムでは小数第1位を四捨五入して，整数でそれぞれ考えるようにしているのよ。

C太：そうすると，このヒストグラムにおいては，「0.5℃以上1.5℃未満が2回観測されている」ことを「1℃の範囲が2回観測されている」と考えるんだね。

I子：そのとおり。各データを値の範囲によってグループごとに分けるとき，その各グループを「階級」というのよ。このヒストグラムの場合は，1℃の範囲から8℃の範囲まで8つの階級に分かれているわね。

各階級に集まっているデータ数は各階級の上に書かれている値で表されているわ。すべて足すと100になるわね。

図表1　T市の1月の平均気温の分布（1920年～2019年）

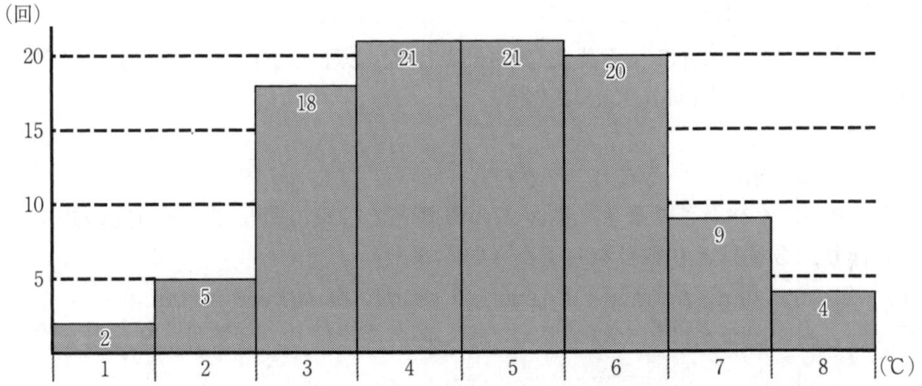

I子：このヒストグラムがあれば，平均値や中央値，相対《そうたい》度数《どすう》についても調べられるわね。

C太：学校で少し勉強したけれど，怪しいなぁ。

I子：そうしたら定義を復習しましょう。定義をまとめるとそれぞれ次のようになるわ。

定義

n 個のデータの各値が x_1, x_2, …, x_n であるとする。

○　平均値…次式のように，すべての値の合計を n で割った値 m を平均値という。

$$m=\frac{1}{n}(x_1+x_2+\cdots+x_n)$$

○　中央値…観測値を大きさの順に並べたとき，その中央に位置する値を中央値という。
並べ替えた n 個のデータの各値を y_1, y_2, …, y_n とし，中央値を c とすると，次式のとおり表せる。

・　n が奇数であるとき，$c=y_{\frac{n+1}{2}}$

・　n が偶数であるとき，$c=\frac{1}{2}\left(y_{\frac{n}{2}}+y_{\frac{n}{2}+1}\right)$

○　相対度数…各階級で観測される回数を総数 n で割った(n との比率に直した)値。

C太：なるほど，そうだったね。

I子：100年間の気温の平均値，つまり100回の観測における平均気温は，1℃の範囲が2回で積は2で，2℃の範囲が5回で積は10で，…と気温と回数の積を加えていくと，100回の総和［　ア　］が求められるから，1年あたりの平均気温は［　イ　］℃であることが分かるわね。中央値は分かる？

C太：中央値は真ん中のデータ，今回のデータだったら100回のデータがあるから，気温の低い順に50番目と51番目のデータを足して2で割って，［　ウ　］℃だね。99年分のデータだったら，真ん中の50番目のデータを単に言えばよいだけだから，それと比べると少し手間がいるね。

I子：ところで，7℃の範囲には9回のデータがあるのだけど，相対度数で表すといくつか分かる？
　例えば，このヒストグラムにおいて，7℃の相対度数は［　エ　］となるので，2020年の1月に平均気温が7℃の範囲になる，この統計をもとにした確率は［　エ　］と考えられるの。このように過去の統計をもとに考える確率を「統計的確率」というのよ。

…問題1

C太：ちなみに，コインを1回投げたとき，表裏がそれぞれ確率 $\frac{1}{2}$ で出ることや，サイコロを1回投げたとき，1～6が出る確率がいずれも $\frac{1}{6}$ となるなど，同じ割合で発生すると考えて，用いる確率を「数学的確率」というのだよね？

I子：そのとおり。よく知っているわね。

…問題2

I子：ところで，ここまで話してきた，T市の1月の平均気温のヒストグラムは，中央を山の頂上として，両側に減っていくように見えるわよね。

C太：うん，そんなにデコボコもしていないし，きれいな山型だよね。

I子：多くの自然現象のデータの分布や，コイントスを大量に行った場合に表の出る回数の分布など，意図的《いとてき》な要素のない(偶発的《ぐうはつてき》な)データの分布はデータの数が多ければ多いほど，中央を山の頂上として，両側に減っていく形に近づいていくことが知られているわ。
　参考までに，図表2で，ある中学校の3年生男子の身長について，5人，10人，25人，100人と人数を増やして調べた例を載《の》せておくわね。調査対象人数が大きいほど，どうなってる？

図表２　ある中学校の中学３年生男子の人数ごとの身長分布

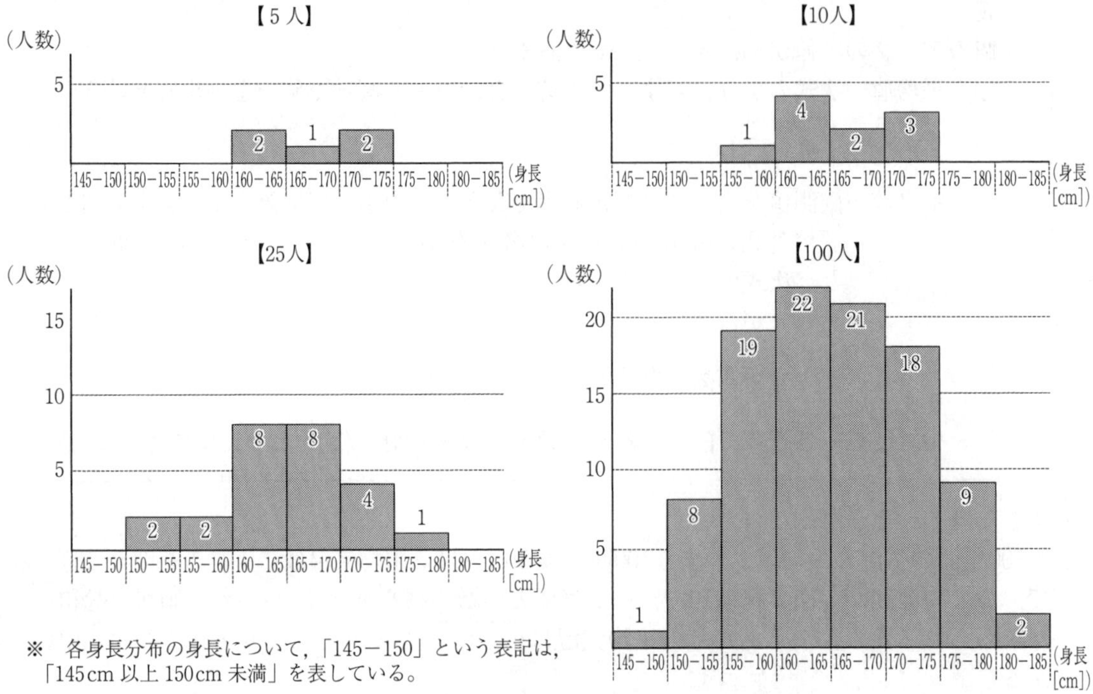

※　各身長分布の身長について,「145−150」という表記は,「145cm 以上 150cm 未満」を表している。

C太：人数が多いほど中央を山の頂上として，両側に減っていくような気がするね。

Ｉ子：このように中央の値が最も多く，それを軸に左右対称に減っていく分布を「正規分布《せいきぶんぷ》」というの。

「正規分布」について，ヒストグラムを用いて簡単に説明すると，図表３のように，平均値をmとしたときに，mの度数《どすう》(回数等)が最も多く，mを軸に左右対称に度数が減っていくような分布になるわ。

図表３　ヒストグラムにおける正規分布の例

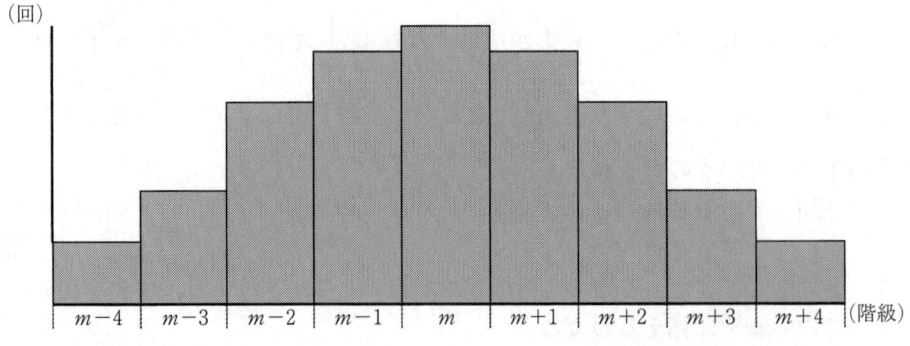

Ｉ子：今回のＴ市の１月の平均気温のデータも，ある程度のデータ数があるので，正規分布として，分析してみてもよいと思うわ。

C太：正規分布と考えると，中央付近が一番高くて，端《はし》っこの値はほとんど起こらないわけだよね？ヒストグラムからも分かっていたことだけど，Ｔ市の１月の平均気温のデータは３℃から６℃の範囲に多くのデータが集まる一方，それ以外の平均気温，つまり端に近い平均気温の発生確率は低そうだね。

Ｉ子：いい視点ね。正規分布やそれに近い分布の場合，両端《りょうはし》に近い値はほとんど発生しないと考えることがあるの。ここでは例えば，

「全体100％のうち，中央(平均値)から前後95％(前47.5％，後47.5％)に一部でもデータが入ってくる値は現実に起こり得る，逆に，両端2.5％ずつの計５％の中にしか入らない値はまず起こり得ない。」

と考えてみましょう。

Ｃ太：その考えでいくと，１℃の範囲は両端［　オ　］から，［　カ　］，８℃の範囲は両端［　キ　］から，［　ク　］という判断がそれぞれできるね。

…問題３

Ｉ子：今は「平均値から前後95％の値は現実に起こり得る」という基準で考えたけれど，95％を90％あるいは99％にするなど，基準をどうするかは個々の判断になるわ。

Ｃ太：資料をもとにして，今後実際に起こり得るのか，を判断するという発想は新鮮だね。

Ｉ子：明日は私たちの周りにあるデータを用いて，実際に手を動かして，もう少し考えてみましょう。

【２日目：データの活用】

Ｉ子：おはよう。今日はまず，身近なデータを用いて，計算もしていきましょう。昨日話したことも利用するけれど，新しい気持ちで，取り組んでいきましょう！　項目ごとにタイトルもつけておくから参考にしてね。

Ｃ太：はーい！

≪１．統計の指標《しひょう》≫

Ｉ子：まず，図表４を見てみて。10人の受験者の国語と数学２科目の得点をそれぞれまとめたものよ。

Ｃ太：ふむふむ。

図表４　10人の受験者の２科目(国語・数学)得点一覧表

	Ａさん	Ｂさん	Ｃさん	Ｄさん	Ｅさん	Ｆさん	Ｇさん	Ｈさん	Ｉさん	Ｊさん
国語(点)	80	40	30	50	70	50	70	30	30	50
数学(点)	90	30	30	20	60	90	90	40	20	30

Ｉ子：ヒストグラムのときと同様に，平均値や中央値を用いて，データについて考えることは多いわよね。ちなみに国語と数学の点数の平均値(以下，平均点とする)と中央値はそれぞれ何点かしら？

Ｃ太：国語と数学の平均点は同じ［　ケ　］点なのに，国語の点数の中央値は［　コ　］点，数学の点数の中央値は［　サ　］点だね。

Ｉ子：平均点と中央値を比べると，その差は国語より数学の方が大きいみたいね。一方で平均点や中央値以外にも，もう少しデータについて知りたいところよね。

…問題４

Ｃ太：国語と数学のデータについて，分布など分かることは増えるのだけど…。データ全体を考えることができる指標は他にないのかなぁ。

Ｉ子：そう思うわよね。そこで登場するのが「偏差《へんさ》」，「分散《ぶんさん》」，「標準偏差《ひょうじゅんへんさ》」という３つの値よ。それぞれ定義を書くと，次のとおりになるわ。

> 定義
> n 個のデータの各値が x_1，x_2，…，x_n であるとし，平均値を m とする。
> ○　偏差…各データの数値と平均値との差を偏差という。
> 　　あるデータ x_i ($i=1$，2，…，n)の偏差は，x_i-m となる。
> ○　分散…それぞれの偏差の２乗の和をデータの総数 n で割った値を分散という。
> 　　データの分散を s^2 とすると，次式のとおり表せる。
> $$s^2=\frac{(x_1-m)^2+(x_2-m)^2+\cdots+(x_n-m)^2}{n}$$
> ○　標準偏差…分散の正の平方根を標準偏差という。分散が s^2 であるとすると，標準偏差は，$s=\sqrt{s^2}$ となる。

Ｉ子：例えば国語のデータについて考えてみましょう。それぞれの偏差はどうなるかな？

Ｃ太：えーっと，Ａさんの偏差は 80－[ケ]，Ｂさんの偏差は 40－[ケ]，…，Ｊさんの偏差は 50－[ケ] となるね。単にそれぞれのデータから平均値を引くだけだね。

Ｉ子：そのとおり。そうしたら，国語の分散と標準偏差はどうなる？

Ｃ太：分散は

$$\frac{(80-\boxed{\text{ケ}})^2+(40-\boxed{\text{ケ}})^2+\cdots+(50-\boxed{\text{ケ}})^2}{10}=\boxed{\text{シ}}$$

になるかな。標準偏差は分散の正の平方根だから，簡単な形で表すと，[ス] だね。

Ｉ子：計算ミスなく，しっかりできているわね。ちなみに $\sqrt{3}=1.73$ として，標準偏差を小数で表すと，[セ] になるわね。

数学のデータについても同様に計算すると，分散は800，標準偏差は $20\sqrt{2}$ になるわ。

…**問題５**

≪２．標準化≫

Ｃ太：今は言われたとおりに計算したけど，分散や標準偏差を求めてどんな意味があるの？

Ｉ子：分散や標準偏差が分かると，データの散らばり具合が大まかに分かるのよ。分散や標準偏差が小さければ，平均値の近くにデータが比較的集まっているとも言えるわ。

Ｃ太：それだったら，分散だけ求めればいいんじゃないの？

Ｉ子：分散ではなく標準偏差を使用することによって，単位をそろえることができるのよ。例えば，今回の国語と数学の試験結果を見ると，偏差の単位は〔点〕だけど，分散は各偏差を２乗した値の和だから，単位をつけるなら，〔点の２乗〕になるでしょ。

そこで，分散の平方根を取れば，その単位は〔点〕となり，元のデータと同じ基準で比較できるようになるのよ。例えば，単位として〔cm〕と〔cm^2〕は違うでしょ？　片方は長さ，もう片方は面積になって比較できないわよね。

Ｃ太：同じ単位にそろえて同じ基準で比較できないとデータとしての価値がなさそうだし，分散にとどまらず，標準偏差まで求めることは必要そうだね。

Ｉ子：ここで，各データと同じ基準で比較できる，平均値と標準偏差を用いて，各データを表してみましょう。

n 個のデータの各値を x_1，x_2，…，x_n，その平均値を m，標準偏差を s とすると，あるデータ x_i $(i=1,\ 2,\ \cdots,\ n)$ は，

$x_i=m+k_is$ （k_i は x_i と m と s で決まる定数）　…(1)

という形で表すことができ，x_i と m と s が分かれば，k_i の値を求めることもできるの。

例えば，

Pさんが平均点42点，標準偏差18点の試験で24点を取った場合，

$24=42+18k_p$　…(2)

（k_p はPさんの得点24点と平均点42点と標準偏差18点で決まる定数）

という形で表せるわ。

C太：各データと平均値，標準偏差は同じ基準で考えられることが分かるね。

I子：さらに，Pさんの数学の試験結果の例について，(2)式をさらに変形すると，

$$k_p=\frac{24-42}{18}=-1$$

となって，定数 k_p の値を求めることができるのよ。

このように，各データにおいて，平均値を引き，標準偏差で割るという操作を「標準化」というの。

さっきの(1)式も同様に，「標準化」すると，

$$k_i=\frac{x_i-m}{s}$$

となることが分かるわね。

C太：データ全体の平均値と標準偏差が分かっていれば，各データの k_i の値も分かるし，k_i の算出に個別のデータと平均値の差を用いることから，データが平均値から離れていれば離れているほど，絶対値 $|k_i|$ の値は大きくなることが分かるね。

I子：後で詳しく話すけれど，k_i の値は各データと平均値がどのくらい離れているかを検討することに役立つのよ。

C太：そうなんだね。それは楽しみにしておこう。

ちなみに各データをすべて標準化したとき，標準化後のデータ全体の平均値と標準偏差の値そのものは，標準化前と比べてどうなるのだろう？

I子：いい質問ね。ここで，AさんからJさんまでの10人のある試験の点数を a_A，a_B，…，a_J，平均点を m，標準偏差を s として，標準化後の平均点 M_a と標準偏差 S_a について考えてみましょう。

平均点 M_a については，

$$M_a=\frac{\dfrac{a_A-\boxed{\text{ソ}}}{\boxed{\text{タ}}}+\dfrac{a_B-\boxed{\text{ソ}}}{\boxed{\text{タ}}}+\cdots+\dfrac{a_J-\boxed{\text{ソ}}}{\boxed{\text{タ}}}}{10}$$

$$=\frac{a_A+a_B+\cdots+a_J}{10\times\boxed{\text{タ}}}-\frac{10\times\boxed{\text{ソ}}}{10\times\boxed{\text{タ}}}$$

となり，さらに式変形すると，

$M_a=\boxed{\text{　チ　}}$

となることが分かるわね。

標準偏差 S_a については，分散の計算方法に基づくと，

$$S_a{}^2=\frac{\left(\dfrac{a_A-\boxed{\text{　ソ　}}}{\boxed{\text{　タ　}}}-\boxed{\text{　チ　}}\right)^2+\left(\dfrac{a_B-\boxed{\text{　ソ　}}}{\boxed{\text{　タ　}}}-\boxed{\text{　チ　}}\right)^2+\cdots+\left(\dfrac{a_J-\boxed{\text{　ソ　}}}{\boxed{\text{　タ　}}}-\boxed{\text{　チ　}}\right)^2}{10}$$

となり，変形すると，

$$S_a{}^2=\frac{(a_A-\boxed{\text{　ソ　}})^2+(a_B-\boxed{\text{　ソ　}})^2+\cdots+(a_J-\boxed{\text{　ソ　}})^2}{10\times\boxed{\text{　ツ　}}}$$

となるわね。

さらに変形すると，

$S_a{}^2=\boxed{\text{　テ　}}$ となるから，

$S_a=\boxed{\text{　ト　}}$ となることが分かるわね。

つまり，各データすべてを標準化すると，平均値 $\boxed{\text{　チ　}}$，標準偏差 $\boxed{\text{　ト　}}$ となるのよ。

…問題 6

C太：標準化を行った後のデータ全体の平均値と標準偏差は特定の値になるんだね。これをもとにして，活用できそうな分野がありそうな気がするね。

≪3．偏差値《へんさち》≫

I子：ちなみに，個別のデータ x_i について，平均値 m，標準偏差 s を用いて，式 $k_i=\dfrac{x_i-m}{s}$ で標準化をして，k_i を求めることで，実は私たちがよく耳にする値を導くことができるの。試験結果等で聞いたことがあるかもしれないけど，なんだか分かるかな？

C太：えー，何だろう。試験といえば…分かった！「偏差値」だ！

I子：そのとおり！ 偏差値は平均点を偏差値50として，その試験結果の分布を考えるもので，次のとおり表せるわ。

$(x_i\text{の偏差値})=50+10k_i$

C太：ということはもし，試験結果に偏差値が提示されていれば，自分がおおよそどのくらいの位置にいるかが分かるんだね。けど，そんなの点数で順位は分かるんだから，別に提示しなくてもよいんじゃないかな。

I子：確かに受験した試験そのものでの位置を見るのであれば，単に得点順位を見れば分かるわ。けれど，複数回の試験での自分の位置の推移を確認するためには点数だけでは難しいのよ。

例えば，平均42点，標準偏差18点の試験で60点を取った場合と，平均45点，標準偏差10点の試験で60点取った場合を考えると，前者の偏差値は，

$$50+10\times\frac{60-42}{18}=60$$

であり，後者の偏差値は $\boxed{\text{　ナ　}}$ であることから，同じ60点でも，同じ基準である偏差値を用いて，後者の方が優れていると考えることができるわ。

…問題 7

このように試験などは毎回同じ平均値，標準偏差になることはまずないので，得点以外で共通に測れる基準が必要となり，十分な人数の受験する試験などでは偏差値が重宝されるようになったのよ。

C太：標準化をすることで，偏差値等の活用に結びついているんだね。知らなかったなぁ。データを考える新たな指標や標準化といった新しい話は面白いけれど，新しい概念も多くてちょっと疲れちゃった。

I子：そうね，少し休憩しましょう。

【2日目休憩後：データの活用の続き】

≪4．正規分布≫

C太：さっきまでの話は初めてで難しかったけれど，まだ新しい話が出てくるんだよね？　大丈夫かな。

I子：大丈夫よ。さっきまでの話も少しずつ振り返りながら話を進めるから，また新たな気持ちで取り組んでいきましょう！

C太：はーい！

I子：さっきまで話をしていた，標準化後のデータのうち，特に，昨日話した正規分布で考えることのできるデータについては研究が進んでいるの。昨日はヒストグラムで考えたけれど，ヒストグラムの階級の幅を０に近づけ，幅がないと考えると，それぞれの分布は図表５のような曲線で表すことができるのよ。

図表５　標準化後の正規分布曲線

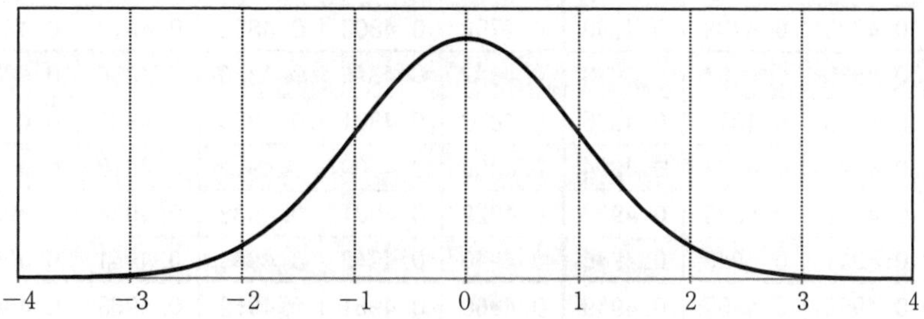

※　横軸は k の値，縦軸は k の値ごとの頻度（回数等）を表す

I子：十分な量のデータを確保できるときに正規分布のデータについて，平均値を m，標準偏差を s とし，k をあらかじめ値の決まっている定数とすると，m 以上 $m+ks$ 以下の範囲に含まれるデータの割合は，k の値と図表６の正規分布表を利用すると分かるのよ。

C太：「個別のデータ x_i について，標準化した値 k_i は，$k_i=\dfrac{x_i-m}{s}$ で求められること」をさっき聞いたけれど，ここでは，k をあらかじめ決めておいて，それを満たすデータあるいはデータの割合を考えていく，ということだね。正規分布表はどのように見ればよいの？

I子：図表６の左にある縦目盛りは k の値の小数点以下第１位まで，上にある横目盛りは小数点以下第２位の値を表しているの。

図表6　正規分布表

k	0.00	0.01	0.02	0.03	0.04	0.05	0.06	0.07	0.08	0.09
0.0	0.0000	0.0040	0.0080	0.0120	0.0160	0.0199	0.0239	0.0279	0.0319	0.0359
0.1	0.0398	0.0438	0.0478	0.0517	0.0557	0.0596	0.0636	0.0675	0.0714	0.0753
0.2	0.0793	0.0832	0.0871	0.0910	0.0948	0.0987	0.1026	0.1064	0.1103	0.1141
0.3	0.1179	0.1217	0.1255	0.1293	0.1331	0.1368	0.1406	0.1443	0.1480	0.1517
0.4	0.1554	0.1591	0.1628	0.1664	0.1700	0.1736	0.1772	0.1808	0.1844	0.1879
0.5	0.1915	0.1950	0.1985	0.2019	0.2054	0.2088	0.2123	0.2157	0.2190	0.2224
0.6	0.2257	0.2291	0.2324	0.2357	0.2389	0.2422	0.2454	0.2486	0.2517	0.2549
0.7	0.2580	0.2611	0.2642	0.2673	0.2704	0.2734	0.2764	0.2794	0.2823	0.2852
0.8	0.2881	0.2910	0.2939	0.2967	0.2995	0.3023	0.3051	0.3078	0.3106	0.3133
0.9	0.3159	0.3186	0.3212	0.3238	0.3264	0.3289	0.3315	0.3340	0.3365	0.3389
1.0	0.3413	0.3438	0.3461	0.3485	0.3508	0.3531	0.3554	0.3577	0.3599	0.3621
1.1	0.3643	0.3665	0.3686	0.3708	0.3729	0.3749	0.3770	0.3790	0.3810	0.3830
1.2	0.3849	0.3869	0.3888	0.3907	0.3925	0.3944	0.3962	0.3980	0.3997	0.4015
1.3	0.4032	0.4049	0.4066	0.4082	0.4099	0.4115	0.4131	0.4147	0.4162	0.4177
1.4	0.4192	0.4207	0.4222	0.4236	0.4251	0.4265	0.4279	0.4292	0.4306	0.4319
1.5	0.4332	0.4345	0.4357	0.4370	0.4382	0.4394	0.4406	0.4418	0.4429	0.4441
1.6	0.4452	0.4463	0.4474	0.4484	0.4495	0.4505	0.4515	0.4525	0.4535	0.4545
1.7	0.4554	0.4564	0.4573	0.4582	0.4591	0.4599	0.4608	0.4616	0.4625	0.4633
1.8	0.4641	0.4649	0.4656	0.4664	0.4671	0.4678	0.4686	0.4693	0.4699	0.4706
1.9	0.4713	0.4719	0.4726	0.4732	0.4738	0.4744	0.4750	0.4756	0.4761	0.4767
2.0	0.4772	0.4778	0.4783	0.4788	0.4793	0.4798	0.4803	0.4808	0.4812	0.4817
2.1	0.4821	0.4826	0.4830	0.4834	0.4838	0.4842	0.4846	0.4850	0.4854	0.4857
2.2	0.4861	0.4864	0.4868	0.4871	0.4875	0.4878	0.4881	0.4884	0.4887	0.4890
2.3	0.4893	0.4896	0.4898	0.4901	0.4904	0.4906	0.4909	0.4911	0.4913	0.4916
2.4	0.4918	0.4920	0.4922	0.4925	0.4927	0.4929	0.4931	0.4932	0.4934	0.4936
2.5	0.4938	0.4940	0.4941	0.4943	0.4945	0.4946	0.4948	0.4949	0.4951	0.4952
2.6	0.4953	0.4955	0.4956	0.4957	0.4959	0.4960	0.4961	0.4962	0.4963	0.4964
2.7	0.4965	0.4966	0.4967	0.4968	0.4969	0.4970	0.4971	0.4972	0.4973	0.4974
2.8	0.4974	0.4975	0.4976	0.4977	0.4977	0.4978	0.4979	0.4979	0.4980	0.4981
2.9	0.4981	0.4982	0.4982	0.4983	0.4984	0.4984	0.4985	0.4985	0.4986	0.4986
3.0	0.4987	0.4987	0.4987	0.4988	0.4988	0.4989	0.4989	0.4989	0.4990	0.4990

C太：正規分布表でkは正の値しか取らないの？　負の値のときはどうするの？

I子：負の値のときには，正規分布が左右対称であることを利用して，その値の絶対値を利用して考えるのよ。

C太：なるほど。具体的な例で考えてみたいね。

I子：例えば，$m-s$以上$m+s$以下に含まれるデータの割合，つまり$k=-1$から$k=1$のときを考えてみましょう。

　まず$k=1$のとき，つまり正規分布表において1.00のとき，m以上$m+s$以下に含まれるデータの割合は0.3413(34.13%)と分かるわよね。

　一方$k=-1$のとき，つまり$m-s$以上m以下に含まれるデータの割合は，正規分布表において，$k=1$ と同様，1.00の場所を見て調べるの。

　したがって，$m-s$ 以上 $m+s$ 以下に含まれるデータの割合は0.3413(34.13%)の2倍と分かるので，合計して，0.6826(68.26%)になるの。図表7のように整理をするとイメージしやすいかな？

図表7　正規分布曲線で $m-s$ 以上 $m+s$ 以下に占めるデータの割合

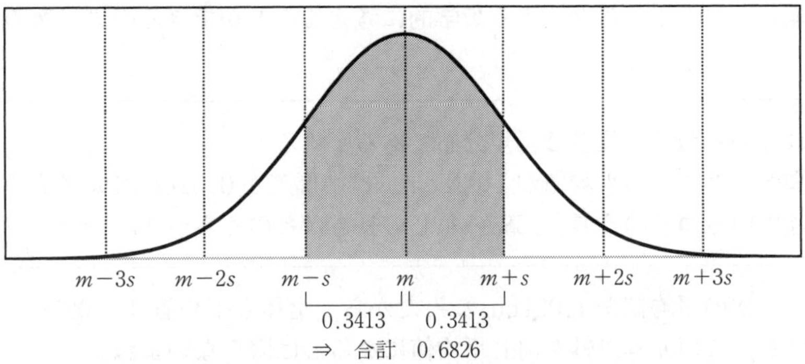

※　横軸はデータの値，縦軸は値ごとの頻度(回数等)を表す

C太：ここまでのI子姉さんの正規分布の説明をもとにすると，受験者の多くが取っている点数も推測することができるね。

　例えば，10000人が受験した試験の結果が平均点 $m=50$(点)，標準偏差 $s=15$(点)であり，正規分布であるとすれば，$m\pm s$ の範囲，つまり35点以上65点以下の範囲に6826人いると考えられるんだね。

…問題8

I子：そういうこと。試験の結果や自然界における多くの現象などは，十分な量のデータがあれば，正規分布に近い形になることが知られていて，統計データの検討をするときに，正規分布を利用する機会は非常に多いのよ。

…問題9

≪5．全体の推定≫

C太：ここまでの話だと，データ全体の平均値と標準偏差が分かれば，そのデータ内におけるあるデータ，例えば自分の数学の点数の位置づけや何点以上の人の割合といったことを考える際には便利だね。

I子：そうね。ただ，それはほんの一部の性質でしかないわ。統計を用いると，一部のデータから全体像を推定することもできるのよ。

C太：どういうこと？

I子：例えば，あなたが夕ご飯のスープを調理するとしましょう。このとき，スープの味を確認するために，あなたならどうする？

C太：一口味見するかな。

I子：そうよね，私もそうするわ。こうした対象の一部，すなわち標本《ひょうほん》を確認・調査することを「標本調査」ともいうの。

　だけど，冷静に考えてみて。スープの一部を飲んだだけで，残りの味も全部同じと言い切れるのかしら？　スープの味をくまなく調べるなら，全部を対象としてすべて確認・調査する，「全数調査」をするしかないんじゃないかな？

C太：そんなことしたら，夕ご飯前に全部なくなっちゃうよ(笑)。ちゃんと調理されたスープなら，どの部分を飲んでも味はほぼ同じだから，気にすることないんじゃないかな。

I子：そのとおり。スープの味見のように，一部を確認すれば，全体についても「ほぼ」確認ができたと考えられるわよね。このように標本調査を行って，全体の様子を知る方法を「推定《すいてい》」というのよ。

…問題10

「推定」について，標準偏差などを用いると，より数学的に考えることができるのよ。次の例を考えてみましょう。

> 例　ある工場で製造されているねじの長さは正規分布であるとする。
> ねじ n 本について調べたところ，平均値が 1.021cm，標準偏差が 0.02cm であるとき，
> この工場で製造されているねじのうち，95％のねじの長さはどのくらいか。

C太：どう考えるのかなぁ…。n 本の平均値が 1.021cm なんだから，全体も平均値は 1.021cm と考えるのが適当な気がするけど，この n 本以外が同じ平均値になるとは限らないよね。

I子：そうよね。まずはこの n 本のねじについて考えてみましょう。はじめに，n 本のねじは，k を 0 以上の定数とすると，$1.021\pm k\times0.02$ の範囲に入ると考えることができるわ。

C太：k の値が分からないなぁ。

I子：だったら，k を決めてみましょうよ。$1.021\pm k\times0.02$ の範囲に95％のねじが入るには，$k=$ [ニ] を代入して考えればいいのよ。

C太：なんで，$k=$ [ニ] なの？

I子：正規分布表の [ニ] のらんを見てみて。割合が0.475になっているでしょ？　中央の値より上側が0.475，下側も同様に0.475あれば，合わせて0.95，つまり95％のねじは $1.021\pm$ [ニ] $\times0.02$ で計算でき，その結果，[ヌ] cm 以上 [ネ] cm 以下になるわね。

C太：今の内容は昨日の話で出てきた内容(中央から前後95％以内なら現実に起こり得ると考え，両端５％はまず起こり得ないと考える)と同じ話だけど，今日の話を踏まえると，具体的にその範囲を計算して求めることができるんだね。

ちなみに，今は95％という基準で計算したけど，90％や99％など他の値でもできるのかな？

I子：それは可能よ。90％で考えるということもあるし，ちょっとのミスも許されないから，99％は少なくとも必要と考える，ということもあり得るの。なお，今挙げた95％の範囲を求める話はよく使用されていて，「95％信頼区間《しんらいくかん》」を求める，という表現をするわ。○％の範囲なら「○％信頼区間」ね。

C太：なるほど。じゃあ，今回求めた [ヌ] cm 以上 [ネ] cm 以下というのは，「工場で製造されているねじの平均的な長さ」の95％信頼区間ということだね。

I子：そういうこと。ちなみに，95％信頼区間では $k=$ [ニ] を使用したけれど，新たに「97％信頼区間」として考える際には，$k=$ [ノ] を使用することになるわね。

…問題11

C太：信頼区間を設定すると，その信頼区間に入らない値はまず起こり得ないと判断するから，何％に設定するかは重要だね。

I子：そうよ。その設定をとおして，あり得ない値を見つけて，異常を検知することは重要だけど，信頼区間の範囲が広すぎて，それを見過ごすような設定になったら大変だから，そこの加減は重要なのよ。

…問題12

【エピローグ】

C太：それにしても，後半に勉強した標本調査における，一部を調べて全体像を把握できるっていうのはすごいね。どのくらいの範囲までなら現実に起こり得るのかも知ることができるし。

I子：一部のデータから全体を推定できることは統計の醍醐味《だいごみ》の１つだと私は思うわ。ただ，今回紹介したのは「統計」のほんの一部分の内容についてのみよ。本当は時間があれば，もっと色々な話をしたかったのだけれど，そのためにはまだまだ勉強する内容が必要になってくるから，今日はここまでにしておくわね。

C太：今日の内容でもかなりお腹いっぱいだけど，もっと勉強してみたいね。

I子：勉強した内容を使って実際のデータを分析することで，色々な現象を解明することもできるかもしれないわよ。

「統計」は理数分野の研究に留まらず，数学とは関係があまりなさそうに思えるところでも，活躍するケースが多いのも特徴よ。

C太：今回知ったことはもちろん，高校に入ってから先も勉強を重ねて，実社会で活かしてみたいね。

I子姉ちゃん，色々教えてくれてありがとう！

問　題

問題１　空らん ア ～ エ を埋めなさい。

問題２　サイコロ１個を200回振ったところ，次のように各値が出た。

サイコロの値	1	2	3	4	5	6
出た回数	32	37	36	29	35	31

これを踏まえて，次にサイコロ１個を１回振ったとき，偶数の目が出る「統計的確率」と「数学的確率」をそれぞれ求めなさい。

問題３　空らん オ ～ ク について， オ と キ は選択群１から， カ と ク は選択群２から，最も適切な文章をそれぞれ選択しなさい。

【選択群１】

(a)　2.5％以内に入る

(b)　5.0％以内に入るが，2.5％以内に入らない

(c)　5.0％以内に入らない

【選択群２】

(d)　まず起こり得ない

(e)　どちらともいえない

(f)　現実に起こり得る

問題４　空らん ケ ～ サ を埋めなさい。

問題５　次の問いに答えなさい。

(1)　空らん シ ～ セ を埋めなさい。

(2)　「分散」を定義する際，「偏差の和」を用いると有効ではないため，「偏差の２乗の和」を用いている。「偏差の和」を用いると有効ではない理由を答えなさい。

問題６　空らん ソ ， タ ， ツ に入るものを選択群３の(a)～(o)から，空らん チ ， テ ， ト に入るものを選択群４の(p)～(y)から，それぞれ選び，アルファベットで答えなさい。ただし，同じ選択肢を２回以上選んでもよい。

【選択群3】

(a) $\dfrac{k}{2}$　(b) k　(c) $2k$　(d) $\sqrt{k}$

(e) $\dfrac{m}{2}$　(f) m　(g) $2m$　(h) $\sqrt{m}$

(i) $\dfrac{s}{2}$　(j) s　(k) $2s$　(l) $\sqrt{s}$

(m) k^2　(n) m^2　(o) s^2

【選択群4】

(p) $-\sqrt{2}$　(q) $-\dfrac{\sqrt{2}}{2}$　(r) $-\dfrac{1}{4}$　(s) 0

(t) $\dfrac{1}{4}$　(u) $\dfrac{1}{2}$　(v) $\dfrac{\sqrt{2}}{2}$　(w) 1

(x) $\sqrt{2}$　(y) 2

問題7　(1)　空らん ナ を埋めなさい。

(2)　平均が45点のテストで太郎さんの偏差値は40，花子さんの偏差値は55であった。花子さんの点数が太郎さんの点数の2倍であるとき，太郎さんの点数とこのテストの標準偏差を求めなさい。

問題8　10000人が受験した試験の結果が平均点 $m=50$(点)，標準偏差 $s=15$(点)であり，正規分布であるとするとき，正規分布の性質を利用して次の問いに答えなさい。

(1)　20点以上80点以下の範囲に何人いると考えられるか。

(2)　35点以上95点以下の範囲に何人いると考えられるか。

問題9　次の文章の空らん ① ～ ⑤ を埋めなさい。

ある洋服屋で20歳以上の男性を対象に洋服を作る際，Mサイズ(164cm 以上 174cm 以下)の洋服をどのくらいの割合で作るべきか考える。

Mサイズの洋服は 164cm 以上 174cm 以下の人に合うものとし，対象となる20歳以上男性の身長の平均値は 168cm，標準偏差が 8 cm であり，身長の分布は正規分布であるとする。

まず，20歳以上男性のうち，164cm 以上 168cm 以下の人の割合を求める。正規分布表を利用して，164cm のデータを標準化すると，

$$\frac{\boxed{\quad ① \quad}-\boxed{\quad ② \quad}}{\boxed{\quad ③ \quad}}=-0.5$$

となり，20歳以上男性のうち，164cm 以上 168cm 以下の人の割合は0.1915であることが分かる。

同じように考えれば，168cm 以上 174cm 以下の人の割合は ④ となって，20歳以上男性のうちMサイズの合う(164cm 以上 174cm 以下の)人の割合は ⑤ となることが分かる。

問題10　次の調査を行うとき，全数調査と標本調査のうち標本調査で行うことが適当であるものを(a)～(e)からすべて選び，アルファベットで答えなさい。

(a)　新聞社が行う世論調査

(b)　テレビ番組の視聴率調査

(c)　U市の人口調査

(d)　空港における保安検査(手荷物検査)

(e)　中学校で行われる健康診断

問題11　空らん ニ ～ ノ を埋めなさい。ただし， ヌ ， ネ については小数点以下第4位を四捨五入し，小数点以下第3位までで答えなさい。

問題12　次の文章の空らん ① ～ ③ を埋めなさい。ただし，①及び②については小数点以下第2位を四捨五入し，小数点以下第1位までで答え，③については適当であるものを(a)～(h)からすべて選び，アルファベットで答えなさい。

あるパン屋ではカレーパンを1個120gで作ることになっている。しかし，客からカレーパンの重さが軽いのではないかと指摘されている。そこでカレーパン n 個を選び，重さを量ったところ，平均118g，標準偏差1.2gであった。パン屋で作られるカレーパンの重さが正規分布であるとして，95%信頼区間で確認したとき，カレーパンの重さ x gについて， ① $\leqq x \leqq$ ② となり，客の指摘(カレーパンの重さが軽い)は正しいとは言えない。

一方で，実用的かどうかはともかくとして， ③ %信頼区間で確認したとき，客の指摘は正しいということになる。

【③選択群】

(a)　34.0　(b)　58.2　(c)　78.5　(d)　85.3
(e)　87.4　(f)　90.3　(g)　92.5　(h)　95.0

を合わせることができるようになり、結果として視力が回復したように錯覚するから。

イ　同じ研究室の上手い仲間たちと切磋琢磨したことで影響を受け、自分が今まで持たなかったすぐれた観察眼を自分のものとして習得できたと感じられるようになるから。

ウ　くりかえしデッサンをしているうちに、モノを概念としてとらえる習慣が身につくため、普段よりも周囲のモノが複雑な記号の組み合わせとしてより精密に見えるようになるから。

エ　モノを見て言葉に置き換え理解している枠組みをはずし、ありのままに見る訓練をデッサンではおこなうので、言葉による理解では拾いきれない細かい要素をとらえることができるようになるから。

オ　暗い室内でモデルさんや骨格標本、筋肉模型などを見つめていると知らず知らずのうちに疲れがたまっているため、外に出た時に光を浴びた緑の葉などを見ることで目が休まることになるから。

問十二　傍線部⑩「技術とは、『つくり手の意図するところへ見る人をすうーっと直に導いてくれるもの』」とありますが、どのようなことですか。説明したものとして最も適切なものを次のア～オの中から一つ選び、記号で答えなさい。

ア　創作者の高い技術は、見る人の心に直接訴えかける力があるので、深い共感を呼び起こすことができるということ。

イ　創作者の高い技術は、あまりにも圧倒的な印象を与える力があるため、見る人が主体的に鑑賞する余地を残さないということ。

ウ　創作者の高い技術は、創作者が重要であると考えたものを、作品の表現自体の力によって、見る人に認識させることができるということ。

エ　創作者の高い技術は、技術を用いていることを感じさせないので、見る人の鑑賞力が未熟であっても、反発を感じずに受け取ることができるということ。

オ　創作者の高い技術は、現実に存在するものをあるがままの姿で写し取る力があるので、言葉による説明がなくとも、見る人に実感させることができるということ。

問八　傍線部⑥「見えているつもりなのに描けない」とはどのようなことですか。説明したものとして最も適切なものを次のア～オの中から一つ選び、記号で答えなさい。

ア　人間は視覚情報を知覚しても、それを正確な概念にしようとしてさらに多くの情報を求めてしまうということ。

イ　人間は知覚した情報から概念をつくりだす存在であるため、一度描いた絵を二度と再現することができないということ。

ウ　人間は視覚情報を知覚すると、すぐに概念に置き換えてしまうため、知覚した像そのものを描くのが難しいということ。

エ　人間は知覚した情報から概念をつくりだす存在であるため、そのときどきの情報の内容によって、概念自体が不確かなものになってしまうということ。

オ　人間は視覚情報を知覚すると、概念に置き換えて認知してしまうため、視覚情報の複雑さは言語の運用能力の度合いによって決まってしまうということ。

問九　傍線部⑦「より複雑な描き方の記号を探し、こぢんまりとした絵になっていた」とありますが、どのようなことですか。説明したものとして最も適切なものを次のア～オの中から一つ選び、記号で答えなさい。

ア　モノを見たままに描こうとすると、情報が多すぎて処理しきれなくなってしまうので、うまく情報を減らしていったところ、きちんとまとまりのある作品ができたということ。

イ　モノを見たままに描こうとすると、情報が多すぎて処理しきれなくなってしまうので、筆遣いの技術を高めることだけに集中し、心のこもらない作品を描いていたということ。

ウ　モノを見たままに描こうとすると、情報が多すぎて処理しきれなくなってしまうので、既に知っている概念を利用しようとしたが、うまくいかず、単純な絵になってしまったということ。

エ　モノを見たままに描こうとすると、情報が多すぎて処理しきれなくなってしまうので、あらかじめ描く絵のサイズを小さくすることで、描かなければならない範囲を小さくしていたということ。

オ　モノを見たままに描こうとすると、情報が多すぎて処理しきれなくなってしまうので、既にある表現を組み合わせて複雑なものを描こうとするが、結局は型にはまったものになっていたということ。

問十　傍線部⑧「いいかげんな言葉のようで『上手』よりずっと誠実で、アートに適した評価ではないか」とありますが、なぜですか。理由を説明したものとして最も適切なものを次のア～オの中から一つ選び、記号で答えなさい。

ア　「おもしろい」という言葉は、適用できる範囲が広いので、うそをつくことなく作品をほめることができ、人間関係を円滑にすることができるから。

イ　「おもしろい」という言葉は、描いた本人の感想に過ぎないが、アートとは本来作り手自身のためにあるもので、他人からの評価は必要としないはずだから。

ウ　「おもしろい」という言葉は、「上手」という言葉のように優越感から他人を見下すものではなく、お互いを対等な個人として認めて向きあい、評価するものだから。

エ　「おもしろい」という言葉は、見た人の感想や興味を表すものなので、作品自体の質よりも大衆の興味をひくかどうかで価格が決まる現代アートの世界にふさわしいものだから。

オ　「おもしろい」という言葉は、鑑賞者がさまざまな観点で主体的に評価したことを表せるので、ひとつの評価基準に従うよりも多様な価値観を提示しようとするアートのあり方と合致しているから。

問十一　傍線部⑨「いつも不思議と目がよくなったような気がした」とありますが、なぜですか。理由を説明したものとして最も適切なものを次のア～オの中から一つ選び、記号で答えなさい。

ア　長時間デッサンをおこなうことで、細かいところに目の焦点

こと。

ウ　いつも同じ一文をそえることは、わざとふまじめな対応をしているように見えるが、当時の自分としては本心から書いていたのだということ。

エ　いつも同じ一文をそえることは、言いつけに従ったように見えて、その指摘の意味をなくさせようというささやかなたくらみであったということ。

オ　いつも同じ一文をそえることは、日記というものを私が理解できていなかったからで、単純にその日のおもしろかったことを書けばいいと思っていたということ。

問三　傍線部②「あらためて考えると、『おもしろい』こそ、そのころの自分が日々感じたいろいろを表すのに一番適した言葉だったのだと思う」とありますが、ここでの「おもしろい」という言葉が表すのはどのようなことですか。説明したものとして最も適切なものを次のア～オの中から一つ選び、記号で答えなさい。

ア　なじみ深く安心して楽しめること。

イ　人からほめられて誇りに思うこと。

ウ　上からの強制に対して反感を示すこと。

エ　今までにない新しい経験や感じ方をすること。

オ　自分の思い通りの結果になって満足すること。

問四　傍線部③「『画風』」とありますが、「」が付されていることに留意しながら「画風」の意味を、「～こと」に続く形で三十字以内で抜き出しなさい。

問五　傍線部④「なぐりがきをしている時期は、チンパンジーと同じように、探索する過程をおもしろがって描くのだ」とありますが、「探索する過程」とはどのようなことですか。説明したものとして最も適切なものを次のア～オの中から一つ選び、記号で答えなさい。

ア　探り探り線を描くことで、自分の行為と感覚が段々と一致してくること。

イ　手を動かして描くことで、行為と感覚の関係を探りながら理解していくこと。

ウ　実際に手を動かして出力することで、描かれた対象が何かわかっていくこと。

エ　描くことを通して、描かれるものと描く自分との主客関係がはっきりしてくること。

オ　描くという行為は、感覚的な入力がないと成り立たないものであると理解していくこと。

問六　空欄［X］に当てはまる最も適切な語を次のア～オの中から一つ選び、記号で答えなさい。

ア　副次　イ　排他　ウ　内面　エ　利己　オ　社会

問七　傍線部⑤「これこそ絵が苦手という人を生みだしてしまう最大の要因なのではないかと思っている」とありますが、なぜですか。理由を説明したものとして最も適切なものを次のア～オの中から一つ選び、記号で答えなさい。

ア　「上手」という評価以外に絵をほめる言葉を知らないので、その限定された基準で評価されない人を気後れさせてしまうから。

イ　「上手」という評価以外に絵をほめる言葉を知らないので、これから新しい言葉を学ばねばならないという心理的な負担が大きいから。

ウ　「上手」という評価以外に絵をほめる言葉を知らないので、多様な意味を込めることになり、その言葉が何を意味しているかわからなくなるから。

エ　「上手」という評価は、子どもの絵に対する評価であって、一流の画家に対して使うべきではないと思い込んでいると、美術を鑑賞すること自体が難しくなるから。

オ　「上手」という評価は、モノの形を正確に写し取っているかどうかといった視点に限らないので、絵を描く人々は何を目指していいかわからず混乱してしまうから。

だから、子どもの絵を評価する言葉も、「上手」より、「おもしろい」がいいと思っている。

「おもしろい」は絶対的な評価ではなく、あくまで個人の感想だ。人によって、そしてテーマや色合い、構図などの視点によって、多様な「おもしろい」があり得る。そのぶん見る方も主体的に向きあう努力が必要だ。⑧いいかげんな言葉のようで「上手」よりずっと誠実で、アートに適した評価ではないか。

ただし、「上手」に、写実的に描こうとすることを否定するわけではない。

東京芸大の美術解剖学研究室にいたころ、毎週水曜は人物デッサンの日だった。解剖学なので、モデルさんの隣には骨格標本と筋肉模型も並ぶ。同じ研究室の仲間たちは、難関の実技入試を突破してきただけあって、さすがに「上手い」。最初は少し気後れしてしまったが、鉛筆を動かすと夢中になった。朝から数枚の注5クロッキーとデッサンを終えて、お昼に外に出ると、⑨いつも不思議と目がよくなったような気がした。ふだんよりも緑が鮮やかにきらめき、葉の一枚いちまいもはっきり見える。世界は光と影で構成されているんだなあ、などとeカンガイにふけったりもした。

写実的に描くことは、見る力を磨くことなのだ。学部のときに生物学の実習でスケッチをしたときも、似たことを感じた。記録をとるためだけなら、写真の方が手っ取りばやい。でも時間をかけてスケッチをすることで、はじめて構造が見えてきたりする。

デッサンやスケッチは、概念の枠組みをいったんはずして、世界をありのまま知覚的にとらえる訓練になる。だから多くの画家が、一度写実的な表現を究めてから、独創的な表現を見いだしていくのだろう。

以前、インターネット(ほぼ日刊イトイ新聞)に画家の山口晃さんのインタビュー記事があり、⑩技術とは、「つくり手の意図するところへ見る人をすうーっと直に導いてくれるもの」とおっしゃっていた。技術をもっていることを「忘れさせるくらいまで磨き込まれることが大切」だという。ここでの「技術」はより広い意味だが、鑑賞者としても、表現者としても、腑に落ちる言葉だった。

山口さんの言葉は、以前も引用させていただいた(『図書』二〇一六年四月号)。「私が面白い(大切)と思うものを誰もそう思わない。だから、そう思えるよう表してやる。それが表現だ」。

「上手い」は、「おもしろい」を表現するために役にたつ。「おもしろい」をすうーっと伝えられるように、自分も文章の技術を磨きたいと思った。

きょうは「おもしろい」についてかんがえました。とてもおもしろかったです。

(齋藤亜矢「上手い、おもしろい」『図書』二〇一八年六月号より)

注1 やはりチンパンジーだ…筆者はヒトとチンパンジーの描画を比較する研究をおこなっている。

注2 アイ…チンパンジーの名前。

注3 パン…チンパンジーの名前。

注4 ダリ…サルバドール・ダリ(一九〇四〜一九八九)スペイン出身の画家。シュールレアリスム絵画の代表的存在。意識下の夢や幻覚を写実的手法で表現した。

注5 クロッキー…全体の感じを短い時間でおおまかに写し取ること。速写。素描。

問一 傍線部a〜eについて、漢字はその読み方をひらがなで書き、カタカナは漢字に直しなさい。

問二 傍線部①「とってつけたような一文は、小さな抵抗のようにも思えるけれど、ただただ素直だったのだ」とはどのようなことですか。説明したものとして最も適切なものを次のア〜オの中から一つ選び、記号で答えなさい。

ア いつも同じ一文をそえることは、先生の指摘への反発だったが、その気持ちも含めて自分の本当の気持ちだったということ。

イ いつも同じ一文をそえることは、確かにごまかしではあったが、反抗的な態度だと受け止められるとは思わなかったというこる。「これ、アンパンマン」と子どもが説明しながら描いたり、まわりのおとなが、「なに描いたの?」と問いかけたり。

そのとき、なにげなくつかってしまうのが「上手」という言葉ではないか。上手だね。上手いね。子どもの絵に対してだけではないかもしれない。美術館でも、注4ダリの絵を前に「上手」という声が聞こえてきて、びっくりしたりする。

自分も「上手」という一元的な評価にさらされてきたからだろう。それ以外に絵をほめる言葉を知らないのだ。そして、⑤これこそ絵が苦手という人を生みだしてしまう最大の要因なのではないかと思っている。

「上手」といわれるのは、見たモノの形を写しとった写実的な絵のことが多い。子どもの絵でも、やはりモノの形をとらえた絵の方がほめられやすいし、子どもらしいのびのびとした絵であるとなお「上手」とされる。

そうすると、上手に描けないから絵が苦手、という子が出てきてしまう。おとなになると、上手な絵を描くには、特別な才能や絵心なるものが必要で、自分にはそれがないから描けないと思い込んでいる人も少なくない。

でも、写実的に描くのがむずかしいのはしかたがない。人間ならではの認知的な特性が、そしてじつは表象を描くために必要な認知的な特性が、写実的に描くときには邪魔になるのだと考えている(拙著『ヒトはなぜ絵を描くのか』)。

小さな子どもが描くのは、丸だけで顔を描ける記号的な絵だ。「顔には、輪郭があって、目が二つあって、口がある」という、頭のなかにある表象スキーマ(対象についての一連の知識)、つまり「認知」された「知っているモノ」を描いている。

いっぽうで、見たモノを描く写実的な絵では、網膜に写る光の配列、つまり、モノを何かとして「認知」する前の「知覚」を描こうとする。

でも、言葉をもった人間は、目に入る視覚情報を「知覚」すると、つねに何かとして言葉に置きかえて、概念的に「認知」してしまう癖がある。そこで、⑥見えているつもりなのに描けないというジレンマが生まれるわけだ。

小学校の高学年のころ、写生で木を描くのに悩んだ記憶がある。木の枝一本いっぽんが目ではちゃんと見えているのに、描こうとするとうまくいかない。見れば見るほど、たくさんの情報があふれていて、すべてを描き出すのはとうてい不可能に思えた。結局左右に、適当な枝分かれをつくってごまかしてしまった。記号的な表現に逃げたのだ。

学校ではいつも、上手に描こう、きれいに描こうという気持ちがあった。その結果、⑦より複雑な描き方の記号を探し、こぢんまりとした絵になっていたように思う。

そのころ、家で新聞を読んでいる母の姿をこっそりスケッチしたことがあった。このときなぜか途中でいたずら心のスイッチが入って、とことんおもしろく、変な絵にしちゃえ、と思った。cムゾウサな髪に、ぎょろっとした目、鼻の穴や顔のしわもありのまま、むしろ誇張するぐらいに描く。

本人に見せたら、そんな変な顔じゃないといやがるはず、と期待したのに、すっかり肩すかしを食ってしまった。母はわたしがこっそり描いていることなどお見通しで、むしろ上手に描くなあと感心して、横目で見ていたというのだ。

そういわれてみると、たしかにいつもより生き生きとして、いい絵だった。皮肉にも、「上手く」ではなく「おもしろく」描こうと思ったことがよかったのだろう。d怪訝に思いながらも、なにか少し枠をこわせたような気がした。

漢字では「面白い」と書くように、目の前が明るくなることが、「おもしろい」の語源だとされる。それまでの枠組みがこわされて光がさしこみ、今まで見えなかったものが見えるようになる。「おもしろい」は、見る人の心のなかでおこる作用であり、「!」なのだ。

次のア～オの中から二つ選び、記号で答えなさい。

ア　時間　　イ　想像力

ウ　人を信頼する心　　エ　小説を書くこと

オ　他の人々との連帯の感覚

二　次の文章を読んで、後の問いに答えなさい。

小学生のころの日記は、最後の一文がいつも同じだった。だれと何をして遊んだ、何の本を読んだ、たわいもない日常が綴られたあと、aトウトツに「とてもおもしろかったです」としめくくられる。「とてもおいしくて、とてもおもしろかったです」が、まれな変化形だ。

宿題として日記を提出すると、先生が赤ペンでコメントをくれるのが楽しみだった。でも、あるときこう指摘された。「なにをしたかはよく書けていますが、そのとき感じたことも書けるといいですね」。それ以来、この一文がつけ足されることになった。

①とってつけたような一文は、小さな抵抗のようにも思えるけれど、ただただ素直だったのだ。そもそも日記とは、その日のおもしろかったことを書くものと思っていたような気もする。

②あらためて考えると、「おもしろい」こそ、そのころの自分が日々感じたいろいろを表すのに一番適した言葉だったのだと思う。「おもしろい」は、いいかげんなようで、じつは万能で、深い言葉だ。

研究でも、一番のほめ言葉は「おもしろい」だ。新しい着眼点、新しい手法、意外な結果、新たな説を導く考察など、それまでの枠組みを大きく変えるような研究こそ、「おもしろい」。

アートの起源について研究する上でも、「おもしろい」がだいじなキーワードだと考えている。鑑賞者の視点からは「美しい」についての議論に終始しがちだが、表現者の視点からはむしろ「おもしろい」が重要なのではないかと。

根拠は、注1やはりチンパンジーだ。チンパンジーは、絵筆を渡すと、それをあつかって描くことができる。芸として教えるのとは違い、ごほうびのリンゴは必要ない。筆やペンを動かして描く行為がなんだか「おもしろい」らしいのだ。

ただしチンパンジーたちの興味は、描く過程にあって、描かれた結果としての絵にはあまり興味を示さない。絵筆を動かすと、紙の上にさまざまな痕跡が表れる。画用紙にペンをふりおろせば、てんてんが描けるし、筆先をつけたまま水平に動かせば、しゅーっと長い線があらわれる。手を動かしながら、出力(行為)と入力(感覚)の関係を探索的に理解していく。その過程をおもしろがっているようにみえる。

おとなのチンパンジーには③「画風」があって、絵を見ればだれが描いたかがわかるほどだ。注2アイならくねくねした曲線を画用紙全体に広げるし、注3パンなら短い線を並べて色ごとにパッチをつくる。でたらめに絵筆を動かすだけではなく、自分好みの描き方ができてくる。それぞれの美を求めての画風というより、こう描こうという自分のルールをつくって、それを実行するのが「おもしろい」のだろう。

人間の場合も、子どものころから美を求めて描くわけではない。はじめてペンを握るとき、ふりまわしたペン先がコツンとあたって痕跡が残るだけで、あ、とうれしそうにbカンセイをあげたりする。④なぐりがきをしている時期は、チンパンジーと同じように、探索する過程をおもしろがって描くのだ。

それが三歳ごろになって、何かを表した絵、つまり表象を描くようになると、モチベーション(動機づけ)も変わってくる。自分の描いた線にさまざまなモノの形を発見することがおもしろい。頭のなかにあるイメージを紙の上に生み出すことがおもしろい。そして、それを他者に伝えられることがうれしい。つまり個人的な動機づけに［ X ］的な動機づけがくわわるので、他者の反応が気になってくる。

この時期には、絵を介した言葉のコミュニケーションも頻繁におので、自分の周囲で実際にどんな出来事が起こっていたとしても重要ではないから。

問七　傍線部⑦「この孤独感」とはどのような孤独感ですか。説明したものとして最も適切なものを次のア～オの中から一つ選び、記号で答えなさい。

ア　芸術の中で小説だけに体系がない孤独感。

イ　技術的な事柄を誰にも教えてもらえない孤独感。

ウ　懸命に書いた作品を社会が認めてくれない孤独感。

エ　仲間を持たずに一人きりで真実に立ち向かう孤独感。

オ　楽譜のような具体的な手引きを持たずにやっていく孤独感。

問八　傍線部⑧「この世であなた以外にその仕事ができる人間はいません」とありますが、それはなぜですか。理由を六十字以上八十字以内で説明しなさい。

問九　傍線部⑨「完全な自由とは、完全な責任ということです」とはどのようなことですか。説明したものとして最も適切なものを次のア～オの中から一つ選び、記号で答えなさい。

ア　どんな作品をどのように書くかはすべて自分の好きに決めることができ、そのこと自体が読者や社会から強く求められているということ。

イ　どんな作品をどのように書くかはすべて自分の好きに決めることができるが、誰にも頼らずにあきらめることなく真実に近いものを作ろうとし続けねばならないということ。

ウ　どんな作品をどのように書くかはすべて自分の好きに決めることができるが、結果として生じる社会的な影響がどんなものであっても、作者が引き受けなければならないということ。

エ　どんな作品をどのように書くかはすべて自分の好きに決めることができるが、あるがままの事実をふまえて書かなくては真実を書いたことにはならないので、空想におぼれないように注意することが必要だということ。

オ　どんな作品をどのように書くかはすべて自分の好きに決めることができるが、その反面、作品に対する批判や流布した評判については、たとえそれが否定的なものであっても、作者が引き受けなければならないということ。

問十　傍線部⑩「しかし、実際はそうはいかないのです」とありますが、それはなぜですか。理由を説明したものとして最も適切なものを次のア～オの中から一つ選び、記号で答えなさい。

ア　真実をありのままに語ることは一見簡単なことのようだが、写真ですらどのような画面を切り取るかに個人の視点が現れている。このように、作品から自分の主観を完全に取り除くということはなかなかできないものだから。

イ　小説とは現実に起きた出来事をカメラのようにそのまま写し取り伝えるものである。だが、どんなに厳しい現実であってもためらわず表現するということは、作家が受け取り手である未知の読者を十分に信頼していなければできないことだから。

ウ　作家が書くべきなのは単なる出来事ではなく自身の内面の真実であり、それを正確に捉えた上で相手を信頼して打ち明けるのは、近しい人に対してでも難しい。そのような行為を未知の多数の読者に向けておこなうのは、たやすくないことだから。

エ　作家の仕事は自身がつかんだ真実を語ることだが、独裁者として国をおさめる立場の人間にとっては、言葉を次々に吐き出したとしてもそれを受け止める人間が周囲にいないので、読者が存在しないかもしれないという不安や孤独感をなくすことができないから。

オ　作家は本来、物事をあるがままに語るように書くべきである。しかし、実際には空想を交えずに淡々と書くことができる作家はまれであり、自分の内面で本当に感じていることや思っていることを書いて自己表現したいという気持ちをおさえるのは非常に難しいことだから。

問十一　傍線部⑪「あなたから多くのものを奪う」とありますが、どのようなものが奪われるのだと考えられますか。適切なものを

オ　作家は海のことについて書きたいときは、船乗りにたずねることはあっても、他の作家に意見を求めることはないから。

問二　傍線部②「第一段階で離陸に失敗し、発射台の残骸の回りに立ちつくして議論をしながら終わりになる」とはどのような状態だと考えられますか。波線部で「わたしたちは離陸したわけです」と書かれていることをふまえ、説明したものとして最も適切なものを次のア～オの中から一つ選び、記号で答えなさい。

ア　タイプの仕方や辞書の引き方を習得できず、その理由を考えているだけでそれ以上先へ進めない状態。

イ　予想以上に具体的なアドバイスが聞けて満足してしまい、それ以上話を聞く必要はないと思い込んでしまう状態。

ウ　講演者が二段階の答えを用意しているのに、一段階目の時点で自分は作家に向いていないとあきらめてしまう状態。

エ　読みやすく出版可能な原稿の形式を整えることができないために、誰にも読んでもらえず、作家にもなれずじまいになる状態。

オ　タイプの練習や辞書、タイプ用紙の使い方といった、期待していたのとちがう回答に質問者がうんざりしたり怒ったりする状態。

問三　傍線部③「あれこれ言い訳をし出す」とありますが、どのようなことの「言い訳」をし出すというのですか。説明したものとして最も適切なものを次のア～オの中から一つ選び、記号で答えなさい。

ア　自分の作品をまだ書いていないことの言い訳。

イ　自分の質問が作家に誤解されていることの言い訳。

ウ　自分の作品が商業的に成功していないことの言い訳。

エ　自分の作品が芸術として評価されていないことの言い訳。

オ　自分の作品に他人のアイディアを流用していることの言い訳。

問四　傍線部④「経験」が指し示す内容と最も近い意味で用いられている本文中のことばとして最も適切なものを、傍線部a～eの中から一つ選び、記号で答えなさい。

a　魂　b　精神　c　内面　d　真実　e　事柄

問五　傍線部⑤「芸術家というのは一巻きの写真のフィルムのようなものだ」とはどのようなことですか。説明したものとして最も適切なものを次のア～オの中から一つ選び、記号で答えなさい。

ア　芸術家に第一に求められるものは、技術の高さであるということ。

イ　芸術家とは、客や依頼人の望み通りに現実を切り取る人だということ。

ウ　写真家も、小説家や画家や音楽家と並ぶ、立派な芸術家であるということ。

エ　芸術家は、現実の事柄を作品の中でありのままに描くものであるということ。

オ　いかにすぐれた芸術家であろうと、一生に経験できることには限りがあるということ。

問六　傍線部⑥「芸術家というのは、事柄にはまったく興味がない人種です」とありますが、なぜ「芸術家」は「事柄」に興味を持たないのですか。理由を説明したものとして最も適切なものを次のア～オの中から一つ選び、記号で答えなさい。

ア　芸術家は、同じ事柄を前にしても人によって感じ方は様々であるということを経験的に熟知しているから。

イ　芸術家は、自分の作品に関しては興味があるが、世の中の事柄については関心を持つことができないから。

ウ　芸術家は、自分の周囲で起こったことを正確に写し取るのではなく、自分の内面を掘り下げることによって作品を生み出すから。

エ　芸術家にとって、自分の周囲で起こった出来事をそのまま写し取るだけでなく、自分がその出来事に心を開いているかどうかも重要だから。

オ　芸術家にとって、経験とは想像力で補うことができるものな

注1　タイプ…タイプライター（指で鍵盤をたたいて文字や記号を紙面に印字する機械）、また、それを用いて文字を打ち出すこと。タイプライターを使って文字を印字する職業の人をタイピストと呼ぶ。

注2　エミリー…エミリー・ブロンテ（一八一八〜一八四八）イギリスの女性小説家、詩人。一八四七年に刊行された『嵐が丘』の作者。シャーロットの妹。

注3　シャーロット…シャーロット・ブロンテ（一八一六〜一八五五）イギリスの女性小説家。一八四七年に刊行された『ジェーン・エア』の作者。エミリーの姉。

問一　傍線部①「書くということについて意見を求められるに最もふさわしくない人物は、作家でしょう」とありますが、なぜですか。理由を説明したものとして最も適切なものを次のア〜オの中から一つ選び、記号で答えなさい。

ア　作家は書くことについて自分が話をするよりも、人の話を聞く役割の方を好む性質があるから。

イ　作家は書くということについて、いつも考えているので定まった回答を持ち合わせていないから。

ウ　作家はジャーナリストとは異なり、本当のことを語らないタイプの人間なので、正直な意見など言うはずがないから。

エ　作家は書くという行為それ自体に精一杯で、書くこととはどういうことかなどと突き放して考えるような余裕はないから。

二〇一九年度
国際基督教大学高等学校

【国語】〈七〇分〉〈満点：一〇〇点〉

注意　1．解答に字数制限がある場合は、句読点や「　」、その他の記号も字数に数えます。
2．出題の都合上、本文の一部を省略あるいは改変していることがあります。

一　次の文章は、小説家アーシュラ・K・ル＝グウィンによる「書くということ」と題された講演の記録です。読んで、後の問いに答えなさい。

〈編集部注…課題文は著作権上の問題により掲載しておりません。作品の該当箇所につきましては次の書籍を参考にしてください〉

・アーシュラ・K・ル＝グウィン著　千葉薫訳「書くということ」
『夜の言葉』〈岩波書店　二〇〇六年五月一六日発行〉
二八二頁一行目～二八二頁八行目（中略）二八三頁三行目～
二九〇頁八行目（中略）二九二頁一〇行目～二九四頁八行目

英語解答

I
①　2　②　1　③　4　④　2
⑤　1　⑥　1　⑦　2　⑧　3
⑨　4　⑩　1　⑪　3　⑫　2
⑬　1　⑭　2　⑮　3　⑯　1
⑰　2　⑱　2　⑲　4　⑳　3

II
問1　［ア］…16　［イ］…14　［ウ］…13
［エ］…12　［オ］…3　［カ］…5
［キ］…4　［ク］…7　［ケ］…1
［コ］…10
問2　［A］…15　［B］…16　［C］…10
［D］…3　［E］…1　［F］…14
［G］…11　［H］…13　［I］…12
［J］…5

III
A　2　B　1　C　3　D　4
E　4　F　①…3　②…2
G　1　H　2　I　2，4，7

IV
A　3　B　2　C　4
D　D-1…4　D-2…8
E　3　F　1　G　2　H　3
I　3，4，7

V
A　(例)We're looking for Yoshi-chan, so if you have any information please inform the police.
B　3番目…promise　9番目…back
C　3番目…from　9番目…someone
D　(例)There are a lot of important things in the world, but nothing is as important as people's lives.

I〔長文読解─適語(句)選択─説明文〕

≪全訳≫❶1933年の映画『晩餐《ばんさん》八時』で，ジーン・ハーロウはベッドでハート形のクッションに座って，巨大なチョコレートの箱から少しずつ食べていた。実際，映画が人気になって以来，チョコレートは愛の象徴になってきた。だが問題は，チョコレートの愛とのつながりは，映画に端を発するのか，ということだ。すなわち，映画が登場するずっと前から，それは愛の象徴だったのだろうか。❷チョコレートの歴史は，南米原産のテオブロマカカオの木から始まる。この木から集められたカカオ豆は，マヤ人やアステカ人の間では栄養のあるごちそうだった。彼らは煎《い》ったカカオ豆を蜂蜜や唐辛子と混ぜた飲み物をつくって，それを「苦い水」を意味する「ショコラトル」と呼んだ。その当時，カカオ豆は金と同じくらい高価で，税金を払うのに使われた。ココアは「神々の食べ物」と呼ばれ，特別な儀式の際によく飲まれた。❸1600年代初期には，チョコレートはヨーロッパ全域で人気になっていた。ロンドンでは，チョコレートハウスが社交の場として利用され，コーヒー店と競い始めた。あるハウスは，チョコレートを「多くの病気を治す」飲み物として宣伝した。1715年から1774年までフランス国王であったルイ15世は，毎日チョコレート飲料を飲んでいた。マリー・アントワネットが1770年にルイ16世と結婚したとき，彼女はベルサイユに自分用のチョコレートメーカーを持っていった。彼は，強壮用にランと混ぜたチョコレート，心を落ち着かせるためにオレンジの花と混ぜたチョコレート，胃の疾患用に甘いアーモンドミルクと混ぜたチョコレートのレシピをつくり出した。❹私たちはチョコレートといえばバレンタインデーを思い浮かべるが，その祭日は実はかなり後になるまで制定されなかった。バレンタインデーの愛とのつながりは，1382年のジェフリー・チョーサーの詩の中で初めて登場したようだ。そこから，人気のある早春の祭日へと発展した。歌や詩が愛で満ちた心を祝ったが，キャンディーとチョコレートは，ヨーロッパでは砂糖が貴重だったため，まだお祝いの一部とはならなかった。しだいに，科学技術がバレンタインデーを大きなビジネスへと変えたのだ。❺ヴィクトリア朝(1837年～1901年)の人々は，配偶者にキューピッドで覆われた贈り物やカードを送るのを大変好んだ。ちょうどその頃アメリカでは，リチャード・キャドバリーが，「飲む」チョコレートをさらにおいしくするために，「食べる」チョコレートをつくった。彼はハート形の箱にキューピッドや花をつけた。人々はチョコレートを食べた後，長い間さまざまな方法で美しい箱を使うことができた。日本では，森永が1899年にチョコレートを製造し始め，20世紀初頭になると他の多くの企業がこの動きに続いた。❻今日では，世界中でバレンタインデーとチョコレートのビジネスの成功が見られるが，日本での慣習はどこか他の国の慣習とは全く違う。ここではバレンタインデーは，女性が恋人だけでなく男性の同僚や上司にもチョコレートをあげる日になっている。この商品を買う人々は大部分が女性客だとわかると，この慣習と産業が発展した。そこで，ホワイトデーがつくられ，日本は女性に敬意を払いたい男性のための慣習を始めた。そしてこの日は，ホワイトチョコレートがもともとは最も人気のあった贈り物だったが，今では選択肢が他にもたくさんある。❼ジーン・ハーロウは，チョコレートを夢のようなごちそうにした。それから他の人々が，チョコレートがいかに人々を笑顔にするかを説明する方法を見つけた。科学では，人々が恋をしているときに脳でつくられるのと同じ化学物質であるフェネチルアミンがチョコレートにはあることが実際に示されている。人間がこのつながりを築くのはきわめて当然のように思える！

①直後に‘have/has＋過去分詞’の現在完了形(‘完了’用法)が続くので，ever since「～以来ずっと」が適切。　②「チョコレートの愛とのつながりは，映画に端を発しているのか」という意味になると考えられる。この文の主語はchocolate’s connection with loveで3人称単数なので，doesが適切。　③選択肢部分の後がMayans「マヤ人」とAztecs「アステカ人」という集合体なので，「(まとまった3つ以上の複数のものの)間で」を表すamongが適切。　④gold「金」との比較であること，また税の支払いに使われたとあることから，「金と同じくらい高価」だったとする。

⑤文の主語はcocoa。ココアは飲まれる物なので過去分詞にする。andとoftenの間にcocoa wasが省略されている形。　drink－drank－drunk　⑥「1600年初頭には」とあるので過去形が適切。　⑦チョコレートが人気になったので，チョコレートハウスがコーヒー店と競うようになったという文脈。compete with ～で「～と競う」。　⑧マリー・アントワネットが自分専用のチョコレートメーカーをベルサイユに持っていったのは，ルイ16世と結婚したときの一時点でのこと。

⑨直後にthe mindという名詞が続いているので，calmを「～を静める，落ち着かせる」という意味の動詞として用いて，「心を落ち着かせるために」とする(to不定詞の副詞的用法)。　⑩従属節と主節が，相反する内容なので，‘逆接’を表すAlthough「～であるが」が適切。　⑪seem to ～で「～のようだ」。文脈からseems to appear first in ～「～に初めて登場したようだ」とする。　⑫not ～ yetで「まだ～ない」。　⑬主語のPeopleを受ける代名詞の所有格はtheir。‘send＋人＋物’「〈人〉に〈物〉を送る」の形。　⑭人々がチョコレートの入っていたすてきな箱を使うのは「チョコレートを食べた後」。　⑮選択肢部分を含む文は「世界中でバレンタインデーとチョコレートのビジネスの成功が見られる」という意味になると考えられるので，受け身形のcan be seenが適切。　⑯日本の慣習と他の国の慣習を比べているので，anywhere else「どこか他の」とするのが適切。　⑰‘not only ～ but (also) …’で「～だけでなく…も」。　⑱「商品を買っている人々」という意味になると考えられるので，形容詞的用法の現在分詞buyingが適切。　⑲この後，「今では選択肢が他にもたくさんある」とあり，今と過去を比較している文だとわかるので，「もともとは最も人気のあった」となる，過去時制のthat wasが適切。このthatは主格の関係代名詞。　⑳the same ～で「同じ～」。

Ⅱ〔長文読解総合―説明文〕

≪全訳≫❶「手ぬぐい」は伝統的な日本のタオルの一種だ。ただ手や体をふく以外にもさまざまな方法で使うことができる。手ぬぐいの模様は，ユーモアがあるものや，伝統的なものなどさまざまであるほか，色もいろいろあるので，集めたり見たりするのも楽しい。値段はあまり高くなく，専門店だけでなくお土産屋や博物館の売店など日本中で買える。❷手ぬぐいは西洋のタオルとは少々異なる。この伝統的な日本の布地は薄く，大量の水を吸収する。両端は生地がより速く乾くように縫製されずに裁断してある。それに加えて，乾くときに熱を奪うので，手ぬぐいの生地は特に夏にハンカチやタオルの立派な代わりになる。❸店先に，伝統的な日本の模様や図柄の多数の手ぬぐいを見つけることができる。その模様は手捺染と呼ばれる技法を使って職人により丹念に手染めされることが多い。この技法では，いろいろな色の染料がそれぞれの模様に使われる。❹ある店の経営者は，伝統的なものから最近つくられた図柄まで1000以上の模様があると説明する。「毎月家の玄関にさまざまな手ぬぐいをつるすのを楽しむお客さんもいらっしゃいます。家に明るさをもたらすので私もぜひそれをお勧めします」と彼女はつけ加えて言う。❺彼女が勧めるように，最近手ぬぐいは装飾品として人気が出ていて，絵画用の額縁に美しく飾られていることもある。「美しさが理由で手ぬぐいを買う場合は，ハンカチやテーブルクロスとして実際に使ってみてください。あるいは，装飾品として楽しんだ後は，擦り切れるまで靴を磨いてみてください」と彼女は言う。❻手ぬぐいは，ハンカチよりも薄くそしてかさばらないので，多才な役者のようだ。それに，手ぬぐいはハンカチより大きく長いので，ちょっとした工夫でおもしろい使い方がたくさん見つかる。冬に屋外で寒さを感じたり，夏にクーラーがきつすぎるときに，首に巻いて温めることができる。バイクに乗っているときは，ヘルメットの中で頭に手ぬぐいを巻けば快適でいられる。❼手ぬぐいは奈良時代の間，すでに使用されていたといわれている。最初，手ぬぐいはかなり高価だったが，江戸時代の間に庶民も使い始めた。現在では，さまざまな用途で，ときにはエプロンやバンダナとして使用されている。❽明治時代以降，日本は西洋の生活様式を学ぼうとして，日本の手ぬぐいを使うことがずっと少なくなった。手ぬぐいはほとんど忘れられたようだった。しかし近年，人々は手ぬぐいの便利さや美しさに再度気づいている。この10年くらいの間に，ますます多くの店が手ぬぐいを販売し始めた。外国人観光客の数が増えるにつれて，日用品としてだけでなくお土産としても人気が出ている。❾きめが細かい生地もあれば，きめが粗い生地もあるので，手ぬぐいは数種類に分けられる。想像できるように，生地のきめが粗いと，手ぬぐいに小さなものの細い線や像を書くのは非常に難しい。一方，きめが細かい生地では簡単に繊細な模様をつくり出せる。❿今日では，手ぬぐいは異なる２つの方法でつくられている。伝統的な方法は注染と呼ばれていて，紙を使って布に色をつける。染料が布に染み込むので，模様が両面に現れる。手ぬぐいを長期間使用すると色があせて，これによりすてきに使い古された感じが出る。⓫もう１つの方法が印刷だ。印刷はより繊細な模様や特徴をつくり出せる。片面にのみ印刷されるので，裏面は無色になり，これが注染手ぬぐいとは異なる。⓬この技法はシルクスクリーンを使うので，注染手ぬぐいと比べると，印刷された手ぬぐいはよりきめ細かな模様や特徴をつくり出せる。シルクスクリーンとは，簡単にいえば，枠に入った布の一種だ。この布の上に図柄を描いて，図形を切り抜き穴を開ける。インクや染料をスクリーンに押し込むと，液体が穴を通って別の布の上に落ちて，これで最終的に手ぬぐいが完成する。無地の白い布が次々に美しい手ぬぐいに変わるのは，それ自体が芸術の一形態のようである。

問１＜単語の意味＞[ア]直後のsometimes funny, sometimes traditionalは，「模様」についての描写である。　[イ]直後に「薄く」とあるので，「布地」が適切。　[ウ]主語のThe endsは「手ぬぐいの布地の両端」を指す。この後のto help the cloth dry more quicklyから「縫製されずに裁断してある」という意味だと考えられる。　［エ］直後に，職人が手捺染と呼ばれる技法を使い，この技法ではいろいろな色の染料がそれぞれの模様に使われるという内容が続くので，「染色する」が適切。　［オ］この後の‘from ～ to …’「～から…まで」から，「及ぶ」という意味だと判断できる。　［カ］手ぬぐいがハンカチよりも多目的に使える理由となる要素として考えられるのは，「ハンカチほどかさばらない」ということ。　［キ］ここでは手ぬぐいのちょっとした便利な使い方が紹介されている。バイクに乗っているときに，ヘルメットの中で頭に手ぬぐいを巻けば，髪の毛が邪魔にならず「快適な」状態でいられると考えられる。　［ク］直後に，生地がcoarseだと「手ぬぐいに小さなものの細い線や像を書くのは非常に難しい」とあるので，「きめの粗い」が適切。　［ケ］直前に「片面にのみ印刷される」とあるので，裏面は無地の，つまり「一様の」色になるとわかる。　［コ］figureにはさまざまな意味があるが，ここは文脈から「この布の上に図柄を描いて，図形を切り抜き穴を開ける」という意味になると考えられる。

問２＜語句解釈＞［Ａ］手ぬぐいは大量の水を「吸収する」(＝15.「何かを取り入れること」)。

［Ｂ］手ぬぐいはハンカチやタオルの立派な「代わり」になる(＝16.「他の物に代わる物」)。

［Ｃ］絵画用の額縁に美しく飾られているものは「装飾品」(＝10.「何かをよりよく見せるために使われる物」)。　［Ｄ］靴を磨いた結果として考えられるのは「擦り減る，擦り切れる」(＝３.「長期間継続的に使用したため，より薄く弱くなること」)。　［Ｅ］この後，手ぬぐいの便利なさまざまな使い方が述べられているので「多才な」(＝１.「多くのいろいろな事ができる」)。　［Ｆ］直後に，「工夫」を凝らした手ぬぐいの使用方法が書かれている(＝14.「人が問題を解決したり物を発明することができる技能」)。　［Ｇ］直前のbutに注目する。they were quite expensive, but ... という流れから，common people＝「庶民」とわかる(＝11.「権力のない普通の」)。

［Ｈ］きめが細かい生地もあれば，きめが粗い生地もあるので，手ぬぐいは数種類に「分け」られる(＝13.「２つかそれ以上の部分に分けること」)。　［Ｉ］直後に「模様が両面に現れる」とあるので，染料が布に「染み込む」(＝12.「入り込むか通りすぎること」)。　［Ｊ］前後の内容から，印刷された手ぬぐいはより「きめ細かな」模様や特徴をつくり出せる(＝５.「十分に描写する」)。

Ⅲ〔長文読解総合―説明文〕

≪全訳≫❶約6550万年前，長年にわたって地球を支配した恐竜の全てが絶滅した。何年にもわたって，地球の歴史について研究している科学者は，この地球規模の出来事の原因についていくつかの仮説を提示した。初期の仮説の１つは，小型の哺乳類があまりに多く恐竜の卵を食べすぎたので，恐竜が生き残れなかったというものだった。別の仮説は，恐竜の体が大きくなりすぎて，彼らの小さな脳では制御できなくなったというものだった。猛烈な伝染病が恐竜を全滅させたと信じた科学者もいた。飢餓も考えられる原因だった。巨大な生き物は大量の食べ物が必要だったし，ひょっとすると彼らは周りにある植物を全て食べ尽くしてしまったのかもしれない。だが，これらの仮説の多くは間違っていることが容易にわかる。実際，恐竜は絶滅する前，１億6000万年以上もの間，地球の支配者だったのだ。どうして彼らの脳が小さすぎて大きな体を制御できなかったといえようか。❷長年，気候変動が，恐竜が消滅した理由を説明する最善の仮説だった。恐竜は地球の湿潤熱帯気候で数が増えた。しかし，恐竜が絶滅するときに，地球はゆっくりと涼しくなりつつあった。恐竜は変温動物だった。つまり，彼らは太陽や空気から体温を得ていたので，とても寒い気候では生き延びることができなかった。しかし，この仮説も間違っているようだ。例えば，ワニのように確かに生き延びた変温動物もいた。それに，気候変動は何百万年もかかるので，どの生き物も寒い場所で暮らすためにゆっくりと自分を変える時間が十分にあるのだ。❸1980年代に，２人のアメリカ人科学者が地下深くに大量のイリジウムを発見した。それほど大量のイリジウムは普通，宇宙でしか見つからず，それは恐竜が絶滅したのと同時期にそこに埋められたものだ。これはつまり，地球に落下した巨大な隕石《いんせき》が恐竜の絶滅を引き起こした可能性があるということだ。科学者はこの仮説が真実であることを示すために，そのような隕石によってつくられた跡を見つける必要があった。そして1991年に，幅176キロメートルの巨大な穴がメキシコのユカタン半島の先端で発見された。科学者は，そこに落下した隕石は幅が約10キロメートルだったと考えている。それは，時速６万4000キロメートルで地球に衝突して，かつて使用された最も強力な核爆弾より200万倍多くのエネルギーをつくり出した。隕石からの熱はその地域周辺の地球の表面をひどく燃やし，大規模な森林火災を引き起こした。空へと舞い上がったほこりが地球全体を覆い，日光が到達するのをさえぎった。隕石は建物よりも高い何百万もの津波をつくり出し，多くの生物が死滅した。❹地球全体が何か月も，もしかすると何年もの間，夜のように暗くなった。日光がなくなり，地球の温度が大きく下がったため，大半の植物が死滅した。それから，草食の恐竜は食べる物がなくなり，数週間で死滅した。肉食の恐竜は１，２か月後に死滅した。この仮説によると，たった１つの隕石が地球上の全生命の75パーセント以上の命を奪い，恐竜による支配を終わらせたことになる。❺この恐竜の悲劇は，いくつかの生き物にとってはいい知らせだった。中には，地中に隠れるための穴を掘って，太陽がなくても体を温かい状態に保つことができ，ごくわずかな食べ物だけしか必要としなかったために生き延びた哺乳類もいた。このような哺乳類はリスやネズミなどの超小型動物で，それらは恐竜とは異なっていたので絶滅を逃れることができた。それらは力では恐竜ほど強くはなく，戦って恐竜に勝つ見込みはなかった。しかし，これらの弱い小さな生き物は生き残るための戦いには勝った。なぜなら，それらは環境の変化に順応して暮らすことができたからだ。❻地球に衝突した恐ろしい隕石がなかった場合の世界を想像してほしい。今日，歩き回っている巨大な恐竜であふれている。ネズミやリスなどの小型の生き物だけが木の下や穴の中に隠れている。恐竜の絶滅は私たち人間にとってはよかったと理解するだろう。なぜなら，最終的に生き延びた動物は私たちの祖先だからだ。私たちは皆，地球規模の悲劇のおかげでここ地球上にいるのだ。

Ａ＜要旨把握＞恐竜の絶滅に関する仮説は第１段落で述べられている。１の「恐竜が病気になった」は第５文に，３の「恐竜の卵が食べられた」は第３文に，４の「恐竜は食べる物がなかった」は第６，７文にそれぞれ書かれているが，２の「恐竜が共食いをした」に関する記述はない。

Ｂ＜要旨把握＞気候変動については第２段落で述べられている。最終文に「気候変動は何百万年もかかるので，どの生き物も寒い場所で暮らすためにゆっくりと自分を変える時間が十分にある」とある。

Ｃ＜要旨把握＞隕石の衝突については第３段落で述べられている。第１～３文参照。地下深くに普通は宇宙でしか見つからない大量のイリジウムが発見され，それは恐竜が絶滅したのと同時期に埋められたものであった。このことによって，地球に落下した巨大な隕石が恐竜の絶滅を引き起こした可能性があると考えられたのである。

Ｄ＜要旨把握＞第３段落第４，５文参照。隕石衝突の跡がメキシコのユカタン半島の先端で発見された。

Ｅ＜要旨把握＞第３段落最後から２文目～第４段落第２文参照。空へと舞ったほこりによって日光がさえぎられ，その結果，地球の温度が大きく下がって大半の植物が死滅した。

Ｆ＜適語(句)選択＞①前後の文が対照的な内容になっていると判断できるので‘逆接’を表す

However が適切。　②弱い小型動物は，環境に順応できたために，生き残るための戦いに勝ったのである。

G＜要旨把握＞哺乳類が生き延びた理由については第5段落で述べられている。2の「地中で無事でいられた」，3の「食べ物があまりなくても生きられた」，4の「寒い場所でも生きられた」は全て第2文に記述があるが，1の「恐竜には小さすぎて食べられなかった」に関する記述はない。

H＜適語選択＞空所を含む部分は，恐竜の絶滅が人類にとってよかった理由となる部分。今現在人類がこうして地球上に存在しているのは，生き残った動物たちがいたおかげである。つまり，これらは私たち人間にとっての「祖先」だといえる。

I＜内容真偽＞1.「小型動物は卵を産まなかったので生き延びることができた」…×　このような記述はない。　2.「以前は，気候変動は恐竜絶滅の有力な仮説の1つだった」…○　第2段落第1文の内容に一致する。　3.「隕石の衝突後，地球上に生き残った植物は1つもなかった」…×　第4段落第2文参照。全てではなく，大半の植物が死滅した。　4.「肉食恐竜は，草食恐竜の後に絶滅した」…○　第4段落第3，4文の内容に一致する。　5.「恐竜を含む全ての変温動物は絶滅した」…×　第2段落最後から2文目参照。ワニのように生き延びた変温動物もいた。　6.「隕石は，海に住む生き物には全く影響を与えなかった」…×　このような記述はない。　7.「ある哺乳類が絶滅から逃れた理由の1つは，地中に穴を掘ることができたことだ」…○　第5段落第2文の内容に一致する。　8.「恐竜は力は強かったが，生き延びられるほど十分に賢くなかった」…×　このような記述はない。　9.「宇宙には私たちを絶滅させるより危険な隕石がある」…×　このような記述はない。

Ⅳ〔長文読解総合―伝記〕

≪全訳≫❶21歳で深刻な病気にかかったとき，私は非常に不公平に感じた。なぜ私にこんなことが起こるのか？　その当時，「自分の人生は終わって，自分の夢を実現することは決してできないだろう」と私は思った。だが50年後の今，私は自分の人生にひそかに満足している。私は2度結婚して3人のすばらしい子どもたちがいる。科学者として自分の仕事で成功してきた。理論物理学者の大半はブラックホールからの量子放出に関する私の見解は正しいと同意すると思うが，実験を通して証明するのが非常に難しいため，現時点ではノーベル賞をいただいていない。一方で，私はさらにいっそう重要な基礎物理学の賞を受賞した。私の研究は実験により証明されていなくても，理論的に重要だという理由で私に賞が与えられたのだ。❷自分は障害者だという事実は，科学者としての私の仕事に深刻な困難を引き起こすことはなかった。それどころか，ある意味では，都合がよかった。大学で学生に教える必要はなかったし，多くの会議で忙しくする必要もなかった。だから私は研究に専念することができた。❸同僚の科学者にとって私はただの物理学者だが，一般の人々にとって私はおそらく世界で最も有名な科学者になっただろう。私はロックスターと同じくらい有名であるだけでなく，障害者の天才というイメージとも合った。私はどこにも隠れることができない――車椅子で私の正体がわかってしまうから。❹世間に広く知られているということには長所も短所もある。短所は，私の写真を撮りたがっている人々に取り囲まれることなく買い物など普通のことをするのが難しいこと，それに過去にはメディアが私の私生活に過度に興味を持ったこともあった。しかし，長所は，私が経験した困難を十分に埋め合わせてくれるほど大きい。人々は私を見ると本当にうれしそうだ。2012年ロンドンパラリンピックで，私がアンカーを務めたときには，自分がこれまで見たことのないほどたくさんの観衆を目にした。❺私は豊かで充実した人生を送っている。私は，障害者は自分ができることだけをして，できないことについては心配すべきではないと思っている。私の場合は，G自分がやりたかったことの大部分をなんとかやってきた。私はたくさん旅行をした。ソビエト連邦を７回訪れて，当時，西側諸国に行くことが認められていなかったロシアの科学者としばしば会った。1990年のソビエト連邦の終えん後は，最高の科学者の多くが西側諸国に向かったので，私はそれ以来ロシアへは行っていない。❻私はまた，日本を６回，中国を３回訪れ，世界中の他の多くの場所も訪れた。韓国や中国やインド，それにアメリカの大統領に会った。中国の人民大会堂やホワイトハウスで演説を行った。潜水艦で海中にも行き，熱気球に乗って上空で無重力飛行も経験した。❼私の初期の研究は，一般相対性理論はビッグバンやブラックホールの特異点で破綻することを示した。私の後の研究では，時間の始まりと終わりに何が起きるかを示している。私は幸せな生活を送っていて，理論物理学の研究を楽しんでいる。もし私が私たちの宇宙の理解に何かをもたらしたのなら，私は幸せだ。

A <適語選択>病気であることがわかったときのホーキング博士の気持ちを表す部分。直前のI felt it was very unfair. から，当初博士は「なぜ私がこの病気に」と強く感じたとわかる。should には，「いったい(どうして)」という意味で疑問詞のwhyやhowを強調する用法がある。

B <適語選択>空所を含む部分は，「(病気になってから)50年後」という意味だとわかる。ある特定の時点を基準に「～後」という場合は通例laterを用いる。

C <適語句選択>空所前後が対照的な内容になっているので，On the other hand「一方で」が適切。

D <適語選択>D-1. in some waysで「ある意味では」。　D-2. be busy with ～で「～で忙しい」。

E <英文解釈>下線部は「車椅子で私の正体がわかってしまう」という意味。これと同様の意味であるのは３.「車椅子によって，人々はとてもたやすく私に気づくことができる」。ここでのgive ～ awayは「～の正体を明らかにする」という意味。この熟語の意味を知らなくても，直前に「私はどこにも隠れることができない」とあるので，文脈から意味を類推することもできる。

F <英文解釈>audienceは「観衆，観客」という意味なので，２と４は不適切。また，my biggest-everとあるので，「自分がこれまで見たことのないほどたくさんの」となっている１が適切。

G <適文選択>直前に，「障害者は自分ができることだけをして，できないことについては心配すべきではないと思っている」とあり，In my case「私の場合」と続く文脈。空所の後はホーキング博士がこれまでしてきたことが列挙されているので，「やりたいことはやってきた」というような内容になると判断できる。そうした内容になっているのは２。　manage to ～「どうにか～する」

H <適語句選択>直後にsince then「それ以来」とあるので，現在完了‘have/has＋過去分詞’の文。ソビエト連邦崩壊後，ロシアの科学者が西側諸国に来るようになったという話の流れから「私はそれ以来ロシアへ行っていない」という意味になるとわかる。　have/has been to ～「～へ行ったことがある」

I <内容真偽>１.「ホーキングが21歳で深刻な病気にかかったとき，医者は科学の研究を諦めなければならないと彼に言った」…×　このような記述はない。　２.「ホーキングは実験で自分が行っていることについてあまり説明しなかったので，ノーベル賞が与えられなかった」…×　第１段落第７文参照。実験を通して証明するのが非常に難しいため，ノーベル賞をもらっていないと述べている。　３.「ホーキングは，体が不自由であることは科学者として成功する妨げにはならなかったと考えている」…○　第２段落第１文の内容に一致する。　‘stop＋人＋from ～ing’「〈人〉が～するのを妨げる」　４.「ホーキングは人々が彼に過度に興味を持つのを好まないが，同時に，人々が彼を見てうれしそうだとうれしく思う」…○　第4段落第2～4文の内容に一致する。　5．「ホーキングは，障害者は自分にとって簡単ではないかもしれないことも含めて，できるだけ多くのことをしようとすべきだと考えている」…×　第5段落第2文参照。できることだけをして，できないことについては心配すべきではないと思っている。　6．「ホーキングは世界中の多くの国に招待されたことがあり，公の場でスピーチをすることを決して忘れない」…×　このような記述はない。　7．「ホーキングは，人々が宇宙についてもっと理解する手助けをするために何かできたとしたらうれしく思うと言っている」…○　最終段落最終文の内容に一致する。

V〔作文総合―絵を見て答える問題〕

≪全訳≫オバタさんが救出にやってきた！❶探しています　A(例)私たちはよしちゃんを探しています。何かご存じの方は警察に連絡してください。❷ボランティアのオバタさんは，よしちゃんを見つけるのを手伝いに来て，よしちゃんの母親と約束をする。(吹き出し)Bよしちゃんを見つけたら，よしちゃんを連れてあなたの所に戻ってくることを約束します。❸よしちゃん！！！　よしちゃん！！よしちゃん！！❹どこにいるんだい？？　(吹き出し)僕はここだよ！❺！！❻オバタさんは約束を果たす。❼(吹き出し左)私たちの英雄がいらっしゃいました！　一言いただけますか，オバタさん？／(吹き出し右)世の中に重いものはたくさんありますが，この地球に人の命より重いものはありません。

A＜条件作文＞「よしちゃんを探している」は，look for ～「～を探す」などを現在進行形にして表す。「警察署への情報提供を求めている」は，「何か情報を持っていれば警察に知らせてください」と考える。inform「～に知らせる」の代わりに，contact「～に連絡する」や call などを使ってもよい。

B＜整序結合＞オバタさんはよしちゃんを見つけに来ているので，まず If 節を If I find him「彼(よしちゃん)を見つけたら」とする。絵2の英文から，オバタさんがよしちゃんのお母さんに何か約束したことがわかるので，'promise that＋主語＋動詞...'「～と約束する」の形で，that 以下には約束した内容を入れると判断できる。約束した内容は，語群から「あなた(お母さん)のもとに彼を連れて戻る」というような意味になると推測できる。'bring ～ back to …'で「…に～を連れて帰る」。　If I find him, I promise that I will bring him back to you myself.

C＜整序結合＞絵4と語群から，「オバタさんが丘の上から呼ぶと，誰かが答えた」という意味の英文になるとわかる。「～の上から」は from the top of ～，「答えた」は replied。　When Mr. Obata called from the top of the hill, someone replied, "I'm here!"

D＜和文英訳―完全記述＞「たくさんある」は There is/are ～「～がある〔いる〕」の構文で表せる。「重い」は「大切な」という意味なので，important などを使うとよい。「人の命より重いものはない」は比較級や最上級を使って，nothing is more important than people's lives，または people's lives are the most important などとすることもできる。

2019年度／国際基督教大学高等学校

数学解答

問題１　ア…470　イ…4.7　ウ…5
エ…0.09

問題２　統計的確率…0.485
数学的確率…$\frac{1}{2}$

問題３　オ…(a)　カ…(d)　キ…(b)　ク…(f)

問題４　ケ…50　コ…50　サ…35

問題５　(1)　シ…300　ス…$10\sqrt{3}$
セ…17.3
(2)　(例)偏差の和は常に０になるから。

問題６　ソ…(f)　タ…(j)　チ…(s)　ツ…(o)
テ…(w)　ト…(w)

問題７　(1)　65
(2)　太郎の点数…27点
標準偏差…18点

問題８　(1)　9544人　　(2)　8400人

問題９　①…164　②…168　③…8
④…0.2734　⑤…0.4649

問題10　(a), (b)

問題11　ニ…1.96　ヌ…0.982　ネ…1.060
ノ…2.17

問題12　①…115.6　②…120.4
③…(a), (b), (c), (d), (e), (f)

〔資料の活用〕

問題１＜平均値, 中央値, 相対度数＞100回の総和は $1\times2+2\times5+3\times18+4\times21+5\times21+6\times20+7\times9+8\times4=470$ となる。これより, １年当たりの平均気温は $\frac{1}{100}\times470=4.7$(℃)である。１℃から４℃の範囲の度数の合計は $2+5+18+21=46$(回), １℃から５℃の範囲の度数の合計は $46+21=67$(回)だから, 低い方からかぞえて50番目と51番目はともに５℃の範囲にある。よって, 中央値は５℃である。７℃の範囲の度数は９回だから, ７℃の範囲の相対度数は $9\div100=0.09$ である。

問題２＜確率─サイコロ＞サイコロ１個を200回振ったうち, 偶数の目が出た回数の合計は $37+29+31=97$(回)だから, 次に偶数の目が出る統計的確率は $97\div200=0.485$ である。また, サイコロ１個を１回振るとき, 目の出方は６通りあり, このうち偶数の目が出る場合は２, ４, ６の３通りだから, 偶数の目が出る数学的確率は $\frac{3}{6}=\frac{1}{2}$ となる。

問題３＜割合＞１℃の範囲は, $2\div100=0.02$ より, 全体の２%である。よって, １℃の範囲は両端2.5%以内に入るから, まず起こりえないという判断ができる。８℃の範囲は, $4\div100=0.04$ より, 全体の４%である。よって, ８℃の範囲は両端5.0%以内に入るが2.5%以内に入らないから, 現実に起こりえるという判断ができる。

問題４＜平均値, 中央値＞国語の平均点は $\frac{1}{10}(80+40+30+50+70+50+70+30+30+50)=50$(点), 数学の平均点は $\frac{1}{10}(90+30+30+20+60+90+90+40+20+30)=50$(点)である。受験者は10人で偶数だから, 中央値は, 点数を低い順に並べたときの $\frac{10}{2}=5$(番目)と $\frac{10}{2}+1=6$(番目)の値の平均値である。国語の点数を低い順に並べると30, 30, 30, 40, 50, 50, 50, 70, 70, 80となるから, ５番目, ６番目がともに50点より, 国語の点数の中央値は50点である。数学の点数を低い順に並べると20, 20, 30, 30, 30, 40, 60, 90, 90, 90となるから, ５番目が30点, ６番目が40点より, 数学の点数の中央値は $\frac{30+40}{2}=35$(点)である。

問題５＜偏差, 分散, 標準偏差＞(1)国語の平均値は50点だから, 分散は, $\frac{1}{10}\{(80-50)^2+(40-50)^2+(30-50)^2+(50-50)^2+(70-50)^2+(50-50)^2+(70-50)^2+(30-50)^2+(30-50)^2+(50-50)^2\}=$

$\frac{3000}{10}=300$ である。標準偏差は $\sqrt{300}=10\sqrt{3}$ である。標準偏差を小数で表すと，$10\sqrt{3}=10\times1.73=17.3$ となる。　(2) n 個のデータの各値が x_1，x_2，……，x_n であるとし，平均値を m とすると，$\frac{1}{n}\times(x_1+x_2+\cdots\cdots+x_n)=m$ より，$x_1+x_2+\cdots\cdots+x_n=m\times n$ だから，偏差の和は，$(x_1-m)+(x_2-m)+\cdots\cdots+(x_n-m)=(x_1+x_2+\cdots\cdots+x_n)-m\times n=m\times n-m\times n=0$ となる。解答参照。

問題６＜平均点，標準偏差＞標準化後の各データは，$\frac{a_{\mathrm{A}}-m}{s}$，$\frac{a_{\mathrm{B}}-m}{s}$，……，$\frac{a_{\mathrm{J}}-m}{s}$ だから，$M_a=\frac{1}{10}\left(\frac{a_{\mathrm{A}}-m}{s}+\frac{a_{\mathrm{B}}-m}{s}+\cdots\cdots+\frac{a_{\mathrm{J}}-m}{s}\right)=\frac{a_{\mathrm{A}}+a_{\mathrm{B}}+\cdots\cdots+a_{\mathrm{J}}}{10\times s}-\frac{10\times m}{10\times s}$ となる。$\frac{a_{\mathrm{A}}+a_{\mathrm{B}}+\cdots\cdots+a_{\mathrm{J}}}{10}=m$ だから，$M_a=\frac{1}{s}\times\frac{a_{\mathrm{A}}+a_{\mathrm{B}}+\cdots\cdots+a_{\mathrm{J}}}{10}-\frac{m}{s}=\frac{1}{s}\times m-\frac{m}{s}=0$ である。次に，$S_a{}^2=\frac{1}{10}\left\{\left(\frac{a_{\mathrm{A}}-m}{s}-0\right)^2+\left(\frac{a_{\mathrm{B}}-m}{s}-0\right)^2+\cdots\cdots+\left(\frac{a_{\mathrm{J}}-m}{s}-0\right)^2\right\}=\frac{(a_{\mathrm{A}}-m)^2+(a_{\mathrm{B}}-m)^2+\cdots\cdots+(a_{\mathrm{J}}-m)^2}{10\times s^2}$ となる。$\frac{(a_{\mathrm{A}}-m)^2+(a_{\mathrm{B}}-m)^2+\cdots\cdots+(a_{\mathrm{J}}-m)^2}{10}=s^2$ だから，$S_a{}^2=\frac{(a_{\mathrm{A}}-m)^2+(a_{\mathrm{B}}-m)^2+\cdots\cdots+(a_{\mathrm{J}}-m)^2}{10}\times\frac{1}{s^2}=s^2\times\frac{1}{s^2}=1$ となる。よって，$S_a=\sqrt{S_a{}^2}=\sqrt{1}=1$ である。

問題７＜偏差値，連立方程式の応用＞(1)平均点 45 点，標準偏差 10 点の試験で 60 点を取った場合の偏差値は $50+10\times\frac{60-45}{10}=65$ である。　(2)太郎さんの点数を x 点，標準偏差を y 点とすると，太郎さんの偏差値が 40 であることより，$50+10\times\frac{x-45}{y}=40$……①が成り立つ。また，花子さんの点数は $2x$ 点であり，偏差値は 55 だから，$50+10\times\frac{2x-45}{y}=55$……②が成り立つ。①より，$50y+10(x-45)=40y$，$x+y=45$……①′となり，②より，$50y+10(2x-45)=55y$，$4x-y=90$……②′となるので，①′，②′を連立方程式として解いて，$x=27$(点)，$y=18$(点)である。

問題８＜数量の計算＞(1)平均点が $m=50$(点)，標準偏差が $s=15$(点)より，20 点と 80 点を標準化するとそれぞれ $\frac{20-50}{15}=-2$，$\frac{80-50}{15}=2$ となる。正規分布表で $k=2.00$ のとき，m 以上 $m+2s$ 以下に含まれるデータの割合は 0.4772 だから，$m-2s$ 以上 $m+2s$ 以下に含まれるデータの割合，つまり 20 点以上 80 点以下の割合は $0.4772\times2=0.9544$ である。よって，20 点以上 80 点以下の範囲には $10000\times0.9544=9544$(人)いると考えられる。　(2) 35 点と 95 点を標準化するとそれぞれ $\frac{35-50}{15}=-1$，$\frac{95-50}{15}=3$ となる。正規分布表で $k=1.00$ のとき，m 以上 $m+s$ 以下に含まれるデータの割合は 0.3413 だから，$m-s$ 以上 m 以下に含まれるデータの割合も 0.3413 である。また，正規分布表で $k=3.00$ のとき，m 以上 $m+3s$ 以下に含まれるデータの割合は 0.4987 である。よって，$m-s$ 以上 $m+3s$ 以下に含まれるデータの割合，つまり 35 点以上 95 点以下の割合は $0.3413+0.4987=0.8400$ だから，35 点以上 95 点以下の範囲には $10000\times0.8400=8400$(人)いると考えられる。

問題９＜割合＞平均値が 168cm，標準偏差が 8cm だから，164cm のデータを標準化すると，$\frac{164-168}{8}=-0.5$ となる。174cm のデータを標準化すると $\frac{174-168}{8}=0.75$ となり，正規分布表で $k=0.75$ のときの値は 0.2734 だから，168cm 以上 174cm 以下の人の割合は 0.2734 である。164cm 以上 168cm 以下の人の割合が 0.1915 だから，M サイズの合う 164cm 以上 174cm 以下の人の割合は $0.1915+0.2734=0.4649$ である。

問題10＜標本調査＞(a)新聞社が行う世論調査，(b)テレビ番組の視聴率調査は，およその傾向を知ることが目的なので，標本調査が適切である。(c) U 市の人口調査，(d)空港における保安検査，(e)中学校で行われる健康診断は，全数調査が適切である。

問題11＜信頼区間＞正規分布表で割合が0.475となるkの値は1.96である。このとき，$1.021-1.96\times 0.02=0.9818$，$1.021+1.96\times 0.02=1.0602$であり，0.9818，1.0602を小数点以下第4位で四捨五入するとそれぞれ0.982，1.060となるから，95%のねじは0.982cm以上1.060cm以下である。また，正規分布表で，割合が$0.97\div 2=0.485$となるkの値は2.17だから，97%信頼区間として考える際には$k=2.17$を使用することになる。

問題12＜信頼区間＞問題11より，95%信頼区間となるkの値は1.96である。重さの平均が118g，標準偏差が1.2gより，$118-1.96\times 1.2=115.648$，$118+1.96\times 1.2=120.352$であり，それぞれ小数第2位で四捨五入すると115.6，120.4となるから，カレーパンの重さxgの95%信頼区間は$115.6\leqq x\leqq 120.4$である。また，120gを標準化すると$\dfrac{120-118}{1.2}=1.66\cdots$となるから，$k<1.66\cdots$となるとき，客の指摘は正しいことになる。(f)の90.3%信頼区間で確認すると，$0.903\div 2=0.4515$より，$k=1.66$である。(g)の92.5%信頼区間で確認すると，$0.925\div 2=0.4625$より，$k=1.78$である。よって，客の指摘が正しいことになる信頼区間は(a)，(b)，(c)，(d)，(e)，(f)である。

═読者へのメッセージ═

問題11，12では，標本調査の結果から全体の様子を知る方法について考えました。そこで重要な役割を果たした正規分布は，詳しく研究した数学者にちなんで「ガウス分布」とも呼ばれます。

国語解答

一　問一　エ　問二　オ　問三　ア
問四　e　問五　エ　問六　ウ
問七　エ
問八　作家は自分の真実を語るのであり，真実は内面からしか知ることができないため，書くことを他人と分かち合うことはできず，自分の作品は自分以外の誰にもつくれないから。(79字)
問九　イ　問十　ウ
問十一　ア，オ

二　問一　a　唐突　b　歓声
c　無造〔雑〕作　d　けげん
e　感慨
問二　ウ　問三　エ
問四　こう描こうという自分のルールをつくって，それを実行する(27字)〔こと〕
問五　イ　問六　オ　問七　ア
問八　ウ　問九　オ　問十　オ
問十一　エ　問十二　ウ

一〔随筆の読解—芸術・文学・言語学的分野—文学〕出典；アーシュラ・K・ル＝グウィン／千葉薫訳「書くということ」(『夜の言葉』所収)。

≪本文の概要≫どうしたら作家になれるのかという質問に対して，「わたし」は二段階の答えを用意している。第一段階は，タイプを練習し，『英語慣用法手引』という本とよい辞書を携え，正しくタイプ用紙を使って正しく編集者へ郵送することである。第二段階は，「書くこと」である。作家は，自分の外側に起きることを書くのではなく，自分の真実を見つけ出して語るのであり，真実は内面からしか知ることができないので，作家になるには書くしかない。それは，自分一人だけですることである。自分の作品をつくるのは自分だけなので，作家は完全に自由であるが，それは，完全に責任を持つということでもある。作家の仕事は，他の誰のでもなく作家自身の真実を語ることであり，自分の外側で起きる事柄をそのまま言葉にして吐き出すことではない。作家の仕事は，自分の真実を知って他人に伝えるというたやすくはないことを，全く一人きりでし続けなければならないのである。

問一＜文章内容＞海について知ろうとして「海自身のもとへ行ってたずねた」としても，海は答えてくれない。「海は海であることに忙しすぎて，自分のことについてなにかを知る暇などない」のである。同様に，「書く」ことについて知りたいと思って作家に尋ねたとしても，作家は，書くことに忙しすぎて，自分がしている書くことそのものについて何かを知る暇などないため，答えられない。

問二＜文章内容＞「どうしたら作家になれるんですか」という質問に対して，「わたし」は，タイプを練習すること，『英語慣用法手引』という本とよい辞書を持つこと，タイプ用紙の使い方や編集者への原稿の送り方などを「第一段階」の答えとして示す。この答えに対して「相手が殴りかかりもせずにわたしの言うことを最後まで聞き，なおかつ，わかりました，わかりました。でも，いったいどうしたら作家になれるんですか」と尋ねたら，それで「第一段階」での「離陸」は成功したことになる。逆に，相手が最後まで聞かずに殴りかかってくるなら，「離陸」は失敗したことになる。

問三＜文章内容＞「どうしたら作家になれるんですか」という質問に対して「書くことです」という答えを聞いたときに，「未来の作家が最も良く使う言い訳」は，「経験を積まなくちゃ」である。そういう「言い訳」をする人は，作家は自分の「経験」を書くものだと思っており，自分自身が作品を書いていないのは，その「経験」が不足しているからだといいたいのである。

問四＜文章内容＞「経験を積まなくちゃ」という「言い訳」は，作家が書くのは自分の「経験」であり，「小説家の外側に起きること」だと思うところから出てくる。しかし，作家は自分の「内面」から「真実」を書くのであり，「事柄」には興味がない。その「事柄」とは「外側から知ること」ができるものであるから，「経験」と「事柄」は，意味的に近いといえる。

問五＜文章内容＞芸術家を「写真のフィルムのようなもの」と思っている人は，フィルムを「露光し，現像すれば，平面の“現実”が再生できる」と考える。そうした人は，芸術家は自分の「外側」に起きた「現実」を，「カメラ」や「鏡」のようにありのままに描き出すものだと思っている。

問六＜文章内容＞「小説家は内面から書く」のであり，「小説家の外側に起きること」は，創作にとって重要ではない。「小説家」（「芸術家」）は，「内面」からしか知ることのできない「真実」だけに興味を持っているのであり，「外側から知ること」ができる「事柄」には，興味がないのである。

問七＜文章内容＞「書くこと」は，「どこででも，それにひとりで」できる。音楽家なら「みんなで演奏すること」ができ，「その芸術は広く一般的」であるが，「書くという行為」は，「わかち合うこと」はできないし，「技術として教えること」もできない。「真の作家の勉強」とは，「ひとりで考えたり，他の人の本を読んだり，書いたり」してするものである。そして，作家は，自分の「内面」の「真実」に向き合うが，それも自分一人でするしかない。

問八＜文章内容＞作家が興味を持っているのは，自分の「内面」の真実だけである。その「真実」は，「内面」からしか知ることができないので，書くことは，誰かと分かち合うことはできず，自分の「真実」を見つけ，書き，作品の世界をつくることができるのは，自分自身だけである。

問九＜文章内容＞作家は，作品の世界を自分で「自由」につくることができる。一方で，「作家の仕事」とは，「その作家自身の真実」を語ることである。「自分が本当に感じていること，本当に思っていることを真っ正直に誰かに，誰か知っている人に伝える」ためには，「相手を信頼しなければならない」し「自分自身を知らなければならない」のであり，そうしなければ「真実に近いこと」はとてもいえない。だから，難しい作業だが，作家は，「真実を書こうと努力」し続けなければならないのである。

問十＜文章内容＞自分の「外側」に起きる「事柄」を書くなら，「空想など抱かずに言葉を次々に吐き出し」て「事柄」をありのまま並べればいいが，作家は，「事柄」ではなく自分の「内面」の真実を語るのである。そして，自分の「真実」を語ろうとしても，「自分が本当に感じていること，本当に思っていることを真っ正直に誰かに，誰か知っている人に伝える」のは，容易なことではなく，まして自分の「内面」の真実を正直に伝えることを「未知の読者を相手に」行うなど，なかなかできないことである。

問十一＜文章内容＞作家は，自分の「内面」に向き合って作家自身の「真実」を書かなければならない。しかし，そのために「心の奥底や思いの地図」を正しく描こうと努力しても，成功することはなく，「地図」は完成しないし，読み返せば「いい加減なこと」や「汚れている」点や「入れ忘れている」ことや「本当には存在しないものを入れている」といったことばかり目につくので，作品を書くには，本当に長い時間がかかる。しかも，作家は，これを「まったくひとりきりで」しなければならず，音楽家のように「みんな」とつながっていることはできない。

二〔随筆の読解―芸術・文学・言語学的分野―芸術〕出典；齋藤亜矢「上手い，おもしろい」（「図書」2018年６月号所収）。

問一＜漢字＞ａ．出し抜けであること。　ｂ．喜びのあまりに上げる声のこと。　ｃ．手間をかけず，技巧を凝らすこともなく，手軽に行う様子。　ｄ．納得がいかず，不思議だと思うこと。　ｅ．身にしみて感じること。

問二＜文章内容＞「なにをしたか」だけではなく「そのとき感じたこと」も書けるといいとのコメントをもらった「わたし」は，いつも日記の最後に「とてもおもしろかったです」と書くようになった。いつもこの一文を最後に書くことは，先生に反抗しているように見えるが，「わたし」にとっては「『おもしろい』こそ，そのころの自分が日々感じたいろいろを表すのに一番適した言葉」であり，「わたし」は，「おもしろかった」から「おもしろかった」と素直に書いただけである。

問三＜文章内容＞「研究」でいえば，「新しい着眼点，新しい手法，意外な結果，新たな説を導く考察など，それまでの枠組みを大きく変えるような」研究が，「おもしろい」のである。

問四＜文章内容＞チンパンジーは画家ではないので，「画風」といえるものはないはずである。しかし，実際には「絵を見ればだれが描いたかがわかるほど」に，それぞれの描き方には特徴がある。彼らは，「こう描こうという自分のルールをつくって，それを実行」しているようである。

問五＜文章内容＞チンパンジーたちは，「絵筆を動かすと，紙の上にさまざまな痕跡が表れる」というような，「手を動かしながら，出力(行為)と入力(感覚)の関係を探索的に」理解していく「その過程」をおもしろがっているように見える。人間の子どもも，「なぐりがきをしている時期」は，チンパンジーたちと同じように，手を動かして描きながら，「出力(行為)と入力(感覚)の関係を探索的に理解していく」のである。

問六＜文章内容＞子どもは，「頭のなかにあるイメージ」を「他者に伝えられることがうれしい」ので絵を描く。「他者」と関わることが，描くことの動機づけに加わるのである。

問七＜文章内容＞子どもが絵を描いたのを見て，大人は「上手」という言葉を使う。「上手」というのは「一元的な評価」なのに，子どもは，「上手」と言ってもらえなければ，自分は評価されていないと感じて「絵が苦手」だと思うようになる。

問八＜文章内容＞「言葉をもった人間」は，「目に入る視覚情報を『知覚』すると，つねに何とかして言葉に置きかえて，概念的に『認知』してしまう癖」がある。「わたし」も，小学校のとき，木を描こうとすると，「見れば見るほど，たくさんの情報があふれていて，すべてを描き出すのはとうてい不可能に思え」て，うまくいかなかった。

問九＜文章内容＞木を描こうとしたとき，「わたし」は，「知覚」した視覚情報が多すぎて，「すべてを描き出すのはとうてい不可能」だと思ったので，「記号的な表現に逃げ」て「左右に，適当な枝分かれをつくって」ごまかした。情報が多すぎると，「記号的な表現」に逃げようとして「より複雑な描き方の記号」を探すが，そうしたところで，それは既存の表現の組み合わせにすぎない。その結果，自分で「知覚」した情報を生かしきれず，絵は，結局型にはまって小さくまとまることになる。

問十＜文章内容＞「おもしろい」は，「絶対的な評価ではなく，あくまで個人の感想」であり，絵を見る人が「主体的に向きあう」なら，「視点によって，多様な『おもしろい』」がありうる。「アート」は，既存の唯一の価値を再現するものではなく，常に新しい感じ方やものの見方を提示するものであるため，「一元的な評価」である「上手」よりも，「おもしろい」の方が適している。

問十一＜文章内容＞「デッサンやスケッチは，概念の枠組みをいったんはずして，世界をありのまま知覚的にとらえる訓練になる」ので，しばらくデッサンをやった後には，「概念の枠組みをいったんはずして，世界をありのまま知覚的にとらえる」ことが，よりよくできるようになっている。

問十二＜文章内容＞技術があれば，上手くできる。「『上手い』は『おもしろい』を表現するために役にたつ」のだから，技術を持っていることを「忘れさせるくらいまで」磨き込むことができれば，「『おもしろい』をすうーっと伝えられる」ようになるのである。

Memo

高校を受験する生徒とご父母のための…

2025 年度用

高校合格資料集

■首都圏有名書店にて今秋発売予定！

※表紙は昨年のものです。

内容目次

1. まず試験日はいつ？ 推薦ワクは？競争率は？
2. この学校のことは どこに行けば分かるの？
3. かけもち受験のテクニックは？
4. 合格するために大事なことが二つ！
5. もしもだよ！ 試験に落ちたらどうしよう？
6. 勉強しても成績があがらない
7. 最後の試験は面接だよ！

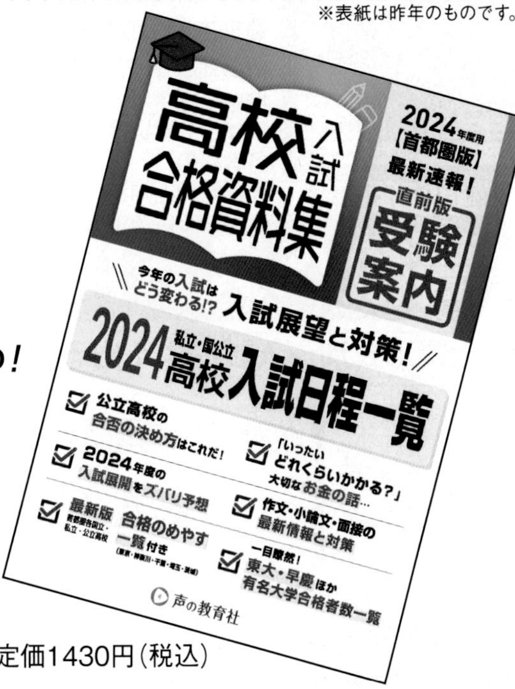

定価1430円（税込）

スーパー過去問の **解説執筆・解答作成スタッフ（在宅）募集！** ※募集要項の詳細は、10月に弊社ホームページ上に掲載します。

2025年度用

高校スーパー過去問

■編集人　声の教育社・編集部

■発行所　株式会社　声の教育社

〒162-0814 東京都新宿区新小川町8-15

☎03-5261-5061㈹ FAX03-5261-5062

https://www.koenokyoikusha.co.jp

公立高校過去問シリーズ

- 東京都立高校
- 神奈川県公立高校
- 千葉県公立高校
- 埼玉県公立高校
- 茨城県公立高校
- 栃木県公立高校
- 群馬県公立高校

掲載全問に
わかりやすい解説つき
各教科の
出題傾向と対策

定価1100円(税込)

都立独自高校 公立高校過去問シリーズ

251 都立日比谷高校
252 都立西高校
253 都立八王子東高校
254 都立国立高校
255 都立戸山高校
256 都立国分寺高校
257 都立立川高校
258 都立新宿高校
259 都立青山高校

定価2090円(税込)

高校ベスト10シリーズ

出題形式別、入試によく出る順!!

ベスト10Neo **国語** 読解問題

ベスト10Neo **数学** 図形問題

英語 文法問題ベスト10

定価990～1100円(税込)

高校受験面接ブック

別冊がウリ!! 首都圏の各高校の面接内容

本体 質問回答例ベスト150
面接ワークシート
自己PR書の書き方とワークシート

別冊 首都圏の私国立高校などの面接方法、時間、質問具体例
推薦・一般入試の面接内容
主要校の面接会場のようす
(各校図示)

小冊子 試験場に持って行ける
チェックBOOK
など面接対策がつまった1冊

定価1320円(税込)

図解でわかる!! 作文・小論文

本体(88P) **合格作文の書き方**
①7日間で仕上げる基礎編
②4日間で仕上げる応用編

別冊(52P) 首都圏の各高校の作文課題、制限時間、文字数の具体例調査
①首都圏の作文課題2000例を代表的な15パターンに分類(書き易くするため)
②着眼点、キーワード、ポイントを各パターンごとにコメント
③推薦と一般入試の作文出題校と課題例を一挙公開!!
④首都圏公立高校4年間課題調査

定価1100円(税込)

公立の漢字

公立高校の試験によく出る漢字

1 漢字は全都道府県で出題!!
2 公立の漢字の配点は高い!!
3 10年間の頻度をデータ化!!
4 最頻出漢字を5段階評価!!

定価748円(税込)

声の教育社 〒162-0814 東京都新宿区新小川町8-15
TEL.03(5261)5061 FAX.03(5261)5062

カコを追いかけ
ミライをつかめ

国際基督教大学高等学校

別冊解答用紙

丁寧に抜きとって、別冊としてご使用ください。

注意

○ 解答用紙は、収録の都合により縮小したものや、小社独自に作成したものもあります。
○ 学校配点は学校発表のもの、推定配点は小社で作成したものです。
○ 無断転載を禁じます。
○ 解答用紙を拡大コピーする場合、表示した拡大率に対応する用紙サイズは以下のとおりです。
101%～102%＝B5　103%～118%＝A4　119%～144%＝B4　145%～167%＝A3
(タイトルと配点表は含みません)

２０２４年度　国際基督教大学高等学校

英語解答用紙

番号		氏名		評点	／100

Ⅰ

①	②	③	④	⑤	⑥	⑦	⑧	⑨	⑩

⑪	⑫	⑬	⑭	⑮	⑯	⑰	⑱	⑲	⑳

Ⅱ

問１

ア	イ	ウ	エ	オ	カ	キ	ク	ケ	コ

問２

A	B	C	D	E	F	G	H	I	J

Ⅲ

A	B	C	D	E	F	G	H	I

J

Ⅳ

A	B	C	D	E	F		G	H
					F-1	F-2		

I

Ⅴ

A. ______________________________

____

B.

4番目の語		10番目の語	

C. ______________________________

______________________________.

D.

1番目の語		6番目の語	

（注）この解答用紙は実物を縮小してあります。A３用紙に147％拡大コピーすると、ほぼ実物大で使用できます。（タイトルと配点表は含みません）

推定配点		計
	Ⅰ，Ⅱ　各１点×40　Ⅲ，Ⅳ　各２点×20〔ⅣFは各２点×２〕　Ⅴ　各５点×４	100点

２０２４年度　国際基督教大学高等学校

数学解答用紙

番号		氏名	

評点	／100

問題 1.

(1)	(2)

問題 2.

(1)	(2)	(3)

問題 3.

(1)	(2)

問題 4.

(1)	(2)

問題 5.

問題 6.

(1)	(2)	(3)

問題 7.

(1)	(2)

問題 8.

(1)	(2)	(3)

問題 9.

(1)	(2)

問題 10.

問題 11.

(1)	(2)	(3)	(4)

問題 12.

問題 13.

(1)	(2)	(3)

問題 14.

問題 15.

問題 16.

問題 17.

問題 18.

問題 19.

(注)　この解答用紙は実物を縮小してあります。Ａ３用紙に167%拡大コピーすると、ほぼ実物大で使用できます。(タイトルと配点表は含みません)

推定配点		計
	問題１　各２点×２　　問題２，問題３　各３点×５　　問題４　各２点×２ 問題５　３点　　問題６　各２点×３　　問題７～問題17　各３点×20 問題18，問題19　各４点×２	100点

二〇二四年度　国際基督教大学高等学校

国語解答用紙

番号　　氏名　　評点　／100

一

問一

a	過剰	b	鑑みて	c	チュウカク	d	テイキョウ
			みて				

問二

問三　問四　問五　問六

問七　問八　問九

問十

80

二

問一

問二

問三　問四　問五　問六

問七　問八　X　Y　問九

問十

推定配点		計
	一　問一　各2点×4　問二～問五　各4点×4　問六　5点　問七　4点　問八　5点　問九　4点　問十　12点 二　問一～問四　各4点×4　問五～問七　各5点×3　問八　各3点×2　問九　5点　問十　4点	100点

(注) この解答用紙は実物を縮小してあります。A3用紙に152%拡大コピーすると、ほぼ実物大で使用できます。(タイトルと配点表は含みません)

２０２３年度　国際基督教大学高等学校

英語解答用紙

番号		氏名	

評点	／100

Ⅰ

①	②	③	④	⑤	⑥	⑦	⑧	⑨	⑩

⑪	⑫	⑬	⑭	⑮	⑯	⑰	⑱	⑲	⑳

Ⅱ

問１

ア	イ	ウ	エ	オ	カ	キ	ク	ケ	コ

問２

A	B	C	D	E	F	G	H	I	J

Ⅲ

A	B		C	D	E	F	G	H
	B-1	B-2						

I	J

Ⅳ

A	B	C	D	E	F	G	H	I

J

Ⅴ

A.

３番目の語		７番目の語	

B.

C.

５番目の語		10番目の語	

D.

（注）この解答用紙は実物を縮小してあります。Ａ３用紙に147％拡大コピーすると、ほぼ実物大で使用できます。（タイトルと配点表は含みません）

推定配点		計
	Ⅰ, Ⅱ　各１点×40　Ⅲ, Ⅳ　各２点×20　Ⅴ　各５点×４	100点

２０２３年度　国際基督教大学高等学校

数学解答用紙

番号		氏名		評点	／100

問題 1.

(1)	(2)
商　　余り	商　　余り

問題 2.

	ア	イ	ウ	エ		あ	い		(ⅰ)	(ⅱ)	(ⅲ)
(1)					(2)			(3)			

問題 3.

(a)	(b)

問題 4.

(1)	(2)	(3)

問題 5.

×	$\overline{0}$	$\overline{1}$	$\overline{2}$	$\overline{3}$	$\overline{4}$	$\overline{5}$	$\overline{6}$
$\overline{3}$	$\overline{0}$						

問題 6.

×	$\overline{0}$	$\overline{1}$	$\overline{2}$	$\overline{3}$	$\overline{4}$	$\overline{5}$
$\overline{2}$	$\overline{0}$					

オ

問題 7.

	カ		キ	ク	ケ	コ	サ	シ	ス	セ	ソ
(1)		(2)									
(3)											

問題 8.

(1)	(2)	(3)

問題 9.

(c)

問題 10.

タ	チ	ツ	テ	ト

問題 11.

	ナ	ニ		
(1)			(2)	

問題 12.

う	え	お	か	(d)

問題 13.

ヌ	ネ	ノ	ハ

問題 14.

き	く	け	こ	さ	し

問題 15.

(注) この解答用紙は実物を縮小してあります。Ａ３用紙に167%拡大コピーすると、ほぼ実物大で使用できます。(タイトルと配点表は含みません)

推定配点		計
	問題１～問題４　各１点×16 問題５～問題15　各２点×42〔問題５は完答，問題６は各２点×２〕	100点

二〇二三年度　国際基督教大学高等学校

国語解答用紙

番号

氏名

評点　/100

一

問一

問二

問三

問四　a　b

問五

問六

問七

問八

問九

二

問一

a	b	c	d	e
ザツダン	サンニュウ	ハイゾク	トウヨ	ルイセキ

問二

問三

問四

問五

問六

問七

問八

問九

問十

（注）この解答用紙は実物を縮小してあります。Ａ３用紙に152%拡大コピーすると、ほぼ実物大で使用できます。（タイトルと配点表は含みません）

推定配点

一　問一、問二　各４点×２　問三　５点　問四　各３点×２　問五～問七　各４点×３　問八　５点　問九　12点

二　問一　各２点×５　問二　４点　問三　各２点×３　問四、問五　各４点×２　問六～問八　各５点×３　問九　４点　問十　５点

計
100点

2022年度　　国際基督教大学高等学校

英語解答用紙

番号		氏名	

評点	／100

Ⅰ

①	②	③	④	⑤	⑥	⑦	⑧	⑨	⑩

⑪	⑫	⑬	⑭	⑮	⑯	⑰	⑱	⑲	⑳

Ⅱ

問1

ア	イ	ウ	エ	オ	カ	キ	ク	ケ	コ

問2

A	B	C	D	E	F	G	H	I	J

Ⅲ

A	B	C	D	E	F	G	H	I

J

Ⅳ

A	B		C	D	E	F	G	
	B-1	B-2					G-1	G-2

H	I

Ⅴ

A.

6番目の語		10番目の語	

B.

3番目の語		9番目の語	

C. ______

D. ______

（注）この解答用紙は実物を縮小してあります。A3用紙に152%拡大コピーすると、ほぼ実物大で使用できます。（タイトルと配点表は含みません）

推定配点		計
	Ⅰ, Ⅱ　各1点×40 Ⅲ　各2点×10 Ⅳ　A　2点　B　各1点×2　C～F　各2点×4　G　各1点×2 H　2点　I　4点 Ⅴ　A, B　各4点×2　C, D　各6点×2	100点

２０２２年度　国際基督教大学高等学校

数学解答用紙

番号		氏名	

評点	／100

問題 1.

㋐

問題 2.　(1)　(2)　(3)

問題 3.

㋑	㋒

問題 4.

㋓

問題 5.

㋔

問題 6.

㋕	㋖

問題 7.

$\lvert F_6 \rvert$	$\lvert F_{10} \rvert$

問題 8.

㋗

問題 9.

①	②	③

問題 10.

$f(100)$

問題 11.

㋘

問題 12.

㋙	㋚

問題 13.

①	②	③

問題 14.

問題 15.

㋛	㋜

問題 16.

問題 17.

㋝	㋞

問題 18.

㋟

問題 19.

㋠

問題 20.

㋡	㋢	㋣	㋤

問題 21.

㋥	㋦

問題 22.　(1)　(2)

(注) この解答用紙は実物を縮小してあります。Ａ３用紙に156％拡大コピーすると、ほぼ実物大で使用できます。(タイトルと配点表は含みません)

推定配点		計
	問題１～問題４　各２点×７〔問題１は完答〕　問題５　３点 問題６，問題７　各２点×４　問題８　３点 問題９　各２点×３　問題10～問題12　各３点×４ 問題13　各２点×３　問題14～問題22　各３点×16	100点

二〇二二年度　国際基督教大学高等学校

国語解答用紙

番号		氏名		評点	/100

一

問一　問二　問三　問四

問五　問六　問七　問八

問九

二

問一

a	ホウト	b	嫁	c	潜	d	サツエイ	e	タイショウテキ

問二　問三　問四　問五

問六　問七

問八

問九　問十　問十一

問十二

70

（注）この解答用紙は実物を縮小してあります。A3用紙に145%拡大コピーすると、ほぼ実物大で使用できます。（タイトルと配点表は含みません）

推定配点		計
	一　各4点×9 二　問一　各2点×5　問二〜問九　各4点×8　問十　各3点×2　問十一　4点　問十二　12点	100点

２０２１年度　国際基督教大学高等学校

英語解答用紙

番号		氏名		評点	／100

Ⅰ

①	②	③	④	⑤	⑥	⑦	⑧	⑨	⑩

⑪	⑫	⑬	⑭	⑮	⑯	⑰	⑱	⑲	⑳

Ⅱ

問１

ア	イ	ウ	エ	オ	カ	キ	ク	ケ	コ

問２

A	B	C	D	E	F	G	H	I	J

Ⅲ

A	B	C	D	E	F	G	H	I

J

Ⅳ

A		B	C	D	E	F	G	H
A-1	A-2							

I

Ⅴ

A.

５番目の語		７番目の語	

B.

６番目の語		９番目の語	

C. ______________________________

____

D. The only thing we can do is ______________________________

______________________________.

（注）この解答用紙は実物を縮小してあります。A３用紙に154％拡大コピーすると、ほぼ実物大で使用できます。（タイトルと配点表は含みません）

推定配点		計
	Ⅰ，Ⅱ　各１点×40 Ⅲ　A～I　各２点×９　J　各１点×２ Ⅳ　A　各１点×２　B～H　各２点×７　I　各１点×４ Ⅴ　A，B　各４点×２　C，D　各６点×２	100点

2021年度　国際基督教大学高等学校

数学解答用紙

番号		氏名		評点	／100

問題1

ア	イ	ウ

問題2

エ	オ	カ	キ

問題3　(1)　　(2)

問題4　(1)　　(2)

問題5

問題6

問題7

(1)	(2)	(3)	(4)	(5)

問題8　(1)

(2)

A_2	A_7

問題9　(1)

B_2	B_4

(2)

①	②	③

(3)

問題10

(1)	(2)	(3)

問題11

X	Y

問題12

(い)	(お)
dB	dB

問題13

①	②	③	④	⑤	⑥	⑦

問題14

(あ)	(う)	(え)
dB	dB	dB

問題15

(1)	(2)
dB	個

（注）この解答用紙は実物を縮小してあります。Ａ３用紙に161％拡大コピーすると、ほぼ実物大で使用できます。（タイトルと配点表は含みません）

推定配点		計
	問題１～問題４　各２点×11　問題５，問題６　各３点×２ 問題７　各２点×５　問題８　(1)　２点　(2)　各３点×２ 問題９，問題10　各２点×９　問題11　各３点×２ 問題12～問題14　各２点×12　問題15　各３点×２	100点

二〇二一年度　国際基督教大学高等学校

国語解答用紙

番号		氏名		評点	/100

一

問一

a	制御	b	サンパツ	c	ハンエイ	d	ソウホウ	e	チメイ

問二　問三　問四　問五

問六　問七

問八

問九　問十　問十一

二

問一　問二　問三

問四　問五

問六

80

100

問七　問八　問九　問十

（注）この解答用紙は実物を縮小してあります。Ｂ４用紙に143％拡大コピーすると、ほぼ実物大で使用できます。（タイトルと配点表は含みません）

推定配点		計
	一　問一　各２点×５　問二～問十一　各４点×10 二　問一～問五　各４点×５　問六　14点　問七～問十　各４点×４	100点

２０２０年度　国際基督教大学高等学校

英語解答用紙

番号		氏名	

評点	／100

I

①	②	③	④	⑤	⑥	⑦	⑧	⑨	⑩

⑪	⑫	⑬	⑭	⑮	⑯	⑰	⑱	⑲	⑳

II

問１

ア	イ	ウ	エ	オ	カ	キ	ク	ケ	コ

問２

A	B	C	D	E	F	G	H	I	J

III

A	B	C	D	E	F	G	H

I

IV

A	B	C	D		E	F	G	H
			D-1	D-2				

I

V

A. ＿＿＿＿＿＿＿＿＿＿＿＿＿＿＿＿

B.

３番目の語		６番目の語	

C. ＿＿＿＿＿＿＿＿＿＿＿＿＿＿＿＿

D. ＿＿＿＿＿＿＿＿＿＿＿＿＿＿＿＿

（注）この解答用紙は実物を縮小してあります。Ｂ４用紙に132％拡大コピーすると、ほぼ実物大で使用できます。（タイトルと配点表は含みません）

推定配点		計
	I，II 各１点×40　III A～H 各２点×８　I ４点 IV 各２点×12　V A ６点　B，C 各２点×２　D ６点	100点

２０２０年度　国際基督教大学高等学校

数学解答用紙

番号		氏名	

評点	／100

問１

問２

$4k+1$ 型の素数	$4k+3$ 型の素数

問３

3-①	3-②	3-③

問４

4-①	4-②	4-③	4-④	4-⑤	4-⑥	4-⑦

問５

(1)	(2) 5-①	(2) 5-②

問６

6-①

問７

7-①	7-②	7-③	7-④	7-⑤	7-⑥

問８

(1)	(2)

問９

$p=$

問10

問11

11-①	11-②	11-③	11-④

問12

(1)	(2)

問13

問14

今、$a-1$ と $a+1$ の公約数が素数 p であるとする。

問15

問16

問17

（注）この解答用紙は実物を縮小してあります。175%拡大コピーすると、ほぼ実物大で使用できます。（タイトルと配点表は含みません）

推定配点		計
	問１　３点　問２～問４　各２点×12〔問２は各２点×２〕 問５　(1)　３点　(2)　各２点×２　問６　３点　問７　各２点×６ 問８　各４点×２　問９　３点　問10　４点　問11　各２点×４ 問12～問17　各４点×７	100点

二〇二〇年度　国際基督教大学高等学校

国語解答用紙

番号		氏名		評点	/100

一

問一

a	エイヨ	b	テイショウ	c	示唆	d	ビジ	e	瓦解

問二　問三　問四

問五　問六　問七　問八

問九

二

問一　問二　問三　問四

問五　問六　問七　問八

問九

問十(1)　A　B

問十(2)

六十字

(注) この解答用紙は実物を縮小してあります。Ａ３用紙に147%拡大コピーすると、ほぼ実物大で使用できます。(タイトルと配点表は含みません)

推定配点	計
一 問一 各２点×５　問二～問九 各４点×８ 二 問一～問九 各４点×９　問十 (1) 各５点×２ (2) 12点	100点

２０１９年度　国際基督教大学高等学校

英語解答用紙

番号		氏名	

評点　／100

Ⅰ

①	②	③	④	⑤	⑥	⑦	⑧	⑨	⑩

⑪	⑫	⑬	⑭	⑮	⑯	⑰	⑱	⑲	⑳

Ⅱ

問１

ア	イ	ウ	エ	オ	カ	キ	ク	ケ	コ

問２

A	B	C	D	E	F	G	H	I	J

Ⅲ

A	B	C	D	E	F		G	H
					①	②		

I

Ⅳ

A	B	C	D		E	F	G	H
			D-1	D-2				

I

Ⅴ

A. ____

____

B.

３番目の語		９番目の語	

C.

３番目の語		９番目の語	

D. ____

____

（注）この解答用紙は実物を縮小してあります。Ａ３用紙に154％拡大コピーすると、ほぼ実物大で使用できます。（タイトルと配点表は含みません）

推定配点		計
	Ⅰ，Ⅱ　各１点×40　　Ⅲ，Ⅳ　各２点×20〔Ⅲ I，Ⅳ I はそれぞれ完答〕 Ⅴ　A　８点　B，C　各２点×２　D　８点	100点

２０１９年度　国際基督教大学高等学校

数学解答用紙

番号		氏名	

評点	／100

問題 1

ア	イ	ウ	エ

問題 2

統計的確率	数学的確率

問題 3

オ	カ	キ	ク

問題 4

ケ	コ	サ

問題 5

(1)

シ	ス	セ

(2)

問題 6

ソ	タ	チ	ツ	テ	ト

問題 7

(1)

ナ

(2)

太郎の点数	標準偏差

問題 8

(1)

(2)

問題 9

①	②	③	④	⑤

問題 10

問題 11

ニ	ヌ	ネ	ノ

問題 12

①	②

③

（注）この解答用紙は実物を縮小してあります。169％拡大コピーすると、ほぼ実物大で使用できます。（タイトルと配点表は含みません）

推定配点		計
	問題１　各２点×４　問題２　各４点×２　問題３，問題４　各２点×７ 問題５　⑴　各２点×３　⑵　４点　問題６　各２点×６ 問題７，問題８　各４点×５　問題９　各２点×５　問題10　４点 問題11，問題12　各２点×７	100点

二〇一九年度　国際基督教大学高等学校

国語解答用紙

番号		氏名		評点	/100

一

問一　問二　問三　問四

問五　問六　問七

問八（六十字以上八十字）

問九　問十　問十一

二

問一

a	b	c	d	e
トウトツ	カンセイ	ムゾウサ	怪訝	カンガイ

問二　問三

問四　こと（三十字）

問五　問六　問七　問八

問九　問十　問十一　問十二

（注）この解答用紙は実物を縮小してあります。B4用紙に143%拡大コピーすると、ほぼ実物大で使用できます。（タイトルと配点表は含みません）

推定配点		計
	一 問一～問七　各4点×7　問八　6点　問九、問十　各4点×2 問十一　各2点×2 二 問一　各2点×5　問二～問十二　各4点×11	100点

Memo